Bildwörterbuch

Tigrinisch

Deutsch

PONS GmbH
Stuttgart

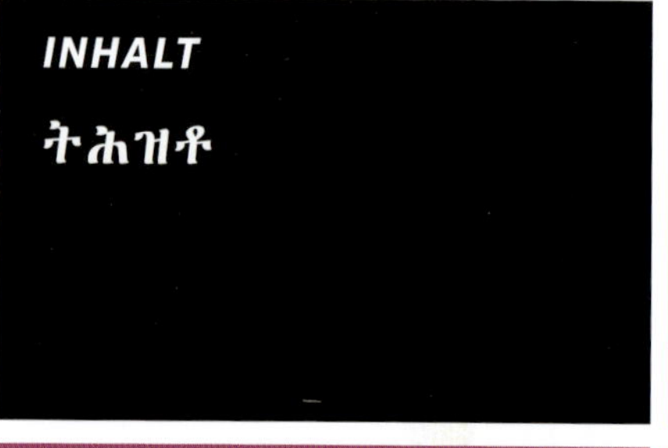

INHALT
ትሕዝቶ

192
SPORT UND FITNESS
ስፖርትን ፊትነስን
224
FREIZEIT
ግዜ ዕረፍቲ
250
KÖRPER UND GESUNDHEIT
ኣካላትን ጥዕናን
280
NOTFÄLLE
ህጹጽ ኩነታት
290
ERDE UND NATUR
ምድርን ተፈጥሮን
334
ZAHLEN UND MASSE
ቁጽርታትን ዓቐንን
346
DIE WICHTIGSTEN SÄTZE
ቀንዲ ኣገደስቲ ምሉእ-ሓሳባት
DIE VERBEN
ግስታት
394
INDEX
ኣመልካቲ

LEICHTER LERNEN MIT BILDERN – WARUM IST DAS SO?

Liebe Leserin, lieber Leser,

wie wichtig die Bedeutung von Bildern ist, wenn es um das Merken von Begriffen geht, wissen wir seit Jahren aus der Lernpsychologie. Kennen Sie das? Wenn Sie ein Bild zu einem Wort sehen, bleibt das Wort viel schneller im Gedächtnis haften, als wenn es nur geschrieben dasteht. Und wenn es darum geht, in einer fremden Sprache Wortschatz nicht nur nachzuschlagen, sondern auch zu verstehen und ihn sich zu merken, unterstützen die Bilder Sie dabei, sich die Wörter schneller und besser einzuprägen. Das hat ganz einfache Gründe:

→ ***Bilder wirken schneller und direkter als reiner Text**. Schon als kleine Kinder denken wir in Bildern und können sie ganz intuitiv entschlüsseln, interpretieren und aufnehmen. Sind Bilder mit Wörtern verknüpft, bilden sie eine Einheit, die unser Gehirn mit hoher Effizienz verarbeitet und abspeichert.*

→ ***Bilder erleichtern und unterstützen das Verständnis.** Sie vermitteln Zusammenhänge und liefern uns deutlich mehr Informationen als nur Text alleine.*

→ ***Bilder sind emotional.** Sie wecken unser Interesse, steigern unsere Motivation und bleiben besser im Gedächtnis haften als einzelne Wörter.*

→ ***Bilder machen Freude.** Wo viel Text abschreckt, sorgen Bilder dafür, dass uns das Lernen Spaß macht, und wir bleiben länger bei der Sache.*

Gesehen, verstanden und schon gemerkt – so leicht kann das visuelle Lernen sein. Überzeugen Sie sich selbst!

Ihre

PONS-Redaktion

ምስ ስእልታት ምምሃር ይቐልል እዩ - ስለምንታይ?

ዝኸበርኪ ኣንባቢት፣ ዝኸበርካ ኣንባቢ፣

ኣብ ምሽምዳድ ኣስማት፣ ትርጉም ስእልታት ማዕረ ክንደይ ኣገዳሲ ከም ሙኳኑ ቅድሚ ዓመታት ካብ ትምህርታዊ ስነ-ኣእምሮ ኢና ንፈልጦ። ነዚ ትፈልጥዎ ዶ? ምስቲ ቃል ዝተኣሳሰረ ስእሊ እንተ ደኣ ትርእዩ ኮንኩም፣ ካብ ጥራይ ብጽሑፍ ዝተ ጻሕፈ፣ እቲ ቃል ብዝቐልጠፈ ኣብ ሓንጎል ክተርፍ እዩ። ኣብ ጓና ቋንቋ ቃላት ክት ደልዩን ክትረኽቡን ጥራይ ዘይኮነ፣ ብሕልፊ ነዞም ቃላት ክትርድኡን ክትሽምድዱን እንተ ደኣ ኮንኩም፣ ስእልታት ክሕግዙኹም እዮም፣ ሽዑ እዞም ቃላት ብዝቐልጠፈን ብዝሓሸን ኣብ ሓንጎልኩም ከተስርጹ ትኽእሉ። እዚ ቀለልቲ ምኽንያታት ኣለውዎ፡-

→ ሳዕቤን ስእልታት ካብ ጥራሕ ጽሑፍ ይቕልጥፍን ብዝያዳ ቀጥታውን እዩ። ዋላ ከም ንኣሽቱ ቆልዑ ብስእልታት ኢና ንሓስብ ከምኡ'ውን ፈጺምና ብገምሪ ክን ፈትሖምን ከነነጽሮምን ክንሕዞምን ንኽእል ኢና። ስእልታት ምስ ቃላት እንተ ደኣ ተኣሳሲሮም ኮይኖም፣ ሓደ ካብ ሓንጎልና ብብዙሕ ስልጠት ዝሕዞን ዝዕቅቦን ኣሃዱ እዮም ዝኾኑ።

→ ስእልታት ንዝኽረት የቕልሉን ይድግፉን እዮም። ትርጉማት የመሓላልፉ እዮም ከምኡ'ውን ካብ ጥራሕ ጽሑፍ ብዝያዳ ሓበሬታታት እዮም ዝህቡና።

→ ስእልታት ስምዒታውያን እዮም። ንተገዳስነትና የበራብሩ እዮም፣ የተባብ ዑና እዮም ከምኡ'ውን ካብ ንጽላት ቃላትሲ ኣብ ዝኽረትና ብዝሓሸ ይጸንሑ እዮም።

→ ስእልታት ደስ ይብሉ እዮም። ብዙሕ ጽሑፍ የቕብጽ እንከሎ ምምሃር ምስ ስእል ታት ደስ ይብል እዩ ከምኡ'ውን ብዝነወሐ ኣብቲ ጉዳይ ኢና ንጸንዕ ሽዑ።

ምርኣይን ምርዳእን ዛጊት ምሽምዳድን - ርእየታዊ ምምሃር ክንድቲ ቀሊል ክኸውን ይኽእል። ንነብስኹም ኣረድኡ ኢኹም!

ብኽብረት

ኣርትዖት PONS

SO ARBEITEN SIE EFFIZIENT MIT DEM BILDWÖRTERBUCH

Ganz gleich, ob Sie erst anfangen, eine Fremdsprache zu erlernen, oder ob Sie bereits über gute Sprachkenntnisse verfügen: Dieses Wörterbuch ist Ihr idealer Begleiter. Für jede Sprache decken rund 8.000 Begriffe alle Bereiche des Alltags ab und die Kombination von Wort und Bild ermöglicht Ihnen, Wörter schnell nachzuschlagen, zu übersetzen und sich mühelos einzuprägen. Hier die wichtigsten Tipps, wie Sie den größten Nutzen aus diesem Wörterbuch ziehen:

ወይ ሓደ ጓና ቋንቋ ንክትመሃሩ እንተ ደኣ ትጅምሩ ወይስ ድሮ ጽቡቕ ፍልጠት ቋንቋ እንተዘሎኩም መዘና እዩ:- እዚ መዝገበ-ቃላት ብዝቃዶ መንገዲ የሰንየኩም‘ዩ። ኣብ ዝኾነ ቋንቋ ዳርጋ 8000 ቃላት ብዛዕባ ኩሎም ዓውድታት መዓልታዊ ሕይወት ይነግሩ‘ዮም። ምስቲ ናይ ቃልን ስእልን ጽንባረ ድማ ቃላት ብቕልጡፍ ክትረኽቡን ክትትርጉሙን ብዘይ ጻዕሪ ክተስርጹን ትኽእሉ ኢኹም። ዝዓበየ ጥቕሚ ካብዚ መዝገበ-ቃላት ንክትረኽቡ፡ ኣገደስቲ ሓበሬታት እንሀለኩም:-

1. Wörter im Zusammenhang lernen

Wörter werden schneller gemerkt, wenn man sie im Kontext lernt. Aus diesem Grund ist dieses Wörterbuch nach Themenfeldern aus dem Alltagsleben gegliedert. Ganz gleich, in welches Thema Sie eintauchen – ob Einkaufen, Kleidung, Lebensmittel oder Familie – betrachten Sie beim Lernen das Thema als Ganzes und versuchen Sie, möglichst viele Wörter aus dem Themenbereich aufzunehmen. Sie werden erstaunt sein, wie viel Wortschatz Sie sich in kürzester Zeit merken können.

1. ቃላት ምስ ኩነታቶም ምምሃር

ቃላት ምስ ኩነታቶም እንተ ደኣ ትመሃሩ፣ ብዝቐልጠፈ ክትሕዝዎም ኢኹም። በዚ ምኽንያት እዚ መዝገበ-ቃላት ብዓውድታት ካብ መዓልታዊ ናብራ ተሰሪዑ እዩ። ኣብ ክከም ኣርእስቲ እንተ ኣተኹም - ኣብ ሸመታ፣ ክዳን፣ መግቢ ወይ ስድራ ይኹን - ክትመሃሩ ከለኹም እቲ ኣርእስቲ ብምልኡ ገርኩም ረኣዩ ኢኹም ከምኡ‘ውን ብዝከኣለኩም ብዙሕ ቃላት ካካብ ስፍሓት ኣርእስቲ ክትሕዙ ፈትኑ ኢኹም። ክንደይ ቃላት ኣብ ሓጺር ግዜ ክትሕዙ ከምትኽእሉ ክትግረሙ ኢኹም።

ኸምዚ ብስሉጥ ምስዚ መዝገበ-ቃላት ትሰርሑ ኢኹም

Herzlichen Glückwunsch!	እንቋዕ ሓጎሰካ/ኪ! änqwaä hagoseka/ki
Alles Gute zum Geburtstag!	ኩሉ ሰናይ ንዕለተ ልደትካ/ኪ! kulu senay nälete ldetka/ki
Wie viel Uhr ist es?	ሰዓት ክንደይ ኣሎ? seat kndey alo
Es ist zwei Uhr.	ሰዓት ክልተ ኣሎ። seat klte alo
Guten Appetit!	ብሩኽ መኣዲ! bruch meadi
Zum Wohl!	ቺን-ቺን! tschin-tschin

① ②

2. Die wichtigsten Schlüsselsätze auf einen Blick

Ob in der Fremdsprache nach der Uhrzeit fragen, oder zum Geburtstag gratulieren: In den 13 thematisch sortierten Kapiteln finden Sie neben der reinen Wort-Bild-Zuordnung die wichtigsten Sätze für die häufigsten Situationen ①. Prägen Sie sich diese Schlüsselsätze gut ein und schon haben Sie den Grundstein für eine erfolgreiche Kommunikation gelegt.

2. ቀንዲ ኣገደስቲ ምሉእ-ሓሳባት እንሀለኩም:-

ንኣብነት በቲ ባዕዳዊ ቋንቋ ብዛዕባ ሰዓት ምሕታት ወይ ንዕለተ ልደት እንቋ ኣሓጒሰካ ምባል:- ኣብ'ዮም 13 በብኣርእስቶም ዝተሰርዑ ምዕራፋት ኣብ ጥቓ እቲ ቃል-ስእሊ-ምቁናን ቀንዲ ኣገደስቲ ምሉእ-ሓሳባት ብዛዕባ ቀንዲ ዝተዘውተሩ ኩነታት ① ኢኹም ትረኽቡ። ነዞም ኣገደስቲ ምሉእ-ሓሳባት ጽቡቕ ገርኩም ሓዙዎም ኢኹም፣ ሽዑ ድሮ ንዕዉት ርክብ ዘድሊ መሰረት ሰሪትኩም።

3. Richtig aussprechen

Damit Sie jedes Wort richtig aussprechen, haben wir allen Wörtern und Sätzen eine Lautschrift beigefügt ②. Eine Übersicht über die verwendeten phonetischen Zeichen finden Sie bequem auf der letzten Seite des Buches.

3. ብቅኑዕ ምድማጽ

ዝኾነ ቃል ብቅኑዕ ምእንቲ ክተድምጹ፣ ኣብ ኩሎም ቃላትን ምሉእ-ሓሳባትን ናይ ምድማጽ ጽሑፍ ኣጣቢቕና ②። ሓፈሻዊ መግለጺ ናይ ዝተዘውተሩ ፎነቲካውያን (ናይ ምድማጽ) ፊደላት ብምቕእ ኣብ መወዳእታ ገጽ እዚ መጽሓፍ ትረኽቡ ኢኹም።

4. Schnell übersetzen

Wenn es einfach schnell gehen muss, schlagen Sie im Anhang im Stichwortverzeichnis die richtige Übersetzung nach ③. Dort ist jedes Stichwort in Deutsch und Tigrinisch in alphabetischer Reihenfolge aufgeführt und im Nu gefunden.

4. ብቕልጡፍ ምትርጓም

ቀልጢፍኩም ክትሰርሑ እንተ ዘለኩም፣ ኣብቲ ዝተጣበቐ ዝርዝር ትሕዝቶ ሪኢኹም ነቲ ቀኑዕ ትርጉም ትረኽቡ ኢኹም ③። ኣብኡ ዝኾነ ቃል ብጀርመንኛን ትግርኛን ኣብ ፊደላዊ ተርታ ተዘርዚሩ ስለዘሎ ብቕልጡፍ ክርከብ እዩ።

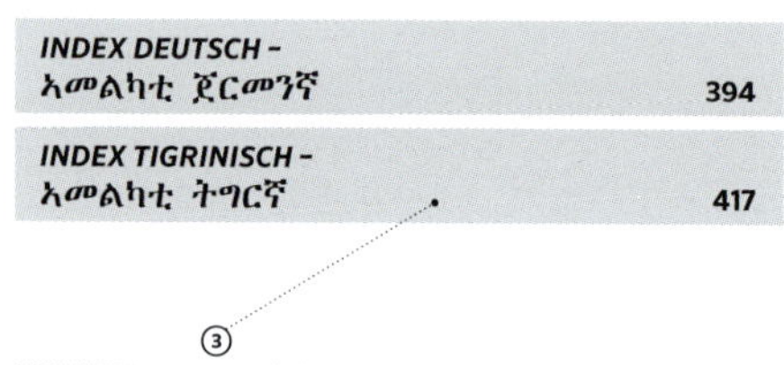

glutenfrei
ግሉተን ዘይብሉ
gluten zeyblu

laktosefrei
ላክቶስ ዘይብሉ
laktos zeyblu

④

5. Für den Notfall

Bilder sind eine universelle Sprache, die von allen Kulturen verstanden wird. Sollten Ihnen doch mal die Worte fehlen, zeigen Sie einfach auf das entsprechende Bild ④. Ob im Hotel, Restaurant oder auf der Straße – so können Sie sich überall auf der Welt ganz ohne Sprache verständigen.

5. ንህጹጽ ኩነታት

ስእልታት ኣድማሳዊ ቋንቋ እዮም፣ ኩሎም ባህልታት ስለ ዝርድእዎም። ቃላት እንተ ደኣ ትስእኑ ኮንኩም፣ ኣብቲ ዝምልከት ስእሊ ረኣዩ ኢኹም ④። ኣብ ሆተል ይኹን ኣብ ቤት-መግቢ ይኹን ወይስ ኣብ ጽርግያ - ብኸምኡ ኣብ ምሉእ ዓለም ፈጺምኩም ብዘይ ቋንቋ ክትረዳድኡ ትኽእሉ።

6. Noch mehr Sprache

Für die ersten Schritte in der fremden Sprache liefern Ihnen die Extras im Anhang des Bildwörterbuchs praktische Unterstützung: Mit den wichtigsten Sätzen auf Deutsch und auf Tigrinisch sind Sie für den gelungenen Einstieg in die Fremdsprache gewappnet. Und wenn es darum geht, eigene Sätze zu bilden, hilft Ihnen unsere ausführliche Verbliste, wo Sie auch abstrakte Verben, die sich nicht abbilden lassen, nachschlagen und übersetzen können.

6. ዝያዳ ቋንቋ

ኣብቶም ቀዳሞት ስጉማት ኣብቲ ባዕዳዊ ቋንቋ ኣብ ጥብቀት ናይዚ ስእላዊ መዝገበ-ቃላት'ዚ ዝርከብ ተወሳኺ ነገር ኣብ ተግባር ይድግፈኩም እዩ፦ ምስቶም ቀንዲ ኣገደስቲ ምሉእ-ሓሳባት ብጀርመንኛን ብትግርኛን፣ ዕዉት መእተዊ ኣብቲ ባዕዳዊ ቋንቋ ከም ክህልወኩም ርግጸኛ ክትኮኑ ትኽእሉ። ምሉእ-ሓሳባት ባዕልኹም ክትቀሙ ከለኹም፣ ሰፊሕ ዝርዝርና ግስታት ክሕግዘኩም እዩ። ኣብኡ ዋላ ብስእሊ ክግለጹ ዘይከኣሉ ረቛሕ ግስታት ክትረኽቡን ክትትርጉሙን ትኽእሉ ኢኹም።

die Bankkauffrau
ጓለንስተይቲ ሰራሕተኛ ቤት-ጽሕፈት
gwalensteyti serahtenya byet-tshfet

der Lehrer
መምህር
memhr

die Ingenieurin
ሃንዳሲት
handasit

der Kellner
ኣሰላፊ
aselafi

Das sollten Sie noch wissen

Die Stichwörter in diesem Wörterbuch stehen immer in der Einzahl, es sei denn sie werden in der Regel nur in der Pluralform verwendet.

እዚ ክትፈልጡ ይግብኣኩም

እቶም ኣርእስታውያን ቃላት ኣብዚ መዝገበ-ቃላት ክሉ ግዜ ጥራይ ብንጽል እዮም ተጻሒፎም፣ እንተዘይኮነ ብድርብ ጥራይ እንተ ዝዝውተሩ ብድርብ ተጻሒፎም እዮም።

Es war uns wichtig, bei Funktions- und Berufsbezeichnungen Männer und Frauen gleichermaßen und gleichberechtigt zu berücksichtigen. Da wir aber aus Platzgründen nicht immer beide Geschlechter gleichzeitig abbilden können, haben wir uns immer für eines entscheiden müssen. Dabei orientiert sich das Geschlecht des Wortes immer am Geschlecht der abgebildeten Figur.

ኣብ ናይ ዕማምን ሞያን ኣስማት፣ ሰብኡት ኣንስትን ብማዕርነት ክምኡ'ውን ብፍትሒ ኣብ ግምት ንምእታው ኣገዳሲ ኔሩ ንዓና። ብሰንኪ ሕጽረት ቦታ ግና ኩሉ ግዜ ክልተኦም ጾታታት ብሓንሳብ ክነርኢ ስለ ዘይንኽእል፡ ኩሉ ግዜ ንሓደ ጾታ ክንውስን ኔሩና። ብኡ ኣቢሉ እቲ ጾታ ናይቲ ቃል ኩሉ ግዜ ምስቲ ኣብቲ ስእሊ ዝረአ ጾታ እዩ ተኣሳሲሩ።

MENSCHEN

ሰባት

DIE FAMILIE - ስድራቤት

Der Stammbaum - ሓረግ ትውልዲ

der Schwiegervater
ሓሞ
hamo

die Schwiegermutter
ሓማት
hamat

die Schwägerin
ዘማ
zema

der Schwager
ሓኖ
hano

der Ehemann
በዓል ቤት
beal byet

die Ehefrau
በዓልቲ ቤት
bealti byet

der Schwiegersohn
ሰብኣይ-ጓል
sebay-gwal

die Tochter
ውልድቲ
wldti

der Sohn
ውሉድ
wlud

der Enkel
ወድ-ውላድ
wed-wlad

die Enkelin
ጓል ወዲ
gwal wedi

DIE FAMILIE - ስድራቤት

Der Stammbaum - ሓረግ ትውልዲ

der Großvater
ኣበሓጎ
abehago

die Großmutter
ዓባይ
abay

die Mutter
ኣደ
ade

der Vater
ኣቦ
abo

die Tante
ሓትኖ
hatno

der Onkel
ኣኮ
ako

die Schwester
ሓፍቲ
hafti

der Bruder
ሓው
haw

die Cousine
ጓልሓወቦ
gwalhawebo

die Nichte
ጓል ሓው
gwal haw

der Neffe
ወዲ ሓው
wedi haw

der/die Verwandte	**ኣዝማድ** azmad
die Großeltern	**ኣባሓጎን እኖሓጎን** abahagon änohagon
die Eltern	**ወለዲ** weledi
das Ehepaar	**ጽምዲ** tsmdi
der Vorfahre	**ኣበው** abew
ledig	**ዘይተመርዓወ** zeytemerawe
verheiratet	**ምርዑው** [illegible]
geschieden	**ዝተፈትሐ** ztefethe
verlobt	**ዝተሓጸየ** ztehatseye
verwitwet	**ዝመተ/ት በዓል/ቲ ቤት** zmoto/t beal/ti byet
verwandt	**ዝተዛመደ** ztezamede

BEZIEHUNGEN - ዝምድናታት

Familie und Lebensphasen - ስድራን ክፋላት ሕይወትን

das Baby
ማማይ
mamay

das Kind
ህጻን
htsan

Herr ...
ኣቶ ...
ato

der Mann
ሰብኣይ
sebay

die Jugendliche
መንእሰያት
menäseyat

die Zwillinge
መናቱ
menatu

die Frau
ሰበይቲ
sebeyti

Frau ...
ወይዘሮ ...
weyzero

der/die Bekannte
ፈለጥቲ
feletti

der Junge
ወዲ
wedi

das Mädchen
ጓል
gwal

die Freunde
ኣዕሩኽ
aäruch

das Paar
ጽምዲ
tsmdi

die Freundin
መሓዛ
mehaza

der Freund
ዓርኪ
arki

der Erwachsene	**ብጹሓት** btsuhat
die Geschwister	**ኣሕዋት** ahwat
der Patenonkel	**ኣባልገ** abalge
die Patentante	**እኖልገ** änolge
der Stiefvater	**ሰብኣይ ኣደ** sebay ade
die Stiefmutter	**ሰይተ'ቦ** seyte'bo
der Stiefbruder	**ውላድ ሰይተ'ቦ** wlad seyte'bo
die Stiefschwester	**ውልድቲ ሰይተ'ቦ** wldti seyte'bo
der Nachbar	**ጎረበት** gorebet
die Nachbarin	**ጎረበት** gorebet

BEZIEHUNGEN - ዝምድናታት

Begrüßen und verabschieden - ሰላም ምባልን ምስንባትን

jemanden vorstellen
ኣብ ቅድሚ ሰብ ተላለየ
ab qdmi seb telaleye

jemanden begrüßen
ንዝኾነ ሰላም ምባል
nzchone selam mbal

sich die Hand geben
ብኢድ ሰላም በለ
bid selam bele

sich verbeugen
ሰገደ
segede

sich umarmen
ሓቖፈ
haqofe

lachen
ሰሓቐ
sehaqe

weinen
ነብዐ
nebe

sich verabschieden
ተሰናበተ
tesenabete

einen Knicks machen
ኢድ ነስአ
id nese

winken
ተወዛወዘ
tewezaweze

jemandem einen Kuss geben
ንሰብ ሰዓመ
nseb seame

jemanden anrufen
ንሰብ ደወለ
nseb dewele

Hallo!	**ሰላም!** selam
Guten Tag!	**ከመይ ውዒልካ/ኪ** kemey wilka/ki
Guten Morgen!	**ከመይ ሓዲርካ/ኪ** kemey hadirka/ki
Guten Abend!	**ከመይ ኣምሲኻ/ኺ** kemey amsicha/chi
Wie heißt du?	**መን ሽምካ/ኪ?** men schmka/ki
Wie heißen Sie?	**መን ኢኹም ሽምኩም?** men ichum schmkum
Ich heiße ...	**ኣነ ... እብሃል** ane ... äbhal
Herzlich willkommen!	**እንቋዕ ብድሓን መጻኹም!** änqwaä bdhan metsachum
Tschüss!	**ቻው!** tschaw
Auf Wiedersehen!	**ብሰላም የራኽበና!** bselam yerachbena

das kleine Geschenk
ንእሽቶይ ህያብ
näschtoy hyab

BEZIEHUNGEN - ዝምድናታት

Feste - በዓላት

die Hochzeit
መርዓ
mera

der Geburtstag
ዕለተ ልደት
älete ldet

das Weihnachten
ልደት
ldet

der Valentinstag
መዓልቲ ፍቕሪ
mealti fqri

das Thanksgiving
በዓል ምስጋና
beal msgana

das Halloween
ሀሎዊን
helowin

der/das Silvester
መዓልቲ ቅድሚ ሓድሽ ዓመት
mealti qdmi hadsch amet

das Ostern
ፋሲካ
fasika

die Hanukkah
ሃኑካ
hanuka

das Wesakfest
በዓል ቨሳክ
beal vesak

das Ramadanfest
በዓል ራማዳን
beal ramadan

das chinesische Neujahr
ሓድሽ ዓመት ቻይና
hadsch amet tschayna

der Karneval
ካርነቫል
karneval

das Diwalifest	**በዓል ዲቫሊ** beal divali
das Passah	**ፓሳህ** pasah
die Feier	**ፌስታ** fyesta
der Hochzeitstag	**መዓልቲ መርዓ** mealti mera
der Feiertag	**መዓልቲ በዓል** mealti beal
der Muttertag	**መዓልቲ ኣደ** mealti ade
der Vatertag	**መዓልቲ ኣቦ** mealti abo
die Taufe	**ጥምቀት** tmqet
Herzlichen Glückwunsch!	**እንቋዕ ሓጎስካ/ኪ!** änqwaä hagoseka/ki
Alles Gute zum Geburtstag!	**ኩሉ ሰናይ ንዕለተ ልደትካ/ኪ!** kulu senay nälete ldetka/ki

EREIGNISSE IM LEBEN - ንጥፈታት ኣብ ሕይወት

Wendepunkte - ናይ ቅያር ነጥብታት

die Geburt
ትውልዲ
twldi

der Kindergarten
ቤት-ትምህርቲ ህጻናት
byet-tmhrti htsanat

die Einschulung
መእተዊ ቤት-ትምህርቲ
meätewi byet-tmhrti

der Schulabschlussball
ፌስታ መፈጸምታ ቤት-ትምህርቲ
fyesta mefetsemta byet-tmhrti

der Studienabschluss
መፈጸምታ ዩኒቨርስቲ
mefetsemta yuniversti

der Berufseinstieg
መእተዊ ኣብ ሞያ
meätewi ab moya

sich verlieben
ኣብ ፍቕሪ ኣተወ
ab fqri atewe

sich verloben
ተሓጸየ
tehatseye

heiraten
መርዓወ
merawe

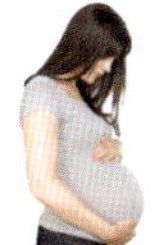

die Schwangerschaft
ጥንሲ
tnsi

umziehen
(ናብ ካልእ ቦታ) ቀየረ
(nab kalä bota) qeyere

in Rente gehen
ኣብ ጥሮታ ኣተወ
ab trota atewe

die Beerdigung
ቀብሪ
qebri

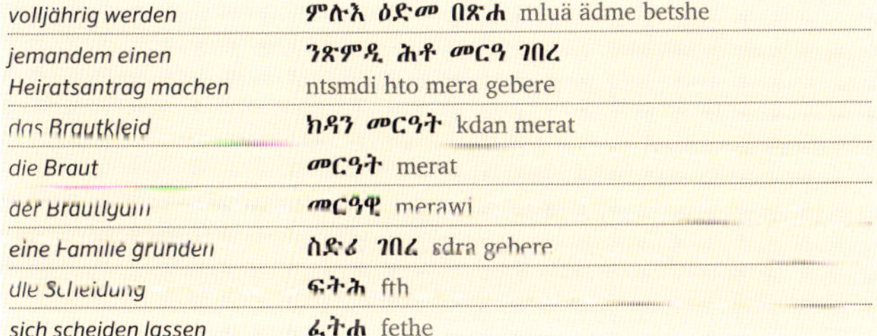

volljährig werden	**ምሉእ ዕድመ በጽሐ** mluä ädme betshe
jemandem einen Heiratsantrag machen	**ንጽምዲ ሕቶ መርዓ ገበረ** ntsmdi hto mera gebere
das Brautkleid	**ክዳን መርዓት** kdan merat
die Braut	**መርዓት** merat
der Bräutigam	**መርዓዊ** merawi
eine Familie gründen	**ስድራ ገበረ** sdra gebere
die Scheidung	**ፍትሕ** fth
sich scheiden lassen	**ፈትሐ** fethe
sterben	**ሞተ** mote

MENSCHEN BESCHREIBEN - ሰባት ገለጸ

Das Gesicht - ገጽ

das Haar
ጸጉሪ
tseguri

die Stirn
ግንባር
gnbar

die Schläfe
መትልሕ
metlh

das Ohr
ናይ ምስማዕ ክእለት
nay msmaä kälet

die Wange
ምዕጉርቲ
mägurti

der Unterkiefer
ምንጋጋ
mngaga

das Kinn
መንከስ
menkes

der Mund
ኣፍ
af

die Lippe
ከንፈር
kenfer

die Augenbraue
ቅርኒብ ዓይኒ
qrnib ayni

die Wimper
ሽፋሽፍቲ ዓይኒ
schefaschfti ayni

das Auge
ዓይኒ መሰል
ayni mesel

die Nase
ኣፍንጫ
afntscha

das Nasenloch
መስኮት ኣፍንጫ
meskot afntscha

der Zahn
ስኒ
sni

eine Grimasse schneiden
ተጸዋወገ
tetsewawege

die Haut	**ቈርበት** qorbet
die Falte	**ሽፈነ** schefene
das Muttermal	**ኢንታ** inta
das Grübchen	**ጥምባቕ** tmbaq
die Pore	**መንፈት** menfit
der Pickel	**ፈጸጋ** fetsega

MENSCHEN BESCHREIBEN - ሰባት ገለጸ

Das Haar - ጸጉሪ

rothaarig
ቀይሕ ጸግሪ ዘለዎ
qeyh tsegri zelewo

gewellt
ሞገዳይ
mogeday

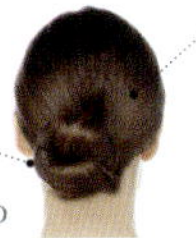

der Dutt
ቀንጪቑንጮ
qentschiquntscho

brünett
ቡናዊ ዓይነት ሕብሪ ጸጉሪ
bunawi aynet hbri tseguri

grau meliert
ምስ ሓሙኹሽ ታይ ዝተሓወሰ
ms hamuchschtay ztehawese

der Kurzhaarschnitt
ሓጺር ምቕሶ
hatsir mqso

die Perücke
ሰብ ዝሰርሖ ጸጉሪ
seb zserho tseguri

der Stufenschnitt
ደረጃ ዘለዎ ቕምሶ
deredscha zelewo qmso

der Pony
ድንኪ ፈረስ
dnki feres

die Strähnchen
ሽራጥ ጸግሪ
schrat tsegri

die Bobfrisur
ቕምሶ ቦብ
qmso bob

glatt
ልሙጽ
lmuts

blond
ብሎንድ
blond

dunkel
ድቡን
dbun

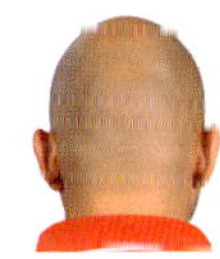

die Glatze
ብርሓት
brhat

der Pferdeschwanz
ጭራ ፈረስ
tschra feres

lockig
ከርሉ
kerlu

der Zopf
ዳዕበለ
daäbele

MENSCHEN BESCHREIBEN – ሰባት ገለጸ

Die äußere Erscheinung – ግዳማዊ ምስሊ

der Bart
ጭሕሚ
tschhmi

der Schnurrbart
ሸነብ
scheneb

jung
ንእሽቶ
näschto

alt
ኣረጊት
aregit

muskulös
ጭዋዳ ዘለዎ
tschwada zelewo

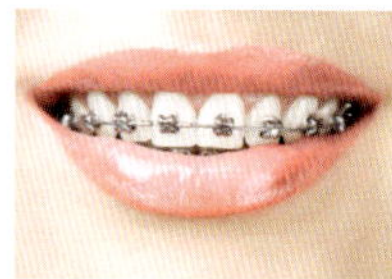

die Zahnspange
መሰርዒ ስኒ
meseri sni

blass
ሃሳስ
hasas

sonnengebräunt
ብጸሓይ ድቡን ዝኾነ
btsehay dbun zchone

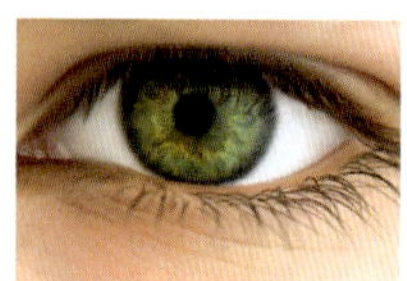

die grünen Augen
ቀጠልያ ኣዒንቲ
qetelya ainti

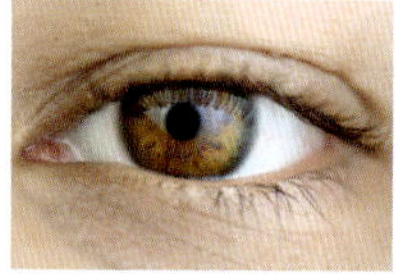

die braunen Augen
ቡናዊ ኣዒንቲ
bunawi ainti

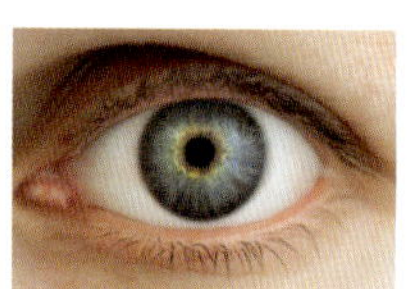

die grauen Augen
ሓሙኹሽታይ ኣዒንቲ
hamuchschtay ainti

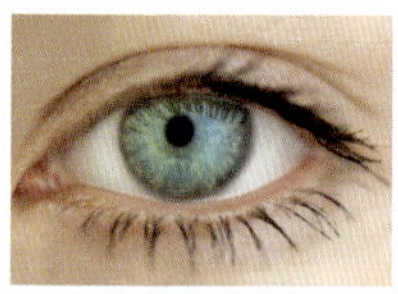

die blauen Augen
ሰማያዊ ኣዒንቲ
semayawi ainti

attraktiv	**ማራኺ** marachi
hübsch	**ጽቡቕ** tsbuq
hässlich	**ክፉእ** kfuä
schön	**ጽቡቕ** tsbuq
jemanden nach dem Äußeren beurteilen	**ንሰብ ብምስሊ ፈረደ** nseb bmsli ferede
schlank	**ሸገ** schege
dick	**ረጒድ** regid
groß	**ዓብይ** aby
klein	**ንእሽቶ** näschto
die Narbe	**በሰላ** besela

MENSCHEN BESCHREIBEN - ሰባት ገለጸ

Gefühle und Persönlichkeit - ስምዒትን ጠባይን

glücklich
ሕጉስ
hgus

stolz
ሕቡን
hbun

überrascht
ዝተገርመ
ztegerme

aufgeregt
ውጥረታዊ
wtretawi

verlegen
ኣብ ዘይቦታኡ ኣቐመጠ
ab zeybotau aqemete

verwirrt
ድንጉር
dngur

schüchtern
ሕፉር
hfur

nachdenklich
ኣስተንታኒ
astentani

neugierig
ግዱስ
gdus

niedlich
በሊሕ
belih

verliebt
ኣፍቀረ
afqere

selbstbewusst
ርእሰ ተኣማማኒ
räse teamamani

offen	**ክፉት** kfut
tolerant	**ጻዋር** tsewar
geduldig	**ተፈዋሲ** tewasi
freundlich	**ሕያዋይ** hyaway
sympathisch	**ምቹእ** mtschuä
nett	**ሕያዋይ** hyaway
lächeln	**ፍሽኽ በለ** fschch bele
Ich bin verärgert/froh/traurig.	**ኣነ ሓሪቐ/ተሓጒሰ/ጉሂየ።** ane hariqe/tehagise/guhiyo

MENSCHEN BESCHREIBEN - ሰባት ገለጸ

Gefühle und Persönlichkeit - ስምዒትን ጠባይን

traurig
ግሁይ
ghuy

gestresst
ውጡር
wtur

verärgert
ሕሩቕ
hruq

wütend
ሕሩቕ
hruq

eifersüchtig
ቀናእ
qenaä

verängstigt
ፈራሕ
ferah

nervös
ዘይህዱእ
zeyhduä

müde
ድኹም
dchum

angeekelt
ክሳብ ርእሲ ዝበጽሖ
ksab räsi zbetsho

dickköpfig
ነቓጽ
neqats

gelangweilt
ሰልቸዋ
seltschewa

sauer
መጺጽ
metsits

die Stirn runzeln	**ተጻወተ** tetsawete
bestürzt	**ጭኑቕ** tschnuq
unsympathisch	**ደስ ዘይብል** des zeybl
verzweifelt	**ተስፋ ዚቖረጸ** tesfa ziqoretse
neidisch	**ቀናእ** qenaä
ungeduldig	**ዘይዕጉስ** zeyägus
arrogant	**ትዕቢተኛ** täbitenya
intolerant	**ዘይጻወር** zeytsawer
sensibel	**ሃዋሲ** hawasi

DIE KLEIDUNG - ክዳን

Babysachen - ክዳን ማማይ

die Stoffwindel
መሓሰስያ ጨርቂ
mehasesya tscherqu

die Wegwerfwindel
መሓሰስያ ንክጉሓፍ
mehasesya nkghaf

der Body
ኣካል
akal

der Schneeanzug
ክዳን ውርጪ
kdan wrtschi

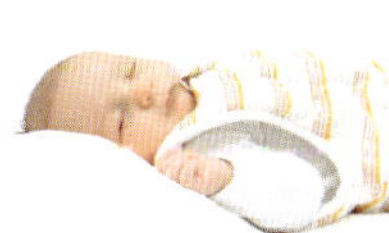

der Babyschlafsack
መደቀሲ ክሻ ንማማይ
medeqesi kscha nmamay

die Rassel
ኮሻሕሻሕ
koschahschah

der Strampler
ኮምፕላስዮኒ ክዳን ቆልዓ
komplasyoni kdan qola

der Babyfäustling
ጓንቲ ማማይ
gwanti mamay

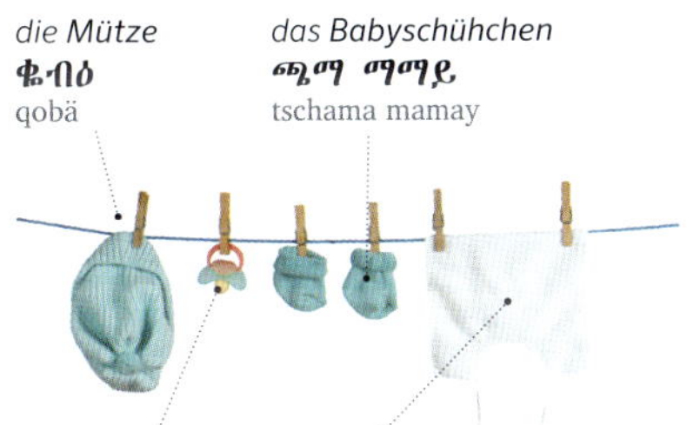

die Mütze
ቈብዕ
qobä

das Babyschühchen
ጫማ ማማይ
tschama mamay

der Schnuller
ምስሊ-ኣካል
msli-akal

das Lätzchen
ሳልቤታ
salbyeta

der Sonnenhut
ቆብዕ ጸሓይ
qobä tsehay

das Söckchen
ካልሲ ማማይ
kalsi mamay

das Latzhöschen
ስረ ማማይ ክሳብ መንኩብ
sre mamay ksab menkub

die Babydecke
ከቦርታ ማማይ
keborta mamay

das Babyfläschchen	**ጥርሙዝ ማማይ** trmuz mamay
die Biobaumwolle	**ቢዮ ጡጥ** biyo tut
aus Kunstfaser	**ብጽማሬኣዊ ፋይበር** btsmareawi fayber

DIE KLEIDUNG - ክዳን

Unisex-Kleidung - ጾታ ዘይፈሊ ክዳን

der Trainingsanzug
ክዳን ስፖርት
kdan sport

der Kapuzenpullover
ቆብዕ ዘለዎ ጉልፎ
qobä zelewo gulfo

der Turnschuh
ጫማ ስፖርት
tschama sport

der Schlafanzug
ክዳን ድቃስ
kdan dqas

der Hausschuh
ጫማ ገዛ
tschama geza

der Bademantel
ጁባ ባንዮ
dschuba banyo

der Wintermantel
ጁባ ክረምቲ
dschuba kremti

die Regenjacke
ጃከት ዝናብ
dschaket znab

die Schneehose
ስረ ውርጪ
sre wrtschi

Könnte ich das mal anprobieren?	ነዚ ክፍትኖ እኽእል ዶ? nezi kftno ächäl do
Haben Sie das auch eine Nummer größer/kleiner?	እዚ ሓደ ዕብየት ንላዕሊ/ንታሕቲ ኣለኩም ዶ? äzi hade äbyet nlaäli/ntahti alekum do
eng/weit	ጸቢብ/ሰፊሕ tsebib/sefih
kurz/lang	ሓጺር/ነዊሕ hatsir/newih
klein/groß	ንእሽቶይ/ዓብይ näschtoy/aby
Das passt gut, ich nehme es.	ጽቡቕ እዩ፣ ክወስዶ እየ። tsbuq äyu, kwesdo äye
mit kurzen/langen Ärmeln	ሓጺር/ነዊሕ ዘለዎ እጅገ hatsir/newih zelewo ädschge
der Knopf	መጠወቒ meteweqi
der Druckknopf	ንምጽቃጥ መጠወቒ nmtsqat meteweqi
das Knopfloch	ነኧል መልጎም nechal melgom

DIE KLEIDUNG - ክዳን

Herrenkleidung - ክዳን ሰብኡት

das T-Shirt
ማልያ
malya

das Polohemd
ኳሌታ ዘለዎ ማልያ
kwaleta zelewo malya

der Rollkragenpullover
መሸፈኒ ክሳድ ዘለዎ ጉልፎ
meschefeni ksad zelewo gulfo

die Weste
ጅለ
dschle

der Pullunder
ጎልፎ
golfo

die Fliege
ነፈረ
nefere

der Anzug
ምሉእ ክዳን
mluä kdan

der Kragen
ኳሌታ
kwaleta

die Krawatte
ካራቫታ
karavata

das Hemd
ካምቻ
kamtscha

der/das Sakko
ጃኬት
dschaket

die Hose
ስረ
sre

die kurze Hose
ቁምጣ
qumta

die Boxershorts
ክሳብ ስልፊ ዝበጽሕ ሙታንታ
ksab selfi zbetsh mutanta

die Unterhose
ሙታንታ
mutanta

die Badehose
ስረ ምሕምባስ
sre mhmbas

DIE KLEIDUNG - ክዳን

Damenkleidung - ክዳን ሰበይቲ

der Strumpf
ነዊሕ ካልሲ
newih kalsi

die Strumpfhose
ጣውጣዋ
tawtawa

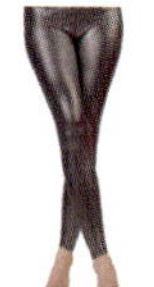

die Leggings
ጽብብ ዝበለ ስረ
tsbb zbele sre

der Slip
ሸተት በለ
schetet bele

der Bikini
ቢኪኒ
bikini

der Badeanzug
ክዳን መሓንበሲ
kdan mehanbesi

der Sport-BH
መትሓዝ ጡብ ንስ ፖርት
methaz tub nsport

der Büstenhalter/der BH
መትሓዝ ጡብ
methaz tub

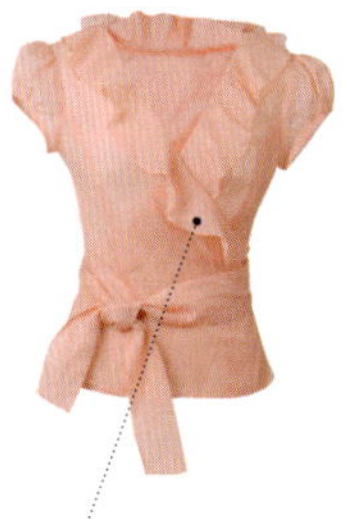

die Rüsche
ሰላም ከልአ
selam kele

die Umstandsmode	ወሰነ ዋየደ wesene wayede
die Naht	ጭምዳድ tschmdad
der Ärmel	እጅገ ädschge
der Saum	ክፉፍ kfuf
die Seide	ሃሪ hari
die Spitze	ጫፍ tschaf
die Größe	ግዝፊ gzfi
der Ausschnitt	ክሳድ ዝረአየሉ ኣካል ksad zreayelu akal
trägerlos	መትሓዚ ዘይብሉ methazi zeyblu
tailliert	መዓንጣ ዝረአ meanta zree
leger	ወዝባዊ wezbawi
schick	ፍትወት ftwet
bequem	ምቹእ mtschuä
mit Stretchanteil	ተመጣጢ ነገር ዘለዎ temetati neger zelewo
modisch	ዘመናይ zemenay

DIE KLEIDUNG - ክዳን

Damenkleidung - ክዳን ሰበይቲ

die Schleife
ጥውዮ
twyo

das Kleid
ቀምሽ
qemsch

das Trägertop
ጫፍ መትሓዝ
tschaf methaz

die Bluse
ካምቻ
kamtscha

die Strickjacke
ተለጓሚ ጎልፎ
telegwami golfo

der Rock
ቀሚስ
qemis

das Schulterpolster
መከላኸሊ መንኩብ
mekelacheli menkub

der Blazer
ጃኬት
dschaket

das Oberteil
ጫፍ
tschaf

die Jeans
ጂንስ
dschins

die Stiefelette
ንውሕ ዝበለ ሳእኒ ኣንስቲ
nwh zbele saäni ansti

die Shorts
ቁምጣ
qumta

die Röhrenhose
ጸቢብ ስረ
tsebib sre

die Schlaghose
ኣብ ታሕቲ ግፍሕ ዝበለ ስረ
ab tahti gfh zbele sre

die leicht ausgestellte Hose
ቅሩብ ግፍሕ ዝበለ ስረ
qrub gfh zbele sre

DIE KLEIDUNG - ክዳን

Accessoires - ምስኡ ዝኸይድ

der Sonnenhut
ባርኔጣ ጸሓይ
barnyeta tsehay

der Hut
ባርኔጣ
barnyeta

die Brille
መነጽር
menetsr

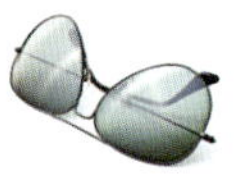

die Sonnenbrille
መነጽር ጸሓይ
menetsr tsehay

der Rucksack
ተሓዛሊ ሳንጣ
tehazali santa

die Krawattennadel
መርፍዕ ካራቫታ
merfä karavata

der Regenschirm
ጽላል
tslal

die Uhr
ዓባይ ሰዓት
abay seat

die Hosenträger
መትሓዝ ስረ
methaz sre

der Ring
ቀለቤት
qelebyet

der Handschuh
ጓንቲ
gwanti

die Mütze
ቆብዕ
qobä

der Schal
ሻርባ
scharba

der Ohrring
ኩትሻ እዝኒ
kutscha äzni

die Halskette
ስልማት ክሳድ
slmat ksad

der Manschettenknopf
መልጎም ወረጃ ካሚቻ
melgom weredscha kamitscha

der Reißverschluss	**ሽጠጥ** schetet
der Klettverschluss	**ዝልገብ መዕጸዊ** zlgeb meätsewi
die Handytasche	**ሳንጣ ሞባይል** santa mobayl
die Reisetasche	**ሳንጣ መገሻ** santa megescha
der Koffer	**ባልጃ ልብሲ** baldscha lbsi

DIE KLEIDUNG – ክዳን

Schuhe und Lederwaren – ጫማታትን ብቆርበት ዝተሰርሐ ነገራትን

der Pumps
ፓምፕስ ዓይነት ጫማ
pamps aynet tschama

die Sandale
ሰንደል
sendel

der Ballerina
ሳዕሳዒት ናይ ባለይ
saäsait nay baley

der Gummistiefel
ንውሕ ጫማ ጎማ
nwh tschama goma

der Flip-Flop®
ፍሊፕ-ፍሎፕ
flip-flop

der hohe Stiefel
ኣዝዩ ነዊሕ ጫማ
azyu newih tschama

die Handtasche
ማሕፉዳ
mahfuda

das Portemonnaie
ማሕፉዳ
mahfuda

die Brieftasche
ማሕፉዳ
mahfuda

die Aktentasche
ቦርሳ
borsa

der Gürtel
ቁልፊ
qulfi

die Lederjacke
ጃከት ቆርበት
dschaket qorbet

der Schnürschuh
ክእሰር ዝኽእል ጫማ
käser zchäl tschama

der Wanderstiefel
ጫማ ዙረት
tschama zuret

die Socke
ካልሲ
kalsi

der Schnürsenkel	**ገመድ ጫማ** gemed tschama
die Gürtelschlaufe	**መእተዊ ቁልፊ ኣብ ስረ** meätewi qulfi ab sre
der Keilabsatz	**ዳሕረዋይ ኣካል ጫማ** dahreway akal tschama
der Absatz	**ሕጡብ ጽሑፍ** htube tshuf
die Sohle	**ዓሳሙሴ** asamuse
der Riemen	**ቁልፊ** qulfi
die Schnalle	**መቈለፍ** meqolef

die Trekkingsandale
ሰንደል ትረኪንግ
sendel treking

der Turnschuh
ጫማ ስፖርት
tschama sport

DIE KÖRPERPFLEGE – ክንክን ኣካላት

die Zahnpasta
ብዕጦ ስኒ
bäto sni

das Parfüm
ሽታ ፈረንጂ
schta ferendschi

das Deo
ጨና ስፕረይ
tschena sprey

die Gesichtscreme
ክረማ ገጽ
krema gets

der Kamm
መዘርገፍ
mezergef

das Duschgel
ጀል ምሕጻብ
dschel mhtsab

das Shampoo
ሻምፑ
schampu

die Spülung
ኮንዲሽነር
kondischener

die Seife
ሳሙና
samuna

die Haarbürste
ኣስባስላ ጸጉሪ
asbasla tsegri

die Sonnencreme
ክረማ ጸሓይ
krema tsehay

der Kulturbeutel
መሕጸቢ ሳንጣ
mehtsebi santa

die Pinzette
ወረጦ
wereto

die Nagelschere
መቐስ ጽፍሪ
meqes tsfri

die Nagelfeile
መከናኸኒ ጽፍሪ
mekenacheni tsfri

die Haarspange
መእሰሪ ጸጉሪ
meäseri tseguri

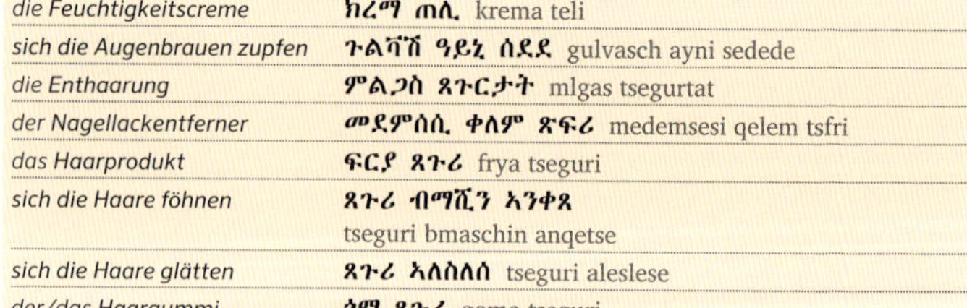

die Feuchtigkeitscreme	**ክረማ ጠሊ** krema teli
sich die Augenbrauen zupfen	**ጉልቫሽ ዓይኒ ሰደደ** gulvasch ayni sedede
die Enthaarung	**ምልጋስ ጸጉርታት** mlgas tsegurtat
der Nagellackentferner	**መደምሰሲ ቀለም ጽፍሪ** medemsesi qelem tsfri
das Haarprodukt	**ፍርያ ጸጉሪ** frya tseguri
sich die Haare föhnen	**ጸጉሪ ብማሺን ኣንቀጸ** tseguri bmaschin anqetse
sich die Haare glätten	**ጸጉሪ ኣለስለሰ** tseguri aleslese
der/das Haargummi	**ጎማ ጸጉሪ** goma tseguri

SCHMINKSACHEN – ነገራት ኩሕለ-ምሕሊ

der Pinsel	አስባስላ asbasla
der Kajalstift	ፒሮ ቀለም ቅርንብ ዓይኒ piro qelem qrnb ayni
der/das Lipgloss	ተወሳኺ ሕብሪ ከንፈር tewesachi hbri kenfer
die Wimpernzange	መትሓዝ ቅርንብ ዓይኒ methaz qrnb ayni

ZU HAUSE

ኣብ ገዛ

DIE WOHNUNG - ኣፓርታማ

der Hausschlüssel
መፍትሕ ገዛ
mefth geza

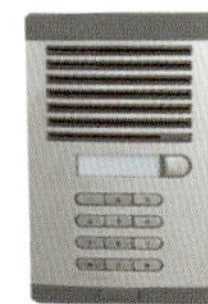

die Sprechanlage
ውሽጣዊ መዘራረቢ
wschtawi mezerarebi

die Hausnummer
ቁጽሪ ገዛ
qutsri geza

die Türklingel
ደወል ገዛ
dewel geza

das Türschloss
መእሰሪ ማዕጾ
meäseri maätso

der Fußabtreter
መርገጺ እግሪ
mergetsi ägri

der Briefkasten
ሳጹን ቡስጣ
satsun busta

das Einfamilienhaus
ናይ ንጽል ስድራ ገዛ
nay ntsl sdra geza

das Doppelhaus
ድርባዊ ገዛ
drbawi geza

das Reihenhaus
ሪጋ ገዛታት
riga gezatat

das Mehrfamilienhaus
ናይ ብዙሕ ስድራ ህንጻ
nay bzuh sdra hntsa

der Bungalow
ሓደ ዝደርቡ ገዛ
hade zderbu geza

der Schirmständer
መትሓዚ ጽላል
methazi tslal

die Eigentumswohnung	**ዝተገዝአ ኣፓርታማ** ztegeze apartama
die Mietwohnung	**ዝተኻረየ ኣፓርታማ** ztechareye apartama
der Hof	**ቀጽሪ** qetsri
das Eigentum	**ጥሪት** trit
das Grundstück	**ጥሪት መሬት** trit meret
der Umbau	**እንደገና ምስራሕ** ändegena msrah
der Anbau	**ምኹስኳስ** mchuskwas
zu verkaufen	**ንምሽያጥ** nmschyat

DIE WOHNUNG - ኣፓርታማ

der Dachboden
መሬት ናሕሲ
meret nahsi

der Keller
ትሕተ-ቤት
thte-byet

der Flur
ኮረድዮ
koredyo

der Aufzug
ሊፍት
lift

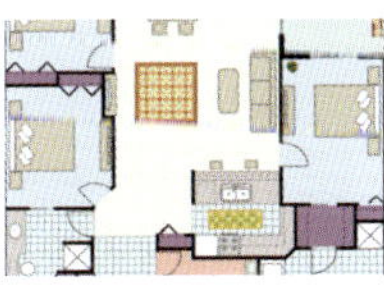

der Grundriss
መሰረታዊ መደብ
meseretawi medeb

die Garage
ጋራጅ
garadsch

der Carport
ገበላ ማኪና
gebela makina

der Altbau
ኣሰራርሓ ቀደም
aserarha qedem

der Hausmeister
ኣላይ
alay

die Wendeltreppe
ዓንኬላዊ መደያይቦ
ankelawi medeyaybo

der Rauchmelder
መፈለጊ ትኪ
mefelegi tki

das Treppenhaus
ክፍሊ መደያይቦ
kfli medeyaybo

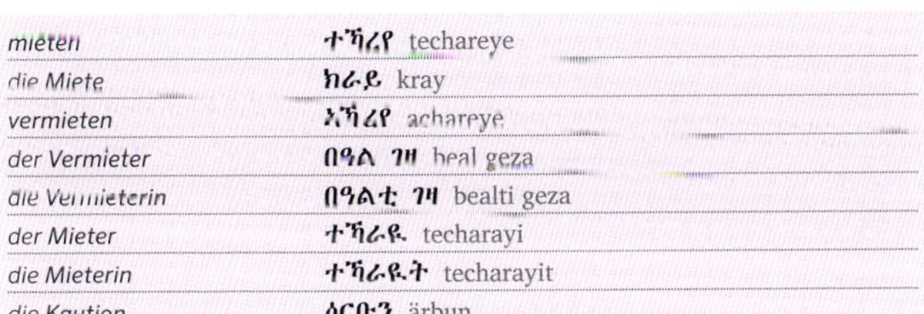

mieten	**ተኻረየ** techareye
die Miete	**ክራይ** kray
vermieten	**ኣኻረየ** achareye
der Vermieter	**በዓል ገዛ** beal geza
die Vermieterin	**በዓልቲ ገዛ** bealti geza
der Mieter	**ተኻራዪ** techarayi
die Mieterin	**ተኻራዪት** techarayit
die Kaution	**ዕርቡን** ärbun

der Mietvertrag
ውዕል ክራይ
wäl kray

DAS HAUS - ቤት

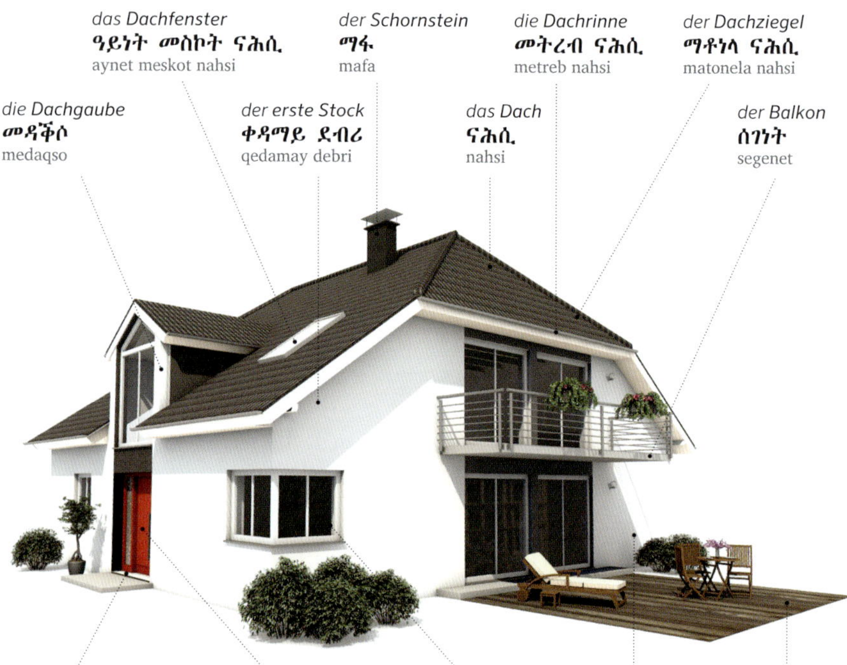

das Einzelhaus	ንጽል ገዛ ntsl geza
der Neubau	ዘመናዊ ህንጻ zemenawi hntsa
die Dreizimmerwohnung	ሰለስተ ክፍሊ ኣፓርታማ seleste kfli apartama
möbliert	ኣቕሑ ገዛ ዘለዎ aqhu geza zelewo
das Stockwerk	ደርቢ ደረጃ ክፍልታት derbi deredscha kfltat
der Eigentümer	ወናኒ wenani
die Eigentümerin	ወናኒት wenanit
eine Hypothek aufnehmen	ትሕጃ ኣትሓዘ thdscha athaze

DAS HAUS – ቤት

Der Eingang – መእተዊ

die Diele
መእተዊ ኣዳራሽ
meätewi adarasch

der Spiegel
መስትያት
mestyat

der Sessel
መንበር
menber

der Ablagetisch
ጣውላ ድለባ
tawla dleba

die Wohnungstür
ማዕጾ ኣፓርታማ
maätso apartama

der Garderobenständer
መቕመጥ ካባ
meqmet kaba

der Schirmständer
መትሓዝ ጽላል
methaz tslal

das Treppengeländer
መደንደል መደያይቦ
medendel medeyaybo

die Treppe
መደያይቦ
medeyaybo

der Treppenabsatz
ክፋል መደያይቦ
kfal medeyaybo

die Treppenstufe
ስጉም መደያይቦ
sgum medeyaybo

das Schlüsselbrett
ሰለዳ መፋትሕ
ṣeleda mefath

der Kleiderhaken
መንጠልጠሊ ክዳን
menteltelí kdan

der Kleiderbügel
መንጠልጠሊ ክዳን
menteltelí kdan

der Schuhlöffel
መውደይ ሳእኒ
mewdey saäni

DAS HAUS - ቤት

Das Wohnzimmer - መዕረፊ ክፍሊ

der Spiegel
መስትያት mestyat

der Ventilator
መንበድበዲ menbedbedi

der Bilderrahmen
ኣስከሬን ስእሊ askeren säli

der Vorhang
መጋረጃ megaredscha

die Decke
ድርዕቶ dräto

das Gemälde
ስእሊ säli

das Sofa
ሳሎን
salon

die Lampe
ፋኑስ
fanus

das Sofakissen
መተርኣስ ሶፋ
meteras sofa

der Beistellschrank
ንእሽቶ መኽዘን
näschto mechzen

der Kaminsims
ኣፍ እቶን
af äton

der gepolsterte Hocker
ልስሉስ ድኳታት
lslus dkwatat

der Teppichboden
መሬት ምንጻፍ
meret mntsaf

der Kamin
ማፋ
mafa

der Sessel
ነዊሕ መንበር
newih menber

der Couchtisch
ጣውላ ሶፋ
tawla sofa

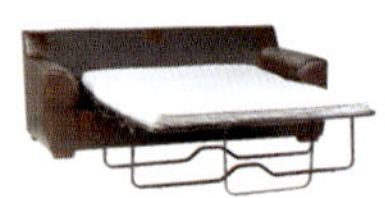

die Schlafcouch
መደቀሲ ሶፋ
medeqesi sofa

die Vitrine
ቨትሪና ቤተ-መዘክር
vetrina byete-mezekr

die Fernsehbank
መንበር ተለቪዥን
menber televishn

das Bücherregal
መደርደር መጻሕፍቲ
mederder metsahfti

DAS HAUS - ቤት

Das Esszimmer - መመገቢ ክፍሊ

das Rollo
መጋረጃ መስኮት
megaredscha meskot

der Kronleuchter
ሻንደሌር
schandeler

die Vitrine
ቨትሪና ቤተ-መዘክር
vetrina byete-mezekr

die Zimmerpflanze
ተኽሊ ገዛ
techli geza

das Fensterbrett
ጓንቴራ መስኮት
gwantyera meskot

der Tischläufer
ንውሕ ዝበለ መሸፈኒ
nwh zbele meschefeni

die Kerze
ሽምዓ
schma

der Stuhl
መንበር
menber

der Esstisch
መመገቢ ጣውላ
memegebi tawla

die Tischdekoration
ስልማት ጣውላ
slmat tawla

der Holzboden
መሬት እንጸይቲ
meret äntseyti

die Blumenvase
ሳርማ
sarma

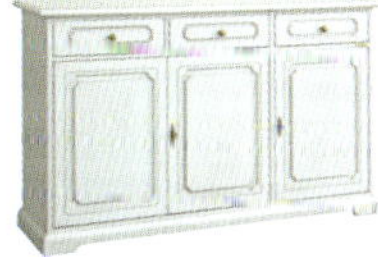

die Anrichte
ከረዴንሳ
keredyensa

die Wanduhr
ሰዓት መንደቕ
seat mendeq

der Hochstuhl
ነዊሕ መንበር
newih menber

DAS HAUS – ቤት

Die Küche – ክሽነ

die Einbauküche
ክሽነ ንምዕጣቕ
kschne nmätaq

die Einbauleuchte
ፋኑስ
fanus

die Dunstabzugshaube
መውጽኢ ትኪ ክሽነ
mewtsi tki kschne

die Arbeitsplatte
ጣውላ ምኽሻን
tawla mchschan

der Hängeschrank
ኣርማድዮ ክዳውንቲ
armadyo kdawnti

der Backofenschalter
መወልዒ እቶን
meweli äton

der Herd
መኽሸኒ
mecheschenI

der Backofen
እቶን
äton

das Spülbecken
መሕጸቢ
mehtsebi

der Küchenhocker
ዱኳታት ክሽነ
dukwatat kschne

die Schublade
ተመዛዚ
temezazi

der Kühlschrank
መዝሓሊ
mezhali

die Frühstückstheke
ጣውላ ቁርሲ
tawla qursi

die Spülmaschine
ሓጻቢት ድስቲ
hatsabit dsti

der Gefrierschrank
መዝሓሊ በረድ
mezhali bered

das Geschirrtuch
ካይላዊ ኣቕሑ
kaylawi aqhu

der Mülleimer	መገለል ጎሓፍ megelel gohaf
die Mülltrennung	ምፍልላይ ጎሓፍ mfllay gohaf
die Verpackung	ፓኮ pako
das Altglas	ኣረጊት ግላስ aregit glas
den Ofen vorheizen	እቶን ኣውዓየ äton awaye
die Spülmaschine laufen lassen	ማሺን ኣቕሑ መግቢ ወልዐ maschin aqhu megbi wele
das Essen auftauen	መግቢ ኣህፈፈ megbi ahfefe
das Geschirr abtropfen lassen	ኣቕሑ መግቢ ኣንቀጸ aqhu megbi anqetse

DAS HAUS - ቤት

Küchengeräte - መሳርሒታት ክሽነ

der Pürierstab
መኾሲ ኤለትሪክ
mechosi eletrik

der Mixer
ሓዋሲ ኣደባላቒ
hawasi adebalaqi

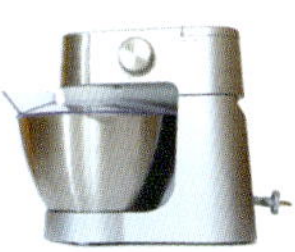

die Küchenmaschine
ማሺን ክሽነ
maschin kschne

die Mikrowelle
ማይክሮወቭ
maykrowev

das Handrührgerät
መኾሲ ኢድ
mechosi id

der Wasserkocher
መፍልሒ ማይ
meflhi may

das Waffeleisen
መስርሒ ዋፍል
mesrhi wafl

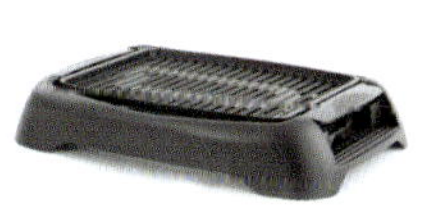

der Elektrogrill
ጥብሲ ኤለትሪክ
tbsi eletrik

der Toaster
መጥበሲ
metbesi

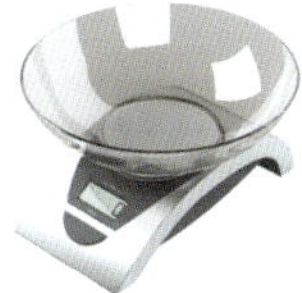

die Küchenwaage
ሚዛን ክሽነ
mizan kschne

der Schnellkochtopf
ድስቲ ንቅልጡፍ ምኽሻን
dsti nqltuf mchschan

der Sandwichgrill
መጥበሲ ሳንድዊች
metbesi sandwitsch

die Kaffeemaschine
ማሺን ቡን
maschin bun

der Dampfgarer
መኸሸኒ ሃፋ
mecheschenі hafa

der Raclettegrill
መጥበሲ ራስለት
metbesi raslet

der Reiskocher
መኸሸኒ ሩዝ
mecheschenі ruz

DAS HAUS - ቤት

Koch- und Backutensilien - ነገራት ምኽሻንን ምስንካትን

der Küchenwecker
ኣላርም ክሽነ
alarm kschne

das Ausstechförmchen
ፎርም መስርሒ ብሽኮቲ
form mesrhi bschkoti

das Küchenpapier
ወረቐት ክሽነ
wereqet kschne

die Schürze
ግርምብያለ
grmbyale

das Muffinförmchen
ፎርማታት ማፊን
formatat mafin

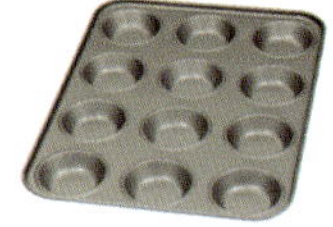

die Törtchenform
ፎርማ ዶልሺ
forma dolschi

die Springform
ድስቲ ፎርማ ዶልሺ
dsti forma dolschi

das Backblech
መሰንከቲ ነጸላ
mesenketi netsela

der Messerschärfer
መበልሒ ካራ
mebelhi kara

das Teigrad
መቑረጺ መንኮርኮር
mequretsi menkorkor

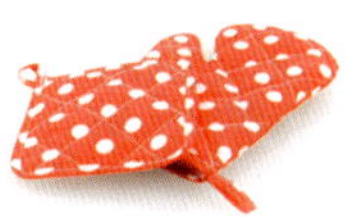

der Topfhandschuh
ጓንቲ ድስቲ
gwanti dsti

das Tablett
ጓንቴራ
gwantyera

die Sanduhr
ሰዓት-ሑጻ
seat-hutsa

das Kuchengitter	**መንበሪ ዶልሺ** menberi dolschi
der Spritzbeutel	**ሳንጣ ኪፍኪፍታ** santa kifkifta
das Backpapier	**ወረቐት ምስንካት** wereqet msnkat
die Frischhaltefolie	**ላስቲክ መትሓዝ መግቢ** lastik methaz megbi
der Putzlappen	**መጽረጊ ጨርቂ** metsregi tscherqu
die Alufolie	**ወረቐት ብረት** wereqet bret
der Gefrierbeutel	**ላስቲክ በረድ** lastik bered
die Rührschüssel	**ሸሓኒ መኾሲ** schehani mechosi

DAS HAUS - ቤት

Koch- und Backutensilien - ነገራት ምኽሻንን ምስንካትን

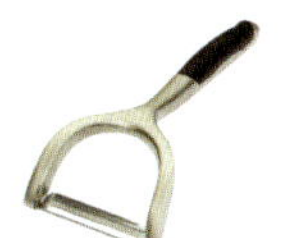
der Schäler
መቅረፊ
meqrefi

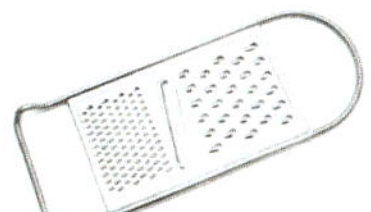
die Reibe
ፋሕፍሐ
fahfhe

das Hackmesser
መቍረጺ ካራ
meqretsi kara

das Küchenmesser
ካራ ክሽነ
kara kschne

das Küchensieb
መንፊት ክሽነ
menfit kschne

das Abtropfsieb
ማይ ዘውጽእ መንፊት
may zewtsä menfit

der Kartoffelstampfer
መደቘሲ ድንሽ
medeqosi dnsch

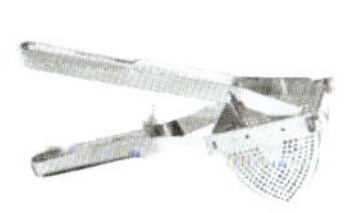
die Knoblauchpresse
መደቘሲ ጻዕዳ ሽጉርቲ
medeqosi tsaäda schgurti

die Schöpfkelle
ጭልፋ
tschlfa

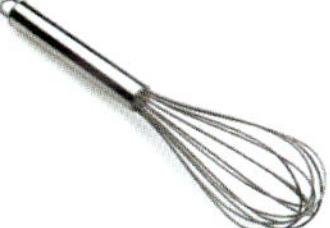
der Schneebesen
መኾስተር ውርጪ
mechoster wrtschi

der Spieß
ጭማራ
tschmara

der Dosenöffner
መኽፈቲ ታኒካ
mechfeti tanika

der Mörser	ብጭቓ መንደቕ ዘጣብቕ ናውቲ btschqa mendeq zetabq nawti
der Stößel	ተነቀተ teneqwati
der Messerblock	መንበሪ ካራታት menberi karatat
der Fleischklopfer	ቅብቅብ ስጋ qbqb sga
der Eierschneider	መቝረጺ እንቋቝሖ meqretsi änqwaqho
der Eisportionierer	ጭልፋ ኣይስ-ክሪም tschlfa ays-krim
die Thermoskanne®	ቴርሞስ tyermos
der Spüllappen	ጨርቂ ክሽነ tscherqu kschne

das Schneidebrett
መመተሪ እንጸይቲ
memeteri äntseyti

DAS HAUS - ቤት

Koch- und Backutensilien - ነገራት ምኽሻንን ምስንካትን

der Korkenzieher
መኽፈት ቡሽ
mechfet busch

der Backpinsel
ኣስባስላ ምስንካት
asbasla msnkat

das Nudelholz
ከቢብ እንጸይቲ
kebib äntseyti

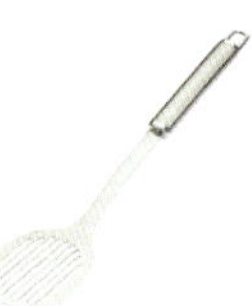

der Pfannenwender
መገንጸሊ ባደላ
megentseli badela

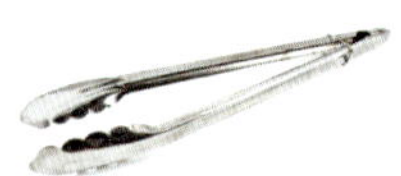

die Küchenzange
ጉጤት ክሽነ
gutyet kschne

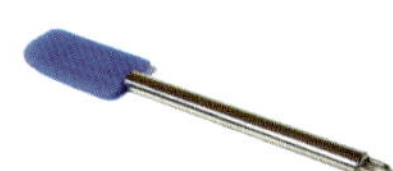

der Teigschaber
መሓግሓጊ ብሒቕ
mehaghagi bhiq

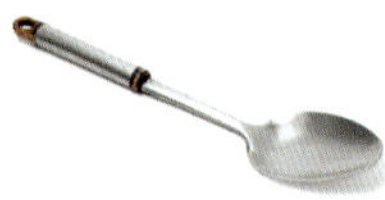

der Servierlöffel
መቕረቢ ማንካ
meqrebi manka

der Kochlöffel
ማንካ ክሽነ
manka kschne

die Bratpfanne
መቕለዊ ባዴላ
meqlewi badyela

der Wok
መብሰሊ ጭሐሎ
mebseli tschhelo

der Kochtopf
ድስቲ ክሽነ
dsti kschne

der Schmortopf
ድስቲ እቶን
dsti äton

das Auflaufförmchen
ንኣሽቱ ሸሓኒታት
naschtu schehanitat

die Bratengabel	**መጠበሲ ፋርከታ** metebesi farketa
der Untersetzer	**መንበሪ ትሕቲኡ** menberi thtiu
die Grillpfanne	**ባደላ ጥብሲ** badela tbsi
der Messbecher	**ብርጭቆ ሚዛን** brtschqo mizan
der Trichter	**መንቆርቆር** menqorqor
der Messlöffel	**ማንካ ሚዛን** manka mizan
der Abtropfständer	**ዘንቕጽ መንበሪ ኣቕሑ ክሽነ** zenqts menberi aqhu kschne
der Flaschenöffner	**መኽፈቲ ጥርሙዝ** mechfeti trmuz

DAS HAUS - ቤት

Das Schlafzimmer - መደቀሲ ክፍሊ

der Bettbezug
አንሶላ ዓራት
ansola arat

die Bettdecke
ክዳን ዓራት
kdan arat

das Kopfteil
ናይ ጫፍ አካል
nay tschaf akal

das Doppelbett
ድርብ ዓራት
drb arat

das Kopfkissen
መተርኣስ ርእሲ
meteras räsi

der Kissenbezug
አንሶላ መተርኣስ
ansola meteras

die Nachttischlampe
ላምባዲና ለይቲ
lambadina leyti

die Kommode
ተመዛዚ ከብሒ
temezazi kebhi

das Bettgestell
ስርሓት ዓራት
srhat arat

das Laken
አንሶላ
ansola

der Teppich
አንጸፈ
antsefe

der Hocker
ድኳ
dkwa

die Matratze
ፍርናሽ
frnasch

der Nachttisch
ጣውላ ለይቲ
tawla leyti

der Kleiderschrank	አርማድዮ ክዳውንቲ armadyo kdawnti
der Wecker	ሰዓት ደወል seat dewel
den Wecker stellen	ኣላርም ኣስተሻሽለ alarm astechachele
die Wärmflasche	ጥርሙዝ ዋዒ trmuz wai
die Heizdecke	መውዓይ meway
die Tagesdecke	ከቦርታ መዓልቲ keborta mealti
die Schlafbrille	መነጽር ድቃስ menetsr dqas
das Zimmer mit Bad	ክፍሊ ምስ ባንዮ kfli ms banyo

DAS HAUS - ቤት

Das Kinderzimmer - ክፍሊ ቆልዑ

der Ball
ኩዕሶ
kuäso

die Puppe
ባምቡላ
bambula

die Wickeltasche
ሳንጣ ማማይ
santa mamay

der Kinderwagen
ሰረገላ ህጻን
seregela htsan

das Babyfon®
በቢፎን
bebifon

der Laufstall
ኣጕዶ መጻወቲ ቆልዓ
agdo metsaweti qola

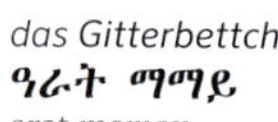

das Gitterbettchen
ዓራት ማማይ
arat mamay

die Flauschdecke
ዝተኣለመ ከቦርታ
ztealeme keborta

das Mobile
ተንቀሳቓሲ
tenqesaqasi

der Gitterstab
መታወር
metawer

der Teddy
ተዲ
tedi

das Spielzeug
መጻወቲ ቆልዓ
metsaweti qola

der Wickeltisch
ጣውላ ሽጎማኖ ማማይ
tawla schgomano mamay

das Kuscheltier
መጻወቲ እንስሳ
metsaweti änssa

die Wickelauflage
ደገፍ ጣውላ ማማይ
degef tawla mamay

das Töpfchen
ሽቓቕ ማማይ
schqaq mamay

die Babytragetasche
ሳንጣ መሰከሚ ማማይ
santa mesekemi mamay

der Schulranzen
ሳንጣ ትምህርቲ
santa tmhrti

das Bauklötzchen
ግላዕ መሰኰዒ
glaä mesekoi

DAS HAUS - ቤት

Das Jugendzimmer - ክፍሊ መንእሰያት

das Etagenbett	ድርቢ ዘለዎ ዓራት drbi zelewo arat
schlafen	ድቃስ dqas
schnarchen	ሓርንኽ harneche
aufwachen	ተበራበረ teberabere
aufstehen	ተንሰአ tensee
der Albtraum	መባህረር mebahrer
träumen	ሓለመ haleme
einschlafen	ድቃስ ወሰደ dqas wesede
tief schlafen	ብዕምቈት ደቀሰ bümqet deqese
ausschlafen	ነዊሕ ደቀሰ newih deqese
wach sein	ንቑሕ ኮነ nquh kone
das Bett machen	ዓራት ኣንጸፈ arat antsefe
ins Bett gehen	ናብ ዓራት ከደ nab arat kede
das Zimmer aufräumen	ክፍሊ ጸረገ kfli tserege

DAS HAUS - ቤት

Das Arbeitszimmer - ክፍሊ ስራሕ

der Bilderrahmen
ኣስኬረን ስእሊ
askeren säli

die Verandatür
ማዕጾ ቨራንዳ
maätso veranda

der Bücherschrank
ከብሒ መጻሕፍቲ
kebhi metsahfti

die Zimmerpflanze
ተኽሊ ገዛ
techli geza

das Foto
ስእሊ
säli

das Tageslicht
ብርሃን መዓልቲ
brhan mealti

der/das Laptop
ላፕቶፕ
laptop

die Rückenlehne
መዕለቢ ሕቖ
meälebi hqo

der Sessel
መንበር
menber

der Schreibtisch
ጣውላ ቤት-ጽሕፈት
tawla byet-tshfet

der Rollcontainer
ኲረር ዝብል ከብሒ
korer zbl kebhi

der Drehstuhl
ዝጥወ መንበር
ztwe menber

die Armlehne
መዕለቢ ኢድ
meälebi id

die Unterlage	ዶኩመንት ሰነድ dokument sened
die Steuererklärung	መግለጺ ቀረጽ megletsi qerets
arbeiten	ሰርሐ serhe
sich konzentrieren	ኣትኮረ atkore
die Überstunde	ልዕለ ሰዓት läle seat
von zu Hause arbeiten	ካብ ገዛ ሰርሐ kab geza serhe
eine Pause machen	ዕርፍቲ ገበረ ärfti gebere
selbstständig sein	ርእሰ-ሓዳር ኮነ räse-hadar kone

DAS HAUS - ቤት

Das Badezimmer - ክፍሊ ባንዮ

der Spiegel
መስትያት
mestyat

das Waschbecken
መሕጸቢ
mehtsebi

der Seifenspender
መውጽኢ ሳሙና
mewtsi samuna

der Waschbecken-unterschrank
ከብሒ ትሕተ ቡምባ
kebhi thte bumba

die Duschkabine
ክፍሊ ሻወር
kfli schawer

die Dusche
ሻወር schawer

der Handtuchhalter
መትሓዝ ሽጎማኖ
methaz schgomano

das Handtuch
ሽጎማኖ
schgomano

der Wasserhahn
ቡምባ bumba

die Badewanne
ባስካ baska

die Toilette
ሽቓቕ
schqaq

die Toilettenspülung
መለቕለቕ ሽቓቕ
meleqleq schqaq

der Spülkasten
መዕቌር ማይ
meäqor may

auf die Toilette gehen
ናብ ሽቓቕ ከደ
nab schqaq kede

der Toilettendeckel
መሸፈኒ ሽቓቕ
meschefeni schqaq

die Toilettenbrille
ኮፍ መበሊ ሽቓቕ
kof mebeli schqaq

die Kloschüssel
ሽቓቕ
schqaq

die Klobürste
መጽረጊ ሽቓቕ
metsregi schqaq

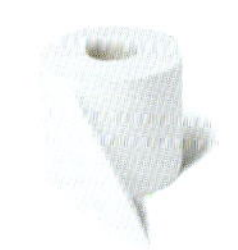

das Toilettenpapier
ወረቐት ሽቓቕ
wereqet schqaq

der Raumduft
ጨና ክፍሊ
tschena kfli

der Klostein
ኣብ ሽቓቕ ዘሎ ኰስታሪ
ab schqaq zelo kostari

DAS HAUS - ቤት

Sanitäre Anlagen - ሕክምናውያን መሳርያታት

der Elektroboiler
መፍልሒ ኤለትሪክ
meflhi eletrik

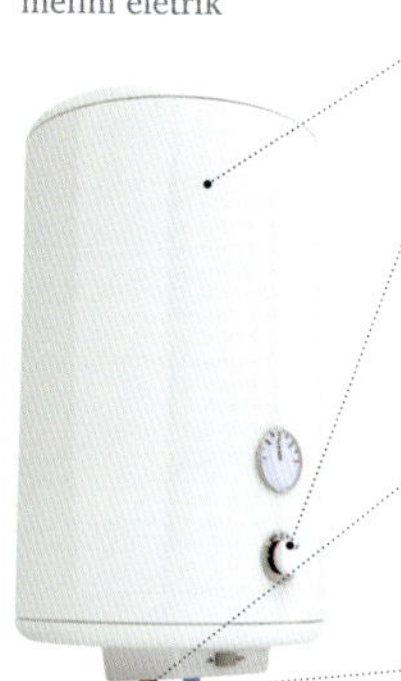

der Behälter
መትሓዚ
methazi

das Thermostat
ቴርሞስታት
tyermostat

der Warmwasser-ablauf
መወሰዲ ማይ ውዑይ
mewesedi may wuy

der Kaltwasserzulauf
መወሰዲ ማይ ዝሑል
mewesedi may zhul

das Gas-Wandheizgerät
መውዓዪ ጋዝ መንደቕ
mewayi gaz mendeq

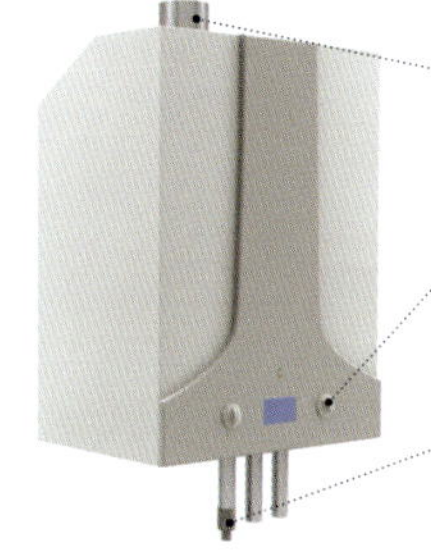

das Sicherheitsventil
መተንፍሶ ዋሕስ
metenfso wahs

der Regler
መርማሪ
mermari

der Überlauf
ጀርበብ
dscherbeb

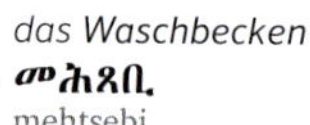

das Waschbecken
መሕጸቢ
mehtsebi

die Zuleitung
መስመር ማይ
mesmer may

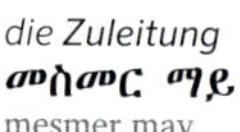

der Absperrhahn
ዓጋቲ
agati

der Abfluss
ግንፋለ
gnfale

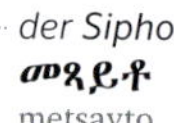

der Siphon
መጻይቶ
metsayto

der Spülkasten
መዕቈር ማይ
meäqor may

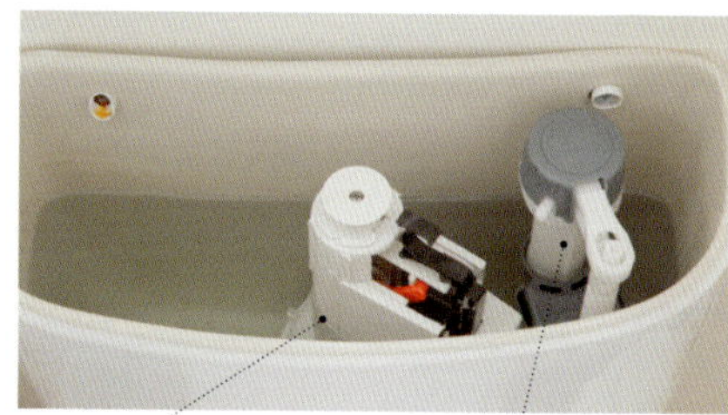

die Heberglocke
ሓፍ መበሊ ኣብ ትሕተ ቡምባ
haf mebeli ab thte bumba

der Überlauf
ጀርበብ
dscherbeb

DAS HAUS - ቤት

Im Badezimmer - ኣብ ክፍሊ ባንዮ

das Wattepad
ሶፍቲ ጡጥ
softi tut

der Duschschwamm
መሕጸቢ ሰፍነግ
mehtsebi sefneg

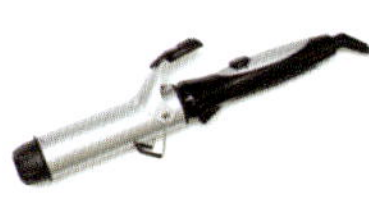

der Lockenstab
ብረት መጠወዪ ጸጉሪ
bret meteweyi tseguri

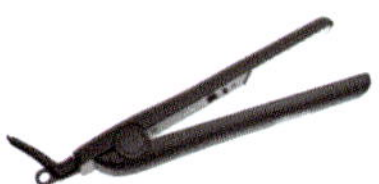

das Glätteisen
ቀጥ መበሊ ጸጉሪ
qet mebeli tseguri

der Rasierapparat
መላጸ
melatse

das Schwammtuch
ጨርቂ ሰፍነግ
tscherqu sefneg

die Zahnseide
ክረማ ስኒ
krema sni

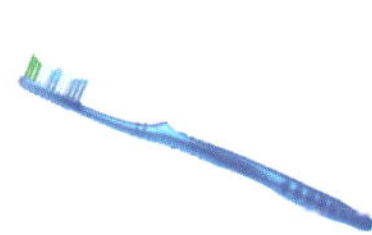

die Zahnbürste
መጽረጊ ስኒ
metsregi sni

das Taschentuch
መንዲል
mendil

das Wattestäbchen
ዕንጸይቲ ጡጥ
äntseyti tut

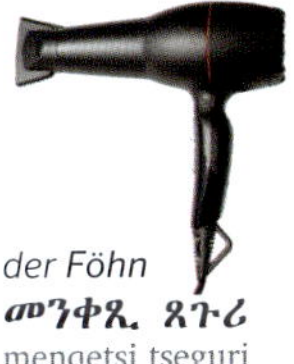

der Föhn
መንቀጺ ጸጉሪ
menqetsi tseguri

der Rasierschaum
ክረማ ምልጻይ
krema mltsay

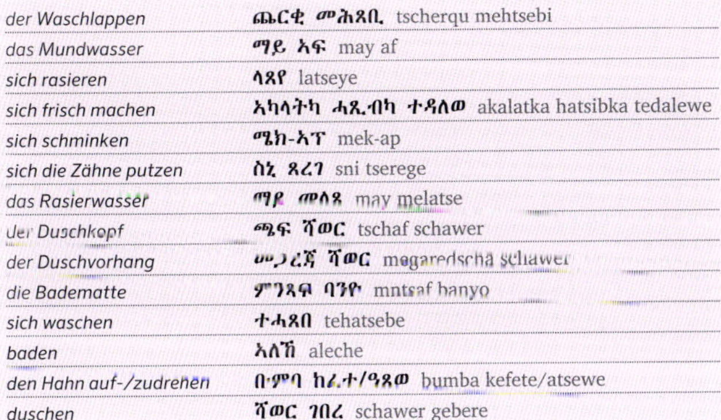

der Waschlappen	**ጨርቂ መሕጸቢ** tscherqu mehtsebi
das Mundwasser	**ማይ ኣፍ** may af
sich rasieren	**ላጸየ** latseye
sich frisch machen	**ኣካላትካ ሓጺብካ ተዳለወ** akalatka hatsibka tedalewe
sich schminken	**ሜክ-ኣፕ** mek-ap
sich die Zähne putzen	**ስኒ ጸረገ** sni tserege
das Rasierwasser	**ማይ መላጸ** may melatse
der Duschkopf	**ጫፍ ሻወር** tschaf schawer
der Duschvorhang	**መጋረጃ ሻወር** megaredscha schawer
die Badematte	**ምንጻፍ ባንዮ** mntsaf banyo
sich waschen	**ተሓጸበ** tehatsebe
baden	**ኣለኸ** aleche
den Hahn auf-/zudrehen	**ቡምባ ከፈተ/ዓጸወ** bumba kefete/atsewe
duschen	**ሻወር ገበረ** schawer gebere

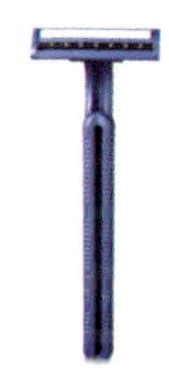

der Rasierer
መላጸዩ
melatseyi

DAS HAUS - ቤት

Die Waschküche - መሕጸቢ ክፍሊ

die Waschmaschine
ሓጻቢት መኪና
hatsabit mekina

die Waschmittelkammer
ከብሒ መጽረዪ
kebhi metsreyi

der Frontlader
መእተዊ ሓጻቢት
meätewi hatsabit

der Wäschekorb
መገለል ክዳን
megelel kdan

die zusammengelegte Wäsche
ዝተንጸፈ ክዳን
ztentsefe kdan

der Fleckenentferner
መደምሰሲ ቀለም
medemsesi qelem

der Weichspüler
መፍኰሲ
mefkosi

die Wäscheleine
መስጥሕ ክዳውንቲ
mesth kdawnti

die Wäscheklammer
መርፍእ ንምንጥልጣል ክዳን
merfä nmntltal kdan

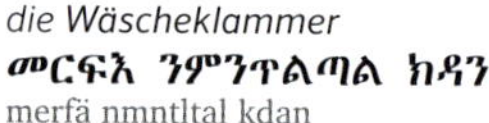

das Bleichmittel
መጻዕደዊ
metsaädewi

das Waschpulver
ሓሩጭ መሕጸቢ
harutsch mehtsebi

das Bügeleisen
ሓጺን መስታረሪ
hatsin mestareri

das Bügelbrett
መስታረሪ ጣውላ
mestareri tawla

die Waschmaschine füllen	ሓጻቢት መልአ hatsabit mele
die Wäsche waschen	ክዳን ሓጸበ kdan hatsebe
die Wäsche schleudern	ክዳን ወርወረ kdan werwere
der Wäscheständer	መንቀጺ ክዳን menqetsi kdan
der Wäschetrockner	መንቀጺ ማሺን ክዳን menqetsi maschin kdan
der Schmutzwäschekorb	መገለል ርሳሕ ክዳን megelel rsah kdan
die Wäsche zum Trocknen aufhängen	ክዳን ንክነቕጽ ኣንጠልጠለ kdan nkneqts anteltele
bügeln	ኣስታረረ astarere

DAS HAUS - ቤት

Reinigungsartikel - ኣቕሑ ጽርየት

das Reinigungsmittel
ናውቲ መጸረዪ
nawti metsereyi

das Spülmittel
መጽረዪ
metsreyi

die Bürste
ኣስባስላ
asbasla

die Sprühflasche
ጥርሙዝ ንጽጎ
trmuz ntsgo

der Gummiwischer
መወልወሊ ጎማ
mewelweli goma

die Kehrschaufel
መኹስተሪ ባዴላ
mechosteri badyela

der Handfeger
መኹስተሪ ኢድ
mechosteri id

der Wischmopp
መኹስተር
mechoster

der Schwamm
ሰፍነግ
sefneg

der Gummihandschuh
ጓንቲ ጎማ
gwanti goma

der Eimer
መገለል
megelel

der WC-Reiniger
መጽረዪ ሽቓቕ
metsreyi schqaq

schrubben	**ፋሕፍሐ** fahfhe
fegen	**ጸረገ** tserege
polieren	**ወልወለ** welwele
putzen	**ኣጽረየ** atsreye
abwischen	**ወልወለ ኣጽረየ** welwele atsreye
der Staubsauger	**ኣጽራያይ ደሮና** atsrayay derona
Staub saugen	**ደሮና ኣጽረየ** derona atsreye
der Staubwedel	**ጨርቂ ንምልጋስ ደሮና** tscherqu nmlgas derona

die Wurzelbürste
ኣስባስላ ሱር
asbasla sur

DAS HAUS - ቤት

Die Heimwerkstatt - ቤት-ዕዮ ገዛ

die Handsäge
መጋዝ ኢድ
megaz id

die Schere
መቐስ
meqes

die Schraube
መሰኒ
meseni

die Mutter
ኣደ
ade

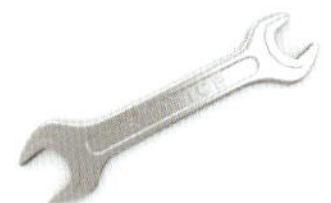

der Schrauben-schlüssel
ዘዋር መስኒ ገፊሕ
zewar mesni gefih

der Holzhammer
ሞደሻ ዕንጸይቲ
modescha äntseyti

die Rohrzange
ጉጤት ቱባ
gutyet tuba

das Maßband
መዐቀኒ ሽረጥ
meeqeni schret

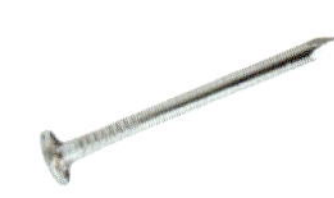

der Nagel
ጽፍሪ
tsfri

der Hammer
ማርተሎ
martelo

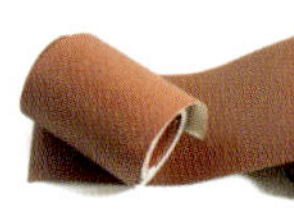

das Schleifpapier
ፋሕፋሒ ወረቐት
fahfahi wereqet

die Wasserwaage
ሚዛን ማይ
mizan may

die Kombizange
ጉጤት ብዙሕ መዳይ
gutyet bzuh meday

der Schraubenzieher
ዘዋር መስኒ
zewar mesni

die Bügelsäge
መትሓዚ ዘለዎ መጋዝ
methazi zelewo megaz

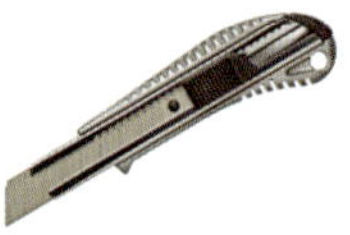

das Teppichmesser
ካራ ምንጻፍ
kara mntsaf

DAS HAUS - ቤት

Die Heimwerkstatt - ቤት-ዕዮ ገዛ

der Akkubohrer
ባትሪ ዘለዎ መንደል
batri zelewo mendel

der Akku
ባትሪ
batri

der Bohrer
መንደል
mendel

der Elektrobohrer
መንደል ኤለትሪክ
mendel eletrik

das Stemmeisen	**መንደል ሓጺን** mendel hatsin
die Nietenzange	**ጉጤት መስማር** gutyet mesmar
der Seitenschneider	**ቈራጺ ጎኒ** qoratsi goni
das Sägeblatt	**መንደል ሻፎ** mendel schafo
schrauben	**መሰነ** meseni
löten	**በየደ** beyede
messen	**ዓቀነ** aqene
abschmirgeln	**ብልስሉስ ከደነ** blslus kedene
sägen	**መገዘ** megeze
schneiden	**ቈረጸ** qoretse
bohren	**መንደለ** mendele
hämmern	**ሞደ'ሸ** mode'sche
feilen	**ኣመዓራረየ** ameararcye
ausstemmen	**ክፋል ኣውጽአ** kfal awtse
nieten	**መስማር ዓጸወ** mesmar atsewe
streichen	**ብቀለም ጸረገ** bqelem tserege
hobeln	**ጫፍ ኣልገሰ** tschaf algese

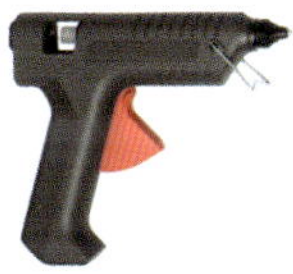

die Klebepistole
ሽጉጥ መጥበቕ
schgut metbeq

die Stichsäge
መንደሊ-መጋዝ
mendeli-megaz

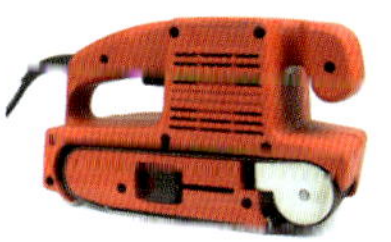

der Bandschleifer
ፋሕፋሒ ቁልፊ
fahfahi qulfi

die Kreissäge
መጋዝ ከቢብ
megaz kobib

DAS HAUS - ቤት

Die Heimwerkstatt - ቤት-ዕዮ ገዛ

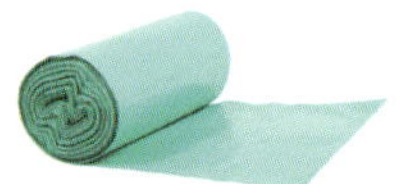

der Müllbeutel
ሳንጣ ጎሓፍ
santa gohaf

das Mikrofasertuch
ጨርቂ ሚክሮፋይበር
tscherqu mikrofayber

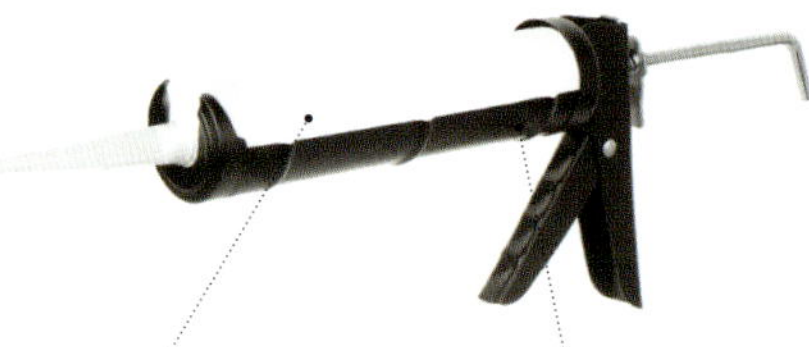

der Dichtstoff
ንፋስ ዘየእትው ነገር
nfas zeyeätw neger

die Kartuschenpistole
ሽጉጥ እየር
schgut äyer

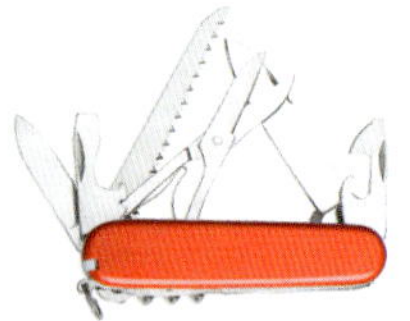

das Taschenmesser
ሰንጢ
senti

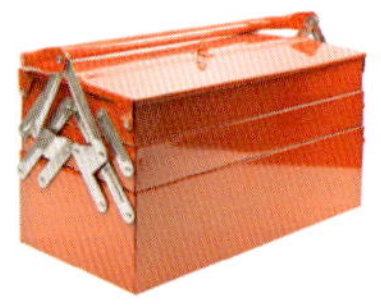

der Werkzeugkasten
ሳንዱቕ መሳርሒ
sanduq mesarhi

die Werkbank
ሰደቓ ስራሕ
sedeqa srah

der Inbusschlüssel
ሽዱሽተ ወሰን ዘለዎ ዘዋር መስኒ
schduschte wesen zelewo zewar mesni

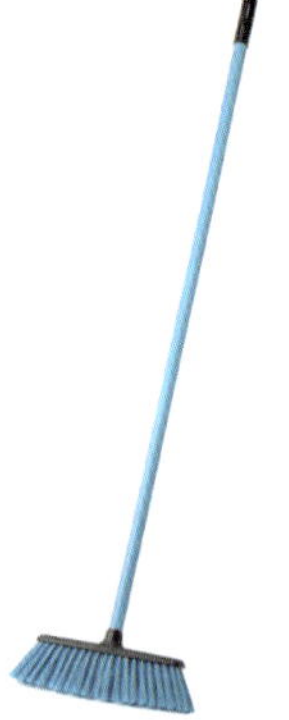

der Besen
መኾስተር
mechoster

die Schutzbrille
መከላኸሊ መነጽር
mekelacheli menetsr

der Lötkolben
መተኮሲ ሓጺን
metekosi hatsin

das Lötzinn
መበየዲ
mebeyedi

das Sperrholz	**ኮምፐንሳቶ** kompensato
die Spanplatte	**ጽላት ዕንጸይቲ** tslat äntseyti
der Lack	**ቀለም** qelem
das Metall	**ብረት** bret
der rostfreie Stahl	**ዘይምርት ኣቻዮ** zeymrt atschayo
der Kunststoff	**ፕላስቲክ** plastik
der Draht	**ስልኪ** slki
das Holzbrett	**ነዊሕ ሉሕ ዕንጸይቲ** newih luh äntseyti

DAS HAUS - ቤት

Renovieren - ምምሕዳስ

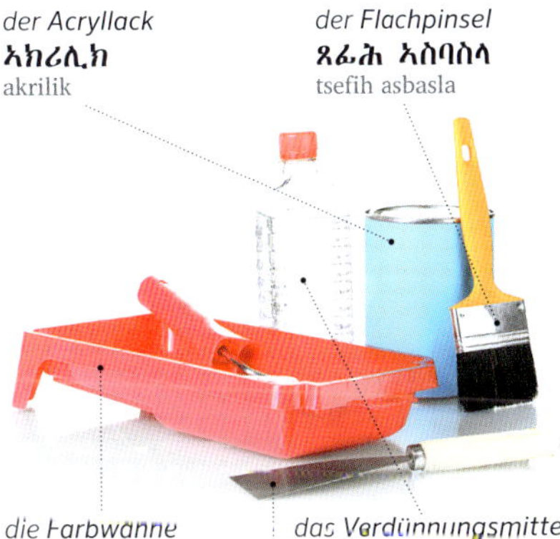

der Acryllack
ኣክሪሊክ
akrilik

der Flachpinsel
ጸፊሕ ኣስባስላ
tsefih asbasla

die Farbwanne
ጋብላ ቀለም
gabla qelem

das Verdünnungsmittel
መቕጠኒ
meqteni

der/die Spachtel
መዳወሲ
medawesi

der Farbroller
መጠቕለሊ ቀለም
meteqleli qelem

der Handwerker
ጥበበኛ
tbebenya

die Leiter
መሳልል
mesall

die Latzhose
ክሳብ መንከብ ዝበጽሕ ስረ
ksab menkub zbetsh sre

die Farbdose
ታኒካ ቀለም
tanika qelem

tapezieren
ወረቐት መንደቕ ገበረ
wereqet mendeq gebere

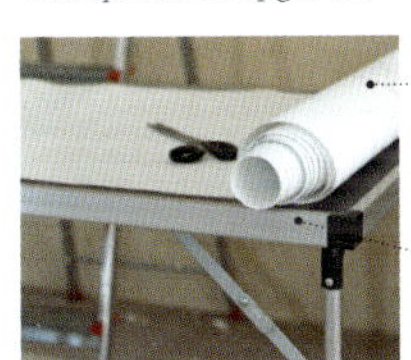

die Tapetenrolle
መጠቕለሊ ወረቐት መንደቕ
meteqleli wereqet mendeq

der Tapeziertisch
ጣውላ ወረቐት መንደቕ
tawla wereqet mendeq

die Farbe
ሕብሪ
hbri

das Abdeckband
መሸፈኒ ቅናት
meschefeni qnat

kacheln	ብማቶነላ ሸፈነ bmatonela schefene
verputzen	ብካሻስትሩስ ሸፈነ bkaschastrus schefene
spachteln	ጸፊሕ ገበረ tsefih geber
die Tapete entfernen	ወረቐት መንደቕ ኣልገሰ wereqet mendeq algese
die Abdeckfolie	መሸፈኒ ፕላስቲክ meschefeni plastik
die Spachtelmasse	ካሻስትሩስ kaschastrus
das Lösungsmittel	ኣሕቃቒ ahqaqi
das Versiegelungsmittel	መዕሸጊ meäschegi

das Farbmuster
ቅርጺ ቀለም
qrtsi qelem

DAS HAUS - ቤት

Strom und Heizung - ኳሬንትን መውዓይን

der Stromzähler
መቑጸሪ ኤለትሪክ
mequtseri eletrik

die Sicherung
ውሕስነት
whsnet

der Heizkörper
ኣጸርጋዊ
atsergawi

der Kaminofen
እቶን ዕንጸይቲ
äton äntseyti

der Stecker
መወተፊ ድብኦ
mewetefi dbo

die Steckdose
መሰኪዒ
meseki

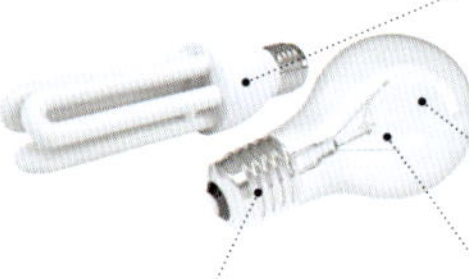

die Energiesparlampe
ጽዓት ዚቑጥብ ፋኑስ
tsat ziqtb fanus

die Glühbirne
ሽጉርቶ ብርሃን
schgurto brhan

der Lampensockel
መሰኪዒ ፋኑስ
meseki fanus

der Glühfaden
ስልኪ ብርሃን
slki brhan

das Verlängerungskabel
ዝተናወሐ መዳወር
ztenawehe medawer

der Schalter
መጥልዕ
metlä

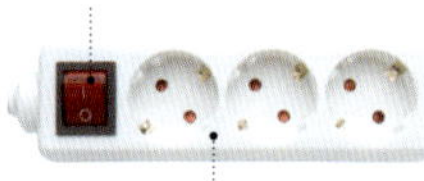

die Mehrfachsteckdose
ብዙሕ መሰኪዒ ዘለዎ መሳርሒ
bzuh meseki zelewo mesarhi

der Luftkanal	**ኣየር መትረብ** ayer metreb
die Heizung anschalten/ausschalten	**መውዓይ ወልዐ/ኣጥፍኣ** meway wele/atfe
die erneuerbare Energie	**ዚሕደስ ጽዓት** zihdes tsat
das Stromnetz	**መርበብ ኳሬንቲ** merbeb kwarenti
die Stromstärke	**ሓይሊ ኤለትሪክ** hayli eletrik
die Spannung	**ቮልተጅ** voltedsch
die Solarheizung	**መውዓይ ሶላር** meway solar
die Zentralheizung	**መውዓዪ ሰንትራል** mewayi sentral
die Fußbodenheizung	**መውዓዪ መሬት** mewayi meret
der Sicherungskasten	**ሳንዱቕ ዋሕስ** sanduq wahs
die Leitung	**ምክያድ ምምሕዳር** mkyad mmhdar
das Ampere	**ምፕ** mp
das Watt	**ዋት** wat
das Volt	**ቮልት** volt
der Adapter	**ኣልዛቢ** alzabi
die Erdung	**ናብ ምድሪ ዝኸይድ ኤለትሪክ** nab mdri zcheyd eletrik

DER GARTEN - ጀርዲን

die Terrasse
ዛላ
zala

der Gartenteich
ራህያ ጀርዲን
rahya dscherdin

der Gartenweg
መንገዲ ጀርዲን
mengedi dscherdin

der Gemüsegarten
ጀርዲን ሓምሊ
dscherdin hamli

die Küchenkräuter
ቀመም ክሽነ
qemem kschne

das Gewächshaus
ናይ ተኽልታት ገዛ
nay techltat geza

das Gartenhaus
ቤት-ጀርዲን
byet-dscherdin

das Blumenbeet
ግራት ፍዮሪ
grat fyori

die Gartenbank
ጀርዲን ርቦ
dscherdin rbo

die Gartenmöbel
ናይ ጀርዲን ኣቕሑ
nay dscherdin aqhu

die Gartenmauer
መንደቕ ጀርዲን
mendeq dscherdin

der Dachgarten
ናሕሲ ዘለዎ ጀርዲን
nahsi zelewo dscherdin

der Komposter
ተፈጥሮኣዊ ጎሓፍ
tefetroawi gohaf

der Steingarten
ጀርዲን እምኒ
dscherdin ämni

der Gartenzaun
ሓጹር ጀርዲን
hatsur dscherdin

die Hecke
ተኽሊ ሓጹር
techli hatsur

DER GARTEN - ጀርዲን

Gartengeräte - መሳርሒታት ጀርዲን

die Rosenschere
መቐስ ጽገሬዳ
meqes tsgereda

der Gartenschlauch
ናይ ጀርዲን ቱቦ ማይ
nay dscherdin tubo may

die Topfpflanze
ኣብ ባዞ ዝተተኽለ ተኽሊ
ab bazo ztetechle techli

der Handrechen
ሓኽሊ
hachli

die Blumenkelle
ማንካ ነዳቓይ
manka nedaqay

die Gießkanne
ነፋይ-ማይ
nefay-may

der Laubrechen
መኾስተር ኣቑጽልቲ
mechoster aqutslti

der Spaten
ባዴላ
badyela

der Gartenhandschuh
ጓንቲ ጀርዲን
gwanti dscherdin

der Rasenmäher
ሳዕሪ እትቆርጽ መኪና
saäri ätqorts mekina

der Rasentrimmer
ሳዕሪ ዘሕጽር መሳርሒ
saäri zehtsr mesarhi

der Rechen
መግፈፊ
megfefi

die Mistgabel
መስአ
mese

die Schubkarre
ዓረብያ ኢድ
arebya id

die Heckenschere
መቐስ ተኽሊ ሑጻ
meqes techli hutsa

die Hacke
ጭኻሮ
tschcharo

der Rasensprenger
ማይ መነስነሲ ሳዕሪ
may menesnesi saäri

DER GARTEN - ጀርዲን

Die Gartenarbeit - ስራሕ ጀርዲን

Rollrasen verlegen
ዘንቀሳቕስ ሸኻ ናብ ኮልእ ቦታ ወሰደ
zenqesaqs schecha nab kolä bota wesede

den Rasen sprengen
ሸኻ ማይ ነስነሰ
schecha may nesnese

das Laub rechen
ኣቑጽልቲ ኾስተረ
aqutslti chostere

pflanzen
ኣብቈለ
abqole

stutzen
ክፋል ቆረጸ
kfal qoretse

den Rasen mähen
ሸኻ ቆረጸ
schecha qoretse

Unkraut jäten
የሃየ
yehaye

umgraben
ኣብ ካልእ ባረወ
ab kalä barewe

zurückschneiden
ከምቲ ዝነበረ ቆረጸ
kemti znebere qoretse

pflücken
ቀንጠበ
qentebe

säen
ዘርአ
zere

spritzen
ነስነሰ
nesnese

düngen	**ፍርያም ገበረ** fryam gebere
ernten	**ጻማ ኣውጽአ** tsama awtse
züchten	**ኣራብሐ** arabhe
vermehren	**ኣርብሐ** arbhe
gießen	**ማይ ሃበ** may habe
der Sämling	**ብቋል** bqwal
der Dünger	**ድኹዒ** dchui
der Unkrautvernichter	**መደምሰሲ ጻህያይ** medemsesi tsahyay

eintopfen
ኣብ ዕትሮ ገበረ
ab ätro gebere

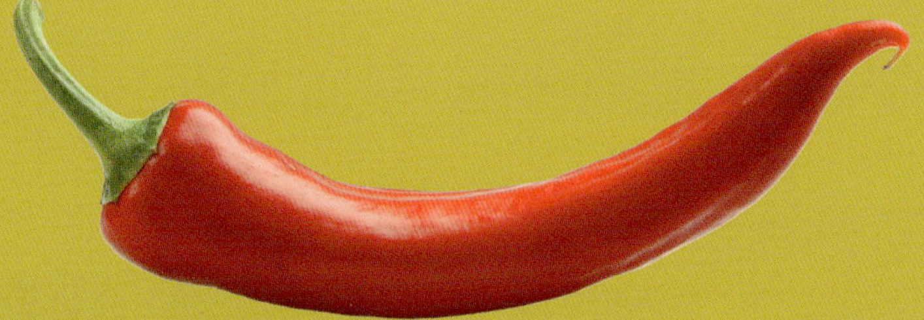

ESSEN UND TRINKEN

ምብላዕን ምስታይን

TIERISCHE PRODUKTE - ናይ እንስሳ ፍርያታት

Fleisch - ስጋ

das Lammfleisch
ስጋ ላም
sga lam

das Rindfleisch
ስጋ ከብቲ
sga kebti

das Steak
ቢስቴካ
bistyeka

das Schweinefleisch
ስጋ ሓሰማ
sga hasema

das Filet
ዝተጠብሰ ስጋ
ztetebse sga

das Kalbfleisch
ስጋ ምራኽ
sga mrach

die Keule
ጓመድ
gwamed

das Kotelett
ኮትለት
kotlet

die Leber
ጸላም ከብዲ
tselam kebdi

die Niere
ኵሊት
klit

das Kaninchen
ማንቲለ
mantile

der Schinken
ሰለፍ ሓሰማ
selef hasema

das Hackfleisch
ዝተጐንደበ ስጋ
ztegondebe sga

die Wurst
ግዕዝም
gäzm

der Aufschnitt
ጥረ ቍራጽ
tre qrats

die Salami
ሳላሚ
salami

TIERISCHE PRODUKTE - ናይ እንስሳ ፍርያታት

Geflügel - ደርሆ

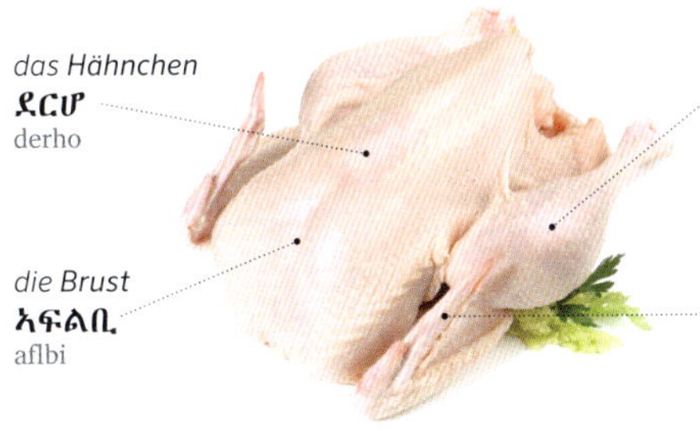

das Hähnchen
ደርሆ
derho

der Schenkel
እግሪ
ägri

die Brust
ኣፍልቢ
aflbi

der Flügel
መንገብገብ
mengebgeb

die Hähnchenkeule
እግሪ ደርሆ
ägri derho

die Ente
ደርሆ ማይ
derho may

das Entenfleisch
ስጋ ደርሆ ማይ
sga derho may

die Gans
ዓዓ
aa

das Gänsefleisch
ስጋ ዓዓ
sga aa

die Wachtel
ብርኒሂጎ
brnihigo

das Wachtelfleisch
ስጋ ብርኒሂጎ
sga brnihigo

die Pute
ታኪን
takin

das Putenfleisch
ስጋ ታኪን
sga takin

das Bioprodukt	**ፍርያት ቢዮ** fryat biyo
die Innereien	**መዓንጣታት** meantatat
mariniert	**ቀመም ዝተገብረሉ** qemem ztegebrelu
geräuchert	**ብትኪ ዝተሰርሐ** btki zteserhe
gepökelt	**ዝተኸናኸነ** ztechenachene
braten	**ዝተቀለወ** zteqelewe
schmoren	**ፈኽ-ፈኽ በለ** fech-fech bele
grillen	**ዝተጠብሰ** ztetebse

aus Freilandhaltung
ካብ ብነጻ ምሓዝ
kab bnetsa mhaz

TIERISCHE PRODUKTE – ናይ እንስሳ ፍርያታት

Fisch – ዓሳ

die Forelle
ትራውት
trawt

der Karpfen
ካርፕ
karp

der Zander
ዛንደር
zander

der Seeteufel
ዓሳ ሞንክ
asa monk

die Makrele
ስገምሪ
sgemri

die Seezunge
ዓሳሙሴ
asamuse

die Sardine
ሳርዲን
sardin

die Scholle
ፕለይስ
pleys

der Aal
ተመን ባሕሪ
temen bahri

der Thunfisch
ቶኖ
tono

der Kabeljau
ዓሳ ኮድ
asa kod

der Seebarsch
ዓሳ ባስ
asa bas

der Lachs
ዓሳ ሰለሞን
asa selemon

der Heilbutt
ዓሳ ሀሊበት
asa helibet

der Fischrogen
ዓሳ ቦታርጋ
asa botarga

das Fischsteak
ቢስቴካ ዓሳ
bistyeka asa

TIERISCHE PRODUKTE – ናይ እንስሳ ፍርያታት

Meeresfrüchte – ፍረታት ባሕሪ

die Garnele
ጋምበሪ
gamberi

der Hummer
ሎብስተር
lobster

der Krebs
ሻርጣን
schartan

der Flusskrebs
ሻርጣን ፈለግ
schartan feleg

die Miesmuschel
ተምሪ ባሕሪ
temri bahri

die Kammmuschel
ስካሎፕ
skalop

die Venusmuschel
ቡብ ቨኑስ
bub venus

die Herzmuschel
ቡብ ልቢ
bub lbi

die Auster
ኦይስተር
oyster

der Tintenfisch
ዓሳ ስክዊድ
asa skwid

der Krake
ኦክታፑስ
oktapus

der Räucherfisch
ብትኪ ዝተሰርሐ ዓሳ
btki zteserhe asa

das Filet	**ፊለ** file
geräuchert	**ብትኪ ዝተሰርሐ** btki zteserhe
einen Fisch entgräten	**ዓጽሚ ዓሳ ኣውጽእ** atsmi asa awtse
die Gräte	**ዓጽሚ** atsmi
die Schuppe	**ዳስ** das
abschuppen	**ቀረፈ** qerefe
tiefgefroren	**ዝተበረደ** zteberede
frisch	**ሓድሽ** hadsch

der Dosenfisch
ዓሳ ታኒካ
asa tanika

TIERISCHE PRODUKTE – ናይ እንስሳ ፍርያታት

Milchprodukte und Eier – ፍርያታት ጸባን እንቋቑሖን

die Sahne
ልኻይ
lchay

die Milch
ጸባ
tseba

der Hüttenkäse
ኣጁቦ
adschubo

der Ziegenkäse
ፎርማጆ ጤል
formadscho tyel

der Quark
ርግኦ
rgo

der Joghurt
ሩግኦ
rugo

der Brie
ፎርማጆ ብሪ
formadscho bri

der Gorgonzola
ጎርጎንዞላ
gorgonzola

der Feta
ፎርማጆ ፌታ
formadscho feta

das Hühnerei
እንቋቑሖ ደርሆ
änqwaqho derho

die Eierschale
ዛዕጎል እንቋቑሖ
zaägol änqwaqho

das Eiweiß
ፕሮቲን
protin

das Eigelb
ኣስኳል እንቋቑሖ
askwal änqwaqho

das Wachtelei
እንቋቑሖ ብርኒሂጎ
änqwaqho brnihigo

das Gänseei
እንቋቑሖ ዓዓ
änqwaqho aa

TIERISCHE PRODUKTE - ናይ እንስሳ ፍርያታት

Milchprodukte und Eier - ፍርያታት ጸባን እንቋቑሖን

der Eierkarton
ሳንዱቕ እንቋቑሖ
sanduq änqwaqho

die Butter
ጠስሚ
tesmi

der Parmesan
ፎርማጆ ፓርመሳን
formadscho parmesan

der Emmentaler
ፎርማጆ ኣመንታለር
formadscho ementaler

der Cheddar
ተሪር ጅብና
terir dschbna

der Raclettekäse
ፎርማጆ ረክለት
formadscho reklet

der Camembert
ካመምበርት
kamembert

der Gouda
ፎርማጆ ጉዳ
formadscho guda

der Mozzarella
ፎርማጆ ሞዛረላ
formadscho mozarela

der geriebene Käse
ዝተቀረፈ ፎርማጆ
zteqerefe formadscho

die Buttermilch
ብራሕ
brah

der Frischkäse
ዝልኽ ፎርማጆ
zlche formadscho

die Kuhmilch	**ጸባ ብዕራይ** tseba bäray
die Ziegenmilch	**ጸባ ጤል** tseba tyel
die laktosefreie Milch	**ላክቶስ ዘይብሉ ጸባ** laktos zeyblu tseba
die Sojamilch	**ጸባ ጸብሒ ኣዳጉራ** tseba tsebhi adagura
homogenisiert	**ዘተወሃሃደ** zetewehahade
pasteurisiert	**ዘምከነ** zemkene
fettarm	**ውሑድ ስብሒ ዘለዎ** whud sbhi zelewo
die Vollmilch	**ምሉእ ጸባ** mluä tseba

die Kondensmilch
ጸባ
tseba

GEMÜSE – ሓምሊ

die/der Trüffel
ትራፍል
trafl

der Champignon
ቃንጥሻ
qantscha

der Steinpilz
ቃንጥሻ
qantscha

der Pfifferling
ኣጉል
agul

der Spargel
ሻሞት
schamot

der Kohlrabi
ኮልራቢ
kolrabi

der Rhabarber
ሩባርብ
rubarb

der Mangold
ማንገል
mangel

der Fenchel
ብጫ ዕምባባ ዘሎዋ ዓይነት ተኽሊ (ፈነል)
btscha ämbaba zelowa aynet techli (fenel)

der/die Stangensellerie
ዓይነት ሰደኖ
aynet sedeno

die Artischocke
ካርቾፊ
kartschofi

die Kresse
ክረስ
kres

die Brunnenkresse
ኣብ ወሓይዝን ዕያግን ዚበቍል
ab wehayzn äyagn zibeql

das Blatt	**ነጸላ** netsela
der Strunk	**ቃንጫ** qantscha
das Röschen	**ንእሽቶይ ጽገሬዳ** näschtoy tsgereda
das Herz	**ልቢ** lbi
die Spitze	**ጫፍ** tschaf
das gedämpfte Gemüse	**ዝሃፈፈ ሓምሊ** zhafefe hamli
aus biologischem Anbau	**ካብ ተፈጥሮኣዊ ምፍራይ** kab tefetroawi mfray
aus heimischer Produktion	**ካብ ዘቤታዊ ምፍራይ** kab zebyetawi mfray

GEMÜSE - ሓምሊ

Wurzelgemüse - ሓምሊ ሱር

die Süßkartoffel
ድንሽ ምቁር
dnsch mqur

die Karotte
ካሮቲ
karoti

die Kartoffel
ድንሽ
dnsch

die Schalotte
ሻሎት
schalot

die rote Zwiebel
ሽጉርቲ ቀይሕ
schgurti qeyh

die Pastinake
ፓርስኒፕ
parsnip

der Knoblauch
ሽጉርቲ ጻዕዳ
schgurti tsaäda

die Rübe
ተርኒፕ
ternip

die Zwiebel
ሽጉርቲ
schgurti

das Radieschen
ፍጅል
fdschl

die Frühlingszwiebel
ሽጉርቲ ጽድያ
schgurti tsdya

die Rote Bete
ባርባቤቶላ
barbabyetola

die Knoblauchzehe	**ክፋል ሽጉርቲ ጻዕዳ** kfal schgurti tsaäda
die Knoblauchknolle	**ጽዖት ሽጉርቲ ጻዕዳ** tsot schgurti tsaäda
die Wurzel	**ሰር** ßur
bitter	**መሪር** merir
roh	**ጥሬ** tre
scharf	**በሊሕ** belih
mehligkochend	**ከም ሓርጭ ዝተሸሸነ** kem hartsch ztecheschene
festkochend	**ተሪር ዝተሸሸነ** terir ztecheschene

der Lauch
ሽንኩርቱ
schnkurtu

GEMÜSE – ሓምሊ

Blattgemüse – ሓምሊ ቆጽሊ

der Brokkoli
ካውሎ ብሮኮሊ
kawlo brokoli

der Rotkohl
ቀይሕ ካውሎ
qeyh kawlo

der Wirsing
ካውሎ
kawlo

der Rosenkohl
ካውሎ ጽገሬዳ
kawlo tsgereda

der Blumenkohl
ካውሎ ፍዮሪ
kawlo fyori

der Weißkohl
ጻዕዳ ካውሎ
tsaäda kawlo

der Kopfsalat
ሰላጣ ርእሲ
selata räsi

der Eisbergsalat
ሰላጣ ከውሒ በረድ
selata kewhi bered

der Römersalat
ሰላጣ ሮማ
selata roma

der/die Chicorée
ሽኮርያ
schkorya

der Feldsalat
ሳላጥ ግራት
salat grat

der Spinat
ስፒናቺ
spinatschi

der Rucola
ኣሩጉላ
arugula

der Endiviensalat
ሰላጣ ኤንዲቭ
selata endiv

GEMÜSE - ሓምሊ

Fruchtgemüse - ሓምሊ ፍሩታ

der/die Paprika
በርበረ
berbere

die Zucchini
ዙኪኒ
zukini

die Aubergine
ኣውበርጊን
awbergin

die Tomate
ኮሚደረ
komidere

die Kirschtomate
ኮሚደረ ቸሪ
komidere tscheri

die Olive
ኣውሊዕ
awliä

die Okraschote
ለቖታ ኦክራ
leqota okra

die Chilischote
ለቖታ ቺሊ
leqota tschili

die Avocado
ኣቮካዶ
avokado

die Gurke
ኩኩምበር
kukumber

der Kürbis
ዱባ
duba

der Butternusskürbis
ዱባ ባተርናት
duba baternat

schälen	**ቀረፈ** qerefe
schneiden	**ቈረጸ** qoretse
roh	**ጥረ** tre
gekocht	**ዝበሰለ** zbesele
gegart	**ዝተኸሸነ** ztecheschene
das Püree	**መረቕ** mereq
püriert	**ዝተለንቀጠ** ztelenqete
braten	**ጠበሰ** tebese

der Mais
ዕፉን
äfun

GEMÜSE - ሓምሊ

Hülsenfrüchte - ኣእካል ጥረ

die grüne Linse
ቀጠልያ ብርስን
qetelya brsn

die Ackerbohne
ናይ መሬት ባሎንኈ
nay meret balonhwe

die schwarze Bohne
ጸሊም ባልዶንጓ
tselim baldongwa

die Gartenerbse
ዓይኒ-ዓተር ጀርዲን
ayni-ater dscherdin

die Kichererbse
ዓይኒ-ዓተር
ayni-ater

die rote Linse
ቀይሕ ብርስን
qeyh brsn

die grüne Bohne
ቀጠልያ ባልዶንጓ
qetelya baldongwa

die Zuckererbse
ባልዶንጓ ሽኮር
baldongwa schkor

die Kidneybohne
ኵሊታይ ፋጆሊ
klitay fadscholi

die Limabohne
ባልዶንጓ ሊማ
baldongwa lima

die Tellerlinse
ዝተዳለወ ብርስን
ztedalewe brsn

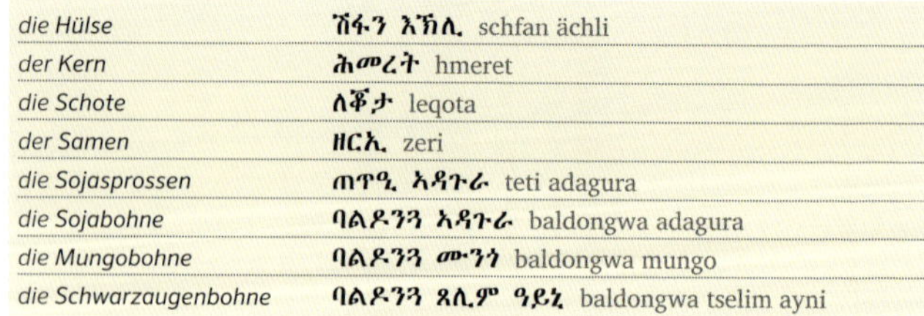

die Hülse	**ሽፋን እኽሊ** schfan ächli
der Kern	**ሕመረት** hmeret
die Schote	**ለቖታ** leqota
der Samen	**ዘርኢ** zeri
die Sojasprossen	**ጠጥዒ ኣዳጉራ** teti adagura
die Sojabohne	**ባልዶንጓ ኣዳጉራ** baldongwa adagura
die Mungobohne	**ባልዶንጓ ሙንጎ** baldongwa mungo
die Schwarzaugenbohne	**ባልዶንጓ ጸሊም ዓይኒ** baldongwa tselim ayni

OBST - ፍሩታታት

Beeren und Steinobst - ፍረታትን ተሪር ፍሩታታትን

die Erdbeere
ፍራውለ
frawle

die Himbeere
ራዝበሪ
razberi

die Brombeere
ፍረ ጸሊም
fre tselim

die Heidelbeere
ሰማያዊ ጐምጠጥ
semayawi gomtet

die roten Johannisbeeren
ቀይሕ ዘቢብ ዮሃኒስ
qeyh zebib yohanis

die schwarzen Johannisbeeren
ጸሊም ዘቢብ ዮሃኒስ
tselim zebib yohanis

die Weintraube
ወይኒ ነቢት
weyni nebit

die Stachelbeere
ክሽምሽ
kschmsch

die Preiselbeere
ክራንበሪ
kranberi

die Kirsche
ቸሪ
tscheri

die Holunderbeere
ፍረ ሳምቡኮ
fre sambuko

der Pfirsich
ከሓደ
kehade

die Nektarine
ነክታሪን
nektarin

die Pflaume
በርቈቕ
berqoqe

die Aprikose
ሚሽሚሽ
mischmische

der Apfel
ቱፋሕ
tufah

die Birne
ፐረ
pere

die Quitte
ኩንስ
kns

OBST - ፍሩታታት

Exotische Früchte - ባዕዳውያን ፍሩታታት

die Feige
በለስ
beles

die Birnenmelone
ሓብሓብ ፐረ
habhab pere

die Physalis
ፊሳሊስ
fisalis

die Litschi
ላይቺ
laytschi

die Sternfrucht
ፍረ ከኾብ
fre kechob

die Ananasguave
ኣናናስ ጓቨ
ananas gwave

die Papaya
ፓፓዮ
papayo

die Cherimoya
ቸሪሞያ
tscherimoya

die Passionsfrucht
ፍሩታ ተምሳጥ
fruta temsat

die Mangostanfrucht
ፍረ ማንጉስቲን
fre mangustin

der Granatapfel
ሮማን
roman

die Kiwano
ኪዋኖ
kiwano

die Rambutan
ራምቡታን
rambutan

die Pitahaya
ፒታሃያ
pitahaya

die Ananas
ኣናናስ
ananas

die Guave
ዘይቱን
zeytun

die Banane
ባናና
banana

die Kiwi
ኪዊ
kiwi

die Mango
ማንጉስ
mangus

die Kokosnuss
ዶማ
doma

OBST - ፍሩታታት

Zitrusfrüchte und Melonen - ፍሩታታት ሲትሩስን ሓብሓብን

die Orange
አራንሾኒ
aranschoni

die Limette
ለሚን
lemin

geschält
ዝተቀረፈ
zteqerefe

die Clementine
ንእሽቶ ዝዓይነቱ ብርቱኻን
näschto zaynetu brtuchan

die Grapefruit
ናርገ
narge

die Zitrone
ለሚን
lemin

der Schnitz
ምቃል
mqal

die Schale
ጭሖሎ
tschholo

die Zuckermelone
ሓብሓብ ሽኮር
habhab schkor

die Honigmelone
ሓብሓብ መዓር
habhab mear

die Wassermelone
ሓብሓብ ማይ
habhab may

die Blutorange
አራንሾኒ ደም
aranschoni dem

kernlos	**ዘርኢ ዘይብሉ** zeri zeyblu
saftig	**ተጸማቒ** tetsemaql
knackig	**ተሰባሪ** tesobari
das Kerngehäuse	**ሽፋን ፍረ** schfan fre
sauer	**መጺጽ** metsits
reif	**ብሱል** bsul
frisch	**ሓድሽ** hadsch
faulig	**ጽዩፍ** tsyuf

die Kumquat
ኩምኳት
kumkwat

OBST - ፍሩታታት

Nüsse und Trockenobst - ካዕካዕን ንቑጽ ፍሩታታትን

der Cashewkern
ዘርኢ ካሺው
zeri kaschiw

die Mandel
ሉዝ
luz

die Kastanie
ቸስትናት
tschestnat

die Walnuss
ጀዝ
dschez

die Haselnuss
ካዕካዕ ሀይዘል
kaäkaä heyzel

die Erdnuss
ፉል
ful

die Pekannuss
ካዕካዕ ኣመሪካ
kaäkaä amerika

die Macadamianuss
ካዕካዕ ማካዳምያን
kaäkaä makadamyan

der Pinienkern
ፍረ ጽሕዲ
fre tshdi

die Rosine
ዘቢብ
zebib

die Sultanine
ዘቢብ ስልጣን
zebib sltan

die Backpflaume
ልሙጽ ዝቖርበቱ ከቢብ ፍረ
lmuts zqorbetu kebib fre

die Dattel
ተምሪ
temri

die Paranuss	**ካዕካዕ ፓራ** kaäkaä para
die Pistazie	**ፍስቱቕ** fstuq
geröstet	**ዝተቀለወ** zteqelewe
gesalzen	**ጭው ዝተገብረሉ** tschw ztegebrelu
das Studentenfutter	**መግቢ ተመሃራይ** megbi temeharay
der Nussknacker	**መስበሪ ካዕካዕ** mesberi kaäkaä
die Nussschale	**ፋጋ ኻዕካዕ** faga chaäkaä
eine Nuss knacken	**ካዕካዕ ነቕዐ** kaäkaä neqe

KRÄUTER UND GEWÜRZE - ሰሰግን ቀመምን

Kräuter - ቀመም

der Lavendel
ላቨንደር
lavender

der Estragon
ታራጎን
taragon

der Oregano
ኦረጋኖ
oregano

das/der Liebstöckel
ፐርሰመሎ ፍቕሪ
persemelo fqri

der Salbei
ለባም
lebam

die Minze
መንታ ንመቃመሚ
ዚጠቅም ዓይነት ተኽሊ
menta nmeqamemi ziteqm aynet techli

der Majoran
ማርጆራም
mardschoram

der Rosmarin
ሮዝመሪ
rozmeri

das Basilikum
ሪሓን
rihan

die Petersilie
ፐርሰመሎ
persemelo

der Thymian
ጠስነ
tesne

der Koriander
ጻቕዳ
tsaqda

der Schnittlauch
ንእሽቶ ሽጉርቲ
näschto schgurti

der Fenchel
ፈነል
fenel

der Dill
ሰሰግ
seseg

die Zitronenmelisse
በለሳን ለሚን
belesan lemin

KRÄUTER UND GEWÜRZE - ሰሰግን ቀመምን

Gewürze - ሰሰግ

der Sternanis
ሽለን ኮኾብ
schelen kochob

das Lorbeerblatt
ቆጽሊ ማይ ቤት
qotsli may byet

der Koriander
ጻቕዳ
tsaqda

die Zimtrinde
ቅራፍ ቃርፋ
qraf qarfa

die Kurkuma
ህሩድ
hrud

das Currypulver
ቁልዋ ሓርጭ
qulwa hartsch

der Paprika
በርበረ ምቁር
berbere mqur

der Pfeffer
በርበረ
berbere

die Muskatnuss
ኰረሪማ
korerima

der/das Kardamom
ካርዳሞም
kardamom

die Nelken
ካርነሽን
karneschn

der Ingwer
ጅንጅብል
dschndschbl

die Chiliflocken
ዝተቆርጸ ቺሊ
zteqortse tschili

die Chilischote
ለቖታ ቺሊ
leqota tschili

der Fenchel
ፈነል
fenel

das Garam masala
ጋራም ማሳላ
garam masala

KRÄUTER UND GEWÜRZE - ሰሰግን ቀመምን

Würzmittel und Soßen - ናውቲ ሰሰግ ምስ ጸብሕታት

der Essig
ኣቸቶ
atscheto

das Olivenöl
ዘይቲ ኣውሊዕ
zeyti awliä

der Pfeffer
በርበረ
berbere

das Salz
ጨው
tschew

die Pfeffermühle
መጥሓን በርበረ
methan berbere

die Salsa
ሰሉስ
selus

der/das Ketchup
ከቻፕ
ketschap

der Senf
ኣድሪ
adri

die Mayonnaise
ማዩኒዝ
mayuniz

zerstoßen	**ዝተጸቕጠ** ztetseqte
gemahlen	**ዝተጣሕነ** ztetahne
geraspelt	**ሐጺጾ ዘበለ** htsits zebele
der Salzstreuer	**መነስነሲ ጨው** menesnesi tschew
die Salatsoße	**ጸብሒ ሰላጣ** tsebhi selata
würzen	**ቀመም ዝተገብረሉ** qemem ztegebrelu
anmachen	**ወልሀ** wele
marinieren	**ቀመም ዝተወሰኸሉ** qemem ztewesechelu

die Sojasoße
ስልሲ ኣዳጉራ
slsi adagura

GETREIDE UND MEHL - እኽልን ሓሪጭን

der Dinkel
ዓይነት ስርናይ
aynet srnay

die Kürbiskerne
ፍረታት ዱባ
fretat duba

die Sonnenblumenkerne
ፍረታት ሱፍ
fretat suf

die Quinoa
ኲኖዋ
kinowa

der Wildreis
ዘገዳማዊ ሩዝ
zegedamawi ruz

der Hafer
ሰዓዕ
seaä

die Gerste
ስገም
sgem

der Naturreis
ተፈጥሮኣዊ ሩዝ
tefetroawi ruz

der Mais
ጽዖት
tsot

die Hirse
ብልቱግ
bltug

der Weizen
ስርናይ
srnay

der/das Couscous
ኩስኩስ
kuskus

der Buchweizen
ስርናይ ተኽሊ
srnay techli

der Basmatireis
ሩዝ ባስማቲ
ruz basmati

der Bulgur
ቡልጉር
bulgur

der Reis
ሩዝ
ruz

GETREIDE UND MEHL - እኽልን ሓሪጭን

die Penne
ፐነ
pene

die Tagliatelle
ጸፊሕ ትልታል ዝዓይነቱ ፓስታ
tsefih tltal zaynetu pasta

die Spaghetti
ስፓገቲ
spageti

die Ravioli
ራቭዮሊ
ravyoli

die Fusilli
ፊሲሊ
fisili

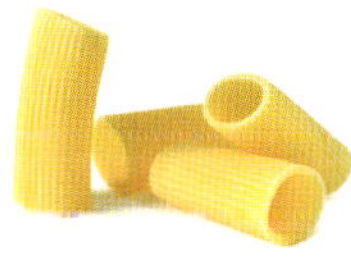

die Rigatoni
ሪጋቶኒ
rigatoni

die Tortellini
ቶርተሊኒ
tortelini

das Weizenmehl
ሓሪጭ ስርናይ
haritsch srnay

das Maismehl
ሓሪጭ ዕፉን
haritsch äfun

die Hefe
መባኹዕቲ
mebachäti

der Teig
ብሒቕ
bhiq

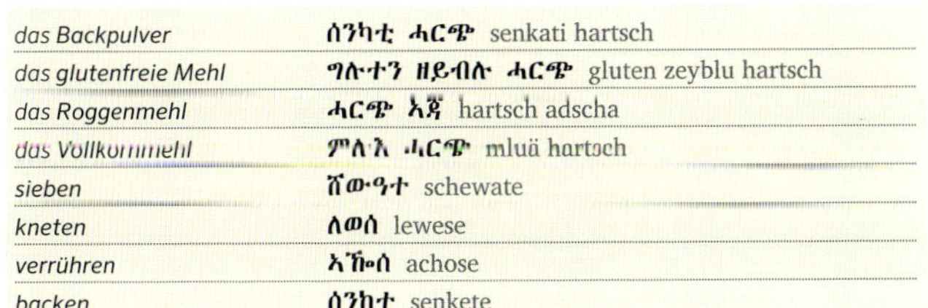

das Backpulver	**ሰንካቲ ሓርጭ** senkati hartsch
das glutenfreie Mehl	**ግሉተን ዘይብሉ ሓርጭ** gluten zeyblu hartsch
das Roggenmehl	**ሓርጭ ኣጃ** hartsch adscha
das Vollkornmehl	**ምሉእ ሓርጭ** mluä hartsch
sieben	**ሸውዓተ** schewate
kneten	**ለወሰ** lewese
verrühren	**ኣኹሰ** achose
backen	**ሰንከተ** senkete

die Reisnudeln
ፓስታ ሩዝ
pasta ruz

GETREIDE UND MEHL - እኽልን ሓሪጭን

Brot - ባኒ

die Brezel
ፕሪትሰል
pritsel

das Croissant
ክረሶን
kreson

das/die Baguette
ባገት
baget

das Schwarzbrot
ጸሊም ባኒ
tselim bani

das Weißbrot
ጻዕዳ ባኒ
tsaäda bani

das Vollkornbrot
ባኒ ምሉእ እኽሊ
bani mluä ächli

das Mehrkornbrot
ባኒ ዝተፈላለየ እኽሊ
bani ztefelaleye ächli

das Graubrot
ሓሙኽሽታይ ባኒ
hamuchschtay bani

das Fladenbrot
ጸፊሕ ባኒ
tsefih bani

die Tortilla
ቶርቲላ
tortila

das Toastbrot
ጥቡስ ባኒ
tbus bani

das Sauerteigbrot
ባኒ መጭቋር
bani metschqwar

das Brötchen
ምቁር ባኒ
mqur bani

der Bagel
ባገል
bagel

das belegte Brötchen
ሳንድዊች
sandwitsch

das Knäckebrot
ተሰባሪ ባኒ
tesebari bani

GETREIDE UND MEHL - እኽልን ሓሪጭን

Brotaufstriche - መግቢ ዘለዎ ባኒ

das Glas
ጥርሙዝ
trmuz

der Honig
መዓር
mear

der Waldhonig
መዓር ዱር
mear dur

der flüssige Honig
ፈሳሲ መዓር
fesasi mear

der Zitronenaufstrich
ዝልኽ ለሚን
zlche lemin

die Konfitüre
ምዑር-ፍረ
mur-fre

die Marmelade
ማልመላታ
malmelata

der Ahornsirup
ሽሮፖ ቀቁብ
schropo qequb

die Erdnussbutter
ጠስሚ ፉል
tesmi ful

der Schokoladen-aufstrich
ዝልኽ ችኮላታ
zlche tschkolata

die Margarine
ማርጋሪን
margarin

der Laib
ሕብስቲ
hbsti

die Scheibe
ሰተታ
seteta

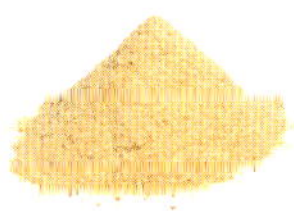

das Paniermehl
ኩርምራም ባኒ
kurmram bani

das Sandwich
ሳንድዊች
sandwitsch

GETREIDE UND MEHL – እኽልን ሓሪጭን

Kuchen und Gebäck – ዶልሽን ፖሲትን

der Käsekuchen
ናይ ጅብና ዶልሺ
nay dschbna dolschi

die Schokoladentorte
ዶልሺ ችኮላታ
dolschi tschkolata

der Muffin
ማፊን
mafin

die Makrone
ማካሩን
makarun

der Lebkuchen
ባኒ ጅንጅብል
bani dschndschbl

das Biskuit
ብሽኮቲ
bschkoti

der Berliner
በርሊነር
berliner

der Gugelhupf
ከቢብ ዓይነት ዶልሺ
kebib aynet dolschi

die Obsttorte
ዶልሺ ፍሩታ
dolschi fruta

die Schwarzwälder Kirschtorte
ዶልሺ ጸሊም ዱር
dolschi tselim dur

der Zwetschgenkuchen
ዶልሺ ከቢብ ፍረ
dolschi kebib fre

die Linzer Torte
ዶልሺ ዓዲ ሊንስ
dolschi adi lins

das Marmeladentörtchen
ዶልሺ ማልመላታ
dolschi malmelata

der Zuckerguss	**ፖሲት ሽኮር** posit schkor
das Marzipan	**ማርዚፓን** marzipan
der Geburtstagskuchen	**ዶልሺ ልደት** dolschi ldet
die Geburtstagskerze	**ሽምዓ ልደት** schma ldet
die Kuchendekoration	**ስልማት ዶልሺ** slmat dolschi
das Gebäck	**ፖሲት** posit
das Eclair	**ዓይነት ዶልሺ** aynet dolschi
das Baiser	**ምቁር ጻዕዳ ዝተቀርጸ ልኻይ** mqur tsaäda zteqertse lchay

DESSERTS UND SÜSSSPEISEN – መጠዓዓምን ቅሙር መግብን

der Apfelstrudel
ውዑይ ዶልሺ ቱፋሕ
wuy dolschi tufah

das Tiramisu
ቲራሚሱ
tiramisu

die Eiscreme
ኣይስክሪም
ayskrim

die Eiskugel
ከቢብ ኣይስክሪም
kebib ayskrim

die Eiswaffel
ዋፍል ኣይስክሪም
wafl ayskrim

der Pfannkuchen
ዓይነት ቅጫ ብኰ
aynet qtscha bko

die Crêpe
ክረፕ
krep

der Eisbecher
ብርጭቆ ኣይስክሪም
brtschqo ayskrim

der Karamellpudding
ፑዲን ካራመለ
pudin karamele

die Mousse
ዶልሺ
dolschi

die Schlagsahne
ልኻይ ዶልሺ
lchay dolschi

die Crème brûlée
ልኻይ ብሩሊ
lchay bruli

die Panna cotta
ፓና ኮታ
pana kota

der Wackelpudding
ፑዲን መለግለጋ
pudin meleglega

der Obstsalat
ሰላጣ ፍሩታ
selata fruta

GETRÄNKE - መስተ

Erfrischungsgetränke - ሶዳ ከም ኮላ

das Wasser
ማይ
may

das Tonicwater
ማይ ቶኒክ
may tonik

der Orangensaft
ጽማቕ ኣራንሾኒ
tsmaq aranschoni

der Tomatensaft
ጽማቕ ኮሚደረ
tsmaq komidere

das alkoholfreie Bier
ኣልኮል ዘይብሉ ቢራ
alkol zeyblu bira

der Karottensaft
ጽማቕ ካሮቲ
tsmaq karoti

die/das Cola
ኮላ
kola

die Limonade
ጽማቕ ለሚን
tsmaq lemin

der Eiskaffee
ቡን በረድ
bun bered

die Eisschokolade
ችኮላታ በረድ
tschkolata bered

der Eistee
ሻሂ በረድ
schahi bered

die Apfelschorle
ማይ ጋዝ ቱፋሕ
may gaz tufah

der Milchshake
ሚልክሸይክ
milkscheyk

die Saftpresse	መጸመቒ ጽማቕ metsemeqi tsmaq
der frisch gepresste Grapefruitsaft	ብሓድሽ ዝተጸምቀ ጽማቕ ናርገ bhadsch ztetsemqe tsmaq narge
das Tafelwasser	ማይ ቡምባ may bumba
das Leitungswasser	ማይ ሓነፍያ may hanefya
das Mineralwasser mit Kohlensäure	ማይ ዓፍ-ዓፍ ዚብል may af-af zibl
das stille Mineralwasser	ጽሩይ ማይ ማዕድን tsruy may maädn
der Apfelsaft	ጽማቕ ቱፋሕ tsmaq tufah
der Johannisbeersaft	ጽማቕ ዘቢብ tsmaq zebib

GETRÄNKE - መስተ

Heißgetränke - ውዑይ መስተ

der Espresso
እስፕረሶ
espreso

die Kaffeebohnen
ባሎንኈ ቡን
balonhwe bun

der Amaretto
ኣማረቶ
amareto

der Kaffee zum Mitnehmen
ቡን ንክውሰድ
bun nkwsed

der Deckel
መኽደኒ
mechdeni

der Becher
ዋንጫ
wantscha

der Milchschaum
ዓፍራ ጸባ
afra tseba

der Teebeutel
መትሓዚ ሻሂ
methazi schahi

die Teeblätter
ኣቍጽልቲ ሻሂ
aqtslti schahi

die Teekanne
በራድ
berad

der Schwarztee
ጸሊም ሻሂ
tselim schahi

der/die Latte macchiato
ላተ ማክያቶ
late makyato

der Kaffee
ቡን
bun

der Cappuccino
ካፑቺኖ
kaputschino

der Milchkaffee
ቡን ጸባ
bun tseba

der Minztee
ሻሂ መንታ
schahi menta

der Kamillentee
ሻሂ ካማመላ
schahi kamamela

der Kräutertee
ሻሂ ቀመም
schahi qemem

der Glühwein
ውዑይ ነቢት
wuy nebit

GETRÄNKE - መስተ

Alkoholische Getränke - መስተ ኣልኮል

der Cocktail
ከሳተ-ከርስ
kesate-kers

die Sangria
ቀይሕ ነቢት
qeyh nebit

mit Eis
በረድ ዘለዎ
bered zelewo

der Whisky
ዊስኪ
wiski

der Gin Tonic
ጂንን ቶኒክን
dschinn tonikn

der Rum
ራም
ram

das Bier
ቢራ
bira

das Pils
ቢራ ፒልስ
bira pils

das dunkle Bier
ድቡን ቢራ
dbun bira

der Wodka
ቮድካ
vodka

der Roséwein
ነቢት ጽገሬዳ
nebit tsgereda

der Weißwein
ጻዕዳ ነቢት
tsaäda nebit

der Rotwein
ቀይሕ ነቢት
qeyh nebit

der Sekt
ዓፍ-ዓፍ ዚብል ነቢት
af-af zibl nebit

der Tequila
ተኪላ
tekila

der Weinbrand	**ብራንዲ ነቢት** brandi nebit
der Schnaps	**ብራንዲ** brandi
der Sherry	**ነቢት ዘረስ** nebit zeres
der Likör	**ሊከር** liker
der Cidre	**ሳይደር** sayder
die Weinschorle	**ሕዋስ ነቢት** hwas nebit
das Hefeweizen	**መባኾዕቲ ዘለዎ ቢራ** mebachäti zelewo bira
der Champagner	**ሻምፓን** schampan

KOCHEN - መግቢ ምግባር

Zubereitung - ኣቀራርባ

schälen
ቀረፈ
qerefe

schneiden
ቖረጸ
qoretse

schlagen
ሃረመ
hareme

reiben
ፋሕፍሐ
fahfhe

zerstoßen
ጸቐጠ
tseqete

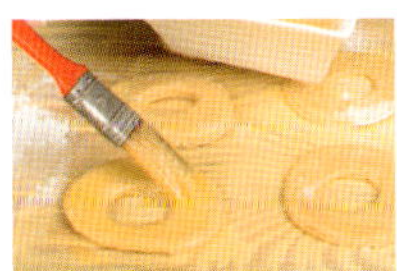

glasieren
መረጼን ኣእተወ
meretsyen aätewe

sieben
ሸውዓተ
schewate

stampfen
ዲጉ ኣበለ
dig abele

klopfen
ሃረመ
hareme

ausrollen
ወጻኢ ተንከባለለ
wetsai tenkebalele

salzen
ጨው ገበረ
tschew gebere

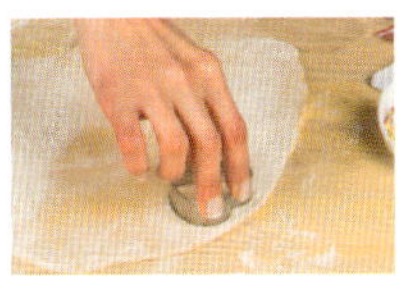

ausstechen
ወጻኢ ቖረጸ
wetsai qoretse

rösten	**ጠበሰ** tebese
kochen	**ከሸነ** keschene
köcheln lassen	**ፈኽ-ፈኽ በለ** fech-fech bele
grillen	**ጠበሰ** tebese
anbraten	**ቀለወ** qelewe
braten	**ስጋ ጠበሰ** sga tebese
frittieren	**ቀለወ** qelewe
pochieren	**ኣንዘግዘገ** anzegzege

streuen
ነስነሰ
nesnese

GERICHTE UND MAHLZEITEN - መአድታትን ብልዕን

Das Frühstück - ቁርሲ

das Brot
ባኒ
bani

der Orangensaft
ጽማቕ ኣራንሾኒ
tsmaq aranschoni

das Brötchen
ምቁር ባኒ
mqur bani

die Milch
ጸባ
tseba

der Käse
ጅብና
dschbna

die Marmelade
ማልመላታ
malmelata

der Cappuccino
ካፑቺኖ
kaputschino

das gekochte Ei
ብሱል እንቋቕሖ
bsul änqwaqho

das Müsli
እኽሊ ምስ ጸባ ዝብላዕ
ächli ms tseba zblaä

die Melone
ሸማም ዓይነት ሓብሓብ
schemam aynet habhab

der Schinken
ሰለፍ ሓሰማ
selef hasema

die Butter
ጠስሚ
tesmi

die Frühstücksflocken
እኽሊ ቁርሲ
ächli qursi

das Croissant
ክረሶንት
kresont

die Cornflakes
ኮርንፍለይክስ
kornfleyks

der Früchtejoghurt
ርግኦ ፍሩታ
rgo fruta

das frische Obst
ሓድሽ ፍሩታታት
hadsch frutatat

der Müsliriegel
መታወር ግራኖላ
metawer granola

die Weizenkeime
ጀርም ስርናይ
dscherm srnay

GERICHTE UND MAHLZEITEN - መኣድታትን ብልዕን

Das Frühstück - ቁርሲ

das Toastbrot
ጥቡስ ባኒ
tbus bani

die gegrillte Tomate
ቅሉው ኮሚደረ
qluw komidere

die gebackenen Bohnen
ቅሉው ባሎንኈ
qluw balonhwe

die Rösti
ሮስቲ
rosti

die Blutwurst
ግዕዝም ደም
gäzm dem

der Speck
ቤኮን
byekon

die Pilze
ቅንጥሻታት
qntschatat

die Wurst
ግዕዝም
gäzm

das Spiegelei
ጥቡስ እንቋቑሖ
tbus änqwaqho

das Rührei
ዝተቀለዉ እንቋቑሖታት
zteqelew änqwaqhotat

das Omelett
ጥብሳ ቅሉው እንቋቑሖ
tbsa qluw änqwaqho

armer Ritter
ጥቡስ ባኒ ፈረንሳዊ
tbus bani ferensawi

die Waffel
ዋፍል
wafl

der Pfannkuchen
ዓይነት ቅጫ ብኮያ
aynet qtscha bko

der Haferbrei
ገዓት
geat

der Fruchtshake
ዝስተ ሕዋስ ፍሩታታት
zste hwas frutatat

die heiße Schokolade
ችኮላታ ውዑይ
tschkolata wuy

GERICHTE UND MAHLZEITEN – መኣድታትን ብልዕን

Snacks und Knabbereien – ጠዓሞት

die Chips
ቺፕስ
tschips

die Salzbrezel
ፕሪትሰል ጨው
pritsel tschew

das Popcorn
ቆሎ ዕፉን
qolo äfun

der/das Bonbon
ከረመላ
keremela

das Gummibärchen
ድቢ ዕንዲዳ
dbi ändida

die Lakritze
ሊኮሪስ
likoris

der/das Kaugummi
ማስቲካ
mastika

der Lutscher
ሎሊፖፕ
lolipop

die weiße Schokolade
ችኮላታ ጻዕዳ
tschkolata tsaäda

der Schokoriegel
መታወር ችኮላታ
metawer tschkolata

die Zartbitter-schokolade
ችኮላታ ድቡን
tschkolata dbun

die Milchschokolade
ችኮላታ ጻባ
tschkolata tseba

der Eislutscher
ሎሊ በረድ
loli bered

der Frozen Yogurt
ድስኩል ሩግኦ
dskul rugo

der Keks
ብሽኮቲ
bschkoti

die Praline
ችኮላታ
tschkolata

GERICHTE UND MAHLZEITEN - መአድታትን ብልዕን

Das Fastfood - ፋስት ፉድ

das Stück Pizza
ቁራጽ ፒሳ
qurats pisa

die Pizza
ፒሳ
pisa

der Hamburger
ሃምበርገር
hamberger

die Pommes frites
ቅልዋ ድንሽ
qlwa dnsch

die Tortilla-Chips
ቺፕስ ቶርቲላ
tschips tortila

der Taco
ታኮ
tako

die gebratenen Nudeln
ዝተቀለወ ፓስታ
zteqelewe pasta

das Sushi
ሱሺ
suschi

der/das Hot Dog
ሆትዶግ
hotdog

der Döner
ዶነር
doner

der Wrap
ቭረፕ
vrep

der Fisch mit Pommes
ዓሳን ቺፕስን
asan tschipsn

Ich würde gerne etwas zum Mitnehmen bestellen.	**ገለ ንክወስዶ ክጠልብ ምደለኹ።** gele nkwesdo ktelb mdelechu
Eine Portion Pommes rot-weiß, bitte	**ቅልዋ ድንሽ ምስ ከቻፕን ማዩኒዝን ምደለኹ።** qlwa dnsch ms ketschapn mayunizn mdelechu
klein/mittelgroß/groß	**ንእሽቶይ/ማእኸላይ/ዓብይ** näschtoy/maächelay/aby
süß	**ምቁር** mqur
salzig	**ጨዋም** tschewam
der Lieferservice	**አገልግሎት ምብጻሕ** agelglot mbtsah
bestellen	**ጠለበ** telebe
liefern	**አብጽሐ** abtshe

das Nugget
ናገት
naget

GERICHTE UND MAHLZEITEN - መአድታትን ብልዕን

die Suppe
መረቕ
mereq

die Frikadelle
ቅብቅብ ስጋ
qbqb sga

das Steak
ቢስቴካ
bistyeka

der Beilagensalat
ሰላጣ ንመወሰኺታ
selata nmewesechta

die Kartoffelspalten
ቍራጽ ድንሽ
qrats dnsch

die Lasagne
ላሳኘ
lasandsche

die Spaghetti Bolognese
ስፓገቲ ቦሎነስ
spageti bolones

das Brathähnchen
ጥቡስ ደርሆ
tbus derho

das panierte Schnitzel
ባኒ ዝተወሰኸሉ ሽኒትሰል
bani ztewesechelu schnitsel

die Bratkartoffeln
ቅሉው ድንሽ
qluw dnsch

der Eintopf
ጸብሒ
tsebhi

der Auflauf
ድስቲ ፓስታ
dsti pasta

die Pastete
ፓተ
pate

die Quiche
ብሕውስዋስ እንቋቝሖን ጸባን
bhwswas änqwaqhon tseban

das Curry
ቁልዋ
qulwa

GERICHTE UND MAHLZEITEN - መአድታትን ብልዕን

Im Restaurant - ኣብ ቤት-መግቢ

① *der Gast*
ጋሻ
gascha

② *der Kellner*
ኣሰላፊ
aselafi

③ *der Tisch für zwei Personen*
ንክልተ ሰባት ዝኾነ ጣውላ
nklte sebat zchone tawla

④ *das Rotweinglas*
ጥርሙዝ ነቢት ቀይሕ
trmuz nebit qeyh

⑤ *die Speisekarte*
ዝርዝር
zrzr

⑥ *die Bestellung*
ጠለብ
teleb

die Vorspeise
ቅድመ-መግቢ
qdme-megbi

der Nachtisch
መጠዓዓሚ
meteaami

die Beilage
መመላእታ
memelaäta

das Hauptgericht
ቀንዲ መኣዲ
qendi meadi

die Suppe
መረቕ
mereq

der Aperitif
ከሳተ-ከርስ
kesate-kers

der/das Sorbet
ሶርበት
sorbet

der Salat
ሰላጣ
selata

der Käseteller
መኣዲ ጅብና
meadi dschbna

der Kaffee
ቡን
bun

der Likör
ሊከር
liker

das Käsemesser
ካራ ጅብና
kara dschbna

das Stäbchen
ባላ
bala

GERICHTE UND MAHLZEITEN – መኣድታትን ብልዕን

Geschirr und Besteck – ኣቑሑ መግብን መመታተርን

die Serviette
መሐበሻ
mehebescha

der Brotteller
ሽሓኒ ባኒ
schehani bani

die Gabel
ፋርኬታ
farketa

die Tischdecke
ክዳን ጣውላ
kdan tawla

der Essteller
ጣውላ መግቢ
tawla megbi

das Wasserglas
ጥርሙዝ ማይ
trmuz may

das Weinglas
ጥርሙዝ ነቢት
trmuz nebit

der Dessertlöffel
ማንካ መጠዓዓሚ
manka meteaami

der Suppenlöffel
ማንካ መረቕ
manka mereq

das Messer
ካራ
kara

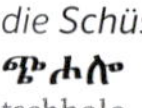

die Schüssel
ጭሖሎ
tschholo

die Karaffe
ብራኳ
brakwa

das Steakmesser
ካራ ቢስቴካ
kara bistyeka

der Zahnstocher
መሰቕሰቕ ስኒ
meseqseq sni

Könnten Sie uns bitte die Weinkarte bringen?	**ካርታ ነቢት ከተምጽኡልና ምኽኣልኩም ዶ?** karta nebit ketemtsulna mchealkum do
Guten Appetit!	**ብሩኽ መኣዲ!** bruch meadi
Zum Wohl!	**ቺን-ቺን!** tschin-tschin
Als Vorspeise/Hauptgericht/Nachtisch nehme ich ...	**ከም ቅድመ-መግቢ/ቀንዲ መኣዲ/መጠዓዓሚ ... ክወስድ'የ።** kem qdme-megbi/qendi meadi/meteaami ... kwesd'ye
die Spezialitäten	**ፍልይ ዝበለ ነገር** fly zbele neger
Ich hätte gerne die Rechnung, bitte.	**ጸብጻብ ምደለኹ በጃኹም።** tsebtsab mdelechu bedschachum
die Bezahlung	**ክፍሊት** kflit
das Trinkgeld	**ሞቕሽሽ** moqschsch

DIE ERNÄHRUNG - አመጋግባ

das Fett
ስብሒ
sbhi

der Zucker
ሽኮር
schkor

das Kohlenhydrat
ካርቦሃይድረይት
karbohaydreyt

das Eiweiß
ፕሮቲን
protin

ohne Eier
እንቋቑሖ ዘይብሉ
änqwaqho zeyblu

zuckerfrei
ሽኮር ዘይብሉ
schkor zeyblu

glutenfrei
ግሉተን ዘይብሉ
gluten zeyblu

laktosefrei
ላክቶስ ዘይብሉ
laktos zeyblu

die Ballaststoffe
ፋይበር
fayber

das Cholesterin
ኮለስተሮል
kolesterol

vegetarisch
ስጋ ዝቐለቡ
sga zqelebu

vegan
ሓምሊ ዝቐለቡ
hamli zqelebu

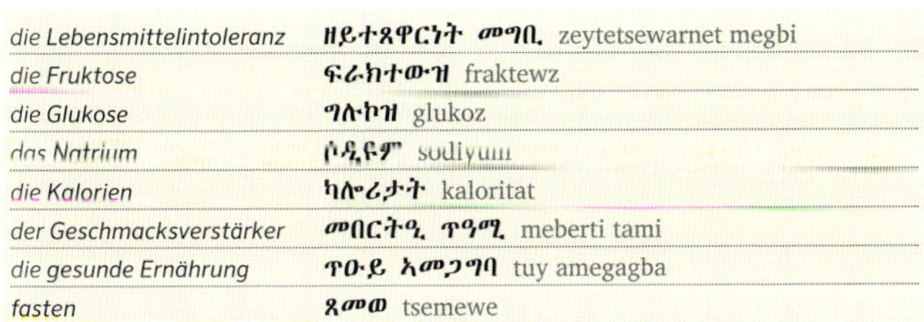

die Lebensmittelintoleranz	**ዘይተጻዋርነት መግቢ**	zeytetsewarnet megbi
die Fruktose	**ፍራክተውዝ**	fraktewz
die Glukose	**ግሉኮዝ**	glukoz
das Natrium	**ሶዲዩም**	sodiyum
die Kalorien	**ካሎሪታት**	kaloritat
der Geschmacksverstärker	**መበርትዒ ጥዓሚ**	meberti tami
die gesunde Ernährung	**ጥዑይ አመጋግባ**	tuy amegagba
fasten	**ጾመወ**	tsemewe

die Diät
ፍሉይ መግቢ
fluy megbi

UNTERWEGS

ኣብ መገዲ

STRASSEN UND VERKEHR – ጽርግያም ትራፊክን

① *die Straßenlaterne*
ላምፓዲና ጐደና
lampadina godena

② *die Einbahnstraße*
መንገዲ ንጽል ኣንፈት
mengedi ntsl anfet

③ *die Fußgängerampel*
ብርሃን ትራፊክ እግረኛ
brhan trafik ägrenya

④ *der Bürgersteig*
ማርሻቤዲ
marschabyedi

⑤ *der Bordstein*
መዕገቲ-እምኒ
meägeti-ämni

⑥ *die Ampel*
ብርሃን ትራፊክ
brhan trafik

⑦ *das geparkte Auto*
ዘንበረት መኪና
zenberet mekina

⑧ *die Fahrspur*
መገዲ መኪና
megedi mekina

⑨ *die Straßen-markierung*
ምልክት መንገዲ
mlkt mengedi

⑩ *der Rinnstein*
መሽረብ
meschreb

der Tunnel
ገለርያ
gelerya

der Parkschein-automat
ማሾን ቲከት መቖም መኪና
maschon tiket meqom mekina

der Fahrradweg
መንገዲ ብሽክለታ
mengedi bschkleta

der Behinderten-parkplatz
ፓርኪንግ ንስንኩላት
parking nsnkulat

die Brücke
ድልድል
dldl

der Kreisverkehr
ተዘዋዋሪ ኣካል ጽርግያ ትራፊክ
tezewawari akal tsrgya trafik

der Zebrastreifen
ጻዕዳ ምልክት መስገሪ እግረኛ
tsaäda mlkt mesgeri ägrenya

die Notrufsäule
ዓንዲ ህጹጽ ኩነታት
andi htsuts kunetat

das Autobahnkreuz
መራኸቢ ጽርግያ
merachbo tsrgya

STRASSEN UND VERKEHR - ጽርግያም ትራፊክን

die Autobahn
ጽርግያ ቅልጡፍ
tsrgya qltuf

der Berufsverkehr
ህዉኽ ሰዓት
hwch seat

① der Mittelstreifen
ሽራጥ ማእከል
schrat maäkel

② die Überholspur
ፍጡን መስመር
ftun mesmer

③ die Überführung
ጽርግያ ላዕለዋይ
tsrgya laäleway

④ die Kurve
ጥውዮ
twyo

⑤ die Unterführung
ጽርግያ ታሕቲ
tsrgya tahti

⑥ die Einfahrt
መእተዊ
meätewi

⑦ die Ausfahrt
መውጽኢ
mewtsi

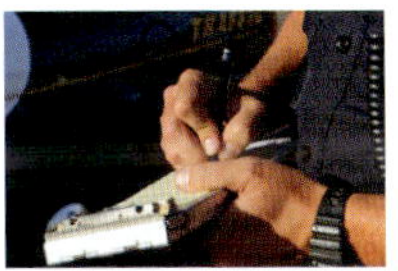

der Verkehrspolizist
ፖሊስ ትራፊክ
polis trafik

der Strafzettel
ቲከት መቕጻዕቲ
tiket meqtsaäti

die Mautstelle
መደበር ክሳራ
medeber ksara

abschleppen
ጎተተ
gotete

die Kreuzung	መሳገሮ mesagro
die Vorfahrt	ቀዳምነት ኣብ ትራፊክ qedamnet ab trafik
die Geschwindigkeitsüberschreitung	ልዕለ-ስግረት ፍጥነት läle-sgret ftnet
anhalten	ጠጠው በለ tetew bele
der Standstreifen	ሽራጥ ጠጠው መበሊ schrat tetew mebeli
die Raststätte	ቦታ ምዕራፍ bota märaf
die Entfernungstafel	ሰሌዳ ርሕቀት seleda rhqet
rückwärtsfahren	ንድሕሪት ዘወረ ndhrit zewere

der Stau
ዕንቅፋት ትራፊክ
änqfat trafik

STRASSEN UND VERKEHR – ጽርግያም ትራፊክን

Verkehrsschilder – ምልክታት ጽርግያ

Einfahrt verboten
ምእታይ ተኸልኪሉ
mätay techelkilu

das Halteverbot
እገዳ ጠጠው ምባል
ägeda tetew mbal

die Baustelle
ቦታ ህንጻ
bota hntsa

der Tunnel
ገለርያ
gelerya

das Parkverbot
እገዳ ምቖም መኪና
ägeda mqom mekina

der Stau
ዕግታ ትራፊክ
ägta trafik

das Gefälle
ትሪ ቁልቁለ
tri qulqwale

der Kreisverkehr
ተዘዋዋሪ ኣካል ጽርግያ ትራፊክ
tezewawari akal tsrgya trafik

die Geschwindigkeitsbegrenzung
ደረት ፍጥነት
deret ftnet

Vorfahrt gewähren!
ቀዳምነት ሃበ!
qedamnet habe

die Einbahnstraße
መንገዲ ንጽል ኣንፈት
mengedi ntsl anfet

der Gegenverkehr
ብኣንጻር ወገን ዝመጽእ ትራፊክ
bantsar wegen zmetsä trafik

Einbiegen nach rechts verboten
ናብ የማን ምጥዋይ ተኸልኪሉ
nab yeman mtway techelkilu

Einbiegen nach links verboten
ናብ ጸጋም ምጥዋይ ተኸልኪሉ
nab tsegam mtway techelkilu

Wenden verboten
ምምላስ ተኸልኪሉ
mmlas techelkilu

die Schnee- oder Eisglätte
ሸታሕትሖ በረድ ወይ ውርጪ
schetahtho bered wey wrtschi

DAS AUTO - መኪና

Autotypen - ዓይነታት መኪና

die Stretchlimousine
ነዊሕ ሊሞዚን
newih limozin

das Cabrio
ናሕሲ ዘይብሉ መኪና
nahsi zeyblu mekina

die Fließhecklimousine
ተወሳኺ ማዕጾ ዘለዎ ሊሙዚን
tewesachi maätso zelewo limuzin

der Sportwagen
መኪና ስፖርት
mekina sport

der Kleinstwagen
ንእሽቶ መኪና
näschto mekina

der Kleinwagen
ንኣሽቱ መካይን
naschtu mekayn

der Oldtimer
ኦልድታይመር
oldtaymer

die Limousine
ሊሞዚን
limozin

der Kombiwagen
ኮምቢ
kombi

der Pick-up
ፒክ-ኣፕ
pik-ap

der Kleintransporter
ንእሽቶ ተጐዓዛይ
näschto tegoazay

die Klimaanlage	ስርዓት ኣየር srat ayer
die Sitzheizung	መውዓይ መንበር meway menber
die Automatikschaltung	ኣውቶማቲክ awtomatik
die Handschaltung	ብኢዳዊ መቐየር bidawi meqeyer
die Zündung	ምውላዕ mwlaä
zweitürig	ክልተ ማዕጾ ዘለዎ klte maätso zelewo
dreitürig	ሰለስተ ማዕጾ ዘለዎ seleste maätso zelewo
viertürig	ኣርባዕተ ማዕጾ ዘለዎ arbaäte maätso zelewo

der Geländewagen
መኪና ኩሉ መሬት
mekina kulu meret

DAS AUTO - መኪና

Das Auto – Außenansicht - መኪና – ግዳማዊ ምርኢት

die Beifahrerseite
ወገን ተጐዓዚ ጥቓ ዘዋሪ
wegen tegoazi tqa zewari

das Dach
ናሕሲ
nahsi

die Windschutzscheibe
መስኮት ቅድሚት
meskot qdmit

die Fahrerseite
ወገን ዘዋሪ
wegen zewari

die Begrenzungsleuchte
ደረት ዘመልክት ፋኑስ
deret zemelkt fanus

der Rückspiegel
መስትያት ድሕሪት
mestyat dhrit

die Blinkleuchte
ውልዕ ጥፍእ ዘብል ፋኑስ
wlä tfä zebl fanus

das Rad
ዕንክሊል
änklil

der Scheibenwischer
መጽረጊ መስኮት
metsregi meskot

der Kühlergrill
ኣብ ቅድሚት መኪና ዘሎ ብረት መዝሓሊ
ab qdmit mekina zelo bret mezhali

der Nebelscheinwerfer
መብራህቲ ግመ
mebrahti gme

das Nummernschild
ምልክት ቁጽሪ
mlkt qutsri

das Markenemblem
ኣርማ
arma

die Stoßstange
ዋልጋ ጎንጺ
walga gontsi

das Reifenprofil
ልሕላሐ መንከርኮር
lhlahe menkerkor

der Ölmessstab	**መዐቀኒ ዘይቲ** meeqeni zeyti
der Luftfilter	**ሚሓ ኣየር** mihe ayer
der Bremsflüssigkeitsbehälter	**መትሓዚ ፈሳሲ ልጓም** methazi fesasi lgwam
die Antenne	**ኣንተና** antena
die Radaufhängung	**መንጠልጠሊ ዕንክሊል** menelteli änklil
das Abblendlicht	**መደበኒ ብርሃን ፋኑስ** medebeni brhan fanus
das Fernlicht	**ርሑቕ ፋኑስ** rhuq fanus

DAS AUTO - መኪና

① *der Seitenspiegel*
ወገናዊ መስትያት
wegenawi mestyat

② *die B-Säule*
ቢ ዝብሃል ዓንዲ
bi zbhal andi

③ *der Kofferraum*
ጉንዲ
gundi

④ *die Heckscheibe*
መስኮት ዳሕረዋይ
meskot dahreway

⑤ *die Motorhaube*
ሽፋን ሞቶር
schfan motor

⑥ *das Seitenfenster*
ወገናዊ መስኮት
wegenawi meskot

⑦ *die Autotür*
ማዕጾ መኪና
maätso mekina

⑧ *die Radkappe*
ቈብዕ ዕንክሊል
qobä änklil

⑨ *der Scheinwerfer*
ናይ ቅድሚት ብሩህ ፋኑስ
nay qdmit bruh fanus

⑩ *der Türgriff*
ሓኽሊ ማዕጾ
hachli maätso

⑪ *die Bremsleuchte*
ፋኑስ ልጓም
fanus lgwam

⑫ *die Rückleuchte*
ፋኑስ ዳሕረዋይ
fanus dahreway

⑬ *der Reifen*
መንኮርኮር
menkerkor

⑭ *die Seitenschutzleiste*
መከላኸሊ ወገን
mekelacheli wegen

⑮ *der Rückfahrscheinwerfer*
ብሩህ ፋኑስ ዳሕረዋይ
bruh fanus dahreway

der Motor	**ሞቶር** motor
der Benzintank	**ፍስቶ ፐትሮል** fsto petrol
das Getriebe	**ስርዓት ማርሻ** srat marscha
der Kühler	**መዝሓሊ** mezhali
der Ventilator	**ቨንቲላቶር** ventilator
die Batterie	**ባትሪ** batri
der Auspufftopf	**ሻርባ** scharba
das Auspuffrohr	**ሻምብቆ ነዳዲ** schambqo nedadi

die Felge
ወሰን ዓንኬል
wesen ankel

DAS AUTO - መኪና

Das Auto - Innenausstattung - መኪና – ውሽጣዊ ናውቲ

① der Seitenspiegel
ወገናዊ መስትያት
wegenawi mestyat

② das Lenkrad
ዕንክሊል ዘዋሪ
änklil zewari

③ das Armaturenbrett
ቅድሚ ዘዋሪ ዘሎ ክፋል
qdmi zewari zelo kfal

④ der Türöffner
መኽፈቲ ማዕጾ
mechfeti maätso

⑤ der Fahrersitz
መንበር
menber

⑥ die Mittelkonsole
ማእከላይ መቈጻጸሪ
maäkelay meqotsatsari

⑦ die Handbremse
ልጓም ኢድ
lgwam id

⑧ der Heizungsregler
ቍጽጽር መውዓይ
qtstsr meway

⑨ das Handschuhfach
ክፍሊ ጓንቲ
kfli gwanti

⑩ der Schalthebel
መቀየሪ ማርሻ
meqeyeri marscha

⑪ der Beifahrersitz
መንበር ተጐዓዚ
menber tegoazi

der Warnblinkschalter
መጥልዕ ብርሃን መጠንቀቕታ
metlä brhan metenqeqta

die Stereoanlage
ስርዓት ስተረዮ
srat stereyo

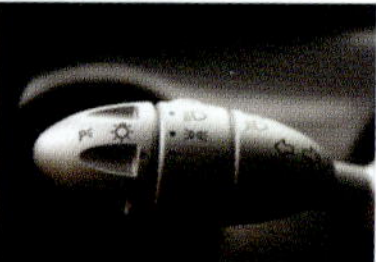

der Blinkerhebel
መንቂ ፋኑስ ምጥዋይ
menqu fanus mtway

der Zigaretten-anzünder
መወልዒ ሽጋራ
meweli schgara

das Navigationsgerät
መሳርሒ ምስፋፍ
mesarhi msfaf

die Fußstütze	መደገፍታ እግሪ medegefta ägri
das Kupplungspedal	ፐዳለ ክላች pedale klatsch
das Bremspedal	ፐዳለ ልጓም pedale lgwam
das Gaspedal	መንሃሪ ፐዳለ menhari pedale
der Sicherheitsgurt	ቁልፊ ውሕስነት qulfi whsnet
die Kopfstütze	መደገፍታ ርእሲ medegefta räsi
der Airbag	ኤርበግ erbeg
die Hupe	ቢብ መበሊ bib mebeli

DAS AUTO – መኪና

Die Tankstelle – መዓደል ነዳዲ

die Preisanzeige
ምርኢት ዋጋ
mrit waga

die Literanzeige
ምርኢት ሊትሮ
mrit litro

der Feuerlöscher
መደምሰሲ ሓዊ
medemsesi hawi

die Zapfsäule
ዓዳሊ
adali

das Reifenfüllgerät
መሳርሒ መምልኢ መንከርኮር
mesarhi memli menkerkor

das Rauchverbot
እገዳ ምትካኽ ሽጋራ
ägeda mtkach schgara

das Benzin
ፐትሮል
petrol

der Diesel
ናፍታ
nafta

bleifrei
ዓረር ዘይብሉ
arer zeyblu

verbleit
ዓረር ዘለዎ
arer zelewo

der Zapfschlauch
ቱቦ ፐትሮል
tubo petrol

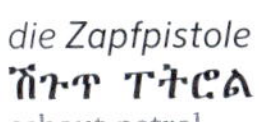

die Zapfpistole
ሽጉጥ ፐትሮል
schgut petrol

der Tankdeckel
ቈብዕ ነዳዲ
qobä nedadi

der Wagenheber
መልዓሊ መኪና
melali mekina

(das) Öl wechseln	**ዘይቲ ቀየረ** zeyti qeyere
der Reifendruck	**ጸቕጢ መንከርኮር** tseqti menkerkor
der Keilriemen	**ውሻል መወደኒ** wschal mewedeni
die Lichtmaschine	**ኣልተርነይተር** alterneyter
der Sommerreifen	**መንኮርኮር ሃጋይ** menkorkor hagay
der Winterreifen	**መንከርኮር ክረምቲ** menkerkor kremti
der Allwetterreifen	**መንከርኮር ኩሉ ኩነታት ኣየር** menkerkor kulu kunetat ayer
die Schneekette	**ሰንሰለት ውርጪ** senselet wrtschi

tanken
ነዳዲ ወሰኸ
nedadi weseche

DAS AUTO - መኪና

Die Tankstelle - መዓደል ነዳዲ

① die Tankanzeige
ምርኢት ምልኣት ፐትሮል
mrit mlat petrol

② die Tankleuchte
ፋናስ ፐትሮል
fanas petrol

③ der/das Tachometer
ምርኢት ፍጥነት mrit ftnet

④ die Geschwindigkeit
ፍጥነት ftnet

⑤ der Kilometerstand
መርገጽ ኪሎሜተር mergets kilometer

⑥ der Drehzahlmesser
ዓቃን ናህሪ
aqan nahri

⑦ die Kühlmitteltemperaturanzeige
ምርኢት ሙቐት መዝሓሊ
mrit muqet mezhali

den Reifen wechseln
መንከርኮር ቀየረ
menkerkor qeyere

der Radmutternschlüssel
ምምንጫት ዕንክሊል
mmntschat änklil

das Reserverad
መንኮርኮር መተካእታ
menkorkor metekaäta

die Reifenpanne
ብልሽት መንከርኮር
blscht menkerkor

der Verkehrsunfall	ሓደጋ ትራፊክ hadega trafik
Ich habe eine Panne.	ብልሽት ተጓኒፉኒ ኣሎ። blscht tegwanifuni alo
Könnten Sie bitte den Pannendienst anrufen?	ንኣገልግሎት ብልሽት ክትድውልሉ ምኽኣልኩም ዶ? nagelglot blscht ktdwllu mchealkum do
Der Motor springt nicht an.	ሞቶር ኣይተስእን እዩ። motor aytesän äyu
das Starthilfekabel	ገመድ ሓገዝ ምትሳእ gemed hagez mtsaä
Könnten Sie mir Starthilfe geben?	መኪናይ ንክትስእ ሓገዝ ክትህቡኒ ምኽኣልኩም ዶ? mekinay nktsä hagez kthbuni mchealkum do
der Ersatzreifen	መተካእታ መንኮርኮር metekaäta menkorkor
Könnten Sie mir beim Reifenwechseln helfen?	ኣብ ምቕያር መንኮርኮር ክትሕግዙኒ ዶ ምኽኣልኩም? ab mqyar menkorkor kthgzuni do mchealkum

DER BUS – ኣውቶቡስ

der Doppeldecker
ዕጽፊ ደርቢ ዘለዎ ቡስ
ätsfi derbi zelewo bus

die Liniennummer
ቍጽሪ መስመር
qtsri mesmer

das Fahrziel
ዕላማ ግዕዞ
älama gäzo

der Reisebus
ኣውቶቡስ መገሻ
awtobus megescha

die Automatiktür
ኣውቶማቲክ ማዕጾ
awtomatik maätso

der Gepäckraum
ክፍሊ ኣቕሑት ጉዕዞ
kfli aqhut guäzo

die Bushaltestelle
መደበር ኣውቶቡስ
medeber awtobus

der Fahrplan
መደብ ዙረት
medeb zuret

das Wartehäuschen
ገዛ ምጽባይ
geza mtsbay

der Schulbus
ኣውቶቡስ ቤት-ትምህርቲ
awtobus byet-tmhrti

der Halteknopf
መጠወቒ ጠጠው መበሊ
meteweqo tetew mebeli

der Niederflurbus	ኣውቶቡስ ትሑት ደርቢ awtobus thut derbi
der Busbahnhof	መደበር ኣውቶቡስ medeber awtobus
der Linienbus	ኣውቶቡስ መስመር awtobus mesmer
der Kleinbus	ንእሽቶ ኣውቶቡስ näschto awtobus
die Monatskarte	ካርታ ወርሒ karta werhi
der Fahrpreis	ዋጋ ቲከት waga tiket
die Fahrkarte	ቲከት tiket
der Fahrkartenautomat	መኪና ቲከት mekina tiket

die Halteschlaufe
ንምጥዋይ ክፋል ጽርግያ
nmtway kfal tsrgya

DAS MOTORRAD - ሞቶ

die Rennmaschine
ቱግቱግ ስፖርት
tugtug sport

das Cockpit
ኮክፒት
kokpit

der Kupplungshebel
ሓኽሊ ክላች
hachli klatsch

der Lenkergriff
ሓኽሊ ዕንክሊት መጠወዪ
hachli änklit meteweyi

der Fahrersitz
መንበር ዘዋሪ
menber zewari

der Rückspiegel
መስትያት ዳሕረዋይ
mestyat dahreway

der Soziussitz
ተወሳኺ መንበር
tewesachi menber

das Schutzblech
መከላኸሊ ዓረር
mekelacheli arer

der Seitenständer
ዓንዲ ወገን
andi wegen

die Fußraste
መንበሪ እግሪ
menberi ägri

die Rückleuchte
ፋኑስ ዳሕረዋይ
fanus dahreway

das Getriebe
ስርዓት ማርሻ
srat marscha

der Fußschalthebel
ሓኽሊ እግሪ
hachli ägri

die Radaufhängung
ምንጥልጣል መንከርኮር
mntltal menkerkor

der Motorroller
ስኩተር
skuter

das Quad
ክዋድ
kwad

das Geländemotorrad
ቱግቱግ ኩሉ መሬት
tugtug kulu meret

der Chopper
ቾፐር
tschoper

DAS MOTORRAD - ሞቶ

der Motorradhelm
ሃልመት ሞቶ
halmet moto

die Lederjacke
ጃኬት ቆርበት
dschaket qorbet

die Motorradkombi
ብዙሕ ኣብ ሪጋ ዝዝው ርዝ ሞቶታት
bzuh ab riga zzwrz mototat

der Lederhandschuh
ጓንቲ ቆርበት
gwanti qorbet

das Visier
ርእየት
räyet

der Lufteinlass
ወሸመጥ ኣየር
weschmet ayer

der Reflektorstreifen
መንጸባረቒ ሽራጥ
mentsebareqi schrat

der/das Tachometer
ምርኢት ናህሪ
mrit nahri

der Lenker
መጥወዪ
metweyi

der Tankdeckel
መኸደኒ ነዳዲ
mechedeni nedadi

der Benzintank
ፍስቶ ፐትሮል
fsto petrol

der Blinker
ብሊንከር
blinker

der Bremshebel für die Vorderradbremse
ሓኸሊ ልጓም መከርኮር ቅድሚት
hachli lgwam mekerkor qdmit

der Gasdrehgriff
ሓኸሊ ኣንጎሎ ጋዝ
hachli angolo gaz

das Motorradgespann
ምውጣሕ ሞቶ
mwtah moto

der Tourer
ቱረር
turer

der Beiwagen
ኣብ ጠገን ሞቶ ዝተኣ ሳሰረ መኪና
ab wegen moto zteasasere mekina

DAS FAHRRAD – ብሽግለታ

der Schalthebel	ሓኽሊ ማርሻ hachli marscha
der Bremshebel	ሓኽሊ ልጓም hachli lgwam
die Luftpumpe	ፓምፓ ኣየር pampa ayer
der Fahrradhelm	ሃልመት ብሽክለታ halmet bschkleta
der Dynamo	ዲናሞ dinamo
in die Pedale treten	ኣብ ፐዳለ ረገጸ ab pedale regetse
bremsen	ልጓም ለጕመ lgwam legome
in einen höheren/niedrigeren Gang schalten	ማርሻ ወሰኸ/ነከየ marscha weseche/nekeye
Radfahren lernen	ምዝዋር ብሽግለታ ተመሃረ mzwar bschgleta temehare
einen Fahrradschlauch flicken	ጎማ ብሽግለታ ሰፈየ goma bschgleta sefeye

DAS FAHRRAD - ብሽግለታ

der Kindersitz
መንበር ቆልዓ
menber qola

das Einrad
ንጽል መንከርኮር ዘለዎ ብሽግለታ

ntsl menkerkor zelewo bschgleta

das Tandem
ታንደም
tandem

das BMX-Rad
ብሽግለታ ቢ.ኤም.ኤክስ
bschgleta bi.em.eks

das Rennrad
ብሽግለታ ናህሪ
bschgleta nahri

das Tourenfahrrad
ብሽክለታ ዙረት
bschkleta zuret

das Mountainbike
ብሽገልታ ጎቦ
bschgelta gobo

das Elektrofahrrad
ብሽክለታ ኤለትሪክ
bschkleta eletrik

das Liegerad
ናይ መግምባው ብሽግለትይ
nay megmbaw bschglety

das Dreirad
ሰለስተ መንከርኮር ዘለዎ ብሽግለታ
seleste menkerkor zelewo bschgleta

das Fahrradschloss
መእሰሪ ብሽክለታ
meäseri bschkleta

das Flickzeug
መሳርሒ ኣቕሑ ልጋብ
mesarhi aqhu lgab

das Leihfahrrad
ዝተኻረየ ብሽግለታ
ztechareye bschgleta

der Kinderanhänger
ተስሓቢ ቆልዓ
teshabi qola

die Satteltasche
ማህደር ኮረሻ
mahder korescha

der Fahrradständer
ደው መበሊ ብሽክለታ
dew mebeli bschkleta

DAS LASTKRAFTFAHRZEUG - ዓቢ ባጎኒ

der Sattelschlepper
ባጎኒ ምጉታት
bagoni mgutat

die Kühlerhaube
መኽደኒ መዝሓሊ
mechdeni mezhali

der Kühlergrill
ኣብ ቅድሚት ዘሎ ብረት መዝሓሊ
ab qdmit zelo bret mezhali

der Scheinwerfer
መብራህቲ ቅድሚት
mebrahti qdmit

das Auspuffrohr
ሻምብቆ ትኪ
schambqo tki

die Schlafkabine
ጋቢና ድቃስ
gabina dqas

das Lufthorn
ዓው መበሊ ኣየር
aw mebeli ayer

der Stauraum
መኽዘን
mechzen

der Stoßfänger
ዋልጋ ጕንጺ
walga gontsi

die Windschutzscheibe
መስኮት ከልካሊ ንፋስ
meskot kelkali nfas

die Trittstufe
ስጉም
sgum

der Kraftstofftank
ፍስቶ ነዳዲ
fsto nedadi

der Autotransporter
መካይን እትስከም ተሰካሚት መኪና
mekayn ätskem tesekamit mekina

die Schneefräse
ማሺን ውርጪ
maschin wrtschi

die Straßenkehrmaschine
ማሺን ኲስታሪ ጐደና
maschin kostari godena

der Müllwagen
ባጎኒ ጐሓፍ
bagoni gohaf

der Tankwagen
ባጎኒ ፐትሮል
bagoni petrol

der Sattelzug
ኣካል ባጎኒ
akal bagoni

der Auflieger
ተስሓቢ ክፋል
teshabi kfal

der Flachbettauflieger
ጸፊሕ ተስሓቢ ክፋል
tsefih teshabi kfal

WEITERE FAHRZEUGE - ተወሰኽቲ መካይን

der Bagger
ፈሓሪ
fehari

der Radlader
ጸዓኒ መንከርኮር
tseani menkerkor

der Betonmischer
ሓዋሲ ስሚንቶ
hawasi sminto

der Kipper
ትሕዝቶ ከውርድ ዝኽእል ባጎኒ
thzto kewrd zchäl bagoni

der Wohnwagen
ቃፍላይ
qaflay

das Wohnmobil
ባጎኒ ካምፓ
bagoni kampa

der Gabelstapler
ባጎኒ ፎርክሊፍት
bagoni forklift

das Feuerwehr-fahrzeug
መካኒ መጥፍእ ሓዊ
mekani metfä hawi

der Anhänger
ተንጠልጣሊ ክፋል
tenteltali kfal

der Traktor
ትራክተር
trakter

der Polizeiwagen
መኪና ፖሊስ
mekina polis

das Taxi
ታክሲ
taksi

der Abschleppwagen
ባጎኒ ምጉታት
bagoni mgutat

der Fahrzeugkran
መኪና ክረይን
mekina kreyn

der Taxistand
ቦታ ታክሲ
bota taksi

ein Taxi herbeiwinken
ታክሲ ብምውዝዋዝ ኣምጽአ
taksi bmwzwaz amtse

DER ZUG - ባቡር

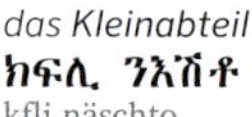

der Zug
ባቡር
babur

der Führerstand
ጋቢ ዘዋሪ
gabi zewari

das Kleinabteil
ክፍሊ ንእሽቶ
kfli näschto

die Gepäckablage
ድለባ ኣቕሑት ጉዕዞ
dleba aqhut guäzo

die Schiene
መደንደል
medendel

der Waggon
ባጎኒ
bagoni

die Armlehne
መደገፍታ ምናት
medegefta mnat

der Sitz
መንበር
menber

die Kopflehne
መደገፍታ ርእሲ
medegefta räsi

der Güterzug
ባቡር ጽዕነት
babur tsänet

die Straßenbahn
ትራም
tram

die U-Bahn
ባቡር ትሕተ-ጎደና
babur thte-godena

die Einschienenbahn
ንጽል ሓዲድ
ntsl hadid

die Dampflok
ባቡር ሃፋ
babur hafa

der Hochgeschwindigkeitszug	**ባቡር ልዕለ ፍጥነት** babur läle ftnet
das Großraumabteil	**ሰፊሕ ክፍሊ ባቡር** sefih kfli babur
die Oberleitung	**ለዓለዋይ መስመር ኤለትሪክ** lealeway mesmer eletrik
die erste Klasse	**ቀዳማይ ክላስ** qedamay klas
die zweite Klasse	**ካልኣይ ክላስ** kalay klas
der Klapptisch	**ዝዕንጸፍ ጣውላ** zäntsef tawla
der Triebwagen	**ተስሓቢ መኪና** teshabi mekina
die Sitzplatzreservierung	**ምጥላብ መንበር** mtlab menber

DER ZUG – ባቡር

Am Bahnhof – ኣብ መደበር ባቡር

der Bahnsteig
ማርሻቤዲ ሓዲግ
marschabyedi hadig

einsteigen
ኣተወ
atewe

aussteigen
ወጽአ
wetse

das Geländer
መደንደል
medendel

die Gleisnummer
ቑጽሪ ሓዲግ
qtsri hadig

der Wegweiser
ሓባር መንገዲ
habar mengedi

der Reisende
ተጓዓዚ
tegoazti

die Rolltreppe
ኣደያቢ
adeyabi

die Bahnhofshalle
ኣዳራሽ መደበር ባቡር
adarasch medeber babur

der Fahrkartenschalter
ማሺን ቲከት
maschin tiket

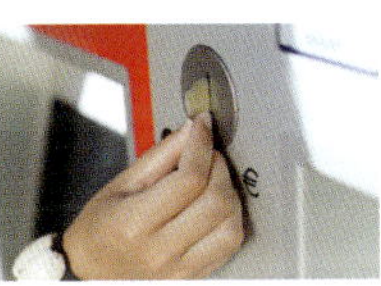

der Fahrkarten-automat
መኪና ቲከት
mekina tiket

die Schaffnerin
ተቈጻጻሪት ቲከት
teqotsatsarit tiket

die Verspätung	**ምድንጓይ** mdngay
pünktlich	**ብእዋን** bäwan
umsteigen	**ቀየረ** qeyere
das Schienennetz	**መርበብ ሓዲግ** merbeb hadig
Eine einfache Fahrt nach …, bitte.	**ኖርማል ጉዕዞ ናብ … ምደለኹ።** normal guäzo nab … mdelechu
hin und zurück	**መኸድን መምጽእን** mechedn memtsän
Ist dieser Platz noch frei?	**እዚ ቦታ ነጻ ድዩ?** äzi bota netsa dyu

der Kofferkuli
ተሰካሚ ባልጃ
tesekami baldscha

DAS FLUGZEUG - ነፋሪት

das Verkehrsflugzeug
ነፋሪት ትራፊክ
nefarit trafik

das Fenster
መስኮት
meskot

der Rumpf
ቅርፍቲ
qrfti

der Bug
ትኺን
tchan

das Heck
ዳሕረዋይ ክፋል
dahreway kfal

die Tragfläche
ቦታ መኽዘን
bota mechzen

die Flugzeugtür
ማዕጾ ነፋሪት
maätso nefarit

das Seitenleitwerk
መሓበሪ ወገን
mehaberi wegen

der Gepäckraum
ክፍሊ ኣቕሑት ጉዕዞ
kfli aqhut guäzo

das Fahrwerk
ስርዓት ሞቶር
srat motor

das Cockpit
ኮክፒት
kokpit

das Höhenleitwerk
መሓበሪ ቁመት
mehaberi qumet

das Querruder
ክፋል ክንፊት ነፋሪት
kfal knfit nefarit

das Triebwerk
ስርዓት ኤለትሪክ
srat eletrik

das Bugfahrwerk
ስርዓት ትኺን
srat tchan

der Windsack
ክሻ ንፋስ
kscha nfas

Ihr Flug ist jetzt zum Einsteigen bereit.	**በረራኹም ሕጂ ንምእታው ድሉው እዩ።** bererachum hdschi nmätaw dluw äyu
die Fluggesellschaft	**መስመር ኣየር** mesmer ayer
der Flugsicherungsdienst	**ኣገልግሎት ዋሕስ በረራ** agelglot wahs berera
der Pilot	**መራሕ ነፋሪት** merah nefarit
die Pilotin	**መራሒት ነፋሪት** merahit nefarit
die erste Klasse	**ቀዳማይ ክላስ** qedamay klas
die Businessklasse	**ክላስ ቢዝነዝ** klas biznez
die Economyklasse	**ክላስ ኤኮኖሚ** klas ekonomi

DAS FLUGZEUG - ነፋሪት

Im Flugzeug - ኣብ ነፋሪት

die Sicherheitsanweisung
ናይ መምርሒ ትእዛዛት
nay memrhi täzazat

die Flugbegleiterin
ኣሳሳዪት ኣየር
asasayit ayer

der Sitzplatz
መንበር ተጐዓዚ
menber tegoazi

das Gepäckfach
ክፍሊ ኣቕሑት ጉዕዞ
kfli aqhut guäzo

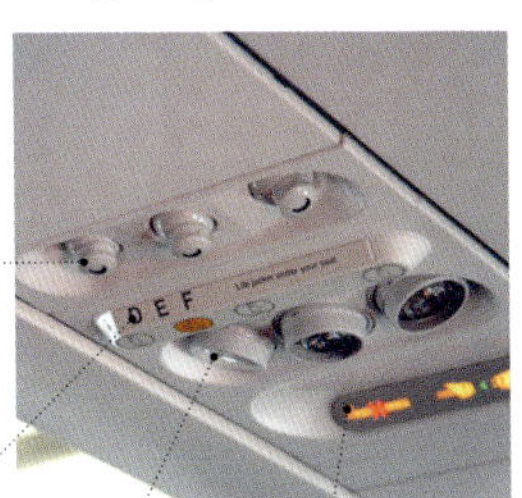

die Luftdüse
ኣፍ መሸንቶ ኣየር
af meschento ayer

die Sitznummer
ቍጽሪ መንበር
qtsri menber

der Nichtraucherflug
በረራ ኣልቦ ሽጋራ
berera albo schgara

die Leselampe
ፋኑስ ንባብ
fanus nbab

das Handgepäck
ባልጃ ኢድ
baldscha id

der Gang
ኮረደዮ
koredeyo

der Notausgang
መውጽኢ ህጹጽ ኩነታት
mewtsi htsuts kunetat

der Sitzabstand
ርሕቀት መንበር
rhqet menber

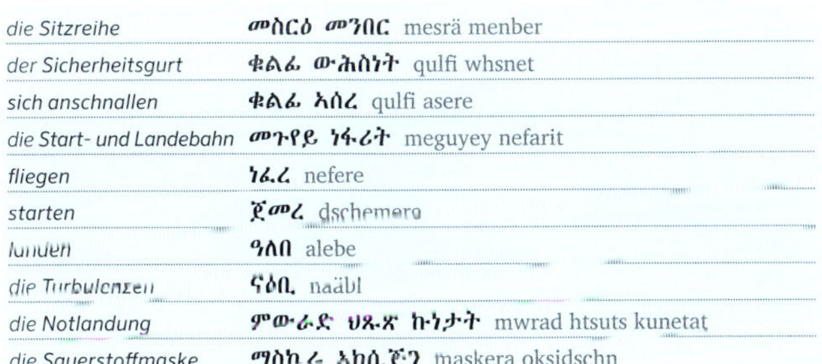

die Sitzreihe	መስርዕ መንበር	mesrä menber
der Sicherheitsgurt	ቁልፊ ውሕስነት	qulfi whsnet
sich anschnallen	ቁልፊ ኣሰረ	qulfi asere
die Start- und Landebahn	መጉየይ ነፋሪት	meguyey nefarit
fliegen	ነፈረ	nefere
starten	ጀመረ	dschemere
landen	ዓለበ	alebe
die Turbulenzen	ናዕቢ	naäbi
die Notlandung	ምውራድ ህጹጽ ኩነታት	mwrad htsuts kunetat
die Sauerstoffmaske	ማስከራ ኦክሲጅን	maskera oksidschn

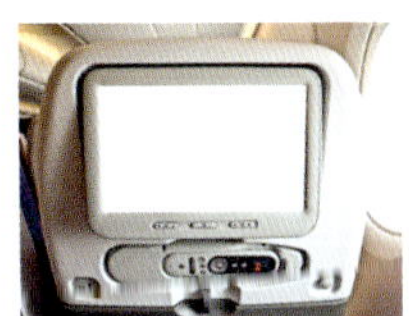

der Bildschirm für das Bordprogramm
ናይ መደብ መርኢት ስክሪን
nay medeb merit skrin

DAS FLUGZEUG - ነፋሪት

Am Flughafen - ኣብ መዓረፎ ነፈርቲ

der Check-in-Automat
ማሺን ቸክ-ኢን
maschin tschek-in

der Check-in-Schalter
ባንኮ ቸክ-ኢን
banko tschek-in

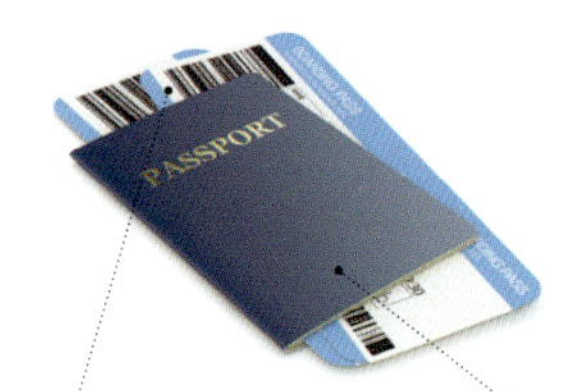

die Bordkarte
ወረቐት ቦርዲንግ
wereqet bording

der Reisepass
ፓስፖርት
pasport

die Ankunft
እትወት
ätwet

der Abflug
ንቕሎ
nqlo

das Terminal
ተርሚናል
terminal

der Zoll
ድጓና
dgwana

die Sicherheits-kontrolle
ቊጽጽር ውሕስነት
qtstsr whsnet

die Ticketkontrolle
ቊጽጽር ቲከት
qtstsr tiket

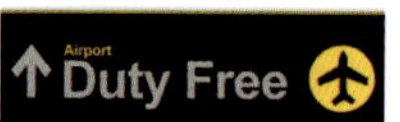

der Duty-free-Laden
ቀረጽ ዘይብሉ ዱኳን
qerets zeyblu dukwan

die Fluggasttreppe
መደያይቦ ተጐዓዚ
medeyaybo tegoazi

der Flugsteig
መደበር ንፍረት
medeber nfret

die Fluggastbrücke
ድልድል ተጐዓዚ
dldl tegoazi

der Kontrollturm
ግምቢ ቊጽጽር
gmbi qtstsr

der Fluglotse
ሓባሪ ቊጽጽር በረራ
habari qtstsr berera

DAS FLUGZEUG - ነፋሪት

Am Flughafen - ኣብ መዓረፎ ነፈርቲ

① *die Anzeigetafel*
ሰሌዳ ምርኢት
seleda mrit

② *das Reiseziel*
ዕላማ ጉዕዞ
älama guäzo

der Langstreckenflug
ንፍረት ነዊሕ ርሕቀት
nfret newih rhqet

der Auslandsflug
በረራ ወጻኢ
berera wetsai

der Inlandsflug
በረራ ሃገራዊ
berera hagerawi

der Rollkoffer
ኲረር ዝብል ባልጃ
korer zbl baldscha

das Übergepäck
ልዕሊ ሚዛን
läle mizan

das Gepäckband
ምራን ኣቑሑት ጉዕዞ
mran aqhut guäzo

der Fahrsteig
መደበር
medeber

die Zwischenlandung	**ኣብ መንጎ በረራ ጠጠ ምባል**	ab mengo berera tete mbal
einen Flug buchen	**በረራ ጠለበ**	berera telebe
der/das Online-Check-in	**ኦንላይን-ቸክ-ኢን**	onlayn-tschek-in
die Buchungsnummer	**ቁጽሪ ምዝገባ**	qtsri mzgeba
das Visum	**ቪዛ**	viza
die Gepäckkontrolle	**ቍጽጽር ኣቑሑት ጉዕዞ**	qtstsr aqhut guäzo
der Gepäckabschnitt	**ክፋል ኣቑሑት ጉዕዞ**	kfal aqhut guäzo
der Währungsumtausch	**ምቅያር ገንዘብ**	mqyar genzeb

der Rucksack
ሳንጣ ሕቖ
santa hqo

DAS SCHIFF – መርከብ

das Kreuzfahrtschiff
መርከብ ጉዕዞ
merkeb guäzo

die Radarantenne
ኣንተና ራዳር
antena radar

das Deck
ባይታ
bayta

die Kabine
ጋቢና
gabina

der Schornstein
ማፋ
mafa

die Funkantenne
ኣንተና ራድዮ
antena radyo

die Backbordseite
ወገን ድሕሪት
wegen dhrit

der Rumpf
ቅርፍቲ
qrfti

das Bullauge
ከቢብ መስኮት መርከብ
kebib meskot merkeb

die Steuerbordseite
ወገን ዕንክሊል
wegen änklil

der Bug
ትኺን
tchan

das Rettungsboot
ጃልባ ድሕነት
dschalba dhnet

der Bugwulst
ሕበጥ ትኺን
hbet tchan

das Segelboot
ጃልባ ብጋንጽላ ምንስፋፍ
dschalba bgantsla mnsfaf

die Motorjacht
ያት ሞቶር
yat motor

das Motorboot
ጃልባ ሞቶር
dschalba motor

der Katamaran
መርከብ ካታማራን
merkeb katamaran

DAS SCHIFF - መርከብ

Der Hafen - ወደብ

der Containerhafen
ወደብ ኮንተይነር
wedeb konteyner

das Containerlager	die Fracht	der Kai	der Kran	das Containerschiff
መኽዘን ኮንተይነር	**ጽዕነት**	**ዳገት**	**ክረይን**	**መርከብ ኮንተይነር**
mechzen konteyner	tsänet	daget	kreyn	merkeb konteyner

der Leuchtturm
መናራ
menara

die Vertäuung
መኣሳሰሪ
measaseri

der Poller
መእሰር ናይ መርከብ
meäser nay merkeb

die Boje
ሓባ
haba

den Anker werfen/lichten	**መልሆቕ ሰንደወ** melhq sendewe
die Küstenwache	**ሓለዋ ገምገም ባሕሪ** halewa gemgem bahri
anlegen	**ኣሰረ** asere
auslaufen	**ፈሰሰ** fesese
an Bord gehen	**ኣብ ባይታ ምኻድ** ab bayta mchad
von Bord gehen	**ካብ ባይታ ምውራድ** kab bayta mwrad
der Landungssteg	**መድረኽ ምዕላብ** medrech mälab
das U-Boot	**ሱብማሪን** submarin

die Fähre
ፈሪ
feri

IN DER STADT

ኣብ ከተማ

DIE INNENSTADT - ውሽጢ ከተማ

die Vorstadt
ከባቢ ከተማ
kebabi ketema

die Brücke
ድልድል
dldl

der Fluss
ፈለግ
feleg

die Straße
ጽርግያ
tsrgya

das Geschäftsviertel
ከባቢ ንግድ
kebabi ngd

der Fernsehturm
ግምቢ ተለቪዥን
gmbi televishn

der Wohnblock
ኣፓርታማታት
apartamatat

der Dom
ካተድራል
katedral

der Gehweg
መገዲ እግረኛ
megedi ägrenya

die Altstadt
ኣረጊት ኣካል ከተማ
aregit akal ketema

der Turm
ግምቢ
gmbi

die Straßenbeleuchtung
መብራህቲ ጽርግያ
mebrahti tsrgya

die Seitenstraße
ወገናዊ ጎደና
wegenawi godena

der Boulevard
ጎደና
godena

die Treppe
መደያይቦ
medeyaybo

die Gasse
ጸቢብ መተሓላልፎ
tsebib metehalalfo

DIE INNENSTADT - ውሽጢ ከተማ

der Park
መናፈሻ
menafescha

der Kanal
መትረብ
metreb

das Ausgehviertel
ብዙሕ ዝረአ ክፋል ከተማ
bzuh zree kfal ketema

der Platz
ቦታ
bota

das Einkaufsviertel
ቦታ ምግዛእ
bota mgzaä

das Industriegebiet
ኢንዱስትርያዊ ከባቢ
industryawi kebabi

das Wohngebiet
መቐመጢ ከባቢ
meqemeti kebabi

das Rathaus
ቤት-መዘጋጃ
byet-mezegadscha

die Universität
ዩኒቨርሲቲ
yuniversiti

die Schule
ቤት-ትምህርቲ
byet-tmhrti

die Post
ፖስት
post

die Feuerwache
መደበር ሓዊ
medeber hawi

die Polizeiwache
መደበር ፖሊስ
medeber polis

das Krankenhaus
ሆስፒታል
hospital

die Bibliothek
ቤተ-መጻሕፍቲ
byete-metsahfti

das Gerichtsgebäude
ህንጻ ቤተ ፍርዲ
hntsa byete frdi

DIE INNENSTADT - ውሽጢ ከተማ

Gebäude in der Innenstadt - ህንጻ ኣብ ውሽጢ ከተማ

der Wolkenkratzer
ሰማይ-ጠቀስ
semay-teqes

die Burg
ግምቢ
gmbi

das Schloss
መእሰሪ
meäseri

die Kirche
ቤተ ክርስትያን
byete krstyan

die Moschee
መስጊድ
mesgid

die Synagoge
ምኵራብ
mkrab

der Tempel
ቤት መቕደስ
byet meqdes

die Ruine
ዕንወት
änwet

das Bürogebäude
ህንጻ ቤት-ጽሕፈት
hntsa byet-tshfet

das Theater
ትያትር
tyatr

das Kino
ሲነማ
sinema

die Fabrik
ፋብሪካ
fabrika

die Botschaft
ኤምባሲ
embasi

das Opernhaus
ቤት ኦፕራ
byet opra

das Museum
ቤተ መዘክር
byete mezekr

die Kunsthalle
ኣደራሽ ጥበብ
aderasch tbeb

DIE INNENSTADT - ውሽጢ ከተማ

Auf der Straße - ኣብ ጽርግያ

die Straßenlaterne
ፋኑስ ጐደና
fanus godena

die Fußgängerampel
ፋኑስ እግሪ
fanus ägri

die Ampel
ፋኑስ ትራፊክ
fanus trafik

das Denkmal
መዘኻኸሪ ሓወልቲ
mezechacheri hawelti

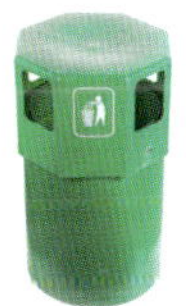

der Abfalleimer
መገለል ጎሓፍ
megelel gohaf

der Kanaldeckel
መኽደኒ መትረብ
mechdeni metreb

der Hydrant
ማፋ ማይ
mafa may

der Friedhof
ኣጸድ-መቓብር
atsed-meqabr

die Bushaltestelle
ጠጠው መበሊ ኣውቶቡስ
tetew mebeli awtobus

der Kiosk
ኪዮስክ
kiyosk

die Tiefgarage
ጋራጅ መኪና ትሕተ-መሬት
garadsch mekina thte-meret

die Fußgängerzone
ዞባ ኣጋር
zoba agar

Entschuldigen Sie, wie komme ich nach ...?	**ኣቕሬታ፡ ከመይ ጌረ ናብ ... ክኸይድ?** aqreta, kemey gyere nab ... kcheyd
Könnten Sie mir bitte sagen, wo ... ist?	**... ኣበይ ከም ሙኻኑ ክትነግሩኒ ምኽኣልኩም ዶ ብኽብረትኩም?** ... abey kem muchanu ktnegruni mchealkum do bchbretkum
Könnten Sie mir das bitte auf der Karte zeigen?	**እዚ ኣብ ካርታ ከተርእዩኒ ምኽኣልኩም ዶ ብኽብረትኩም?** azı ab karta keteräyuni mchealkum do bchbretkum
an der Ecke	**ኣብ ኩርናዕ** ab kurnaä
rechts/links abbiegen	**የማን/ጸጋም ጠወየ** yeman/tsegam teweye
auf der rechten/linken Seite	**ኣብ የማናይ/ጸጋማይ ወገን** ab yemanay/tsegamay wegen
(schräg) gegenüber	**(ብመንጸር) ኣንበረ** (bmentser) anbere
in der Nähe (von)	**ኣብ ከባቢ (...)** ab kebabi

DIE INNENSTADT - ውሽጢ ከተማ

Das Hotel - ሆተል

die Rezeption
ምቕባል
mqbal

die Empfangsdame
ተቐባሊት ጋሻ
teqebalit gascha

die Schlüsselkarte
ካርታ መፍትሕ
karta mefth

die Klingel
ቃጭል
qatschl

die Lobby
ገበላ
gebela

die Bar
መታወር
metawer

das Restaurant
ቤት መግቢ
byet megbi

die Hotelanlage
ቀጽሪ ሆቴል
qetsri hotyel

das Doppelzimmer
ክፍሊ ዕጽፊ
kfli ätsfi

das Zweibettzimmer
ክፍሊ ክልተ ዓራት
kfli klte arat

das Einzelzimmer
ክፍሊ ንጽል
kfli ntsl

der Fitnessraum
ክፍሊ ስፖርት
kfli sport

der Pool
መሕምበሲ
mehmbesi

Ich habe ein Zimmer unter dem Namen ... gebucht.	**ሓደ ክፍሊ ብሽም ... ጠሊበ።** hade kfli bschm ... telibe
Was kostet das Zimmer, bitte?	**እዚ ክፍሊ ክንደይ ዋግኡ ብኽብረትኩም?** äzi kfli kndey wagu bchbretkum
Ich hätte gerne ein Doppelzimmer für eine Nacht.	**ክፍሊ ዕጽፊ ንሓደ ለይቲ ምደለኹ።** kfli ätsfi nhade leyti mdelechu
Haben Sie ein Zimmer frei?	**ሓደ ክፍሊ ነጻ ኣለኩም ዶ?** hade kfli netsa alekum do

DIE INNENSTADT - ውሽጢ ከተማ

Das Hotel - ሆተል

der/die Concierge
ዋርድያ
wardya

der Kofferwagen
ሰረገላ ባልጃ
seregela baldscha

der Türanhänger „Bitte nicht stören"
መንጠልጠሊ ማዕጾ "አይትረበሹ ብኽብረ ትኩም"
menelteli maätso "aytrebeschu bchbretkum"

die Gepäckablage
ድለባ ኣቕሑት ጉዕዞ
dleba aqhut guäzo

der Zimmerservice
ኣገልግሎት ክፍሊ
agelglot kfli

das Zimmermädchen
ጓል ክፍሊ
gwal kfli

die Suite
ኣቕሑ ናውቲ
aqhu nawti

die Toilettenartikel
ናውቲ ሽቓቕ
nawti schqaq

die Minibar
ሚኒ-ባር
mini-bar

die Zimmernummer
ቍጽሪ ክፍሊ
qtsri kfli

das Frühstücksbuffet
ጉስጢ ቁርሲ
gusti qursi

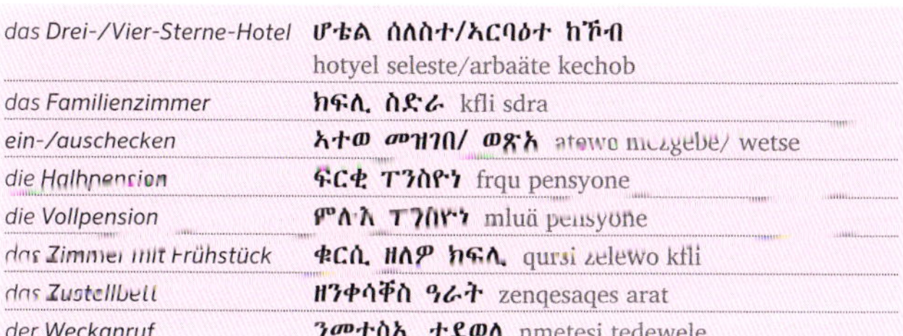

das Drei-/Vier-Sterne-Hotel	ሆቴል ሰለስተ/ኣርባዕተ ከኾብ hotyel seleste/arbaäte kechob
das Familienzimmer	ክፍሊ ስድራ kfli sdra
ein-/auschecken	ኣተወ መዝገበ/ ወጽአ atewo mezgebe/ wetse
die Halbpension	ፍርቂ ፐንስዮን frqu pensyone
die Vollpension	ምሉእ ፐንስዮን mluä pensyone
das Zimmer mit Frühstück	ቁርሲ ዘለዎ ክፍሊ qursi zelewo kfli
das Zustellbett	ዘንቀሳቐስ ዓራት zenqesaqes arat
der Weckanruf	ንመተስኢ ተደወለ nmetesi tedewele

der Tresor
ገንዘብን ካልእ ክቡር ነገራትን ዚቕመጠሉ ሳጹን
genzebn kalä kbur negeratn ziqmetelu satsun

DIE INNENSTADT - ውሽጢ ከተማ

Die Bank - ባንኪ

das Chipkartenterminal
ማሺን ቺፕ ካርድ
maschin tschip kard

der Schalter

metlä

die Kassiererin
ተሓዝ ገንዘብ
tehaz genzeb

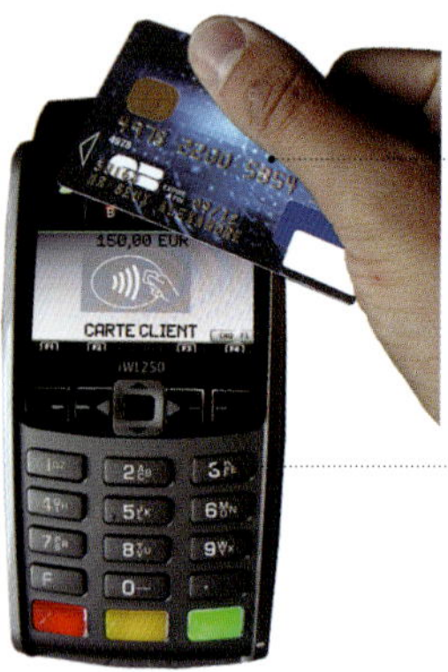

die EC-Karte
ባንክ ካርድ ኤ.ሰ.
bank kard e.se.

das Tastenfeld
መጠወቒታት
meteweqitat

das Onlinebanking
ኦንላይን-ባንኪንግ
onlayn-banking

der Geldautomat
መኪና ገንዘብ
mekina genzeb

Geld abheben
ገንዘብ ኣውጽእ
genzeb awtse

Geld einzahlen
ገንዘብ ኣእተወ
genzeb aätewe

einen Scheck ausstellen
ቸክ ኣቕረበ
tschek aqrebe

die Kontoüberziehung	**ካብቲ ዘሎ ዝያዳ ምውጻእ** kabti zelo zyada mwtsaä
das Girokonto	**ሕሳብ ዥሮ** hsab shiro
das Sparkonto	**ሕሳብ ቍጠባ** hsab qteba
die PIN-Nummer	**ቁጽሪ ፒን** qutsri pin
der Zinssatz	**መጠን ወለድ** meten weled
das Darlehen	**ልቓሕ** lqah
die Hypothek	**ትሕጃ** thdscha
die Kontonummer	**ቁጽሪ ሕሳብ** qutsri hsab

DIE INNENSTADT - ውሽጢ ከተማ

Die Bank - ባንኪ

der Geldschein
ወረቐት ገንዘብ
wereqet genzeb

die Münze
ሰልዲ
seldi

die Währung
ገንዘብ
genzeb

das Wertpapier
ገንዘብ ዘለዎ ወረቐት
genzeb zelewo wereqet

der Wechselkurs
መርገጽ ያቅር ገንዘብ
mergets yaqr genzeb

das Bankschließfach
መእሰሪ መትሓዝ ባንክ
meäseri methaz bank

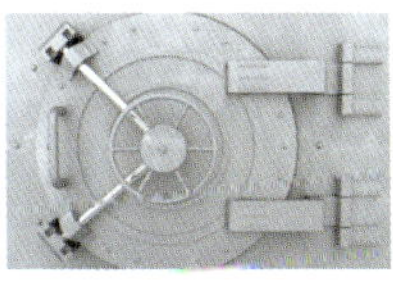

der Tresor
ሴፍ
sef

die Kreditkarte
ክረዲት ካርድ
kredit kard

die Börse
እኩብ ጥረ-ነገራት
äkub tre-negerat

der Börsenkurs
መርገጽ ስቶክ
mergets stok

der Finanzberater
ኣማኻሪ ገንዘብ
amachari genzeb

die Rechnung
ጸብጻብ
tsebtsab

Könnten Sie mir das bitte wechseln?	**ነዚ ገንዘብ ክትልውጡለይ ምኽኣልኩም ዶ ብኽብረትኩም?** nezi genzeb ktlwtuley mchealkum do bchbretkum
Wie ist der aktuelle Wechselkurs?	**ናይ ሕጂ ዘሎ መርገጽ ቅያር ገንዘብ ከመይ ድዩ?** nay hdschi zelo mergets qyar genzeb kemey dyu
Ich möchte gerne ein Konto eröffnen.	**ባንኪ ሕሳብ ክኸፍት ምደለኹ።** banki hsab kcheft mdelechu
der Betrag	**ገንዘብ** genzeb
der Reisescheck	**ቸክ መገሻ** tschek megescha
das Eigenkapital	**ውልቃዊ ጥረት** wlqawi tret
die Provision	**ዝተቐርበ ነገር** zteqerbe neger
die Wechselstube	**ቤት-ጽሕፈት ምልውዋጥ ገንዘብ** byet-tshfet mlwwat genzeb

der Überweisungsschein
ወረቐት ምስዳድ ገንዘብ
wereqet msdad genzeb

EINKAUFEN - ምግዛእ

Läden und Geschäfte - ድኳናትን ንግዳትን

der Markt
ዕዳጋ
ädaga

der Marktstand
መርገጽ ዕዳጋ
mergets ädaga

das Schaufenster
መስኮት ዱኳን
meskot dukwan

die Tierhandlung
ድኳን እንስሳ
dkwan änssa

der Gemüseladen
ድኳን ሓምሊ
dkwan hamli

die Metzgerei
ድኳን ስጋ
dkwan sga

die Bäckerei
እንዳ ባኒ
ända bani

die Konditorei
ድኳን ዶልሺ
dkwan dolschi

der Supermarkt
ሰፊሕ ድኳን
sefih dkwan

das Fischgeschäft
ድኳን ዓሳ
dkwan asa

die Weinhandlung
ድኳን ነቢት
dkwan nebit

der Blumenladen
ድኳን ፍዮሪ
dkwan fyori

das Lebensmittel-geschäft
ዱኳን ኣሸባሾ
dukwan aschebascho

der Bioladen
ዱኳን ቢዮ
dukwan biyo

das Schreibwaren-geschäft
ድኳን ናውቲ ጽሕፈት
dkwan nawti tshfet

der Tante-Emma-Laden
ድኳን ካልኣይ ኢድ
dkwan kalay id

EINKAUFEN - ምግዛእ

Läden und Geschäfte - ድኳናትን ንግዳትን

der Buchladen
ድኳን መጻሕፍቲ
dkwan metsahfti

die Drogerie
ቤት መድሃኒት
byet medhanit

die Boutique
ባዛር
bazar

der Antiquitätenladen
ድኳን ጥንታዊ
dkwan tntawi

der Spielzeugladen
ድኳን መጻወቲ
dkwan metsaweti

das Juweliergeschäft
እንዳ ወርቂ
ända werqu

das Möbelgeschäft
ድኳን ኣቕሑ ገዛ
dkwan aqhu geza

der Elektrofachmarkt
ድኳን ኤለትሪካዊ
dkwan eletrikawi

das Schuhgeschäft
ድኳን ጫማ
dkwan tschama

der Friseursalon
ሳሎን ጸጉሪ
salon tseguri

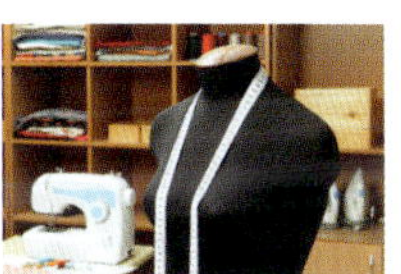
die Schneiderei
እንዳ ስፍየት
ända sfyet

die Parfümerie
ድኳን ጨና
dkwan tschena

der Baumarkt
ድኳን ኣቕሑት ህንጻ
dkwan aqhut hntsa

der Geschenkeladen
ድኳን ህያብ
dkwan hyab

die Apotheke
ቤት መድሃኒት
byet medhanit

der Optiker
ሸያጥ መነጽር
scheyat menetsr

EINKAUFEN - ምግዛእ

Das Einkaufszentrum - ማእከል ሸመታ

der Lichthof
 መናራ
menara

die zweite Etage
ደርቢ ክፍልታት ካልኣይ
derbi kfltat kalay

die erste Etage
ደርቢ ክፍልታት ቀዳማይ
derbi kfltat qedamay

das Geschäft
ንግድ
ngd

die Rolltreppe
ኣደያቢ
adeyabi

das Erdgeschoss
ደርቢ ክፍልታት ባይታ
derbi kfltat bayta

die Verkäuferin
ሸቓጢት
scheqatit

der Food Court
ቤት-ፍርዲ መግቢ
byet-frdi megbi

die Umkleidekabine
ክፍሊ ቅያር ክዳን
kfli qyar kdan

der Parkplatz
መቖም መካይን
meqom mekayn

der Wickelraum
ክፍሊ መሓሰስያ ማማይ
kfli mehasesya mamay

der Kundendienst	ኣገልግሎት ዓሚል agelglot amil
der Lageplan	መደብ ቦታ medeb bota
Könnten Sie mir bitte ... zeigen?	... ብኽብረትኩም ከተርእዩኒ ዶ? ... bchbretkum keteräyuni do
Wie viel kostet es?	እዚ ክንደይ ዋግኡ? äzi kndey wagu
Kann ich das bitte umtauschen?	ነዚ ክቕይሮ እኽእል ዶ? nezi kqyro ächäl do
Könnten Sie das bitte als Geschenk einpacken?	ነዚ ከም ህያብ ክትዕሽጉ ምኽኣልኩም ዶ? nezi kem hyab ktäschgu mchealkum do
der Ausverkauf	መሸጣ mescheta

EINKAUFEN - ምግዛእ

Das Kaufhaus - ቤት ሸመታ

die Schaufensterpuppe
ባምቡላ ድኳን
bambula dkwan

die Einkaufstüte
ሳንጣ ኣስቬዛ
santa asvyeza

die Taschenabteilung
ጩንፈር ሳንጣ
tschenfer santa

der Imbissbereich
ቦታ መግቢ
bota megbi

die Sportabteilung
ጩንፈር ስፖርት
tschenfer sport

die Kurzwaren
ጩንፈር ስፍየት
tschenfer sfyet

die Unterwäsche
መረሃጫ
merehatscha

die Kosmetikabteilung
ጩንፈር ኩሕለ-ምሕሊ
tschenfer kuhle-mhli

die Herrenabteilung
ጩንፈር ሰብኡት
tschenfer sebut

die Damenabteilung
ጩንፈር ኣንስቲ
tschenfer ansti

die Kinderabteilung
ጩንፈር ቆልዑት
tschenfer qolut

die Schuhabteilung
ጩንፈር ጫማ
tschenfer tschama

die Lebensmittel-abteilung
ጩንፈር መግቢ
tschenfer megbi

die Multimedia Abteilung
ጩንፈር ሙልቲሚ ድያ
tschenfer multimidya

die Heimtextilien-abteilung
ጩንፈር ጨርቅታት
tschenfer tscherqtat

die Schreibwaren-abteilung
ጩንፈር ናውቲ ጽሕፈት
tschenfer nawti tshfet

EINKAUFEN - ምግዛእ

Der Supermarkt - ሱፐርማርክት

der Kassierer
በዓል ካሳ
beal kasa

die Kundin
ዓሚል
amil

die Ware
ኣቕሑ
aqhu

das Warentransport-band
ምራን ትራንስፖርት ኣቕሑ
mran transport aqhu

das Warenregal
ከብሒ ኣቕሑ
kebhi aqhu

der Einkaufswagen
ሰረገላ ኣቕሑ ሸመታ
seregela aqhu schemeta

die Kasse
ካሳ
kasa

der Scanner
ምቁማት
mqumat

die Käsetheke
ጨንፈር ጅብና
tschenfer dschbna

die Fleischtheke
ባንኮ ስጋ
banko sga

die Einkaufsliste
ዝርዝር ሸመታ
zrzr schemeta

der Gang
ኮረደዮ
koredeyo

der Einkaufskorb
ዘንቢል ሸመታ
zenbil schemeta

der Strichcode
ኮድ ኣብ ፍርያት
kod ab fryat

das Sonderangebot
ፍሉይ ወፈያ
fluy wefeya

die Selbstbedienungs-kasse
ካሳ ንባዕልኻ ምስሳይ
kasa nbaälcha mssay

EINKAUFEN - ምግዛእ

Der Supermarkt - ሱፐርማርከት

das Kühlregal
ዝሑል ከብሒ
zhul kebhi

die Milchprodukte
ፍርያታት ጸባ
fryatat tseba

die Tiefkühlkost
ዝተደስከለ መግቢ
ztedeskele megbi

das Obst und Gemüse
ፍሩታን ሓምልን
frutan hamln

das Fleisch und Geflügel
ስጋን ደርሆን
sgan derhon

die Konserven
ኣብ ታኒካ ዝተዓሸገ መግቢ
ab tanika zteaschege megbi

die Feinkost
ፍሉይ መግቢ
fluy megbi

der Kassenzettel
ቅብሊት
qblit

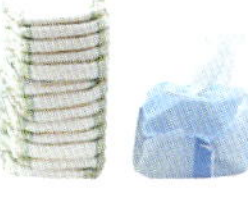

die Babyartikel
መሳርሒታት ህጻን
mesarhtat htsan

die Frühstücksflocken
ቁርሲ እኽሊ
qursi ächli

die Backwaren
መግቢ ባኒ
megbi bani

die Fischtheke
ባንኮ ዓሳ
banko asa

die Getränke	**መስተ** meste
die Süßigkeiten	**ምቾታት** mtschotat
das Tierfutter	**መግቢ እንስሳ** megbi änssa
die Bioprodukte	**ፍርያታት ቢዮ** fryatat biyo
bezahlen	**ከፈለ** kefele
das Kleingeld	**ገንዘብ ንእሽቶ** genzeb näschto
der Preis	**ዋጋ** waga
das Preisschild	**ምልክት ዋጋ** mlkt waga

die Reinigungsmittel
ንዋት ጽሬት
nwat tsret

EINKAUFEN - ምግዛእ

Der Kiosk - ኪዮስክ

die Zeitung
ጋዜጣ
gazeta

die Zeitschrift
መጽሔት
metshet

das Notizbuch
ጥራዝ
traz

der/das Comic
ኮሚክ
komik

das Zeitschriftenregal
ከብሒ መጽሔት
kebhi metshet

die Grußkarte
ካርታ ሰላምታ
karta selamta

der Lottoschein
ወረቐት ሎተሪ
wereqet loteri

das Buch
መጽሓፍ
metshaf

der/das Kaugummi
ማስቲካ
mastika

der/das Pfefferminz-bonbon
ካራመላ ፐፐሪታ
karamela peperita

der Schokoriegel
መታወር ችኮላታ
metawer tschkolata

der Tabak
ትምባኾ
tmbacho

die Zigarette
ሽጋራ
schgara

die Pfeife
ሻምብቆ
schambqo

das Feuerzeug
መወልዒ ሓዊ
meweli hawi

die Zigarre
ሲጋር
sigar

CAFÉS UND BARS – ካፌታትን ባራትን

das Straßencafé
ካፌ ጐደና
kafe godena

die Sonnenterrasse
ተራስ ጸሓይ
teras tsehay

die Theke
ባንኮ
banko

die Kaffeemaschine
መኪና ቡን
mekina bun

das Tablett
ጓንቴራ
gwantyera

der Zapfhahn
ቡምባ
bumba

der Barkeeper
ዋና ባር
wana bar

der Barista
ባሪስታ
barista

der Barhocker
መታወር ባር
metawer bar

der Korkenzieher
መኽፈት ቡሽ
mechfet busch

der Cocktailshaker
መሓወሲ ኮክተይል
mehawesi kokteyl

der Weinkühler
መዝሓሊ ነቢት
mezhali nebit

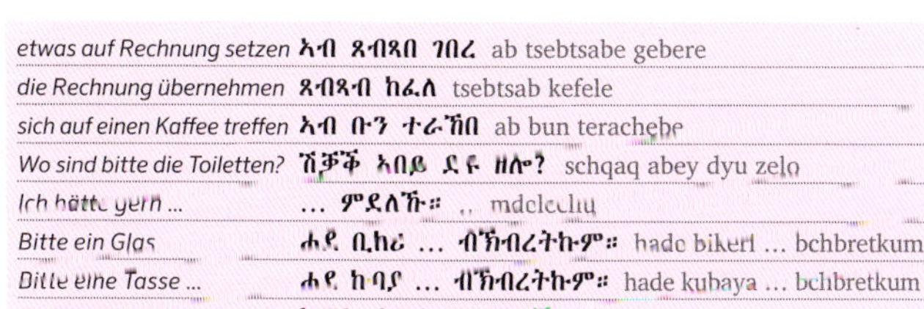

etwas auf Rechnung setzen	**ኣብ ጸብጻበ ገበረ**	ab tsebtsabe gebere
die Rechnung übernehmen	**ጸብጻብ ከፈለ**	tsebtsab kefele
sich auf einen Kaffee treffen	**ኣብ ቡን ተራኸበ**	ab bun terachebe
Wo sind bitte die Toiletten?	**ሽቓቕ ኣበይ ደዩ ዘሎ?**	schqaq abey dyu zelo
Ich hätte gern ...	**... ምደለኹ።**	... mdelechu
Bitte ein Glas	**ሓደ ቢኬሪ ... ብኽብረትኩም።**	hade bikeri ... bchbretkum
Bitte eine Tasse ...	**ሓደ ኩባያ ... ብኽብረትኩም።**	hade kubaya ... bchbretkum
Das Gleiche noch einmal.	**ከምኡ እንደገና ምደለኹ።**	kemu ändegena mdelechu

der Aschenbecher
መንገፍ ሽጋራ
mengef schgara

SEHENSWÜRDIGKEITEN - ትርኢታት

der Stadtplan
ካርታ
karta

die Touristen-information
ሓበሬታ ቱሪስት
habereta turist

der Reiseführer
ሓበሬታ ጉዕዞ
habereta guäzo

das Souvenir
መዘከርታ
mezekerta

die Stadtbesichtigung
ዙረት ከተማ
zuret ketema

die Stadtrundfahrt
ዙረት ከተማ
zuret ketema

die Flussfahrt
ዙረት ፈለግ
zuret feleg

das Aquarium
ኣኳርዮም
akwaryom

die Aussichtsplattform
መመደሪ ምርኢት
memederi mrit

die Ausstellung
ምርኢት
mrit

der Straßenmusiker
ሙዚቀኛ ጐደና
muziqenya godena

der Straßenkünstler
ጥበበኛ ጐደና
tbebenya godena

die Warteschlange
መስርዕ
mesrä

der Fremdenführer	**ሓባሪ ዙረት** habari zuret
die Fremdenführerin	**ሓባሪት ዙረት** habarit zuret
der Ausflug	**መገሻ** megescha
die Öffnungszeiten	**ክፉት ግዜታት** kfut gzetat
geöffnet	**ክፉት** kfut
geschlossen	**ዕጽው** ätsw
das Eintrittsgeld	**ክፍሊት መእተዊ** kflit meätewi
die Ermäßigung	**ቅነሳ** qnesa

DIE ARCHITEKTUR - ስነ-ህንጻ

klassizistisch
ዘመናዊ ክላሲካዊ
zemenawi klasikawi

gotisch
ጎቲክ
gotik

barock
ባሮክ
barok

romanisch
ሮማነስክ
romanesk

die Renaissance
ተሃድሶ
tehadso

der/das Art déco
ጥበብ ደኮ
tbeb deko

der Jugendstil
ጥበብ መንእሰይ
tbeb menäsey

das Rokoko
ስሉም
slum

das Bauhaus
ቤት ህንጻ
byet hntsa

die Säule
ዓንዲ
andi

der Bogen
ቀስቲ
qesti

die Kuppel
ኣካል ናሕሲ ዶም
akal nahsi dom

die Fassade	**ገጽ** gets
der Flügel	**መንገብገብ** mengebgeb
das Gewölbe	**ቀስቲ** qesti
das Grabmal	**መቓብር** meqabr
der Innenhof	**ካንሸሎ ዛረባ** kanschelo zareba
die Stadtmauer	**መንደቕ ከተማ** mendeq ketema
die Katakomben	**ካታኮምበታት** katakombetat
die Gedenkstätte	**መዘከር** mezeker

das Wahrzeichen
ምልክት
mlkt

PARK UND SPIELPLATZ - መናፈሳን ሜዳ መጻወትን

der Kurpark
ማይ ማዕድን
may maädn

① *der Pavillon*
ትሪቡና
tribuna

② *der Fußweg*
መንገዲ እግሪ
mengedi ägri

③ *die Liegewiese*
ሸኻ በጥ ምባል
schecha bet mbal

die Gartenanlage
ዒላ ምሕምባስ
ila mhmbas

④ *der Brunnen*
ፈልፋሊ
felfali

⑤ *die Parkbank*
ሰደቓ መናፈሻ
sedeqa menafescha

der botanische Garten
ጀርዲን ቦታኒካዊ
dscherdin botanikawi

der Schlosspark
መንናፈሻ ግምቢ
mennafescha gmbi

der Landschaftspark
መናፈሻ ገጠር
menafescha geter

der See
ቀላይ
qelay

der Nationalpark
መናፈሻ ሃገራዊ
menafescha hagerawi

der Bergpark
መናፈሻ ጎቦ
menafescha gobo

der Zoo
መካነ እንስሳታት
mekane änssatat

der Wildpark
መናፈሻ ዘገዳም
menafescha zegedam

PARK UND SPIELPLATZ - መናፈሳን ሜዳ መጻወትን

der Spielplatz
ሜዳ መጻወቲ
meda metsaweti

der Sandkasten
ሳጹን ሑጻ
satsun hutsa

① das Klettergerüst
ኣሰራርሓ ስፖርት ምድያብ
aserarha sport mdyab

② die Rutsche
ኣንሻተተ
anschatete

das Hangelgerüst
ኣሰራርሓ ምድያብ ቆልዑ
aserarha mdyab qolu

③ die Schaukel
ሰለል
selel

④ die Wippe
ሰላል
selal

der Irrgarten
ጀርዲን ሕንቅል-ሕንቅሊተይ
dscherdin hnql-hnqlitey

der Vergnügungspark
መናፈሻ ምዝንጋዕ
menafescha mzngaä

der Grillplatz
ቦታ መጥበሲ ስጋ
bota metbesi sga

das Picknick
ዙረት
zuret

spazieren gehen
ተዛወረ
tezawere

das Slacklining
ስለክ-ላይኒንግ
slek-layning

joggen
ጎየየ
goyeye

das Planschbecken
መሕምበሲ ቆልዑ
mehmbesi qolu

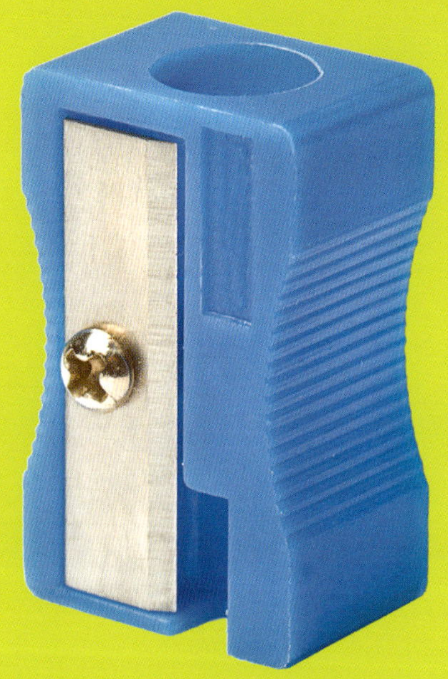

BILDUNG UND BERUF

ትምህርትን ሞያን

DIE SCHULE – ቤት-ትምህርቲ

der Kindergarten
ቤት-ትምህርቲ ሕጻናት
byet-tmhrti htsanat

die Vorschule
ቅድመ ቤት-ትምህርቲ
qdme byet-tmhrti

die Grundschule
ቤት-ትምህርቲ ሞባእታ
byet-tmhrti mobaäta

die weiterführende Schule
ቤት-ትምህርቲ ካልኣይ ደረጃ byet-tmhrti kalay deredscha

das Gymnasium
ቤት-ትምህርቲ ሃይ ስኩል
byet-tmhrti hayskul

die Klasse
ክፍሊ
kfli

die Prüfung
መርመራ
mermera

die Aula
ኦዲቶርዮም=መአከቢ ኣደራሽ
oditoryom = meakebi aderasch

der Computerraum
ክፍሊ ኮምፕዩተር
kfli kompyuter

die Schulleiterin
ሓላፊት ቤት-ትምህርቲ
halafit byet-tmhrti

die Lehrerin
መምህር
memhr

der Sportplatz
ባይታ
bayta

die Schuluniform
ዩኒፎርም ቤት-ትምህርቲ
yuniform byet-tmhrti

der Aufsatz	**ንውሕ ዝበለ ጽሑፍ** nwh zbele tshuf
die Klassenarbeit	**መርመራ ክላስ** mermera klas
die Note	**ነጥቢ** netbi
seinen/ihren Abschluss machen	**መፈጸምታ ገበረ** mefetsemta gebere
der mittlere Schulabschluss	**መፈጸምታ ቤት-ትምህርቲ ማእኸላይ** mefetsemta byet-tmhrti maächelay
die Privatschule	**ቤት-ትምህርቲ ብሕታዊ** byet-tmhrti bhtawi
das Abitur	**ቤት-ትምህርቲ መእተዊ ዩኒቨርስቲ** byet-tmhrti meätewi yuniversti
das Internat	**ኢንተርናት** internat

DIE SCHULE - ቤት-ትምህርቲ

Das Klassenzimmer - ክፍሊ ክላስ

das Lehrerpult
ሰደቓ መምህር
sedeqa memhr

die Tafel
ሰሌዳ
seleda

der Schüler
ተማሃራይ
temaharay

die Schülerin
ተመሃሪት
temeharit

der Winkelmesser
መዐቀኒ ኩርናዕ
meeqeni kurnaä

der Bleistift
ርሳስ
rsas

das Schulheft
መጽሓፍ ቤት-ትምህርቲ
metshaf byet-tmhrti

das Federmäppchen
ቦርሳ ናውቲ ጽሕፈት
borsa nawti tshfet

das Zeichendreieck
መሰኣሊ ስሉስ ኩርናዕ
meseali slus kurnaä

das Lineal
መስመር
mesmer

die Schultasche	**ማህደር ቤት-ትምህርቲ** mahder byet-tmhrti
das Wörterbuch	**መዝገበ-ቃላት** mezgebe-qalat
die Nachhilfe	**ብሕታዋ ትምህርቲ** bhtawi tmhrti
die Kreide	**ኩርሽ** kursch
das Schulbuch	**መጽሓፍ ቤት-ትምህርቲ** metshaf byet-tmhrti
der Füller	**ብርዒ ቀለም** bri qelem
die Tintenpatrone	**ቀለም ብርዒ** qelem bri
der Marker	**ኣመልካቲ** amelkati

der Taschenrechner
ቀማሪት
qemarit

DIE SCHULE - ቤት-ትምህርቲ

Die Schulfächer - ዓይነታት ትምህርቲ

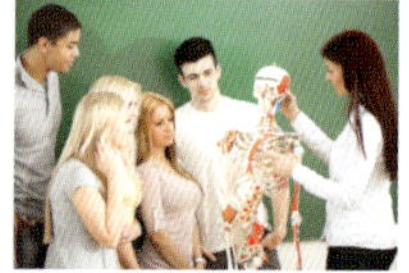

die Biologie
ስነ-ህይወት
sne-hywet

die Mathematik
ሕሳብ
hsab

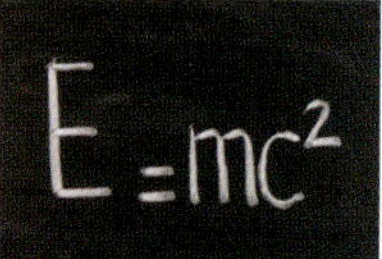

die Physik
ፊዚክስ
fiziks

die Chemie
ስነ-ቀመም
sne-qemem

der Religionsunterricht
ትምህርቲ ሃይማኖት
tmhrti haymanot

der Ethikunterricht
ትምህርቲ ስነ-ሞራል
tmhrti sne-moral

die Kunst
ጥበብ
tbeb

die Erdkunde
ጀኦግራፊ
dscheografi

die Fremdsprachen
ጓና ቋንቋታት
gwana qwanqwatat

die Geschichte
ታሪኽ
tarich

der Sport
ስፖርት
sport

die Musik
ሙዚቃ
muziqa

das Drama
ድራማ
drama

die Informatik
ስነ-ፍልጠት ኮምፕዩተር
sne-fltet kompyuter

der Werkunterricht
ምምሃር መስርሒ
mmhar mesrhi

die Gemeinschaftskunde
ትምህርቲ ሕብረተሰብ
tmhrti hbreteseb

DIE SCHULE - ቤት-ትምህርቲ

das Technische Zeichnen
ተክኒካዊ ምስኣል
teknikawi msal

die Hauswirtschaft
ዘቤታዊ ቍጠባ
zebyetawi qteba

schreiben
ጸሓፈ
tsehafe

rechnen
ቀመረ
qemere

buchstabieren
ፊደላት ዘርዘረ
fidelat zerzere

lesen
ኣንበበ
anbebe

sich melden
ሓበረ
habere

die Klassenfahrt
ጉዕዞ ቤት-ትምህርቲ
guäzo byet-tmhrti

der Stundenplan
መደብ ኣስተምህሮ
medeb astemhro

der Abschlussball
ደምዳሚ ፌስታ
demdami fyesta

die Hausaufgabe
ዕዮ ገዛ
äyo geza

das Sportfest
ፌስታ ስፖርት
fyesta sport

zeichnen	ሰኣለ seale
zählen	ቆጸረ qotsere
die Übung	ልምምድ lmmd
der Elternabend	ምሸት ወለዲ mschet weledi
das Zeugnis	ሰርቲፊኬት sertifiket
der Schüleraustausch	ምልውዋጥ ተማሃራይ mlwwat temaharay
der Lehrplan	ስርዓተ-ትምህርቲ srate-tmhrti
das Schulfach	ዓይነት ትምህርቲ aynet tmhrti

die Ferien
ዕርፍቲ
ärfti

DIE SCHULE - ቤት-ትምህርቲ

Im Labor - ክፍሊ ምርምር

der Versuch
ፈተና
fetena

die Schutzbrille
መነጽር ውሕስነት
menetsr whsnet

der Kittel
ገፊሕ ጢብቆ
gefih tibqo

das Reagenzglas
ግላስ ፈተና
glas fetena

der Chemikalienhandschuh
ጓንቲ ቀመማዊ
gwanti qememawi

die Laborausrüstung
ናውቲ ቤተ-ምርምር
nawti byete-mrmr

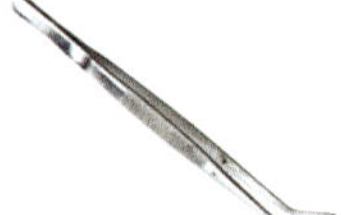

die Pinzette
ወረጦ
wereto

das Skalpell
መላጸ
melatse

die Lupe
ግሉሕ መርኣዪ
gluh merayi

das Thermometer
ቴርሞመተር
tyermometer

die Laborwaage
ሚዛን ቤተ-ምርምር
mizan byete-mrmr

die Stoppuhr
ሰዓት ዓቕን
seat aqen

der Magnet
ማግነት
magnet

die Batterie
ባትሪ
batri

DIE SCHULE - ቤት-ትምህርቲ

Im Labor - ክፍሊ ምርምር

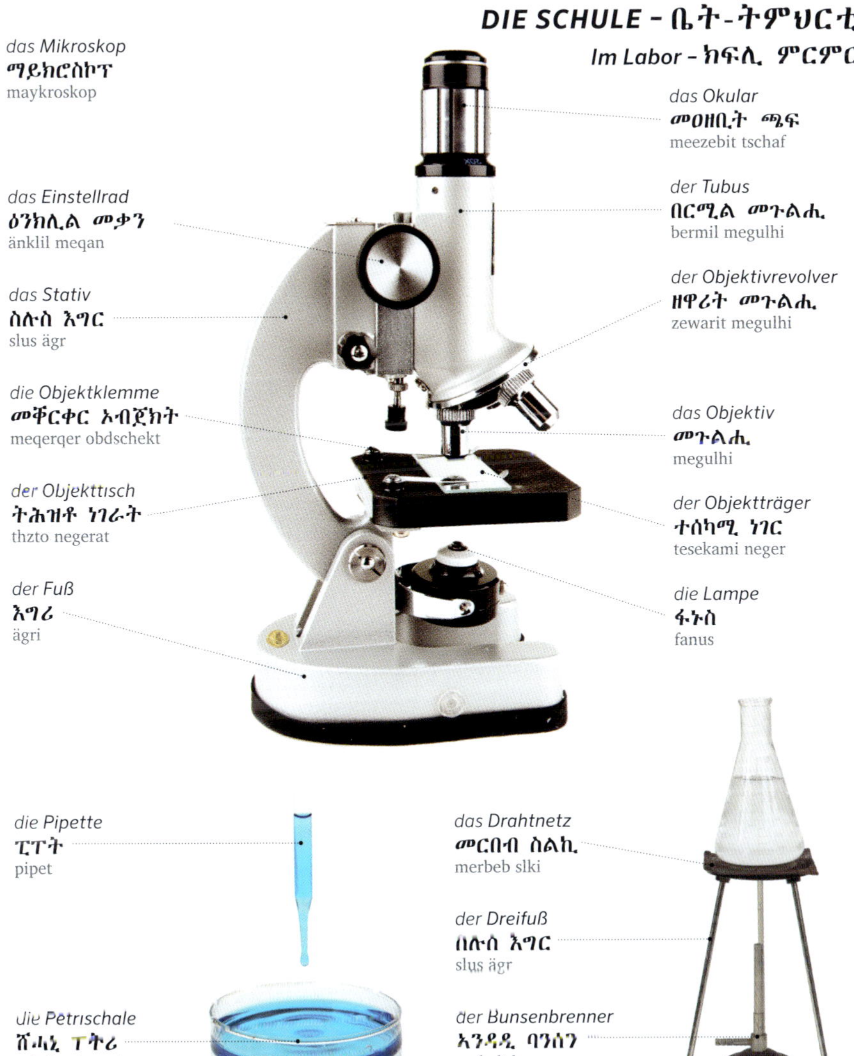

DIE SCHULE - ቤት-ትምህርቲ

In der Pause - ኣብ ዕርፍቲ

die Mittagspause
ዕርፍቲ ምሳሕ
ärfti msah

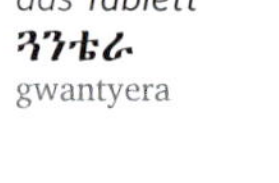

das Tablett
ጓንቴራ
gwantyera

die Butterbrotdose
ሳጹን ሳንድዊች
satsun sandwitsch

das Pausenbrot
እንጀራ ዕርፍቲ
ändschera ärfti

die Schulglocke
ቃጭል ቤት-ትምህርቲ
qatschl byet-tmhrti

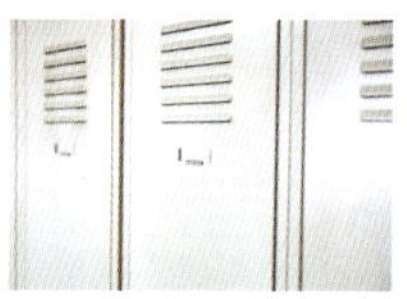

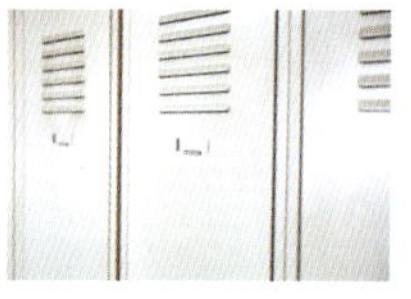

der Spind
መኣሰሪ
measeri

die Pause
ዕርፍቲ
ärfti

der Schulhof
ቀጽሪ ቤት-ትምህርቲ
qetsri byet-tmhrti

Himmel und Hölle spielen
ዓይነት ጸወታ ምዝላል ተጻወተ aynet tseweta mzlal tetsawete

der Speisesaal
ክፍሊ መኣዲ
kfli meadi

das Lunchpaket
ጥቕላል ባኮ ምሳሕ
tqlal bako msah

die Essensausgabe
ዕደላ መግቢ
ädela megbi

DIE SCHULE - ቤት-ትምህርቲ

Die Sporthalle - ኣዳራሽ ስፖርት

der Volleyball
ክዕሶ መርበብ
käso merbeb

der Basketball
ኵዕሶ ሰኪዔት
käso sekiet

der Handball
ኵዕሶ ኢድ
käso id

der Fußball
ኵዕሶ እግሪ
käso ägri

der Baseball
ሻኩ
schaki

der Federball
ኩዕሶ እግሪ
kuäso ägri

der Tennisball
ኩዕሶ ተኒስ
kuäso tenis

der Football
ኩዕሶ እግሪ
kuäso ägri

der Puck
ክዕሶ ቃርሳ በረድ
käso qarsa bered

der Basketballkorb
ዘንቢል ሰኪዔት
zenbil sekiet

die Sprossenwand
መንደቕ
mendeq

das Korbbrett
ሰሌዳ ዘንቢል
seleda zenbil

die Strickleiter
መሳልል
mesall

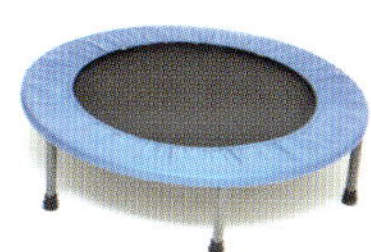

das Trampolin
ትራምፖሊን
trampolin

die Ringe
ዓንኬላት
ankelat

das Springseil
ገመድ ዝላ
gemed zla

DIE UNIVERSITÄT - ዩኒቨርስቲ

der Campus
ካምፓስ
kampas

der Hörsaal
ኣዳራሽ ኣስተምህሮ
adarasch astemhro

die Politikwissenschaft
ስነ-ፍልጠት ፖለቲካ
sne-fltet poletika

die Kunstgeschichte
ታሪኽ ጥበብ
tarich tbeb

die Rechtswissenschaft
ስነ-ፍልጠት ሕጊ
sne-fltet hgi

die Betriebswirtschaftslehre
ስነ-ቍጠባ ንግድ
sne-qteba ngd

die Geisteswissenschaften
መንፈሳዊ ስነ-ፍልጠት
menfesawi sne-fltet

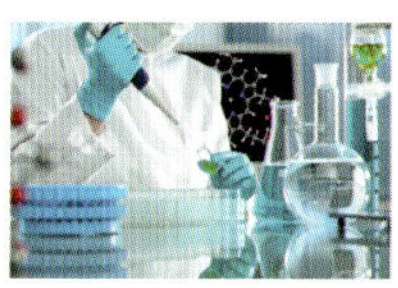

die Naturwissenschaften
ስነ-ፍልጠት ተፈጥሮ
sne-fltet tefetro

das Ingenieurwesen
ሃንደሳ
handesa

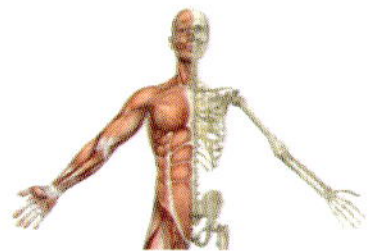

die Medizin
ሕክምና
hkmna

die Pädagogik
ስነ-ትምህርቲ
sne-tmhrti

der Professor
ፕሮፌሰር
profeser

die Dozentin
መምህር ዩኒቨርሲቲ
memhr yuniversiti

das Diplom	**ዲፕሎማ** diploma
der Bachelor	**ዲግሪ በችለር** digri betscheler
der Master	**ዲግሪ ማስተር** digri master
die Dissertation	**ድርሳን** drsan
die Promotion	**መዓርግ ምውሳኽ** mearg mwsach
die Habilitation	**ብቕዓት ሞያ ልዕል ዝበለ ትምህርቲ** bqat moya läl zbele tmhrti
die Forschung	**ምርምር** mrmr
das Forschungsinstitut	**ትካል ምርምር** tkal mrmr

DIE UNIVERSITÄT - ዩኒቨርስቲ

ein Referat halten
ኣስተምህሮ ኣቕረበ
astemhro aqrebe

das Seminar
ሰሚናር
seminar

die Vorlesung
ኣስተምህሮ
astemhro

die Klausur
መርመራ
mermera

der Lesesaal
ኣዳራሽ ንባብ
adarasch nbab

die Ausleihe
ልቓሕ
lqah

das Bücherregal
መደርደር መጻሕፍቲ
mederder metsahfti

die mündliche Prüfung
መርመራ ብዘረባ
mermera bzereba

sein Studium abschließen
መጽናዕቲ ወድአ
metsnaäti wede

das Studenten-wohnheim
መቐመጢ ተማሃራይ
meqemeti temaharay

die Mensa
ካንቲና
kantina

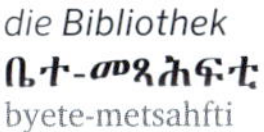

die Bibliothek
ቤተ-መጻሕፍቲ
byete-metsahfti

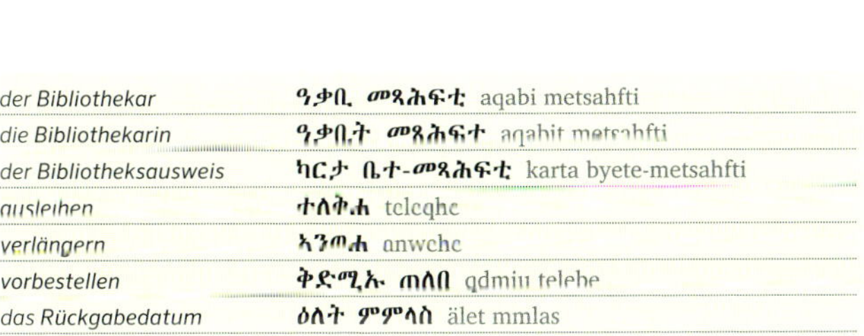

der Bibliothekar	**ዓቃቢ መጻሕፍቲ** aqabi metsahfti
die Bibliothekarin	**ዓቃቢት መጻሕፍተ** aqabit metsahfti
der Bibliotheksausweis	**ካርታ ቤተ-መጻሕፍቲ** karta byete-metsahfti
ausleihen	**ተለቅሐ** teleqhe
verlängern	**ኣንጠሐ** anwehe
vorbestellen	**ቅድሚኡ ጠለበ** qdmiu telebe
das Rückgabedatum	**ዕለት ምምላስ** älet mmlas
das Periodikum	**ወቕታዊ መጻሕፍቲ** weqtawi metsahfti

der Student
ተማሃራይ ኮለጅ
temaharay koledsch

DIE UNIVERSITÄT - ዩኒቨርስቲ

die Lerngruppe
ጉጅለ ምምሃር
gudschle mmhar

lernen
ተመሃረ
temehare

das Praxissemester
ሰመስተር ምከራ-ጥበብ
semester mkera-tbeb

das Praktikum
ፕራክቲኩም
praktikum

das Volontariat
ወለንታውነት
welentawnet

das freie Jahr
ነጻ ዓመት
netsa amet

jobben
ሰርሐ
serhe

das schwarze Brett
ሰሌዳ ሓበሬታ
seleda habereta

die Ausbildung
ትምህርቲ
tmhrti

die Berufsfachschule
ሞያዊ ትምህርቲ ዕዮ
moyawi tmhrti äyo

die Kunsthochschule
ኮለጅ ጥበብ
koledsch tbeb

die Musikhochschule
ኮለጅ ሙዚቃ
koledsch muziqa

die Akademie für darstellende Künste
ኣካደሚ ስነ-ጥበብ ስእሊ
akademi sne-tbeb säli

der Studentenausweis	**ፓስፖርት ተመሃራይ** pasport temeharay
der Kurs	**ስልጠና** sltena
das Semester	**መንፈቕ** menfeq
die Semesterferien	**ዕርፍቲ መንፈቕ** ärfti menfeq
der Fachbereich	**ጨንፈር ሞያ** tschenfer moya
die Hausarbeit	**ዕዮ ገዛ** äyo geza
der Hochschulabschluss	**መፈጸምታ ኮለጅ** mefetsemta koledsch
das Stipendium	**ሊቕነት** liqnet

DIE ARBEITSWELT - ዓለም ስራሕ

Die Bewerbung - ኤፕሊከሽን

das Bewerbungsgespräch
ቃለ-መጠይቕ ስራሕ
qale-meteyq srah

die Personalreferentin
ኣምጻኢት ሰራሕተኛታት
amtsait serahtenyatat

der Lebenslauf
ታሪኽ ሕይወት
tarich hywet

die Bewerbungsunterlagen
ሰነድ ኣፕሊከሽን
sened eplikeschn

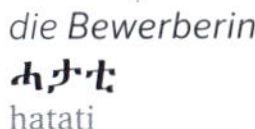

die Bewerberin
ሓታቲ
hatati

die Stellenanzeige
ረክላም ቦታ ስራሕ
reklam bota srah

die Zeitarbeit
ብትካል ሳልሳይ ኣካል ዝመጽእ ስራሕ
btkal salsay akal zmetsä srah

die Festanstellung
ቀዋሚ ስራሕ
qewami srah

die Karriere
ሞያ
moya

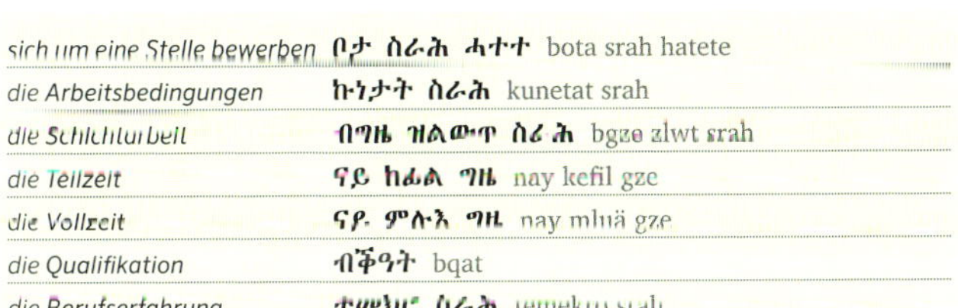

sich um eine Stelle bewerben	**ቦታ ስራሕ ሓተተ** bota srah hatete
die Arbeitsbedingungen	**ኩነታት ስራሕ** kunetat srah
die Schichtarbeit	**ብግዜ ዝልውጥ ስራሕ** bgze zlwt srah
die Teilzeit	**ናይ ከፊል ግዜ** nay kefil gze
die Vollzeit	**ናይ ምሉእ ግዜ** nay mluä gze
die Qualifikation	**ብቕዓት** bqat
die Berufserfahrung	**ተመኩሮ ስራሕ** temekro srah

jemanden einstellen
ኣስርሔ
asrhe

DIE ARBEITSWELT - ዓለም ስራሕ

Berufe - ሞያታት

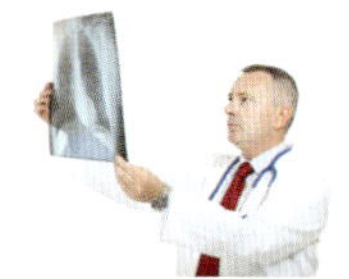

der Arzt
ሓኪም
hakim

der Chirurg
ሓኪም መጥባሕቲ
hakim metbahti

der Krankenpfleger
ኣላዪ ሕሙም
alayi hmum

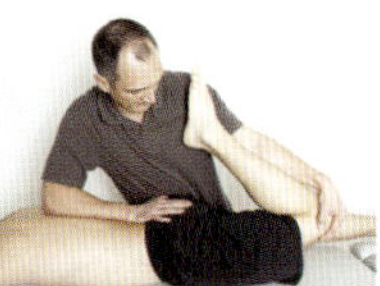

der Physiotherapeut
ፍወሰኛ ኣካላት
fwesenya akalat

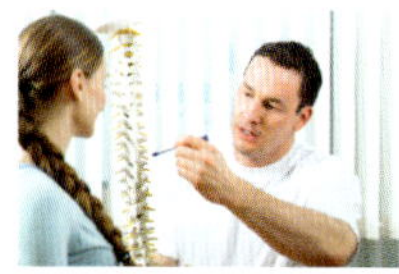

der Orthopäde
ሓኪም ዓጽምን ጭዋዳን
hakim atsmn tschwadan

der Zahnarzt
ሓኪም ስኒ
hakim sni

die Psychologin
ጓለንስተይቲ ሓኪም ኣእምሮ
gwalensteyti hakim aämro

die Apothekerin
ፋርማሰኛ
farmasenya

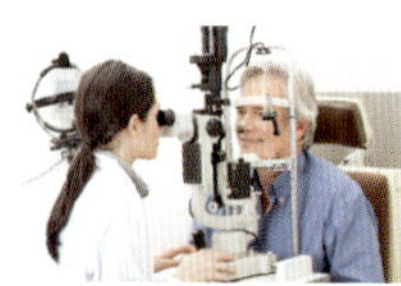

die Optikerin
ሰራሕ ወይ ሸያጥ መነጽር
serah wey scheyat menetsr

der Tierarzt
ሓኪም እንስሳ
hakim änssa

die Empfangsdame
ተቐባሊት ጋሻ
teqebalit gascha

der Rechtsanwalt
ጠበቓ
tebeqa

die Richterin
ዳኛ
danya

der Wirtschaftsprüfer
መርማሪ ቊጠባ
mermari qteba

die Unternehmens-beraterin
ኣማኻሪት ሞያ ንግድ
amacharit moya ngd

der Informatiker
ስነ-ፍልጠተኛ ኮምፕዩተር
sne-fltetenya kompyuter

DIE ARBEITSWELT - ዓለም ስራሕ

Berufe - ሞያታት

der Architekt
ስነ-ሃናጺ
sne-hanatsi

die Ingenieurin
ሃንዳሲት
handasit

der Schreiner
ጸራባይ
tserabay

der Elektriker
ኤለትሪከኛ
eletrikenya

der Klempner
ገጣም ቱቦታት
getam tubotat

der Dachdecker
ሰራሕተኛ ናሕሲ
serahtenya nahsi

der Maler
ቀባኢ
qebai

der Müllmann
ሰራሕተኛ ጐሓፍ
serahtenya gohaf

die Kfz-Mechanikerin
መካኒክ መኪና
mekanik mekina

der Landwirt
ሓረስታይ
harestay

die Soldatin
ጓለንስተይቲ ወተሃደር
gwalensteyti wetehader

die Briefträgerin
ተሰካሚት ደብዳበ
tesekamit debdabe

der Bauarbeiter
ሰራሕተኛ ህንጻ
serahtenya hntsa

der Gebäudereiniger
ሰራሕተኛ ጽሬት ህንጻ
serahtenya tsret hntsa

der Landschafts-gärtner
ሓረስታይ ሜዳ
harestay meda

der Fischer
ገፋፋይ ዓሳ
gefafay asa

DIE ARBEITSWELT - ዓለም ስራሕ

Berufe - ሞያታት

der Pilot
መራሕ ነፋሪት
merah nefarit

die Flugbegleiterin
ኣሳሳዪት ኣየር
asasayit ayer

der Koch
ከሻኒ
keschani

der Kellner
ኣሰላፊ
aselafi

der Bäcker
ሰንካቲ
senkati

die Metzgerin
ሓራድ ስጋ
harad sga

der Verkäufer
ሸያጣይ
scheyatay

die Friseurin
ቀምቃሚት
qemqamit

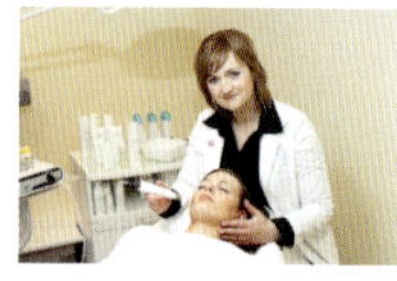

die Kosmetikerin
ናይ ቍንጅና ብዓል ሞያ
nay qndschna bal moya

der Gärtner
ሰራሕተኛ ጀርዲን
serahtenya dscherdin

die Immobilienmaklerin
ደላላይ ዘይተንቀሳቓሲ ንብረት
delalay zeytenqesaqasi nbret

die Bürokauffrau
ጓለንስተይቲ ሰራሕተኛ ቤት-ጽሕፈት
gwalensteyti serahtenya byet-tshfet

der Sanitäter
ተሓጋጋዚ ሕክምና
tehagagazi hkmna

der Busfahrer
መራሕ መኪና ኣውቶቡስ
merah mekina awtobus

der Taxifahrer
መራሕ መኪና ታክሲ
merah mekina taksi

der Paketzusteller
እግኣዚ ባኮ
ägazi bako

DIE ARBEITSWELT - ዓለም ስራሕ

Berufe - ሞያታት

die Journalistin
ጋዜጠኛ
gazetenya

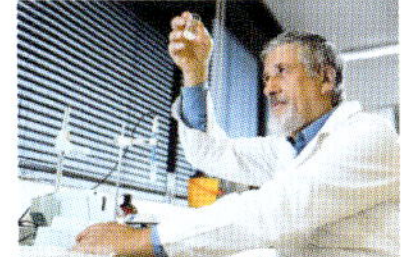
der Wissenschaftler
ሳይንሰኛ
saynsenya

die Grafikerin
ጥበበኛ ስእሊ
tbebenya säli

der Profisportler
ሞያዊ ስፖርተኛ
moyawi sportenya

die Moderatorin
ሞደራቶር
moderator

die Schauspielerin
ተዋሳኢት
tewasait

die Sängerin
ደራፊት
derafit

der Tänzer
ሳዕሰዓይ
saäseay

die Kunstmalerin
ቀባኢ ጥበብ
qebai tbeb

der Fotograf
ሰኣሊ
seali

die Musikerin
ሙዚቀኛ
muziqenya

die Schneiderin
ሰፋይት
sefayt

der Bildhauer
ቀራጺ
qeratsi

die Bankkauffrau
ጸሓፋይ ሕሳብ
tsehafay hsab

der Bibliothekar
ዓቃቢ መጻሕፍቲ
aqabi metsahfti

der Lehrer
መምህር
memhr

DIE ARBEITSWELT – ዓለም ስራሕ

Das Organigramm – ኦርጋኒግራም

das Sekretariat
ሰክረታርያት
sekretaryat

der kaufmännische Bereich
ንግዳዊ ጨንፈር
ngdawi tschenfer

die kaufmännische Leitung
ንግዳዊ መራሕነት
ngdawi merahnet

die IT-Leitung
ሽማግለ ኣይ.ቲ.
schmagle ay.ti.

die Buchhaltung
ምጽብጻብ mtsbtsab

das Controlling
ምቁጽጻር mqtstsar

das sekundäre Geschäftsfeld
ካልኣይ ዓውዲ ንግድ
kalay awdi ngd

die Geschäftsführung
መራሕነት ንግድ
merahnet ngd

das primäre Geschäftsfeld
ቀንዲ ዓውዲ ንግድ
qendi awdi ngd

die Geschäftsführung
መራሕነት ንግድ
merahnet ngd

das Team
ጉጅለ gudschle

die Teamleitung
ሽማግለ ጉጅለ
schmagle gudschle

der Angestellte
ሰራሕተኛ serahtenya

die Zweigstelle
ጨንፈር ትካል
tschenfer tkal

der Manager
ማናጀር
manadscher

die Aktiengesellschaft (AG)	**ትካል እኩብ ጥረ-ነገር** tkal äkub tre-neger
der Aktionär/die Aktionärin	**ኣካቢ ጥረ-ነገር** akabi tre-neger / **ኣካቢት ጥረ-ነገር** akabit tre-neger
die Gesellschaft mit beschränkter Haftung (GmbH)	**ደረታዊ ግዱድነት ዘለዎ ትካል ብርኪ (ገ.ኤም.በ.ሃ.)** deretawi gdudnet zelewo tkal brki (ge.em.be.ha.)
die GmbH & Co. KG	**ገ.ኤም.በ.ሃ. & ኮ. ካ.ገ.** ge.em.be.ha. & ko. ka.ge.
die Kommanditgesellschaft (KG)	**ደረታዊ ሽርክነት ዘለዎ ትካል ብርኪ (ካ.ገ.)** deretawi schrknet zelewo tkal brki (ka.ge.)
die offene Handelsgesellschaft (OHG)	**ክፉት ናይ ንግድ ትካል ብርኪ (ኦ.ሃ.ገ.)** kfut nay ngd tkal brki (o.ha.ge.)
der Konzern	**ጉጅለ ትካል** gudschle tkal

der Vorstand
ሽማግለ
schmagle

der Gesellschafter
ወናን ብርኪ
wenan brki

die Geschäftsführung
መራሕነት ንግድ
merahnet ngd

die stellvertretende Geschäftsführung
ዝተወከለ መራሕነት ንግድ
ztewekele merahnet ngd

der Prokurist
ወኪል
wekil

die Personalabteilung
ጨንፈር ሰራሕተኛታት
tschenfer serahtenyatat

die Personalleitung
ሽማግለ ሰራሕተኛታት
schmagle serahtenyatat

die Rechtsabteilung
ጨንፈር ሕጊ
tschenfer hgi

die Marketingabteilung
ጨንፈር ማርከቲንግ
tschenfer marketing

die Marketingleitung
ሽማግለ ማርከቲንግ
schmagle marketing

die PR-Abteilung
ጨንፈር ፒ.ኣር.
tschenfer pi.ar.

die Produktion
ምፍራይ
mfray

die Produktionsleitung
ሽማግለ ምፍራይ
schmagle mfray

der Betriebsrat
ዋዕላ ትካል
waäla tkal

der Vertrieb
ዕደላ
ädela

die Vertriebsleitung
ሽማግለ መሸጣ
schmagle mescheta

das Key-Account-Management
ኪ-ኣካውንት-ማናጀር
ki-ekawnt-manadscher

der Außendienst
ኣገልግሎት ግዳም
agelglot gdam

der Innendienst
ኣገልግሎት ውሽጢ
agelglot wschti

der Kundendienst
ኣገልግሎት ዓሚል
agelglot amil

die Kundenakquise
ቅስበት ዓሚል
qsbet amil

DAS BÜRO – ቤት-ጽሕፈት

Büromöbel – ኣቕሑ ቤት-ጽሕፈት

der Arbeitsplatz
ሰፈር ስራሕ
sefer srah

die Ablage
ቦታ ድለባ
bota dleba

die Schublade
ተመዛዚ
temezazi

die Büromöbel
ኣቕሑ ቤት-ጽሕፈት
aqhu byet-tshfet

der Safe
ክቡር ነገር ዚቕመጠሉ ሳጹን
kbur neger ziqmetelu satsun

der Schreibtisch
ሰደቓ ጽሕፈት
sedeqa tshfet

die Schreibunterlage
ፍርናሽ ጽሕፈት
frnasch tshfet

der Bürostuhl
መንበር ቤት-ጽሕፈት
menber byet-tshfet

der Aktenschrank
ከብሒ ሰነድ
kebhi sened

der Wasserspender
ዓዳሊ ማይ
adali may

die Schreibtischlampe
ፋኑስ ሰደቓ
fanus sedeqa

die Pinnwand
ሰሌዳ መንደቕ
seleda mendeq

der Papierkorb
ዘንቢል ጎሓፍ ወረቐት
zenbil gohaf wereqet

der Terminkalender	ዓውደ ኣዋርሕ ቆጸራታት	awde awarh qotseratat
die Akte	ፋይል	fayl
der Aktenvernichter	ደምሳሲ ፋይል	demsasi fayl
das Postfach	ሳንዱቕ ቡስጣ	sanduq busta
der Termin	ቆጸራ	qotsera
die Hauspost	ቡስጣ ገዛ	busta geza
die Ablage für Eingänge	መኽዘን ቡስጣ	mechzen busta
die Teeküche	ምስ መንደቕ ዝተኣሳሰረት ክሽነ	ms mendeq zteasaseret kschne

DAS BÜRO - ቤት-ጽሕፈት

Der Bürobedarf - ኣድላይነት ቤት-ጽሕፈት

die Schere
መቐስ
meqes

der Textmarker
ኣመልካቲ ጽሕፈት
amelkati tshfet

der Stiftehalter
መትሓዝ ጽሕፈት
methaz tshfet

das Notizbuch
ጥራዝ
traz

die Haftnotiz
መዘኻኸሪ ጽሑፍ
mezechacheri tshuf

der Bleistift
ርሳስ
rsas

der Haftstreifen
ጠባቒ ሽሪጥ
tebaqi scherit

der Bleistiftspitzer
መብልሒሊ ርሳስ
meblhili rsas

der Radiergummi
መደምሰስ
medemses

der Kugelschreiber
ፒሮ
piro

die Büroklammer
መቕርቀር ቤት-ጽሕፈት
meqerqer byet-tshfet

die Reißzwecke
ንክቍረጽ
nkqrets

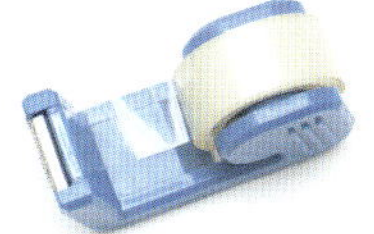

der Tesafilm®
ተሳፊልም ዝብሃል ጠባቒ
tesafilm zbhal tebaqi

der Tacker
ታከር
taker

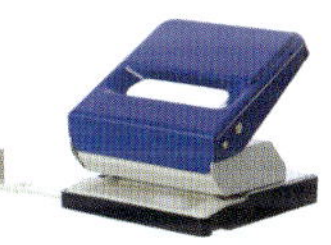

der Locher
መንኰሊ
menkoli

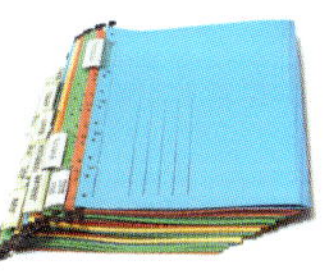

das Hängeregister
መትሓዚ ሰነድ
methazi sened

der Briefumschlag
ቡስጣ
busta

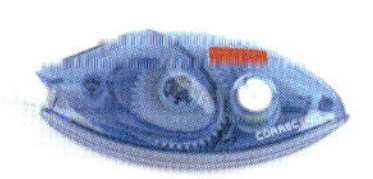

das Tipp-Ex®
መደምሰሲ ቀለም (ቲፕ-ኤክስ)
medemsesi qelem (tip eks)

der Ordner
ጥራዝ
traz

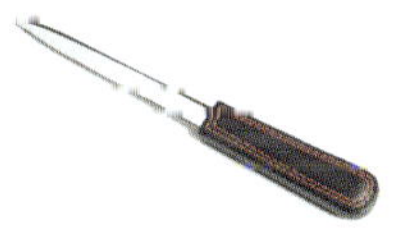

der Brieföffner
መኸፈቲ ቡስጣ
mechfeti busta

DAS BÜRO - ቤት-ጽሕፈት

Der Besprechungsraum - ክፍሊ ዝርርብ

die Sitzung
ኣኼባ
acheba

der Teamleiter
መራሒ ጉጅለ
merahi gudschle

die Tagesordnung
መደብ መዓልቲ
medeb mealti

protokollieren
ፕሮቶኮል ጸሓፈ
protokol tsehafe

der Besprechungstisch
ጣውላ ዝርርብ
tawla zrrb

der Teilnehmer
ተሳታፋይ
tesatafay

die Präsentation
ኣቀራርባ
aqerarba

der Beamer
ፕሮጀክተር
prodschekter

das Balkendiagramm
ግራፍ መታወር
graf metawer

das Tortendiagramm
ፓይ ዝብሃል ግራፍ
pay zbhal graf

die Folie
መግለጺ ወረቐት
megletsi wereqet

organisieren	**ወደበ** wedebe
die Besprechung	**ዝርርብ** zrrb
der Bericht	**ሪፖርት** riport
das Protokoll	**ፕሮቶኮል** protokol
der Vertrag	**ውዕል** wäl
der Geschäftsmann	**ሰብኣይ ንግድ** sebay ngd
die Geschäftsfrau	**ሰበይቲ ንግድ** sebeyti ngd
die Geschäftsreise	**ጉዕዞ ንግድ** guäzo ngd

DAS BÜRO – ቤት-ጽሕፈት

Der Büroalltag – መዓልቲ ናብራ ኣብ ቤት-ጽሕፈት

der Arbeitgeber
ኣስራሒ
asrahi

① *die Assistentin*
ሓጋዚት
hagazit

② *der Kollege*
መሳርሕቲ
mesarhti

③ *der Arbeitnehmer*
ሰራሕተኛ
serahtenya

④ *die Kollegin*
መሳርሕቲ
mesarhti

⑤ *die Managerin*
ኣመሓዳሪት
amehadarit

⑥ *der Chef*
ሓላፊ
halafi

die Visitenkarte
ካርታ ንግድ
karta ngd

entlassen werden
ስንብታ ተወሃበ
snbta tewehabe

das Personal
ሰራሕተኛታት
serahtenyatat

die Elternzeit
ግዜ ወለዲ
gze weledi

die Vertretung	**ውክልና** wklna
der Jahresurlaub	**ዕርፍቲ ዓመት** ärfti amet
das Gehalt	**ደሞዝ** demoz
die Beförderung	**መዓርግ ምውሳኽ** mearg mwsach
jemandem kündigen	**ሰራሕተኛ ኣውጽአ** serahtenya awtse
seine Stelle kündigen	**ቦታ ስራሕ ተሰናበተ** bota srah tesenabete
verdienen	**ኣእተወ** äatewe
in Rente gehen	**ኣብ ጥሮታ ኣተወ** ab trota atewe

der Mutterschaftsurlaub
ዕርፍቲ ኣደነት
ärfti adenet

KOMMUNI-KATION

ርክብ

DER COMPUTER - ኮምፒተር

Der Desktop-Computer - ኮምፒተር ሰደቓ

der Desktop-Computer
ደስክቶፕ ኮምፕዩተር
desktop kompyuter

der Ein/Aus-Schalter
ውልዕ/ጥፍኣ ዝብል መጠወቒ
wlä/tfq zbl meteweqi

die USB-Schnittstelle
መጋጠምያ ዩ.ኤስ.ቢ.
megatemya yu.es.bi.

das CD/DVD-Laufwerk
መሳርያ ሲ.ዲ./ዲ.ቪ.ዲ.
mesarya si.di./di.vi.di.

das Computergehäuse
መኽደኒ ኮምፕዩተር
mechdeni kompyuter

das Scrollrad
መንከርኮር ዘለዋ ኣንጨዋ
menkerkor zelewa antschewa

die Tastatur
ኪቦርድ
kibord

der Bildschirm
ስክሪን
skrin

die Maus
ኣንጨዋ
antschewa

die Tastatur
ኪቦርድ
kibord

die Escapetaste
መጠወቒ ኢስከይፕ
meteweqi iskeyp

die Tabulatortaste
መጠወቒ ታብ
meteweqi tab

die Feststelltaste
መጠወቒ መዕበዪ
meteweqi meebeyi

die Rücklöschtaste
መጠወቒ መደምሰሲ
meteweqi medemsesi

die Eingabetaste
መጠወቒ ኤንተር
meteweqi enter

die Umschalttaste
መጠወቒ ሺፍት
meteweqi schift

die Steuerungstaste
መጠወቒ ኮንትሮል
meteweqi kontrol

die Leertaste
መጠወቒ ስፐይስ
meteweqi speys

DER COMPUTER - ኮምፒተር

Hardware und Zubehör - ሃርድወርን ተውሳኽን

der Lautsprecher
ስፒከር
spiker

der/das Laptop
ላፕቶፕ
laptop

das Stromkabel
ገመድ ኳሬንቲ
gemed kwarenti

die Laptoptasche
ማህደር ላፕቶፕ
mahder laptop

der Prozessor
ፕሮሰሶር
prosesor

die (externe) Festplatte
ግዳማዊ ሃርድ-ድራይፍ
gdamawi hard-drayf

der Arbeitsspeicher
ረንዶም-ኤክሰስ-መሞሪ
rendom-ekses-memori

die Webcam
ወብካም
webkam

die CD-ROM
ሲ.ዲ.-ሮም
si.di.-rom

der USB-Stick
ዩ.ኤስ.ቢ-ስቲክ
yu.es.bi-stik

der Scanner
ስከነር
skener

der Tintenstrahldrucker
ፕሪንተር ቀለም
printer qelem

der Laserdrucker
ፕሪንተር ለይዘር
printer leyzer

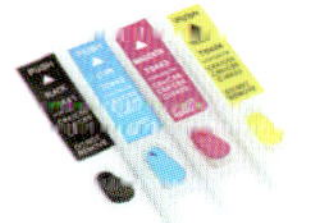

die Tintenpatrone
ቀለም ፕሪንተር
qelem printer

die Tonerkartusche
ካትሪጅ ቀለም
katridsch qelem

das Mauspad
ፍርናሽ ኣንጨዋ
frnasch antschewa

DER COMPUTER - ኮምፒተር

Am Computer arbeiten - ኣብ ኮምፒተር ሰርሐ

tippen
ብኪቦርድ ጸሓፈ
bkibord tsehafe

klicken
ብኣንጨዋ ጠወቐ
bantschewa teweqe

scrollen
ስክሮል
skrol

ausschneiden
ቆረጸ
qoretse

kopieren
ቀድሐ
qedhe

einfügen
ኣእተወ
aätewe

eine Datei ausdrucken
ዶኩመንት ፕሪንት ገበረ
dokument print gebere

speichern
ከዘነ
kezene

eine Datei öffnen
ፋይል ከፈተ
fayl kefete

löschen
ደምሰሰ
demsese

der Ordner
ፎልደር
folder

der Papierkorb
ጎሓፍ
gohaf

suchen
ደለየ
deleye

eingeben	**ኣእተወ** aätewe
eine Datei verschieben	**ቦታ ፋይል ቀየረ** bota fayl qeyere
eine Sicherungskopie erstellen	**ናይ ውሕስነት ቅዳሕ ገበረ** nay whsnet qdah gebere
markieren	**ኣመልከተ** amelkete
sich einloggen	**ኣተወ** atewe
sich ausloggen	**ወጸ** wetse
der Neustart	**ሪስታርት** ristart
(die) Bytes	**ባይትስ** bayts

DER COMPUTER - ኮምፒተር

Am Computer arbeiten - ኣብ ኮምፒተር ስርሐ

rückgängig machen
ከምቲ ዝነበረ ጠወቐ
kemti znebere teweqe

wiederherstellen
ከምቲ ዝነበረ መለሰ
kemti znebere melese

die Einstellungen
ምዕርራይ
märray

die Schriftart
ዓይነት ጽሕፈት
aynet tshfet

die Fehlermeldung
ሓበሬታ ጌጋ
habereta gyega

der Mauszeiger
ኣመልካቲ ኣንጨዋ
amelkati antschewa

die Sanduhr
ሰዓት ሑጻ
seat hutsa

der Lautstärkeregler
ኣተኻኻሊ ዓውታ
atechachali awta

ein Fenster minimieren
መስኮት ነኣሰ
meskot nease

eine CD/DVD auswerfen
ሲ.ዲ./ዲ.ቪ.ዲ. ኣውጽአ
si.di./di.vi.di. awtse

den Rechner hochfahren
ኮምፕዩተር ወልዐ
kompyuter wele

den Rechner herunterfahren
ኮምፕዩተር ኣጥፍአ
kompyuter atfe

die Datei	ፋይል fayl
das Programm	ፕሮግራም program
der Scrollbalken	መራዪ ስክሮል merayi skrol
ein Programm installieren	ፕሮግራም ኣትከለ program atkele
ein Programm deinstallieren	ፕሮግራም ደምሰሰ program demsese
das Betriebssystem	ኦፐረይቲንግ ሲስተም opereyting sistem
die Taskleiste	ታስክባር taskbar
der Fortschrittsbalken	መርኣዪ ግስጋሰ merayi gsgase

das Fenster
መስኮት
meskot

DER COMPUTER - ኮምፒተር

Das Internet - ኢንተርነት

das WLAN
ዋይፋይ
wayfay

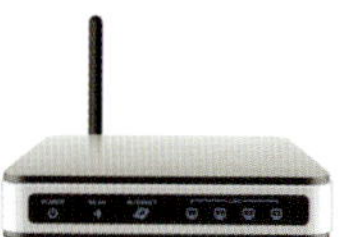

der Router
መሳርሒ ኢንተርነት
mesarhi internet

das LAN-Kabel
ገመድ ላን
gemed lan

der Browser
ብራውሰር
brawser

das Lesezeichen
ቡክማርክ
bukmark

der Download
ዳውንሎድ
dawnlod

die Nachricht
መልእኽቲ
melächti

die Social Media
ሶሸል ሚድያ
soschel midya

der Online-Einkauf
ሸመታ ኦንላይን
schemeta onlayn

die Verschlüsselung
ብስውር ምስፋር
bswr msfar

die E-Mail-Adresse
ኣድራሻ ኢመይል
adrascha imeyl

der Anhang
ጥብቀት
tbqet

eine Mail weiterleiten
መይል ኣመሓላለፈ
meyl amehalalefe

senden	**ሰደደ** sedede
empfangen	**ተቐበለ** teqebele
das Benutzerkonto	**ኣካውንት ተጠቃማይ** akawnt teteqamay
der Posteingang	**ዝኣተወ ኢመይል** zatewe imeyl
der Postausgang	**ዝተሰደ ኢመይል** ztesede imeyl
die Abwesenheitsnotiz	**ሓበሬታ ጽሑፍ ብኩራት** habereta tshuf bkurat
die Spammail	**ዘይድለ ኢመይል** zeydle imeyl
im Internet surfen	**ኣብ ኢንተርነት ዳህሰሰ** ab internet dahsese

DER COMPUTER - ኮምፒተር

Mobile Endgeräte - ተንቀሳቐስቲ መሳርሒታት

der Tablet-Computer
ታብለት ኮምፕዩተር
tablet kompyuter

der E-Book-Reader
መንበቢ ኢ-ቡክ
menbebi i-buk

der MP3-Player
ኤም.ፒ.ስሪ ፕለየር
em.pi.sri pleyer

das Bluetooth®-Headset
ብሉቱስ-ሀድሰት
blutus-hedset

die App
ኤፕ፤ ፕሮግራም ሞባይል
ep; program mobayl

die SIM-Karte
ሲም-ካርድ
sim-kard

die Handytasche
መኽደኒ ሞባይል
mechdeni mobayl

das Handy
ሞባይል
mobayl

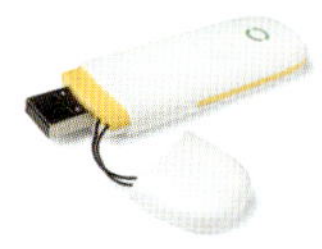

der Surfstick
ሱርፍ-ስቲክ
surf-stik

wischen
ብኣጻብዕ ወልወለ
batsabä welwele

die SMS
ኤስ.ኤም.ኤስ
es.em.es

das Smartphone
ስማርትፎን
smartfon

der Touchscreen
ታች-ስክሪን
tatsch-skrin

der Datenspeicher	**መዋሪ/መኽዘን** memori/mechzen
die Software	**ሶፍትዌር** softwer
das Funkloch	**ብሽለት መስመር** beshlet mesmer
die Flatrate	**ፍለት ረይቲ** flet reyti
die Prepaidkarte	**ካርታ ፕሪፓይድ** karta pripayd
das Guthaben	**እቶት** ätot
der Klingelton	**ጭር ዝብል ዓይነት ድምጺ** tschr zbl aynet dmtsi
der Akku	**ባትሪ** batri

DAS TELEFON - ተለፎን

das Display
ዲስፕላይ
display

das Telefonbuch
መጽሓፍ ተለፎን
metshaf telefon

der Anrufbeantworter
መመለሺ ተለፎን
memeleschi telefon

das Tastenfeld
መጠወቒታት
meteweqitat

der Telefonhörer
መልዓሊ ተለፎን
melali telefon

das Kabel
ስልኪ
slki

das schnurlose Telefon
ገመድ ዘይብሉ ተለፎን
gemed zeyblu telefon

der Hörer
መስምዒ
mesmi

abheben
ኣልዓለ
alale

auflegen
ዓጸወ
atsewe

die Basisstation
ሰፈር ተለፎን ኤለትሪክ
sefer telefon eletrik

der Kopfhörer
መስምዒ እዝኖ
mesmi äzno

das Mikrofon
ሚክሮፎን
mikrofon

das Faxgerät
መሳርያ ፋክስ
mesarya faks

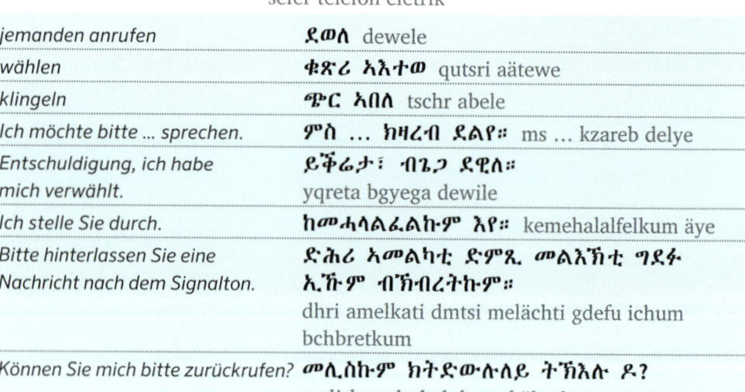

jemanden anrufen	ደወለ dewele
wählen	ቁጽሪ ኣእተወ qutsri aätewe
klingeln	ጭርር ኣበለ tschr abele
Ich möchte bitte ... sprechen.	ምስ ... ክዛረብ ደልየ። ms ... kzareb delye
Entschuldigung, ich habe mich verwählt.	ይቕሬታ፣ ብጌጋ ደዊለ። yqreta bgyega dewile
Ich stelle Sie durch.	ከመሓላልፈልኩም እየ። kemehalalfelkum äye
Bitte hinterlassen Sie eine Nachricht nach dem Signalton.	ድሕሪ ኣመልካቲ ድምጺ መልእኽቲ ግደፉ ኢኹም ብኽብረትኩም። dhri amelkati dmtsi melächti gdefu ichum bchbretkum
Können Sie mich bitte zurückrufen?	መሊስኩም ክትድውሉለይ ትኽእሉ ዶ? meliskum ktdwluley tchälu do

DIE MEDIEN - ሚድያታት

Das Fernsehen - ተለቪዥን

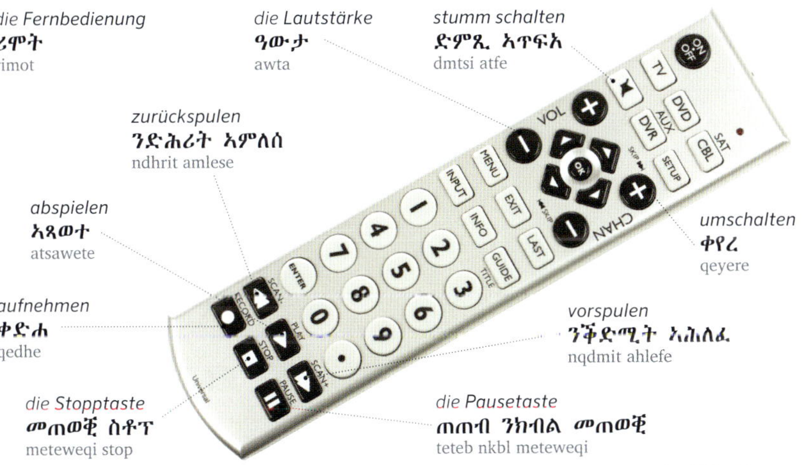

die Fernbedienung
ሪሞት
rimot

die Lautstärke
ዓውታ
awta

stumm schalten
ድምጺ ኣጥፍአ
dmtsi atfe

zurückspulen
ንድሕሪት ኣምለሰ
ndhrit amlese

abspielen
ኣጻወተ
atsawete

umschalten
ቀየረ
qeyere

aufnehmen
ቀድሐ
qedhe

vorspulen
ንቕድሚት ኣሕለፈ
nqdmit ahlefe

die Stopptaste
መጠወቒ ስቶፕ
meteweqi stop

die Pausetaste
ጠጠብ ንክብል መጠወቒ
teteb nkbl meteweqi

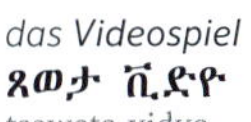

das Videospiel
ጸወታ ቪድዮ
tseweta vidyo

der Fernseher
ቲቪ
tivi

der Digitalempfänger
ተቐባላይ ዲጊታል
teqebalay digital

der DVD-Player
ተጻዋታይ ዲቪዲ
tetsawatay dividi

die DVD
ዲቪዲ
dividi

das Kabelfernsehen	ቲቪ ስልኪ tivi slki
das Free-TV	ነጻ ቲቪ netsa tivi
das Bezahlfernsehen	ፓይ ቲቪ pay tivi
fernsehen	ተለቪዥን ረኣየ televishn reaye
die Fernsehserie	ተኸታታሊ ምርኢት techetatali mrit
zappen	ብቅልጡፍ ቀየረ bqltuf qeyere
die Folge	ኣፒሶድ episod
der Raumklang	ድምጺ ክፍሊ dmtsi kfli

die Satellitenschüssel
ብያቲ ሳተላይት
byati satelayt

DIE MEDIEN - ሚድያታት

Das Fernsehen - ተለቪዥን

das Set
ሰት
set

der Teleprompter®
ተለፕሮምፕተር
teleprompter

die Nachrichtensprecherin
መዳሪት ዜና
medarit zena

die Nachrichten
ዜና
zena

das Interview
ቃለ-መጠይቕ
qale-meteyq

der Interviewpartner
ሽርካ ቃልአ-መጠይቕ
schrka qale-meteyq

die Reporterin
ሪፖርተር
riporter

das Mikrofon
ሚክሮፎን
mikrofon

die Szene
ፍጻሜ
ftsame

der Schauspieler
ተዋሳኣይ
tewasaay

die Klappe
መሽፈኒ
meschefeni

die Livesendung
ቅዳሕ ላይፍ
qdah layf

das Publikum
ተዓዘብቲ
teazebti

der Dokumentarfilm	**ፊልም ዶኩ** film doku
die Talkshow	**ምርኢት ዝርርብ** mrit zrrb
die Reportage	**ሪፖርት ዜና** riport zena
die Quizshow	**ምርኢት ሕንቅሊተይ** mrit hnqlitey
der Moderator	**ዓራዪ** arayi
die Moderatorin	**ዓራዪት** arayit
der Teilnehmer	**ተሳታፊ** tesatafi
die Teilnehmerin	**ተሳታፊት** tesatafit

DIE MEDIEN - ሚድያታት

Das Radio - ራድዮ

der DJ
ዲጀይ
didschey

die Tonaufnahme
ቅዳሕ ድምጺ
qdah dmtsi

die Antenne
ኣንተና
antena

das Radio
ራድዮ
radyo

die Frequenz
ፍሪክወንስ
frikwens

der Radiosender
ፕሮግራም ራድዮ
program radyo

der Wetterbericht
ዜና ኩነታት ኣየር
zena kunetat ayer

die Verkehrsnachrichten
ዜና ትራፊክ
zena trafik

die Hitparade
ናይ ህቡብ ደርፍታት ፕሮግራም
nay hbub derftat program

das Hörspiel
ተዋስኦ ራድዮ
tewaso radyo

die Liveaufzeichnung
ምቅዳሕ ላይፍ
mqdah layf

die Sendung	ፕሮግራም program
der Berichterstatter	ወሃቢ ዜና wehabi zena
die Berichterstatterin	ወሃቢት ዜና wehabit zena
die Erkennungsmelodie	ንመለዲ መረጋገጺ nmelodi meregagetsi
der Werbespot	ሪክላም reklam
senden	ዘርግሐ zerghe
die Langwelle	ነዊሕ መስመር newih mesmer
die Kurzwelle	ሓጺር መስመር hatsir mesmer

DIE MEDIEN - ሚድያታት

Die Printmedien - ዝሓትሙ ሚድያታት

die Zeitung
ጋዜጣ
gazeta

das Tabloidformat
ፎርማት ታብሎይድ
format tabloyd

das Bild
ምስሊ
msli

der Artikel
ዓንቀጽ
anqets

die Titelseite
ገጽ ኣርእስቲ
gets arästi

die Schlagzeile
ኣርእስተ-ዜና
aräste-zena

der Vorspann
ምትእትታው
mtättaw

die Zeitungsspalte
ዓንዲ ጋዜጣ
andi gazeta

die großformatige Zeitung
ጋዜጣ ቅርጺ ሰፊሕ
gazeta qrtsi sefih

der Stellenmarkt
ዕዳጋ ቦታታት ስራሕ
ädaga botatat srah

der Werbeprospekt
ረክላም
reklam

die Anzeige
መርኢት ረክላም
merit reklam

das Abonnement
ቅድመ-ጠለብ
qdme-teleb

der Leitartikel	መራሒ ዓንቀጽ	merahi anqets
die Todesanzeige	ዓንቀጽ ዝሞቱ	anqets zmotu
die Qualitätszeitung	ጋዜጣ ላዕለዋይ ብቕዓት	gazeta laäleway bqat
die Boulevardzeitung	ጋዜጣ ጐደና	gazeta godena
die Wochenzeitung	ሰሙናዊ ጋዜጣ	semunawi gazeta
die Tageszeitung	መዓልታዊ ጋዜጣ	mealtawi gazeta
die Kolumne	ዓንቀጽ ርእይቶ	anqets räyto
die Beilage	ተወሳኺ ዓንቀጽ	tewesachi anqets

DIE MEDIEN - ሚድያታት

Die Printmedien - ዝሓትሙ ሚድያታት

das gebundene Buch
ዝተዓሸገ መጽሓፍ
zteaschege metshaf

der Einband
መኸደኒ
mechdeni

der Buchdeckel
መኸደኒ መጽሓፍ
mechdeni metshaf

der Buchrücken
ድሕሪት መጽሓፍ
dhrit metshaf

der Schutzumschlag
ተኸላኻሊ መኸደኒ
techelachali mechdeni

das Taschenbuch
መጽሓፍ ጁባ
metshaf dschuba

die Seite
ገጽ
gets

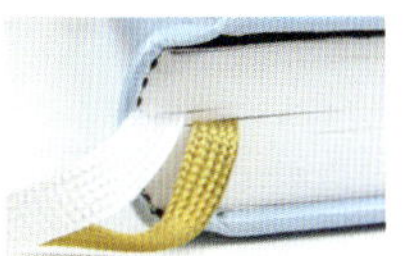

das Lesebändchen
ኣመልከትቲ ንባብ
amelketti nbab

in einem Buch blättern
ገጻት መጽሓፍ ገንጸለ
getsat metshaf gentsele

das Sachbuch
መጽሓፍ ሞያ
metshaf moya

der Roman
ኣገራሚ ዛንታ
agerami zanta

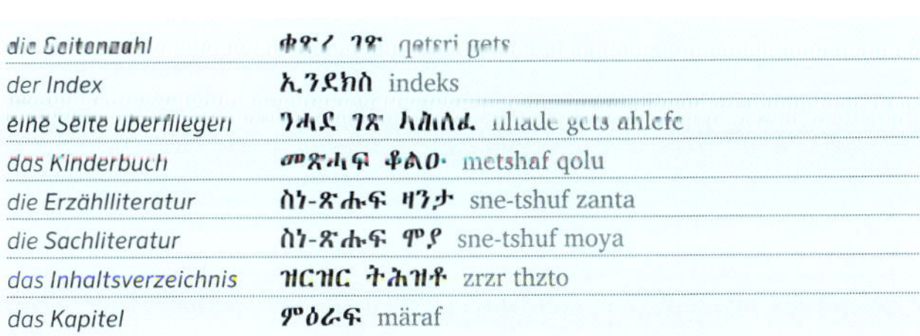

die Seitenzahl	**ቁጽሪ ገጽ** qetsri gets
der Index	**ኢንደክስ** indeks
eine Seite überfliegen	**ንሓደ ገጽ ኣሕለፈ** nhade gets ahlefe
das Kinderbuch	**መጽሓፍ ቆልዑ** metshaf qolu
die Erzählliteratur	**ስነ-ጽሑፍ ዛንታ** sne-tshuf zanta
die Sachliteratur	**ስነ-ጽሑፍ ሞያ** sne-tshuf moya
das Inhaltsverzeichnis	**ዝርዝር ትሕዝቶ** zrzr thzto
das Kapitel	**ምዕራፍ** märaf

der Bildband
መጽሓፍ ስእልታት
metshaf sältat

DIE POST - ቡስጣ

der Briefumschlag
ቡስጣ
busta

die Briefmarke
ማሕተም
mahtem

der Empfänger
ተቐባላይ
teqebalay

die Adresse
ኣድራሻ
adrascha

der Absender
ሰዳዳይ
sedaday

die Postleitzahl
ፒኦ ቦክስ
pio boks

der Poststempel
ናይ ቤት ቡስጣ ማሕተም
nay byet busta mahtem

das Postfach
ሳንዱቕ
sanduq

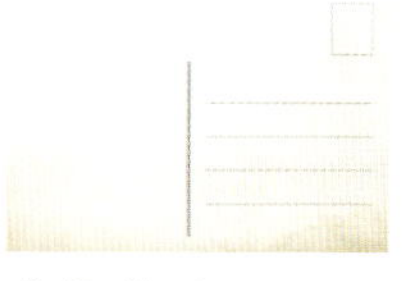

die Postkarte
ደብዳበ ካርታ
debdabe karta

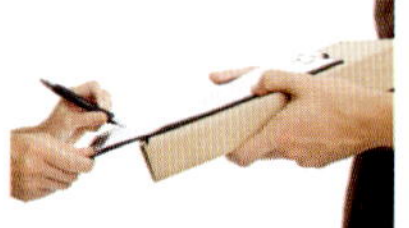

die Empfangsbestätigung unterschreiben
መረጋገጺ ተቐባልነት ፈረመ
meregagetsi teqebalnet fereme

der Briefkasten
ሳጹን ቡስጣ
satsun busta

einen Brief einwerfen
ደብዳበ ኣእተወ
debdabe aätewe

das Paket
ጥቕላል
tqlal

der Brief	**ደብዳበ** debdabe
der Eilbrief	**ህዉኽ ደብዳበ** hwch debdabe
portofrei	**ዋጋ ዘይብሉ** waga zeyblu
einen Brief erhalten	**ደብዳበ ተቐበለ** debdabe teqebele
einen Brief beantworten	**ደብዳበ መለሸ** debdabe melesche
jemandem einen Brief schicken	**ደብዳበ ሰደደ** debdabe sedede
das Einschreiben	**ተቐባልነት ደብዳበ ክረጋገጽ ዘለዎ** teqebalnet debdabe kregagets zelewo

DIE POST – ቡስጣ

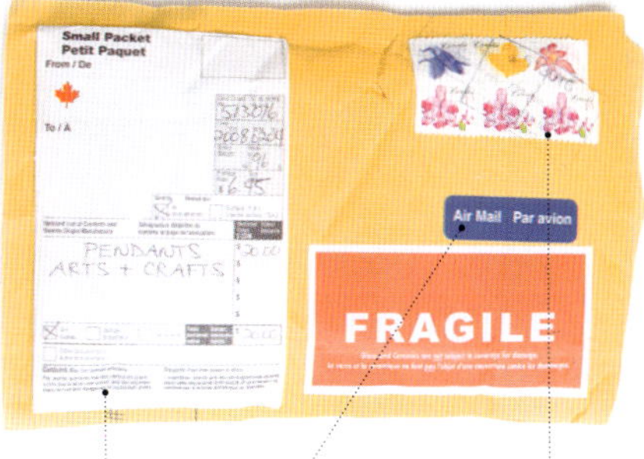

das Klebeband
መጠበቒ ሸሪጥ
metebeqi scherit

die Styroporflocken
ክፋላት ፖሊስተሪን
kfalat polisterin

das Päckchen
ጥቕላል
tqlal

per Luftpost
ብመልእኽቲ ኣየር
bmelächti ayer

das Porto
ዋጋ መልእኽቲ
waga melächti

zerbrechlich
ተሰባሪ
tesebari

vor Nässe schützen
ካብ ጠሊ ተኸላኸለ
kab teli techelachele

oben
ላዕሊ
laäli

die Zustellung
መበጻጽሒ
mebetsatshi

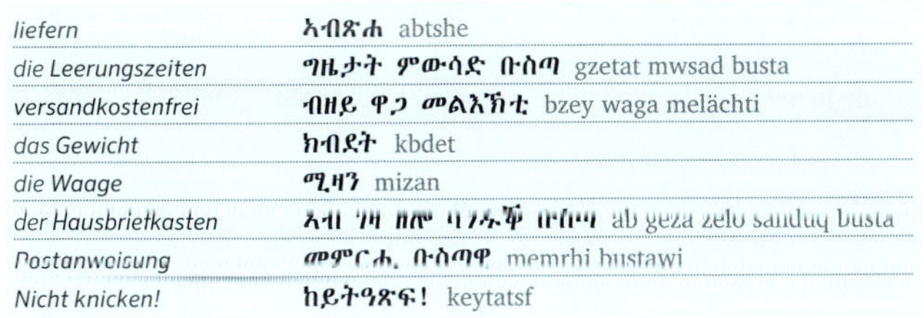

liefern	**ኣብጽሐ** abtshe
die Leerungszeiten	**ግዜታት ምውሳድ ቡስጣ** gzetat mwsad busta
versandkostenfrei	**ብዘይ ዋጋ መልእኽቲ** bzey waga melächti
das Gewicht	**ክብደት** kbdet
die Waage	**ሚዛን** mizan
der Hausbriefkasten	**ኣብ ገዛ ዘሎ ሳንዱቕ ቡስጣ** ab geza zelo sanduq busta
Postanweisung	**መምርሒ ቡስጣዊ** memrhi bustawi
Nicht knicken!	**ከይትዓጽፍ!** keytatsf

der Kurierdienst
ኣገልግሎት መበጻጽሒ
agelglot mebetsatshi

SPORT UND FITNESS

ስፖርትን ፊትነስን

BALLSPORTARTEN - ዓይነታት ስፖርት ኵዕሶ

Der Fußball - ኵዕሶ እግሪ

das Spielfeld
መሬት ግጥም ውድድር
meret gtm wddr

der Mittelkreis
ዓንኬል ማእከል
ankel maäkel

der Anstoßpunkt
ነጥቢ ጫፍ
netbi tschaf

der Strafraum
ቦታ መቕጻዕቲ
bota meqtsaäti

der Eckbogen
ኩርናዕ
kurnaä

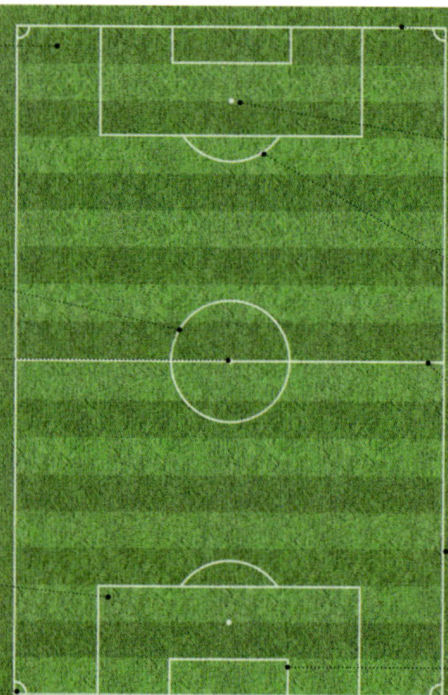

die Torlinie
ሕንጻጽ ሽቶ
hntsats schto

der Elfmeterpunkt
ነጥቢ መቕጻዕቲ
netbi meqtsaäti

der Teilkreis am Strafraum
ዓንኬል ኣብ ቦታ መቕጻዕቲ
ankel ab bota meqtsaäti

die Mittellinie
ማእከላይ ሕንጻጽ
maäkelay hntsats

die Seitenlinie
ወገናዊ ሕንጻጽ
wegenawi hntsats

der Torraum
ሽቶ
schto

das Stadion
እስታድዮን
ästadyon

die Zuschauertribüne
መድረኽ ተዓዘብቲ
medrech teazebti

die Zuschauer
ተዓዛቢ
teazabi

der Platzverweis
ትእዛዝ ስንብታ
täzaz snbta

die rote Karte
ቀይሕ ካርታ
qeyh karta

der Schiedsrichter
ዳኛ
danya

BALLSPORTARTEN - ዓይነታት ስፖርት ኵዕሶ

Der Fußball - ኵዕሶ እግሪ

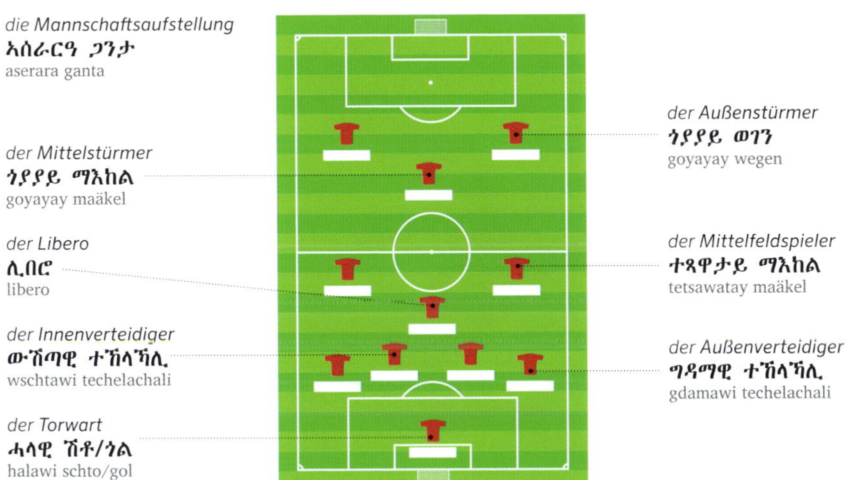

angreifen
ኣጥቅዐ
atqe

der Eckstoß
ኩርናዕ
kurnaä

der Freistoß
ነጻ ህርመት/ፍሪ-ኪክ
netsa hrmet/fri-kik

der Einwurf
ካብ ሕንጻጽ ምስንዳው
kab hntsats msndaw

die Liga	**ደረጃ** deredscha
die erste Liga	**ቀዳማይ ደረጃ** qedamay deredscha
die Meisterschaft	**ቀንዲ ውድድር** qondi wddr
der Pokal	**ዋንጫ** wantscha
die gelbe Karte	**ብጫ ካርታ** btscha karta
einen Spieler sperren	**ተጻዋታይ ኣገደ** tetsawatay agede
das Foul	**ፋውል** fawl
die Verteidigung	**ምክልኻል** mklchal

das Tor
ሽቶ/ጎል
schto/gol

BALLSPORTARTEN - ዓይነታት ስፖርት ኵዕሶ

Der Fußball - ኵዕሶ እግሪ

der Fußball
ኵዕሶ
käso

der Fußballschuh
ጓንቲ ኵዕሶ
gwanti käso

der Stollen
ሽካል ጫማ
schkal tschama

das Trikot
ጎልፎ
golfo

die Hose
ስረ
sre

der Schienbeinschoner
መከላኸሊ ዳንጋ
mekelacheli danga

der Stutzen
ካልሲ ኵዕሶ
kalsi käso

den Ball halten
ኩዕሶ ሓዘ
kuäso haze

das Tornetz
መርበብ ጎል
merbeb gol

der Torpfosten
ዓንዲ ጎል
andi gol

der Torwarthandschuh
ጓንቲ ሓላዊ ጎል
gwanti halawi gol

schießen
ሃረመ
hareme

die Querlatte	ጋድም ዓንዲ ጎል gadm andi gol
die Halbzeit	ፍርቂ ግዜ frqu gze
das Unentschieden	ማዕረ maäre
die Verlängerung	ምንዋሕ mnwah
der Elfmeter	መቕጸዕቲ meqtsaäti
das Abseits	ካብ መስመር ወጻኢ kab mesmer wetsai
köpfen	ብርእሲ ሃረመ bräsi hareme
kicken	ወቐዐ/ሃረመ weqe/hareme

BALLSPORTARTEN - ዓይነታት ስፖርት ኩዕሶ

Der Handball - ኩዕሶ ኢድ

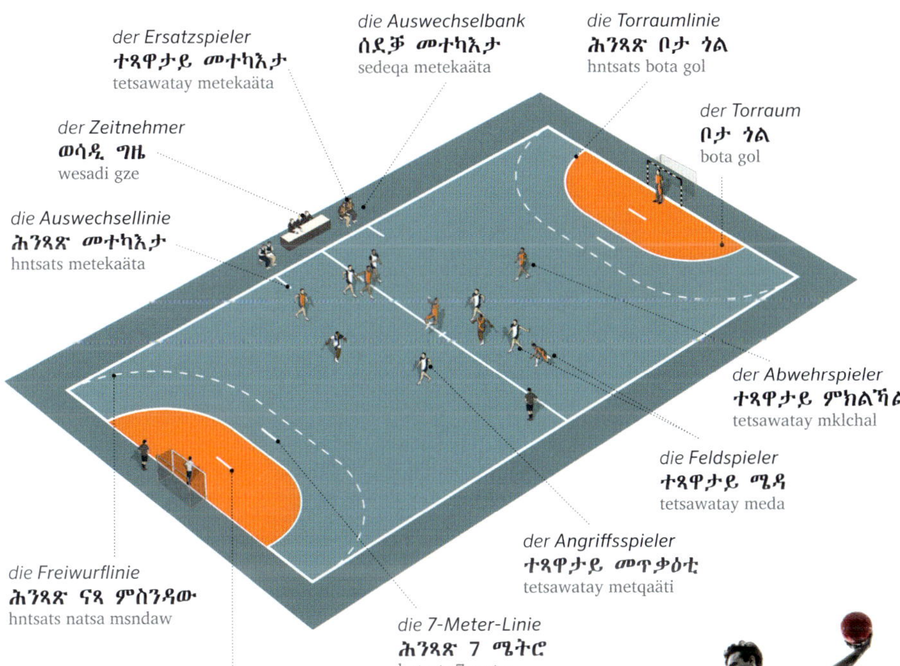

der Ersatzspieler
ተጻዋታይ መተካእታ
tetsawatay metekaäta

die Auswechselbank
ሰደቓ መተካእታ
sedeqa metekaäta

die Torraumlinie
ሕንጻጽ ቦታ ጎል
hntsats bota gol

der Zeitnehmer
ወሳዲ ግዜ
wesadi gze

der Torraum
ቦታ ጎል
bota gol

die Auswechsellinie
ሕንጻጽ መተካእታ
hntsats metekaäta

der Abwehrspieler
ተጻዋታይ ምክልኻል
tetsawatay mklchal

die Feldspieler
ተጻዋታይ ሜዳ
tetsawatay meda

der Angriffsspieler
ተጻዋታይ መጥቃዕቲ
tetsawatay metqaäti

die Freiwurflinie
ሕንጻጽ ናጻ ምስንዳው
hntsats natsa msndaw

die 7-Meter-Linie
ሕንጻጽ 7 ሜትሮ
hntsats 7 metro

die Torwartgrenzlinie
ሕንጻጽ ወሰን ሓላዊ ጎል
hntsats wesen halawi gol

der linke Flügel	ጸጋማይ ክንፊት tsegamay knfit
der rechte Flügel	የማናይ ክንፊት yemanay knfit
der Schlagwurf	ብህርመት ምስንዳው bhrmet msndaw
die Zeitstrafe	ግዜኣዊ መቕጻዕቲ gzeawi meqtsaäti
die Disqualifikation	ውገዳ wgeda
die Auszeit	ታይም-ኣውት taym-awt
die Verwarnung	መጠንቀቕታ metenqeqta
der Siebenmeter	ሸውዓተ ሜትሮ schewate metro

der Sprungwurf
ብዝላ ምስንዳው
bzla msndaw

BALLSPORTARTEN - ዓይነታት ስፖርት ኵዕሶ

Der Volleyball - ኵዕሶ መርበብ

die Angriffszone
ዞና መጥቃዕቲ
zona metqaäti

der Außenangreifer
ኣጥቃዊ ግዳም
atqai gdam

der Mittelangreifer
ኣጥቃዊ ማእከል
atqai maäkel

die Verteidigungszone
ዞና ምክልኻል
zona mklchal

die Netzkante
ኩርናዕ መርበብ
kurnaä merbeb

das Netz
መርበብ
merbeb

die Angriffslinie
ሕንጻጽ መጥቃዕቲ
hntsats metqaäti

der Freiraum
ነጻ ቦታ
netsa bota

der Libero
ሊበሮ
libero

die Grundlinie
መሰረታዊ ሕንጻጽ
meseretawi hntsats

der Abwehrspieler
ኣጥቃዊ ምክልኻል
atqai mklchal

die Seitenlinie
ወገናዊ ሕንጻጽ
wegenawi hntsats

der Linienrichter
ዳኛ መስመር
danya mesmer

die Reservebank
ሰደቓ መተካእቲ
sedeqa metekaäti

der Beachvolleyball
ክዕሶ መርበብ ቢይች
käso merbeb biytsch

schmettern
ብዓማጺ ወቕዐ
bamatsi weqe

blocken
ዓገተ
agete

der Aufschlag
ህርመት
hrmet

baggern
ብምናት ወቕዐ
bmnat weqe

pritschen
ብክልተ ኢድ ሃረመ
bklte id hareme

die Hechtabwehr
ብምሉእ ኣካላት ምክልኻል
bmluä akalat mklchal

BALLSPORTARTEN - ዓይነታት ስፖርት ኵዕሶ

Der Basketball - ኵዕሶ ሰኪዔት

die Seitenlinie
ሕንጻጽ ወገን
hntsats wegen

die Drei-Punkte-Linie
ሕንጻጽ ሰለስተ ነጥቢ
hntsats seleste netbi

die begrenzte Zone
ውሱን ዞና
wsun zona

die Grundlinie
መሰረታዊ ሕንጻጽ
meseretawi hntsats

im Aus sein
ኣብ ግዳም ኮነ
ab gdam kone

die Freiwurflinie
ሕንጻጽ ናጻ ምስንዳው
hntsats natsa msndaw

die Mittellinie
ሕንጻጽ ማእከላይ
hntsats maäkelay

der Mittelkreis
ዓንኬል ማእከል
ankel maäkel

der Dunk
ዳንክ
dank

das Korbbrett
ዕንጸይቲ ዘንቢል
äntseyti zenbil

der Korbring
ቀለቤት ዘንቢል
qelebyet zenbil

das Netz
መርበብ
merbeb

der Korb
ዘንቢል
zenbil

der Korbleger	**ኣብ ዘንቢብ ምእታው** ab zenbib mätaw
das Doppeldribbling	**ዕጽፊ ድሪብሊንግ** ätsfi dribling
der Rebound	**ዘይኣተወ እንደገና ምስንዳው** zeyatewe andegena msndaw
der Sprungball	**ኲዕሶ ዝላ** kuäso zla
fangen	**ሓዘ** haze
werfen	**ሰንደወ** sendewe
zielen	**ዕላማ ኣድሃበ** älama adhabe
decken	**ተኸላኸለ** techelachele

WEITERE BALLSPORTARTEN - ተወሰኽቲ ዓይነታት ስፖርት ኵዕሶ

das Hockey
ቃርሳ
qarsa

das Eishockey
ቃርሳ በረድ
qarsa bered

der Hockeyschläger
ቃርሳ
qarsa

der Puck
ሕማቕ መንፈስ
hmaq menfes

der Softball
ልስሉስ ኩዕሶ ሻኩ
lslus kuäso schaki

der Baseball
ሻኩ
schaki

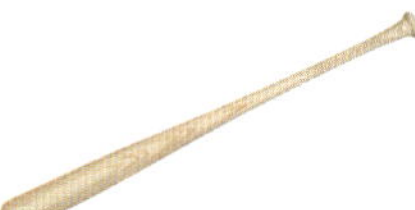

der Baseballschläger
ቀጸለ ሰምሰም ኣበለ ሻኩ
qetsele semsem abele schaki

der Baseballhandschuh
ጓንቲ ሻኩ
gwanti schaki

der American Football
ኩዕሶ እግሪ
kuäso ägri

das Rugby
ራግቢ
ragbi

das Kricket
ዕንጭራር
äntschrar

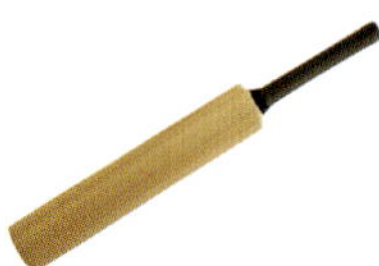

das Schlagholz
ዕንጨይቲ
äntscheyti

die Trillerpfeife
ፋጻ
fatsa

die Mannschaft	**ጋንታ** ganta
der Sieger	**ዕዉት** äwt
der Verlierer	**ስዑር** sur
der Weltmeister	**ተሓላቒ ዓለም** tehalaqi alem
das Turnier	**ውድድር** wddr
der Spielstand	**ነጥቢ** netbi
der Trainer	**ዓላሚ** alami
die Trainerin	**ዓላሚ** alami
die Anzeigetafel	**ገርዚ ስጥሓ** gerzi setha

BALLSPORTARTEN MIT SCHLÄGERN - ዓይነታት ስፖርት ኵዕሶ ምስ መሃረምቲ | Das Badminton - በድሚንተን

der Badmintonplatz
ቤት-ፍርዲ ባድሚንተን
byet-frdi badminten

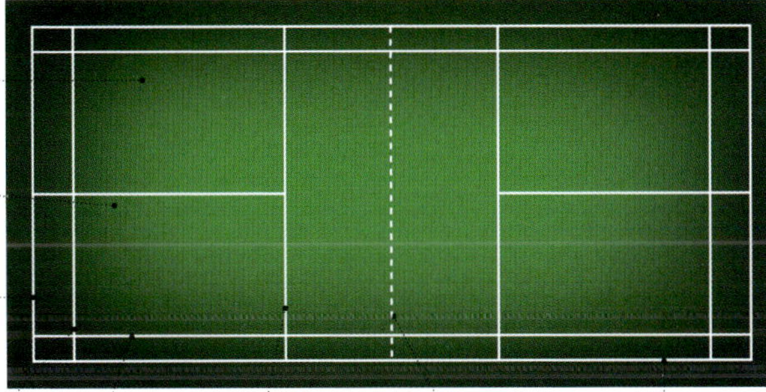

das linke Aufschlagfeld
መሬት ጽልዋ ጸጋማይ
meret tslwa tsegamay

das rechte Aufschlagfeld
መሬት ጽልዋ ሓቒ
meret tslwa haqu

die hintere Aufschlaglinie Einzel
ሓደ ጥራይ ሕንጻጽ ክፉት ቦታ ዳሕረዋይ
hade tray hntsats kfut bota dahreway

die vordere Aufschlaglinie
ሕንጻጽ ጠጠው በለ ቅድሚት
hntsats tetew bele qdmit

die Seitenlinie Doppel
ዕጽፊ
ätsfi

die hintere Aufschlaglinie Doppel
ዕጽፊ ሕንጻጽ መሸጐር ዳሕረዋይ
ätsfi hntsats meschegor dahreway

die Seitenlinie Einzel
ገጽ ሓደ ጥራይ
gets hade tray

die Mittellinie
ሕንጻጽ ማእከላይ
hntsats maäkelay

das Squash
ጨፍለቐ
tschefleqe

der Racquetball
ኵዕሶ ረከት
käuso reket

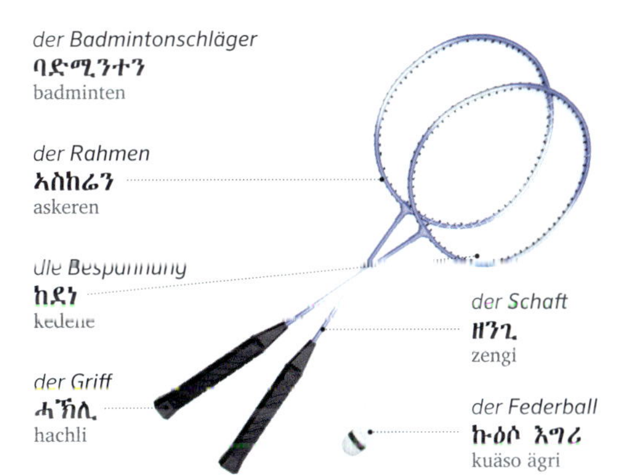

der Badmintonschläger
ባድሚንተን
badminten

der Rahmen
ኣስከሬን
askeren

die Bespannung
ከደነ
kedene

der Schaft
ዘንጊ
zengi

der Griff
ሓኽሊ
hachli

der Federball
ኩዕሶ እግሪ
kuäso ägri

BALLSPORTARTEN MIT SCHLÄGERN - ዓይነታት ስፖርት ኵዕሶ ምስ መሃረምቲ | Das Tennis - ተኒስ

der Balljunge
ኣምጻኢ ኵዕሶ
amtsai käso

die Grundlinie
መሰረታዊ ሕንጻጽ
meseretawi hntsats

die Aufschlaglinie
ሕንጻጽ ጠጠው መበሊ
hntsats tetew mebeli

das Halbfeld
ፍርቂ ሜዳ
frqu meda

die Seitenlinie für das Einzelspiel
ወገናዊ ሕንጻጽ ንንጽል ጸወታ
wegenawi hntsats nntsl tseweta

die Seitenlinie für das Doppelspiel
ወገናዊ ሕንጻጽ ንድርብ ጸወታ
wegenawi hntsats ndrb tseweta

die Aufschlagmittellinie
ማእኸላይ ሕንጻጽ
maächelay hntsats

das Netz
መርበብ
merbeb

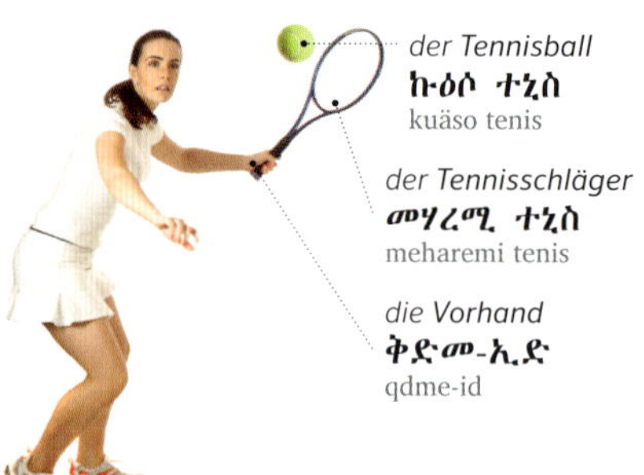

der Tennisball
ኩዕሶ ተኒስ
kuäso tenis

der Tennisschläger
መሃረሚ ተኒስ
meharemi tenis

die Vorhand
ቅድመ-ኢድ
qdme-id

die Rückhand	ኢድ ድሕሪት id dhrit
das Einzel	ንጽል ntsl
das Doppel	ድርብ drb
der/das Tiebreak	ታይብረይክ taybreyk
der Einstand	መዓረ ውጽኢት meare wtsit
der Fehler	ጌጋ gyega
das Ass	ኣስ as
der Satz	ምሉእ-ሓሳብ mluä-hasab
der Schiedsrichter	ዳኛ danya
die Schiedsrichterin	ዳኛ danya
der Linienrichter	ዳኛ መስመር danya mesmer
die Linienrichterin	ዳኛ መስመር danya mesmer

BALLSPORTARTEN MIT SCHLÄGERN - ዓይነታት ስፖርት ኵዕሶ ምስ መሃረምቲ | Das Tischtennis - ተኒስ ጣውላ

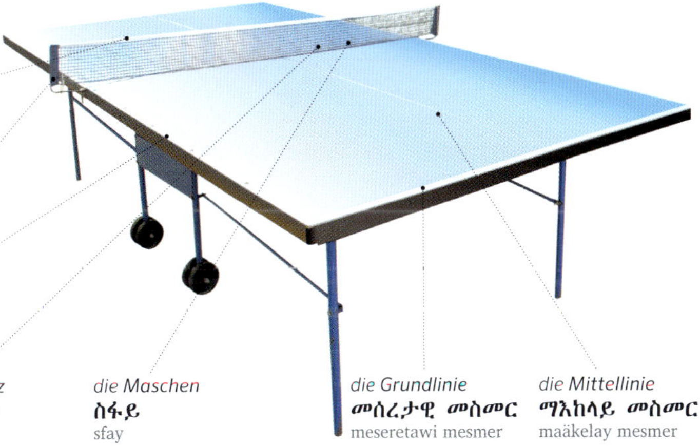

der Tischtennistisch
ተኒስ ጣውላ
tenis tawla

die Netzoberkante
ጫፍ ሰኪዔት
tschaf sekiet

der Netzhalter
መትሓዝ ሰኪዔት
methaz sekiet

die Seitenlinie
ወገናዊ መስመር
wegenawi mesmer

das Netz
ሰኪዔት
sekiet

die Maschen
ስፋይ
sfay

die Grundlinie
መሰረታዊ መስመር
meseretawi mesmer

die Mittellinie
ማእከላይ መስመር
maäkelay mesmer

der Tischtennisschläger
መሃረሚ ተኒስ ጠረቤዛ
meharemi tenis terebyeza

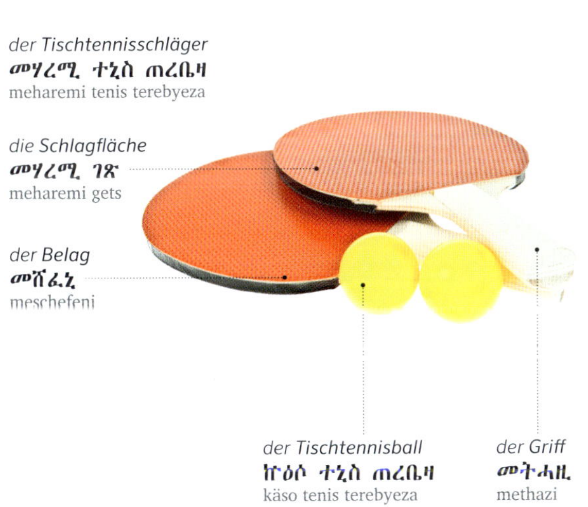

die Schlagfläche
መሃረሚ ገጽ
meharemi gets

der Belag
መሸፈኒ
meschefeni

der Tischtennisball
ኵዕሶ ተኒስ ጠረቤዛ
käso tenis terebyeza

der Griff
መትሓዚ
methazi

der Penholdergriff
ፕንሆልደር ዝብሃል ኣተሓሕዛ ተኒስ ጠረቤዛ
penholder zbhal atehahza tenis terebyeza

der Shakehandgriff
ሽይክሀንድ ዝብሃል ኣተሓሕዛ ተኒስ ጠረቤዛ
scheykhend zbhal atehahza tenis terebyeza

DAS GOLF - ጎልፍ

der Golfplatz
ሜዳ ጎልፍ
meda golf

das Wasserhindernis
መዓገቲ ማይ
meageti may

der Bunker
ባንከር
banker

das Fairway
ፈይርወይ
feyrwey

das Rough
ራፍ
raf

der Abschlag
ህርመት
hrmet

die Haltung
ኣተሓሕዛ
atehahza

das Tee
ቲ
ti

der Golfball
ኩዕሶ ጎልፍ
kuäso golf

einlochen
ኣብ ኑኺል ኣእተወ
ab nuchal aätewe

die Fahne
ኣርማ
arma

das Loch
ነኺል
nechal

das Grün
ቀጠልያ
qetelya

DAS GOLF - ጎልፍ

die Golfschläger
መሃረሚ ጎልፍ
meharemi golf

das Holz
ዕንጨይቲ
äntscheyti

das Eisen
ሓጺን
hatsin

der Wedge
ኩኛ
kunya

der Putter
ፓተር
pater

die Golftasche
ማህደር ጎልፍ
mahder golf

driven
ድራቨን
driven

der Golfspieler
ተጻዋታይ ጎልፍ
tetsawatay golf

der Caddie
ካዲ
kadi

der Golftrolley
ትሮሊ ጎልፍ
troli golf

der Durchschwung
ምንቕስቓስ ህርመት
mnqsqas hrmet

schwingen	ሰለል በለ selel bele
chippen	ቺፒንግ tschiping
den Ball vom Abschlag spielen	ኩዕሶ ካብ ነጥቢ ህርመት ተጻወተ kaso kab netbi hrmet tetsawete
das Par	ፓር par
das Birdie	ብርዲ brdi
das Bogey	ቦጊ bogi
das Handicap	ሀንዲከፕ hendikep
das Hole-in-one	ሆውል-ኢን-ዎን howl-in-won

das Golfcart
ሰረገላ ጎልፍ
seregela golf

DIE LEICHTATHLETIK – ስፖርት (ጉያን ሜዳን)

die Sprunggrube
ጉድጓድ ዝላ
gudgwad zla

der Weit- und Dreisprung
ዝላ ርሑቕን ቀረባን
zla rhuqn qereban

die Anlaufbahn
መስመር መጉየይ
mesmer meguyey

das Schutznetz
ሰኪዔት ምክልኻል
sekiet mklchal

die Bahn
መስመር
mesmer

die Aschenbahn
መስመር ምጉያይ
mesmer mguyay

der Hochsprung
ዝላ
zla

die Latte
መታወር
metawer

die Ziellinie
መስመር ዕላማ
mesmer älama

der Diskus- und Hammerwurf
ምስንዳው ዲስካስን ማርተሎን
msndaw diskasn martelon

die Startlinie
መበገሲ መስመር
mebegesi mesmer

die Matte
ምንጻፍ
mntsaf

der Wurfkreis
ዓንኬል ዝላ
ankel zla

der Sprint
ሽኰኾ
schekocho

der Startblock
መጀመሪ ክፋል
medschemeri kfal

der Hürdenlauf
መሰናኽል ዘለዎ ምጉያይ
mesenachl zelewo mguyay

die Hürde
መሰናኽል
mesenachl

der Stabhochsprung
ዝላ በትሪ
zla betri

der Staffellauf	**ምጉያይ ባላ** mguyay bala
der Stab	**ባላ** bala
einen Rekord brechen	**ሪኮርድ ሰበረ** rikord sebere
der Marathon	**ማራቶን** maraton
der Speerwurf	**ምስንዳው ጭማራ** msndaw tschmara
die persönliche Bestleistung	**ዝበለጸ ውልቀ መንፍዓት** zbeletse wlqe menfat
die Stoppuhr	**ሰዓት ዓቐን** seat aqen
die Startpistole	**ሽጉጥ መጀመሪ** schgut medschemeri

DAS TURNEN - ምዝላል

der Sprungtisch
ጽላት ዝላ
tslat zla

der Handstand
ኣካላት ኣብ ኢድ ጥራይ ዝስከም ተግባር ስፖርት
akalat ab id tray zskem tegbar sport

der/das Spagat
ባላንስ/ስፓጋት
balans/spagat

das Reck
ረክ
rek

der Barren
ግማድ
gmad

das Pauschenpferd
ፈረስ ሓይሊ
feres hayli

die Ringe
ቀለቤታት
qelebyetat

der Schwebebalken
ጽላት ጸምበለል
tslat tsembelel

das Bodenturnen
ስፖርት መሬት
sport meret

der Stufenbarren
ብዙሕ ግማድ ዘለዎ መዘለሊ
bzuh gmad zelewo mezeleli

der Turnanzug
ክዳን ዝላ
kdan zla

die Turnhalle
ኣዳራሽ ዝላ
adarasch zla

die Turnerin
ዘላሊት
zelalit

die Magnesia
ማግኒዝያ
magnizya

das Gold	**ወርቂ** werqu
das Silber	**ብሩር** brur
die Bronze	**ብሮንዞ** bronzo
die Medaille	**መዳልያ** medalya
der Wettkampf	**ውድድር** wddr
der Salto	**ኣብ ኣየር ምግምጣል** ab ayer mgmtal
der Aufgang	**ምብራቕ** mbraq
der Abgang	**ምዕላብ** mälab

DER WASSERSPORT - ስፖርት ማይ

Das Schwimmen - ምሕምባስ

das Wettkampfbecken
 መሕምበሲ ፑል
mehmbesi pul

① der Wendehinweis für Rückenschwimmer
ምልክት ንኣብ ሕቖ ዝሕምብሱ
mlkt nab hqo zhmbsu

② die Bahn
ባቡር
babur

③ das Ziel
ዕላማ
älama

④ die Linie
መስመር
mesmer

⑤ das Wasser
ማይ
may

⑥ der Startblock
መበገሲ ብሎክ
mebegesi blok

⑦ die Schwimmleine
መሕምበሲ ገመድ
mehmbesi gemed

die Wende
መለወጢ
meleweti

der Armzug
ተንቀሳቓስነት ምናት
tenqesaqesnet mnat

das Rückenschwimmen
ምሕምባስ ሕቖ
mhmbas hqo

das Brustschwimmen
ምሕምባስ ኣፍ-ልቢ
mhmbas af-lbi

kraulen
ክራውል ዝብሃል ተክኒክ ምሕምባስ
krawl zbhal teknik mhmbas

das Schmetterlingsschwimmen
ምሕምባስ ጽምብላሊዕ
mhmbas tsmblaliä

der Startsprung
መበገሲ ዝላ
mebegesi zla

der Fehlstart
ጌጋ መበገሲ
gyega mebegesi

DER WASSERSPORT - ስፖርት ማይ

Das Schwimmen - ምሕምባስ

der Wasserball
ኩዕሶ ማይ
kuäso may

springen
ነጠረ
netere

das Kunstspringen
ምሕምባስ ጥበብ
mhmbas tbeb

das Synchronschwimmen
ምሕምባስ ሕደ ዝእዋኑ
mhmbas hde zäwanu

der Schwimmflügel
ክንፊት ምሕምባስ
knfit mhmbas

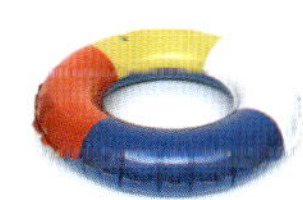
der Schwimmring
ቀለቤት ምሕምባስ
qelebyet mhmbas

das Schwimmerbecken
ዒላ ሓምበስቲ
ila hambesti

das Nichtschwimmer-becken
ዒላ ክሕምብሱ ዘይክሉ
ila khmbsu zeyklu

die Schwimmweste
ጃኬት ሂወት ማይ
dschaket hiwet may

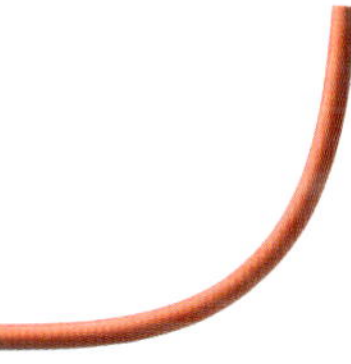
die Schwimmnudel
በትሪ ዚኣመሰለ መሕ ምበሲ
betri ziamesele mehmbesi

schwimmen	ሓምበሰ	hambese
das Sprungbrett	ጽላት ዝላ	tslat zla
der Sprungturm	ግምቢ ዝላ	gmbi zla
das Schwimmbrett	ጽላት ምሕምባስ	tslat mhmbas
plantschen	ገጨበ	getschebe
der Bademeister	ሓላዊ መሕምበሲ	halawi mehmbesi
die Bademeisterin	ሓላዊት መሕምበሲ	halawit mehmbesi
der Wasserpark	መናፈሻ ማይ	menafescha may

die Schwimmerin
ሓምባሲት
hambasit

die Badekappe
ቆብዕ ምሕምባስ
qobä mhmbas

der Schwimmanzug
ክዳን ምሕምባስ
kdan mhmbas

die Schwimmbrille
መነጽር ምሕምባስ
menetsr mhmbas

DER WASSERSPORT – ስፖርት ማይ

Das Segeln – ብጋንጽላ ምንስፋፍ

der Mast
ስኻን
schan

die Takelage
ኣብ ላዕሊ ጋንጽላ ዘሎ ስርሓት መርከብ
ab laäli gantsla zelo srhat merkeb

das Großsegel
ጋንጽላ ዓቢ
gantsla abi

die Fock
ስሉስ ኵርናዓዊ ጋንጽላ
slus krnaawi gantsla

der Bug
ትኺን
tchan

der Rumpf
ቅርፍቲ
qrfti

das Heck
ዳሕረዋይ ክፋል
dahreway kfal

der Rettungsring
ቀለቤት ድሕነት
qelebyet dhnet

die Leuchtrakete
ሽጉጥ መብራህቲ
schgut mebrahti

der Segler
መርከበኛ
merkebenya

der Baum
ገረብ
gereb

das Cockpit
ኮክፒት
kokpit

die Pinne
ፒን
pin

der Seegang	**ማዕበል ባሕሪ** maäbel bahri
der Wind	**ንፋስ** nfas
die Meeresströmung	**ዋሕዚ ባሕሪ** wahzi bahri
der Anker	**መልህቕ** melhq
die Crew	**ሰራሕተኛታት** serahtenyatat
das Ruder	**መእለይ መርከብ** meäley merkeb
kentern	**ዓንቀፈ** anqefe
kreuzen	**ብመርከብ ብመንጸር ኣንፈት ንፋስ ከደ** bmerkeb bmentser anfet nfas kede
der Jachthafen	**ማሮኒ** maroni
das Rettungsboot	**ጃልባ ድሕነት** dschalba dhnet
der Katamaran	**መርከብ ካታማራን** merkeb katamaran

DER WASSERSPORT - ስፖርት ማይ

Das Tauchen - ምጥሓል

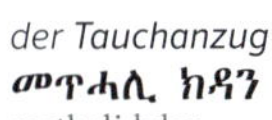

der Tauchanzug
መጥሓሊ ክዳን
methali kdan

die Druckluftflasche
ጥርሙዝ ዝተጸምቄ ንፋስ
trmuz ztetsemqo nfas

der Lungenautomat
ማሺን ሳንቡእ
maschin sanbuä

die Taschenlampe
ላምፓዲና
lampadina

der Tiefenmesser
መዐቀኒ ዕምቈት
meeqeni ämqot

die Schwimmflosse
መሕምበሲ ኣእጋር
mehmbesi aägar

der Tauchstiefel
መጥሓሊ ጫማ
methali tschama

der Schnorchel
መስተንፍሶ
mestenfso

die Tauchmaske
ማስኬራ ምጥሓል
maskera mthal

das Finimeter
ፊኒሜተር
finimeter

der/das Kajak
ካያክ
kayak

das Doppelpaddel
መቕዘፊ ዕጽፊ
meqzefi ätsfi

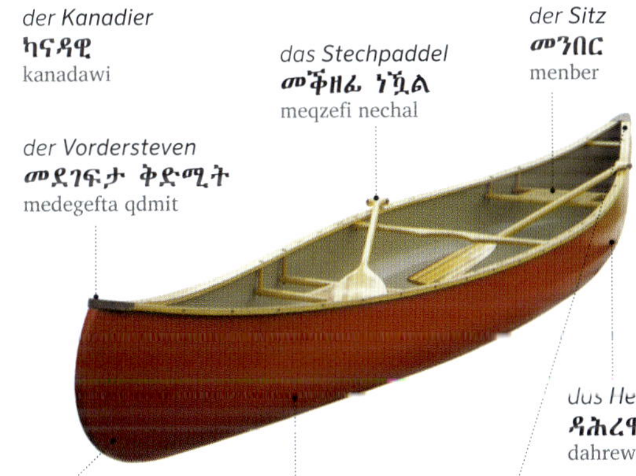

der Kanadier
ካናዳዊ
kanadawi

das Stechpaddel
መቕዘፊ ነኺል
meqzefi nechal

der Sitz
መንበር
menber

der Vordersteven
መደገፍታ ቅድሚት
medegefta qdmit

das Heck
ዳሕረዋይ
dahreway

der Bug
ትኺን
tchan

der Bootsrumpf
ቅርፍቲ ጃልባ
qrfti dschalba

der Achtersteven
መደገፍታ ሸውዓተ
medegefta schewate

DER WASSERSPORT • ስፖርት ማይ

Das Surfen • ሰርራ ሞገድ

surfen
ስርራ ሞገድ
srra moged

das Surfbrett
መንሻተቲ ሉሕ
menschateti luh

das Windsurfen
ምሽታት ማይ ንፋስ
mschtat may nfas

das Schothorn
ሾት ዝብሃል ክፋል መርከብ
schot zbhal kfal merkeb

der Surfer
ሽታቲ ማይ
schetati may

die Welle
ማዕበል
maäbel

das Segel
ጋንጽላ
gantsla

der Mast
ስኻን
schan

der Windsurfer
ሽታቲ ማይ ንፋስ
schetati may nfas

das Paddelbrett
ዕጽላ መቕዘፊ
ätsla meqzefi

das Kitesurfen
ካይትሰርፊንግ
kaytserfing

das Bodyboarden
ቦዲቦርዲንግ
bodibording

das Wakeboarden
ወይክቦርዲንግ
weykbording

der Jetski®
ጀትስኪ
dschetski

das Wasserski
ስኪ ማይ
ski may

das Rudern
ምጅላብ
mdschlab

das Rafting
ብታንኳ ተጓዕዘ
btankwa tegwaäze

DER KAMPFSPORT - ናይ ቃልሲ ስፖርት

das Karate
ካራተ
karate

das Aikido
ኣይኪዶ
aykido

das Kendo
ከንዶ
kendo

das Taekwondo
ተክዋንዶ
tekwando

der schwarze Gürtel
ቁልፊ ጸሊም
qulfi tselim

das Judo
ጁዶ
dschudo

das Kung-Fu
ኩንግ-ፉ
kung-fu

das Kickboxen
ኪክ-ቦክሲንግ
kik-boksing

das Ringen
ሪንገን
ringen

das Boxen
ቦክሲንግ
boksing

der Sandsack
ክሻ ሑጻ
kscha hutsa

der Boxball
ክሻ ህርመት
kscha hrmet

der Kopfschutz
መከላኸሊ ርእሲ
mekelacheli räsi

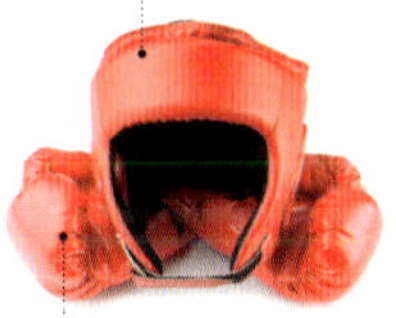
der Boxhandschuh
ጓንቲ ቦክሲንግ
gwanti boksing

der Mundschutz	**መከላኸሊ ኣፍ** mekelacheli af
das Sparring	**ስፓሪንግ** sparing
der Knock-out	**ኖክ-ኣውት** nok-awt
die Selbstverteidigung	**ርእሰ-ምክልኻል** räse-mklchal
das Tai-Chi	**ታይ-ቺ** tay-tschi
das Jiu-Jitsu	**ጁ-ጅትሱ** dschu-dschtsu
die Capoeira	**ካፖኤራ** kapoera
das Wing Chun	**ዊንግ ቹን** wing tschun

DER REITSPORT – ናይ ምግላብ ስፖርት

DER REITSPORT - ናይ ምግላብ ስፖርት

das Pferderennen
ውድድር ፈረስ
wddr feres

das Rennpferd
ናይ ቅድድም ፈረስ
nay qddm feres

der Jockey
ኣጋላቢ
agalabi

das Dressurreiten
ምግላብ ጽባቐ
mglab tsbaqe

der Ausritt
ናብ ግዳም ምግላብ
nab gdam mglab

der Trabrennsport
ቀስ ዓይነት ኣጋላልባ ስፖርት
qes aynet agalalba sport

das Jagdrennen
ውድድር ምህዳን
wddr mhdan

ohne Sattel reiten
ብዘይ ኮረሻ ምግላብ
bzey korescha mglab

der Stall
እንዳ ኣፍራስ
ända afras

der/das Rodeo
ሮደዮ
rodeyo

das Polo
ፖሎ
polo

das Springreiten
ምግላብ ዝላ
mglab zla

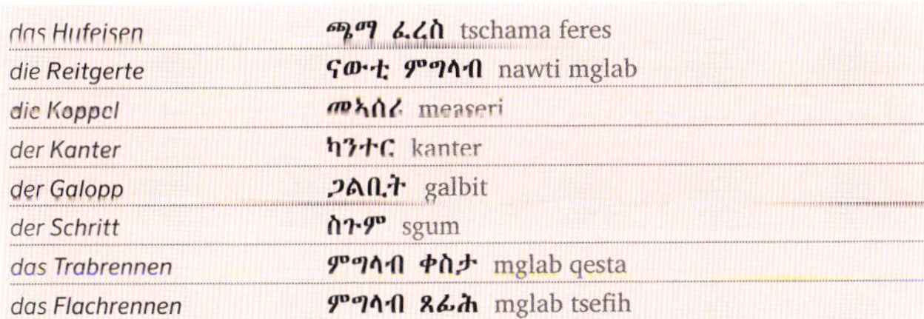

das Hufeisen	**ጫማ ፈረስ** tschama feres
die Reitgerte	**ናውቲ ምግላብ** nawti mglab
die Koppel	**መኣሰሪ** measeri
der Kanter	**ካንተር** kanter
der Galopp	**ጋልቢት** galbit
der Schritt	**ስጉም** sgum
das Trabrennen	**ምግላብ ቀስታ** mglab qesta
das Flachrennen	**ምግላብ ጸፊሕ** mglab tsefih

der Pferdepfleger
ኣላይ ፈረስ
alay feres

DAS ANGELN - ምግፋፍ ዓሳ

der Angler
ገፋፍ ዓሳ
gefaf asa

die Angel
መግፈፊ
megfefi

die Angelrute
ባላ ምግፋፍ
bala mgfaf

die Anglerweste
ጅለ ምግፋፍ
dschle mgfaf

einen Fisch fangen
ዓሳ ገፈፈ
asa gefefe

der Unterfangkescher
መትሓዚ ታሕታዋይ
methazi tahtaway

der Watstiefel
ነዊሕ ጫማ ምግፋፍ
newih tschama mgfaf

die Spule
መጠወዪ ገመድ
meteweyi gemed

die Angelrolle
ቁኒን ምግፋፍ
qunin mgfaf

die Kurbel
ማኒኮ
maniko

die Angelausrüstung
ናውቲ ምግፋፍ
nawti mgfaf

die Angelschnur
ገመድ ምግፋፍ
gemed mgfaf

die Kunstfliege
ኣርቲፊቻል ሃመማ
artifitschal hamema

die Pose
ፖሰ
pose

der Angelhaken
ማዕጺድ ምግፋፍ
maätsid mgfaf

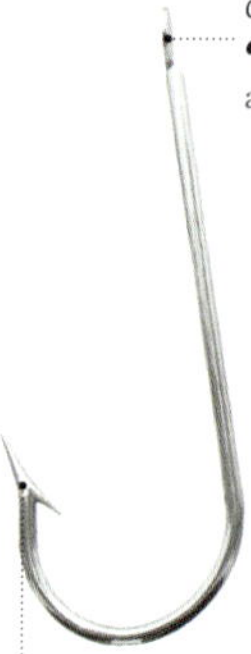

die Öse
ዓይኒ
ayni

der Widerhaken
ኣሻኹ ኣንፍታት ዘሎዎ
aschach anftat zelowo

DAS ANGELN - ምግፋፍ ዓሳ

das Brandungsangeln
ዓይነት ኣገፋፍኣ ሓዊ
aynet agefafa hawi

mit dem Netz fangen
ብሰኪዔት ምሓዝ
bsekiet mhaz

das Hochseeangeln
ምግፋፍ ኣብ ዕምቈት
mgfaf ab ämqot

das Süßwasserangeln
ምግፋፍ ኣብ ምቁር ማይ
mgfaf ab mqur may

das Speerfischen
ኣገፋፍኣ ጭማራ
agefafa tschmara

einholen
ቈለበ
qolebe

das Fliegenfischen
ዓይነት ኣገፋፍኣ
aynet agefafa

fangen
ሓዘ
haze

freilassen
ነጻ ገበረ
netsa gebere

der Köder
መስሓቢ
meshabi

der Fang
ምሓዝ
mhaz

die Hummerfalle
መፈንጠራ ሎብስተር
mefentera lobster

der Angelschein	ሰርቲፊከት ምግፋፍ sertifiket mgfaf
anbeißen	ነኸሰ nechese
der Fischkorb	ዘንቢል ዓሳ zenbil asa
der Erdspeer	ጭማራ መሬት tschmara meret
der Wobbler	ዎብለር wobler
die Harpune	ጭማራ tschmara
die Angel auswerfen	ስላዕ ሰንደወ slaä sendewe
einen Fisch einholen	ዓሳ ሓዘ asa haze

der Spinnerkasten
ሳንዱቕ ገፋፍ
sanduq gefaf

DER WINTERSPORT – ስፖርት ክረምቲ

der Sturzhelm
ሃልመት ምክልኻል
halmet mklchal

der Pulverschnee
ሓርጭ ዘቕርጽ ውርጪ
hartsch zeqrts wrtschi

der Stockteller
ጽላት በትሪ
tslat betri

der Skistock
በትሪ ስኪ
betri ski

der Skianzug
ምሉእ ክዳን ስኪ
mluä kdan ski

die Seilbahn
መኪና ገመድ
mekina gemed

die Spitze
ጫፍ
tschaf

der Ski
ስኪ
ski

der Skistiefel
ጫማ ስኪ
tschama ski

die Skipiste
ቦታ ስኪ
bota ski

die Kante
ኩርናዕ
kurnaä

der Skiläufer
ጎያያይ ስኪ
goyayay ski

der Slalom
ናይ ስኪ ቅድድም
nay ski qddm

der Abfahrtslauf
ስኪ ንታሕቲ
ski ntahti

das Skispringen
ዝላ ስኪ
zla ski

abseits der Piste
ኣብ ወጻኢ ቦታ ስኪ
ab wetsai bota ski

der Skihang
ቁናን ሕንጻጽ ስኪ
qyenan hntsats ski

das Biathlon
ቢያትሎን
biyatlon

der Langlauf
ናይ ነዊሕ መንገዲ ስኪ
nay newih mengedi ski

die Langlaufloipe
ነዊሕ ኣሰር ስኪ
newih aser ski

DER WINTERSPORT – ስፖርት ክረምቲ

die Skibrille
መነጽር ስኪ
menetsr ski

der Snowboardfahrer
ሽታታይ ስኖውቦርድ
schetatay snowbord

das Snowboard
ስኖውቦርድ
snowbord

die Bindung
ቢንዲንግ
binding

die Halfpipe
ሃልፍፓይፕ
halfpayp

das Rail
ኣሰር
aser

Schlitten fahren
ዓረብያ በረድ ዘወረ
arebya bered zewere

das Rennrodeln
ዓይነት ስኪ ጉያ
aynet ski guya

der Bobsport
ስፖርት ቦብ
sport bob

das Curling
ስኪ ምውይዋይ
ski mwyway

Schlittschuh laufen
ናይ ምንሸታት በረድ ስፖርት ገበረ nay mnschtat bered sport gebere

der Eisschnelllauf
ቅልጡፍ ቅድድም በረድ
qltuf qddm bered

das Skifahren	**ስኪ ዘወረ** ski zewere
das Snowboarding	**ስኖውቦርዲንግ** snowbording
der Winter-Fünfkampf	**ናይ ክረምቲ ውድድር ሓሙሽተ** nay kremti wddr hamuschte
der Freistil	**ነጻ ዓይነት** netsa aynet
das Schneeschuhwandern	**ዙረት ጫማ ወርጪ** zuret tschama wrtschi
das Hundeschlittenfahren	**ምዝዋር ዓረብያ በረድ ኣኽላብ** mzwar arebya bered achlab
das Après-Ski	**ኣፕረ-ስኪ** apre-ski
die Skihütte	**ኣጉዶ ስኪ** agdo ski

der Eiskunstlauf
ቅድምም በረድ ጥበብ
qdmm bered tbeb

SONSTIGE SPORTARTEN - ካልኦት ዓይነታት ስፖርት

das Klettern
ምድያብ
mdyab

das Wandern
ዙረት
zuret

der Radsport
ስፖርት ብሽኽለታ
sport bschchleta

das Mountainbiken
ምዝዋር ብሽኽለታ ጎቦ
mzwar bschchleta gobo

das Abseilen
ብገመድ ንታሕቲ ምድያብ
bgemed ntahti mdyab

das Bungeespringen
ምዝላል ባንጂ
mzlal bandschi

das Drachenfliegen
ምንፋር ጉዝ
mnfar guz

das Fallschirmspringen
ብጋንጽላ ምዝላል
bgantsla mzlal

das Rallyefahren
ምዝዋር ረሊ
mzwar reli

die Formel 1®
ፎርሙላ 1®
formula 1

das Motocross
ሞቶክሮስ
motokros

das Motorradrennen
ቅድድም ሞቶ
qddm moto

das Skateboardfahren
ምዝዋር ስከይትቦርድ
mzwar skeytbord

das Longboardfahren
ምዝዋር ሎንግቦርድ
mzwar longbord

das Inlineskaten
ምንሸታት ኢንላይን (ጽርግያ)
mnschtat inlayn (tsrgya)

das Offroadfahren
ምዝዋር ኦፍሮውድ
mzwar ofrowd

SONSTIGE SPORTARTEN – ካልኦት ዓይነታት ስፖርት

das Fechten
ፈንሲንግ
fensing

das Bowling
ቦውሊን
bowlin

das Bogenschießen
ምትኳስ ቀስትን ኲናትን
mtkwas qestn kinatn

die Jagd
ምህዳን
mhdan

das Darts
ዳርትስ
darts

das Poolbillard
ፑልቢልያርድ
pulbilyard

das Snooker
ስኑከር
snuker

das Lacrosse
ሊኮሪስ
likoris

die rhythmische Sportgymnastik
ረምታ ዘለዎ ምውስዋስ ኣካላት ስፖርት
remta zelewo mwswas akalat sport

das Frisbee®
ፍሪስቢ
frisbi

das Triathlon
ትሪያትሎን
triyatlon

der Australian Football
ኩዕሶ ኣውስትራልያ
kuäso awstralya

die/das Boule
ቦውል
bowl

das Ballett
ባለ
bale

das Krocket
ክሮክ
krok

der/das Parkour
ፓርኩር
parkur

DIE FITNESS - ፊትነስ

das Fitnessstudio
ቤት ፊትነስ
byet fitnes

die Langhantel
ነዊሕ ክብደት (ባርበል)
newih kbdet (barbel)

die Gewichtsscheibe
ክፉል ክብደት
kfal kbdet

die Bank
ሰደቓ
sedeqa

das Krafttraining
ልምምድ ጉልበት
lmmd gulbet

die Bizepsübung
ልምምድ ጭዋዳ ምናት
lmmd tschwada mnat

die Kurzhantel
ሓጺር ክብደት
hatsir kbdet

das Bankdrücken
ልምምድ ጉልበት ምድፋእ
lmmd gulbet bank

trainieren
ልምምድ ገበረ
lmmd gebere

das Ergometer
ኤርጎመተር
ergometer

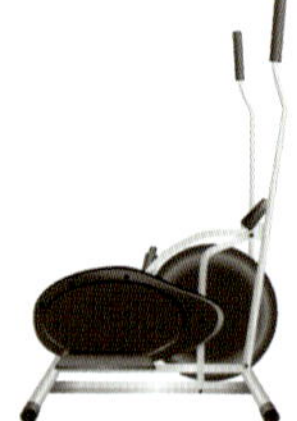

der Crosstrainer
ዓላሚ ክሮስ
alami kros

der Fitnessball
ኰዕሶ ፊትነስ
käso fitnes

die Matte
ምንጻፍ
mntsaf

das Laufband
መጎየዪ ኤለትሪክ
megoyeyi eletrik

das Rudergerät
መሳርሒ ምጅላብ
mesarhi mdschlab

DIE FITNESS – ፊትነስ

der Ausfallschritt
ዘይግበር ስጉም
zeygber sgum

die Rumpfbeuge
መጐበጢ
megobeti

der Liegestütz
ፑሽ-ኣፕ
pusch-ap

der Sit-up
ሲት-ኣፕ
sit-ap

der Muskelkater
ቃንዛ ጭዋዳ
qanza tschwada

der Klimmzug
በዓል ፑል-ኣፕ
beal pul-ap

die Kniebeuge
መጐበጢ ብርኪ
megobeti brki

das Pilates
ፒላተስ
pilates

das Spinning®
ስፒኒንግ
spining

die Pulsuhr
ሰዓት ህርመት ልቢ
seat hrmet lbi

das Aerobic
ኤሮቢክስ
erobiks

das Steppbrett
ጽላት ምስጓም
tslat msgwam

der Turnschuh
ጫማ ስፖርት
tschama sport

sich aufwärmen	ኣካላት ኣውዓየ akalat awaye
sich abkühlen	ኣካላት ኣዝሐለ akalat azhale
das Zirkeltraining	ልምምድ ከቢብ lmmd kebib
das Bodypump	ቦዲፓምፕ bodipamp
die Sauna	ሳውና sawna
die Umkleidekabine	ክፍሊ ምቅያር ክዳን kfli mqyar kdan
die Dehnung	ጠረው ምባል terew mbal
Kalorien verbrennen	ካሎሪታት ኣንደደ kaloritat andede

FREIZEIT

ግዜ ዕረፍቲ

DAS THEATER – ትያትር

① *der Balkon*
ሰገነት
segenet

② *der zweite Rang*
ካልኣይ ደረጃ
kalay deredscha

③ *die Loge*
ንእሽቶ ክፍሊ
näschto kfli

④ *der erste Rang*
ቀዳማይ ደረጃ
qedamay deredscha

⑤ *die Sitzreihe*
መስርዕ መናብር
mesrä menabr

⑥ *die Kulisse*
ኩሊስ
kulis

⑦ *die Bühne*
መድረኽ
medrech

⑧ *das Foyer*
ፎየ
foye

⑨ *das Parkett*
ርቦ-ሉሕ
rbo-luh

⑩ *der Sitzplatz*
መንበር
menber

⑪ *der Vorhang*
መጋረጃ
megaredscha

das Varieté
ቫርየተ
varyete

das Freilufttheater
ትያትር ደገ
tyatr dege

das Ballett
ባለ
bale

die Aufführung
ምርኢት
mrit

der Zauberkünstler
ሰራዪ
serayi

der Komiker
ዋዛተኛ
wazatenya

die Tragödie
ድራማ
drama

die Komödie
ዋዛ
waza

DAS THEATER - ትያትር

das Theaterstück
ስርሓት ትያትር
srhat tyatr

① das Bühnenbild
ስእሊ መድረኽ
säli medrech

② die Besetzung
ተዋሰእቲ
tewaseäti

③ das Theaterkostüm
ክዳን ትያትር
kdan tyatr

④ der Applaus
ጨብጨባ tschebtscheba

⑤ das Publikum
ተዓዘብቲ teazebti

die Probe
ልምምድ
lmmd

⑥ der Schauspieler
ተዋሳኢ
tewasai

⑦ die Schauspielerin
ተዋሳኢት
tewasait

⑧ der Regisseur
ረዢሰር
reshiser

die Premiere	ፕረምየር premyer
die Pause	ዕርፍቲ ärfti
das Programm	ፕሮግራም program
die Generalprobe	ሓፈሻዊ ልምምድ hafeschawi lmmd
der Platzanweiser	ኣዛዚ ቦታ azazi bota
die Platzanweiserin	ኣዛዚት ቦታ azazit bota
die Theaterkasse	ካሳ ትያትር kasa tyatr
die Eintrittskarte	መእተዊ ካርታ meätewi karta

die Künstlergarderobe
ክብሒ ጥበበኛታት
kebhi tbebenyatat

DIE MUSIK - ሙዚቃ

Das Orchester - ኦርከስትራ

das Sinfonieorchester
ኦርኬስትራ ሲንፎኒ
orkestra sinfoni

der Gong
ጎንግ
gong

die kleine Trommel
ንእሽቶ ከቦሮ
näschto keboro

die große Trommel
ዓቢ ከቦሮ
abi keboro

die Pauke
ፓውከ ዓይነት ከቦሮ
pawke aynet keboro

das Xylophon
ክሲሎፎን
ksilofon

die Röhrenglocken
ቃጭላት ቱባ
qatschlat tuba

das Dirigentenpult
ሰደቓ መራሒ ኦርኬስትራ
sedeqa merahi orkestra

der Notenständer
መትሓዝ ኖታ
methaz nota

der Dirigent
መራሕ ኦርኬስትራ
merah orkestra

der Taktstock
በትሪ ረምታ
betri remta

die Solistin
ብዓልቲ ሶሊስት
balti solist

die Opernsängerin
ደራፊት ኦፕራ
derafit opra

die Noten
ኖታታት
notatat

die Ouvertüre	**ኦቨርቱረ** overture
das Quartett	**ክዋርተት** kwartet
die Sonate	**ሶናታ** sonata
die Tonhöhe	**ደረጃ ድምጺ** deredscha dmtsi
ein Instrument stimmen	**ኢንስትሩመንት ኣስተኻኽለ** instrument astechachele
der Orchestergraben	**ሰፈር ኦርኬስትራ** sefer orkestra
der Chor	**መዘምራን** mezemran
die Oper	**ኦፕራ** opra

DIE MUSIK - ሙዚቃ

Die Musikinstrumente - መሳርያታት ሙዚቃ

das Cello
ቸሎ
tschelo

der Bogen
ቀስቲ
qesti

die Geige
ቫዮሊን
vayolin

die akustische Gitarre
ኣኩስቲክ ጊታር
akustik gitar

die Harfe
በገና
begena

die elektrische Gitarre
ኤለክትሮናዊ ጊታር
elektronawi gitar

die Bassgitarre
በይስ ጊታር
beys gitar

die Tuba
ቱባ
tuba

die Posaune
ፖሳውነ
posawne

das Fagott
ፋጎት
fagot

die Oboe
ኦቦየ
oboye

das Horn
ሆርን
horn

die Trompete
ጥሩምባ
trumba

die Pikkoloflöte
ሻምብቆ ፒኮሎ
schambqo pikolo

das Saxofon
ሳክሶፎን
saksofon

die Klarinette
ክላሪነት
klarinet

die Querflöte
ሻምብቆ
schambqo

DIE MUSIK - ሙዚቃ

das Tamburin
ታምቡሪን
tamburin

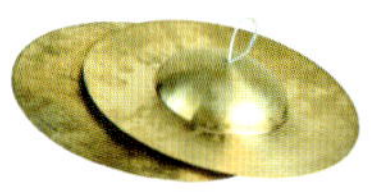

das Becken
ሲምባል
simbal

die/das Hi-Hat
ሃይ-ሀት
hay-het

das Schlagzeug
ስርዓት ከቦሮ
srat keboro

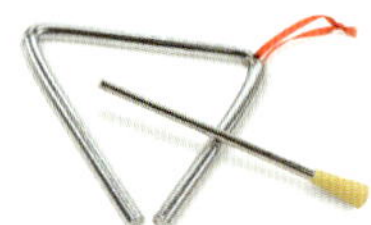

die/der/das Triangel
ኢንስትሩመንት ስሉስ ኩርናዕ
instrument slus kurnaä

die Rassel
ሻሕሻሕ ዝብል ማራካ
schahschah zbl maraka

die Bongos
ቦንጎስ
bongos

die Kesselpauke
ቲምፓኖ
timpano

die Kastagnetten
ጸናጽል ኣጻብዕ
tsenatsl atsabä

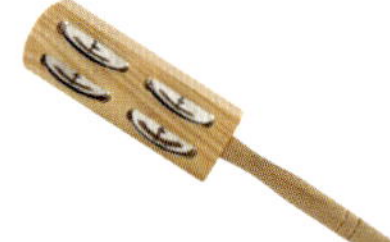

die Schellenrassel
ዓይነት ማራካ
aynet maraka

die Panflöte
ፓንፓይፕስ
panpayps

der Schlagzeugstock
በትሪ ከቦሮ
betri keboro

die Mundharmonika
በገና ኣፍ
begena af

der Dudelsack
ፓይፕስ ክሻ
payps kscha

das Akkordeon
ኣኮርድዮን
akordyon

der Flügel
ዓብይ ፒያኖ
aby piyano

DIE MUSIK – ሙዚቃ

die Notation
ጽሕፈት ኖታ
tshfet nota

der Violinschlüssel
ምልክት ቪዮሊን
mlkt viyolin

die Notenlinie
መስመር ኖታ
mesmer nota

der Bassschlüssel
ምልክት በይስ
mlkt beys

das Vorzeichen
ቅድሚ-ምልክት
qdmi-mlkt

die Taktangabe
ምምልካት ረምታ
mmlkat remta

die Note
ኖታ
nota

das Kreuz
ክላብስ
klabs

der Taktstrich
ሕንጻጽ ረምታ
hntsats remta

die klassische Musik
ክላሲካዊ ሙዚቃ
klasikawi muziqa

das Heavy Metal
ሀቪ መተል
hevi metel

der Rap
ረፕ
rep

der Hip-Hop
ሂፕ ሆፕ
hip hop

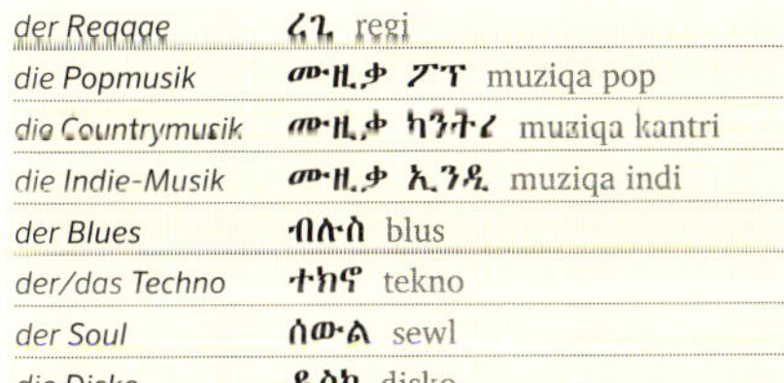

der Reggae	**ሬጊ** regi
die Popmusik	**ሙዚቃ ፖፕ** muziqa pop
die Countrymusik	**ሙዚቃ ካንትሪ** muziqa kantri
die Indie-Musik	**ሙዚቃ ኢንዲ** muziqa indi
der Blues	**ብሉስ** blus
der/das Techno	**ተክኖ** tekno
der Soul	**ሰውል** sewl
die Disko	**ዲስኮ** disko

der Jazz
ጀዝ
dschez

der Rock
ሮክ
rok

DIE MUSIK - ሙዚቃ

Das Konzert - ምርኢት ሙዚቃ

das Rockkonzert
ሙዚቃዊ ምርኢት ሮክ
muziqawi mrit rok

① *der Scheinwerfer*
መብራህቲ
mebrahti

② *das Mikrofon*
ሚክሮፎን
mikrofon

③ *die Band*
ባንድ
band

④ *der Bassist*
ተጻዋታይ በይስ
tetsawatay beys

⑤ *der Verstärker*
መደልደሊ ድምጺ
medeldeli dmtsi

⑥ *der Gitarrist*
ተጻዋታይ ጊታር
tetsawatay gitar

⑦ *der Schlagzeuger*
ሃራማይ ከቦሮ
haramay keboro

⑧ *der Frontmann*
ሰብ ቅድሚት
seb qdmit

die Konzerthalle
ኣዳራሽ ምርኢት
adarasch mrit

die Fans
ቲፎዞታት
tifozotat

das Musikfestival
ፌስታ ሙዚቃ
fyesta muziqa

der DJ
ዲጆይ
didschey

das Mischpult
ሰደቓ ሙዚቃ
sedeqa muziqa

singen	**ደረፈ** derefe
mitsingen	**ከም ሳልሳይ ኣካል ደረፈ** kem salsay akal derefe
pfeifen	**ፋጸየ** fatseye
die Zugabe	**ጨብጨባ** tschebtscheba
das Crowdsurfing	**ክራውድሰርፊንግ** krawdserfing
der/das Rave	**ረይፍ** reyf
das Lied	**ደርፊ** derfi
der Liedtext	**ጽሑፍ ደርፊ** tshuf derfi

DIE MUSIK - ሙዚቃ

Musik hören - ሙዚቃ ሰምዐ

die Stereoanlage
ስርዓት ስተረዮ
srat stereyo

der MP3-Player
ኤም.ፒ.ስሪ.-ፕለየር
em.pi.sri.-pleyer

der CD-Spieler
መሳርያ ሲ.ዲ.
mesarya si.di.

der Lautstärkeregler
መስተኻኸሊ ድምጺ
mestechacheli dmtsi

die Lautsprecherbox
ስፒከር
spiker

die Schallplatte
ረኮርድ
rekord

der Plattenspieler
መሳርያ ንምጽዋት ረኮርድ
mesarya nmtswat rekord

die USB-Schnittstelle
ናይ ዩ.ኤስ.ቢ. መሰከዒ
nay yu.es.bi. mesekei

das Radio
ራድዮ
radyo

das Gesangstück	ስርሓት ደርፊ srhat derfi
die Komposition	ኮምፖዚስዮን kompozisyon
das Instrumentalstück	ስርሓት ጥራይ ኢንስትሩመንታዊ srhat tray instrumentawi
akustisch	ኣኩስቲካዊ akustikawi
der Refrain	ረፍረይን refreyn
die Melodie	ዜማ zema
der Beat	ረምታ remta
die Kassette	ካሰት kaset

der Kopfhörer
መስምዒ እዝኒ
mesmi äzni

HOBBYS – ፍሉይ ግዳሰ

gravieren
ሰረጸ
seretse

schnitzen
ቀረጸ
qeretse

Briefmarken sammeln
ቴምብር
tyembr

die Modelleisenbahn
ባቡር ሞደል
babur model

modellieren
ንድፊ መደበ
ndfi medebe

die Bildhauerei
ህንጻ ስእሊ
hntsa säli

töpfern
ብመሬት ሰርሐ
bmeret serhe

Mosaik legen
ሞሳኢክ ኣንበረ
mosaik anbere

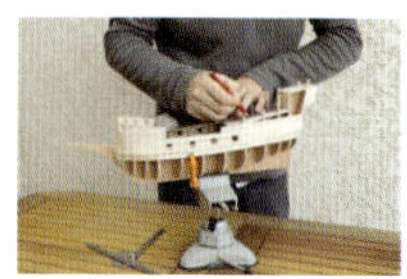

der Modellbau
ህንጻ ንድፊ
hntsa ndfi

Schmuck herstellen
ስልማት ሰርሐ
slmat serhe

lesen
ኣንበበ
anbebe

kochen
ከሸነ
keschene

gärtnern
ጀርዲን ሰርሐ
dscherdin serhe

das Origami	**ኦሪጋሚ** origami
das Pappmaschee	**ፓፕማሺ** papmaschi
das Scrapbooking	**ስክረፐቡኪንግ** skrepbuking
Möbel restaurieren	**ኣቕሑ ኣሕደሰ** aqhu ahdese
im Chor singen	**ኣብ መዘምራን ደረፈ** ab mezemran derefe
Filme drehen	**ፊልምታት ቀድሐ** filmtat qedhe
Vögel beobachten	**ጨራሩ ተዓዘበ** tscheraru teazebe
das kreative Schreiben	**ብሃናጺ ምጽሓፍ** bhanatsi mtshaf

HOBBYS - ፍሉይ ግዳሰ

Kunst und Basteln - ጥበብን ኢደ-ጥበብን

der Buntstift
ሕብራዊ ፒሮ
hbrawi piro

die Wasserfarbe
ሕብሪ ማይ
hbri may

der Wachsmalstift
ፒሮ ክረዮን
piro kreyon

die Lackfarbe
ሕብሪ በርኒቸ
hbri bernitsche

die Ölkreide
ኩርሽ ዘይቲ
kursch zeyti

die Kreide
ኩርሽ
kursch

die Ölfarbe
ሕብሪ ዘይቲ
hbri zeyti

die Acrylfarbe
ሕብሪ ኣክሪል
hbri akril

die Pastellkreide
ኩርሽ ፓስተል
kursch pastel

der Filzstift
ፒሮ ዓለባ ጸምሪ
piro aleba tsemri

die Tusche
ቀለም
qelem

die Zeichenkohle
ፋሓም ንምስኣል
faham nmsal

die Gouache
ግዋሽ
gwasch

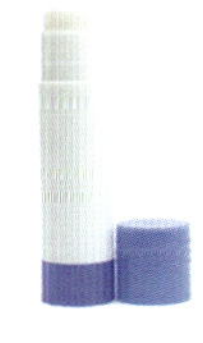

der Klebstoff
መጠበቒ
metebeqi

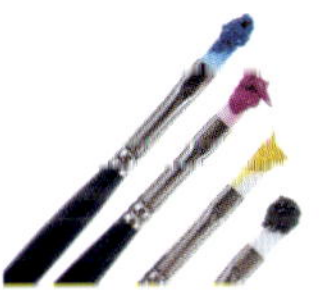

der Pinsel
ኣስባስላ
asbasla

die Palette
ፓለት
palet

HOBBYS - ፍሉይ ግዳሰ

Kunst und Basteln - ጥበብን ኢደ-ጥበብን

die Aquarellmalerei
ምስኣል ኣክዋረል
msal akwarel

die Ölmalerei
ምስኣል ዘይቲ
msal zeyti

die Collage
ኮላዥ
kolash

die Wandmalerei
ምስኣል መንደቕ
msal mendeq

die Tuschezeichnung
ምስኣል ቀለም
msal qelem

die abstrakte Malerei
መሃዚ ምስኣል
mehazi msal

die Landschaftsmalerei
ምስኣል ቅርጺ-መሬት
msal qrtse-meret

die Porträtmalerei
ምስኣል ሰብ
msal seb

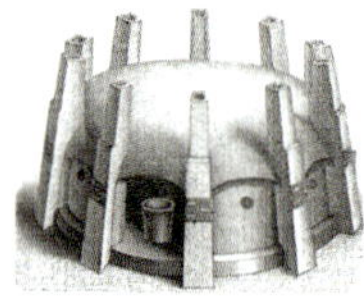
die Bleistiftzeichnung
ምስኣል ርሳስ
msal rsas

das Stillleben
ህዱእ ሕይወት
hduä hywet

das Graffiti
ግራፊቲ
grafiti

der Siebdruck
ሕታም ሃሪ
htam hari

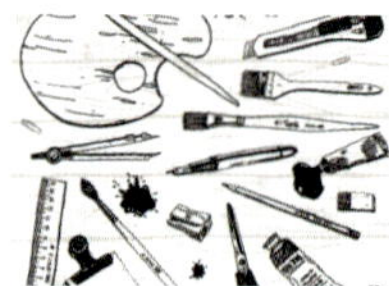
die Skizze
ንድፊ
ndfi

die Aktmalerei
ምስኣል ተግባር
msal tegbar

die Leinwand
መንደቕ ስእልታት
mendeq sältat

der Karton
ካርቶን
karton

HOBBYS - ፍሉይ ግዳሰ

Kunst und Basteln - ጥበብን ኢደ-ጥበብን

die Farbe
ሕብሪ
hbri

das Schwarz
ጸሊም tselim

das Grau
ሓሙኹሽታይ hamuchschtay

das Schwarzbraun
ጸሊም-ቡናዊ tselim-bunawi

das Braun
ቡናዊ bunawi

das Hellbraun
ብሩህ ቡናዊ bruh bunawi

das Olivgrün
ቀጠልያ ከም ኣውሊዕ
qetelya kem awliä

das Smaragdgrün
ቀጠልያ ከም ስምራግድ
qetelya kem smragd

das Grün
ቀጠልያ qetelya

das Gelbgrün
ቢጫ-ቀጠልያ
bitscha-qetelya

das Cyan
ሓምላይ ሰማያዊ
hamlay semayawi

das Blau
ሰማያዊ semayawi

das Dunkelblau
ድቡን ሰማያዊ dbun semayawi

das Violett
ቪዮለት viyolet

das Lila
ሊላ lila

das Blutrot
ቀይሕ ከም ደም qeyh kem dem

das Pink
ፒንክ pink

das Rosa
ወይናይ weynay

das Rot
ቀይሕ qeyh

das Gelborange
ብጫ-ኣራንሺ btscha-aranschi

das Ocker
ድቡን ቢጫ dbun bitscha

das Orange
ኣራንሺ aranschi

das Gelb
ቢጫ bitscha

das Hellgelb
ብሩህ ቢጫ bruh bitscha

das Weiß
ጻዕዳ tsaäda

HOBBYS - ፍሉይ ግዳሰ

Nähen und Stricken - ምስፋይን ምርካምን

der Kopf
ርእሲ
räsi

der Fadenhebel
ሓኽሊ ፈትሊ
hachli fetli

die Fadenführung
መንገዲ ፈትሊ
mengedi fetli

der Garnrollenstift
ፒሮ ጋርን
piro garn

die Nähmaschine
ማሺን ሰፋዪት
maschin sefayit

der Spuler
ቍኒን ፈትሊ
qnin fetli

der Stichbreitenwähler
መምረጺ ስፍሓት
memretsi sfhat

das Handrad
ናይ ኢድ ዕንክሊል
nay id änklil

der Stichwähler
መምረጺ ዓይነት ውግኣት
memretsi aynet wgat

die Rückwärtsnähtaste
መጠወቒ ስፍየት ድሕሪት
meteweqi sfyet dhrit

die Nadel
መርፍእ
merfä

der Nähfuß
መርፍእ እግሪ
merfä ägri

die Stichplatte
ጽላት ስፍየት
tslat sfyet

der Nähfußdruckregler
መስተኻኸሊ ስፍየት እግሪ
mestechacheli sfyet ägri

die Overlock
ኦቨርሎክ
overlok

das Maßband
መዐቀኒ
meeqeni

die Spule
ቍኒን
qnin

das Nähgarn
ፈትሊ ስፍየት
fetli sfyet

HOBBYS - ፍሉይ ግዳሰ

Nähen und Stricken - ምስፋይን ምርካምን

die Schneiderpuppe
ባምቡላ ሰፋያይ
bambula sefayay

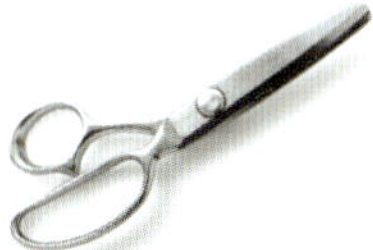

die Schere
መቐስ
meqes

das Nähkästchen
ሳንዱቕ ስፍየት
sanduq sfyet

das Nadelkissen
መተርኣስ መርፍእ
meteras merfä

das Schnittmuster
ቅርጺ ምቕራጽ
qrtsi mqrats

die Nähnadel
መርፍእ ስፍየት
merfä sfyet

die Stecknadel
መርፍእ ውግኣት
merfä wgat

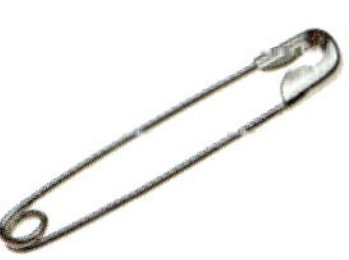

die Sicherheitsnadel
መርፍእ ስሕስነት
merfä shsnet

der Stoff
ጨርቂ
tscherqu

der Knopf
ርእሲ
räsi

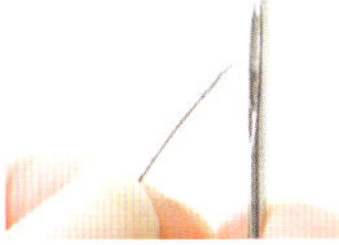

einen Faden einfädeln
ፈትሊ ፈተለ
fetli fetele

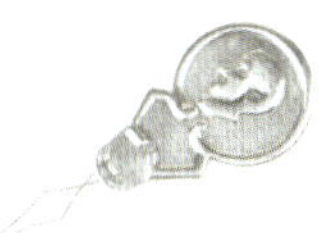

der Einfädler
መፈተሊ
mefeteli

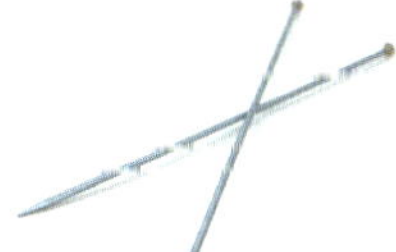

die Stricknadel
መርፍእ ስፍያ
merfä sfya

die Wolle
ጨርቂ
tscherqu

der Fingerhut
ኩስቱባን
kustuban

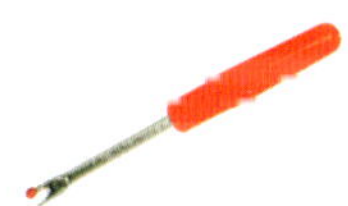

der Nahtauftrenner
መቖረጺ ፈትሊ
meqoretsi fetli

HOBBYS - ፍሉይ ግዳሰ

Nähen und Stricken - ምስፋይን ምርካምን

nähen
ሰፈየ
sefeye

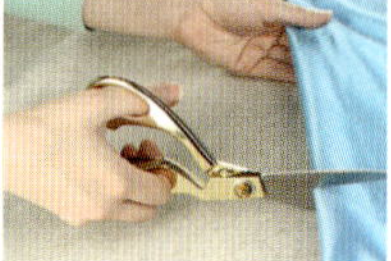

schneiden
ቈረጸ
qoretse

das Patchwork
ስራሕ ስፍያ
srah sfya

häkeln
ብዓንቃሪባ ኣለመ
banqariba aleme

der Kreuzstich
ውግኣት መስቀል
wgat mesqel

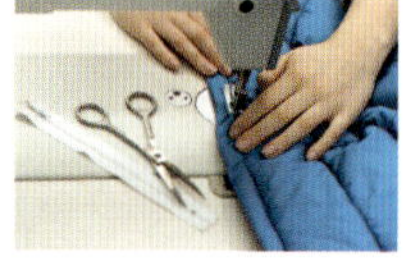

wattieren
ጡጥ ወሰኸ
tut weseche

stricken
ረከመ
rekeme

stopfen
መልአ
mele

weben
ኣለመ
aleme

Spitze klöppeln
ጫፍ ሰርሐ
tschaf serhe

einen Teppich knüpfen
መንጻፍ ሰርሐ
mentsaf serhe

der Reißverschluss
ቻርኔራ
tscharnyera

auftrennen
ከፈተ
kefete

sticken	**ሰፈየ** sefeye
das Leinen	**ጨርቅታት** tscherqtat
die Seide	**ረቒቕ ጨርቂ** reqiq tscherqu
das Nylon®	**ናይሎን®** naylon
die Baumwolle	**ጡጥ** tut
der Polyester	**ፕልየስተር** plyester
der Stich	**ውግኣት** wgat
heften	**ጣቐዐ** taqe

HOBBYS - ፍሉይ ግዳሰ

Das Kino - ሲነማ

der Kinosaal
ኣዳራሽ ሲነማ
adarasch sinema

① *die Kinoleinwand*
መንደቕ ሲነማ
mendeq sinema

② *die Sitzreihe*
መስርዕ መናብር
mesrä menabr

die Snackbar
ባር ስነክ
bar snek

das Getränk
መስተ
meste

das Popcorn
ፖፕኮርን
popkorn

die Kinokasse
ካሳ ሲነማ
kasa sinema

die Komödie
ዋዛ
waza

der Horrorfilm
ፊልም ሆሮር
film horor

der Liebesfilm
ፊልም ፍቕሪ
film fqri

der Zeichentrickfilm	**ፊልም ካርቱን** film kartun
der Western	**ወስተርን** western
die Voraufführung	**ቅድመ-ምርኢት** qdme mrit
das Filmplakat	**ጠረቐት ረክላም ፊልም** wereqet reklam film
die Premiere	**ፕሪምየር** premyer
der Thriller	**ስሪለር** sriler
der Sciencefictionfilm	**ሳየንስ-ፊክሽን-ፊልም** sayens-fikschen-film
jugendfrei	**ቃላ ንቆልዑ** qala nqolu

der 3D-Film
ፊልም 3ዲ
film sridi

HOBBYS - ፍሉይ ግዳሰ

Fotografieren - ስኣለ

die Programmwählscheibe
መምረጺ ፕሮግራም
memretsi program

die Spiegelreflexkamera
ዘመናዊት ካመራ ረፍለክስ
zemenawit kamera refleks

der Blitzschuh
መትሓዝ ፍለሽ
methaz flesch

der (ausklappbare) Blitz
(ክውጻእ ዝከኣል) ፍለሽ
(kwtsaä zkeal) flesch

der/das Zoom
መጉልሒ
megulhi

das Objektiv
ኦንጀክቲቭ
ondschektiv

der Auslöser
መልዓሊ
melali

das Kameragehäuse
መኽደን ካመራ
mechden kamera

der Blendenregler
መስተኻኸሊ በርቂ
mestechacheli berqu

das Selbstauslöser-Lichtsignal
ብዓሉ ዝኸይድ ምልክት መብራህቲ
balu zcheyd mlkt mebrahti

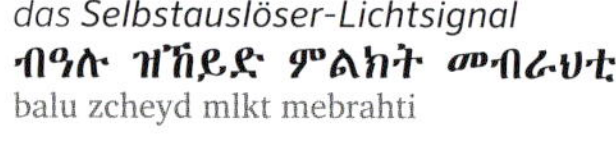

die Einwegkamera
ካመራ ሓደ ጥቕሚ
kamera hade tqmi

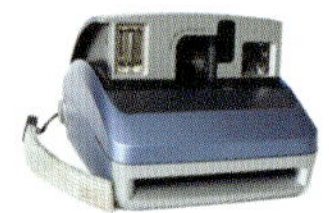

die Sofortbildkamera
ካመራ ቅልጡፍ ስእሊ
kamera qltuf säli

die Analogkamera
ካመራ ኣናሎግ
kamera analog

die Digitalkamera
ካመራ ዲጊታል
kamera digital

das Stativ
ስታቲቭ
stativ

der Aufsteckblitz
ዝሱካዕ ፍለሽ
zsukaä flesch

der Filter
ፊልተር
filter

der Objektivdeckel
መኽደን ኦብጀክቲቭ
mechden obdschektiv

HOBBYS - ፍሉይ ግዳሰ

Fotografieren - ሰኣለ

der Film
ፊልም
film

das Fotostudio
ፎቶስቱድዮ
fotostudyo

ein Foto machen
ስእሊ ገበረ
säli gebere

die Bildbearbeitung
ምስራሕ ስእሊ
msrah säli

die Compact-Flash-Karte
ኮምፓክት-ፍለሽ-ካርታ
kompakt-flesch-karta

sich fotografieren lassen
ተሰኣለ
teseale

die Kameratasche
ማህደር ካመራ
mahder kamera

die Dunkelkammer
ክፍሊ ጸልማት
kfli tselmat

die Speicherkarte
ካርታ መኽዘን
karta mechzen

unscharf
ዘይንጹር
zeyntsur

überbelichtet
ኣመና ብሩህ
amena bruh

unterbelichtet
ዋሕዲ ብርሃን ዘለዎ
wahdi brhan zelewo

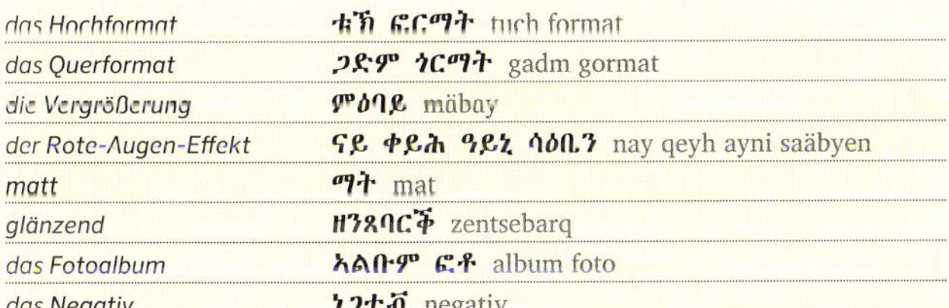

das Hochformat	**ቱኽ ፎርማት** tuch format
das Querformat	**ጋድም ጎርማት** gadm gormat
die Vergrößerung	**ምዕባይ** mäbay
der Rote-Augen-Effekt	**ናይ ቀይሕ ዓይኒ ሳዕቤን** nay qeyh ayni saäbyen
matt	**ማት** mat
glänzend	**ዘንጸባርቕ** zentsebarq
das Fotoalbum	**ኣልቡም ፎቶ** album foto
das Negativ	**ነጋቲቭ** negativ

der digitale Bilderrahmen
ኣስከሬን ስእሊ ዲጊታል
askeren säli digital

HOBBYS - ፍሉይ ግዳስ

Spiele - ጸወታታት

die Spielkarte
ካርታ ጸወታ
karta tseweta

das Karo
ዳይመንድስ
daymends

das Herz
ሃርትስ
harts

das Ass
ኣስ
as

das Pik
ስፐይድስ
speyds

das Kreuz
ክላብስ
klabs

der Joker
ጆከር
dschoker

der König
ንጉስ/ኪንግ
ngus/king

die Dame
ንግስቲ/ክዊን
ngsti/kwin

der Bube
ጃክ
dschek

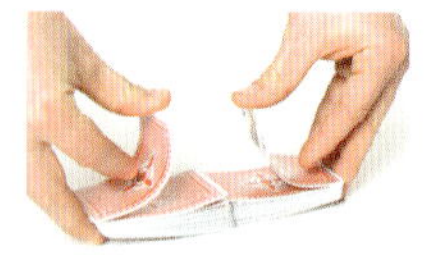

die Karten mischen
ካርታታት ሓወሰ
kartatat hawese

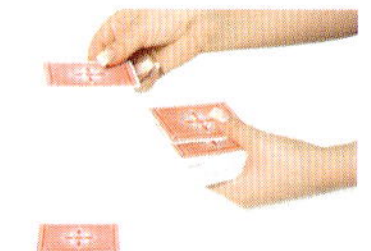

geben
ሃበ
habe

das Blatt
ደክ
dek

Poker spielen
ፖከር ተጻወተ
poker tetsawete

der Dominostein
እምኒ ዶሚኖ
ämni domino

das Backgammon
በክገሞን
bekgemon

das Damespiel
ዳማ
dama

das Puzzle
ሕንቅሊተይ
hnqlitey

HOBBYS - ፍሉይ ግዳሰ

Spiele - ጸወታታት

das Schach
ቸስ
tsches

der König
ንጉስ/ኪንግ
ngus/king

die Dame
ንግስቲ/ክዊን
ngsti/kwin

der Läufer
ጎያዪ
goyayi

der Springer
ነጣሪ
netari

der Turm
ግምቢ
gmbi

der Bauer
ሓረስታይ
harestay

das weiße Feld
ጻዕዳ ጽላት
tsaäda tslat

das Schachbrett
ጽላት ቸስ
tslat tsches

das schwarze Feld
ጸሊም ጽላት
tselim tslat

der Zug
ስሕበት
shbet

das Brettspiel
ጸወታ ጽላት
tseweta tslat

das Monopoly®
ሞኖፖሊ
monopoli

das Mensch ärgere dich nicht®
ሉዶ
ludo

würfeln	**ዳዩ ሰንደወ** day sendewe
mogeln	**ኣታለለ** atalele
das Glück	**ዕድል** ädl
das Pech	**ሕማቕ ዕድል** hmaq ädl
Wer ist dran?	**ማን ድዩ ዝጻወት?** man dyu ztsawet
Du bist dran.	**ንስኻ ኢኻ።** nscha icha
gewinnen	**ሰዓረ** seare
verlieren	**ተሰዓረ** teseare

das Jenga®
ጀንጋ
dschenga

der Würfel
ዳይ
day

FERIEN - ዕርፍቲ

Am Strand - ኣብ ገምገም ባሕሪ

der Strand
ገምገም ባሕሪ
gemgem bahri

die Stranddüne
መሬት ገምገም ባሕሪ
meret gemgem bahri

der Sonnenuntergang
ዕራርቦ
ärarbo

das Meer
ባሕሪ
bahri

der Strandkorb
ዘንቢል ገምገም ባሕሪ
zenbil gemgem bahri

der Sand
ሑጻ
hutsa

die Küste
ገምገም
gemgem

die Strandpromenade
መሸራሸሪ
mescherascheri

der Liegestuhl
መንበር በጥ
menber bet

der Wasserball
ኵዕሶ ማይ
käso may

das Strandtuch
ሽጎማኖ ገምገም ባሕሪ
schgomano gemgem bahri

die Kinderschaufel
ባዴላ ቆልዑ
badyela qolu

der Flip-Flop®
ፍሊፕ-ፍሎፕ
flip-flop

der Eimer
መገለል
megelel

FERIEN - ዕርፍቲ

Am Strand - ኣብ ገምገም ባሕሪ

der Sonnenschirm
ጽላል ጽሓይ
tslal tshay

der Steinstrand
ገምገም እምኒ
gemgem ämni

die Strandmuschel
ዛዕጎል ገምገም
zaägol gemgem

die Sandburg
ግምቢ ሑጻ
gmbi hutsa

der Seetang
ተኽሊ ባሕሪ
techli bahri

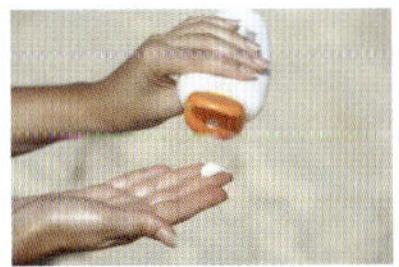

die Sonnencreme
ክሪማ ጽሓይ
krema tshay

das Strandresort
ሪሶርት ገምገም ባሕሪ
risort gemgem bahri

der Steg
ድልድል ገምገም ባሕሪ
dldl gemgem bahri

das Kreuzworträtsel
ሕንቅሊተይ መስቀል
hnqlitey mesqel

das Sudoku
ሱዶኩ
sudoku

das Strandhäuschen
ንእሽቶ ገዛ ሑጻ
näschto geza hutsa

die Strandbar
ቤት-መስተ ገምገም
byet-meste gemgem

die Ebbe	ኤብን ፍለውን	ebn flewn
die Flut	ፍለው	flew
die Strömung	ዋሕዚ	wahzi
der FKK-Strand	ክዳን ዘይክደን ቦታ ገምገም ባሕሪ	kdan zeykden bota gemgem bahri
das Strandgut	ናውቲ ገምገም ባሕሪ	nawti gemgem bahri
schnorcheln	መስተንፍሶ ኣብ ውሽጢ ማይ	mestenfso ab wschti may
der Sonnenbrand	ንዳድ ጸሓይ	ndad tsehay
die Brandung	ቡሕቡሕታ	buhbuhta

sich sonnen
ጸሓይ ወሰደ
tsehay wesede

FERIEN - ዕርፍቲ

Das Zelten - ብተንዳ ካምፒንግ ምግባር

das Wohnmobil
መቐመጢ መኪና
meqemeti mekina

der Wohnwagen
መቐመጢ ሰረገላ
meqemeti seregela

der Campingbus
ቡስ ካምፒንግ
bus kamping

das Indianerzelt
ተንዳ ደቀባት ኣመሪካ
tenda deqebat amerika

der Campingstuhl
መንበር ካምፒንግ
menber kamping

der Gasbrenner
መንደዲ ጋዝ
mendedi gaz

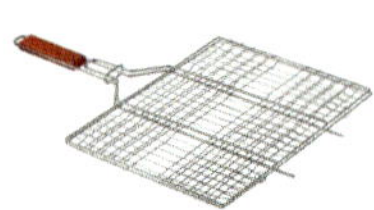

der Grillrost
መሳርሒ ጥብሲ
mesarhi tbsi

die Lagerfeuerstelle
ቦታ መጋርያ
bota megarya

der Campingplatz
ቦታ ካምፒንግ
bota kamping

das Zelt
ተንዳ
tenda

der Zeltplatz
ቦታ ተንዳ
bota tenda

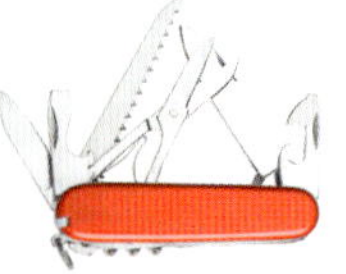

das Taschenmesser
ሰንጢ
senti

die Hängematte
ፍርናሽ ምንጥልጣል
frnasch mntltal

die Gasflasche	**ጥርሙዝ ጋዝ** trmuz gaz
die Stirnlampe	**ላምፓዲና ጉንባር** lampadina gunbar
der Strom-anschluss	**ሶኬት ኳረንቲ ኤለክትሪክ** soket kwarenti elektrik
die Duschen und Toiletten	**ሻወራትን ሽቓታትን** schaweratn schqatatn
der Feueranzünder	**መውልዒ ሓዊ** mewli hawi
die Holzkohle	**ፋሓም ዕንጨይቲ** faham äntscheyti
der/das Insektenspray	**ኪፍኪፍታ ሓሸራ** kifkifta haschera

FERIEN - ዕርፍቲ

Das Zelten - ብተንዳ ካምፒንግ ምግባር

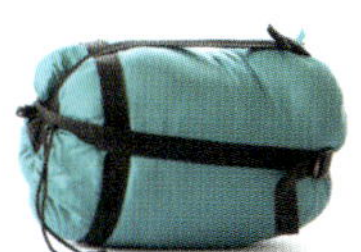

der Schlafsack
መደቀሲ ክሻ
medeqesi kscha

das Außenzelt
ግዳማዊ ተንዳ
gdamawi tenda

das Innenzelt
ውሽጣዊ ተንዳ
wschtawi tenda

der Zelteingang
መእተዊ ተንዳ
meätewi tenda

die Zeltstange
ዓንዲ ተንዳ
andi tenda

der Zeltboden
መሬት ተንዳ
meret tenda

der Reißverschluss
ቻርኔራ
tscharnyera

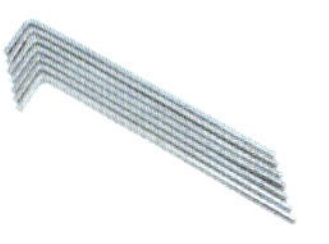

die Luftmatratze
ፍርናሽ ኣየር
frnasch ayer

der Rucksack
ማህደር ሕቖ
mahder hqo

die Isomatte
ፍርናሽ ካምፒንግ
frnasch kamping

der Trekkingstock
በትሪ ዙረት
betri zuret

der Wanderschuh
ጫማ ዙረት
tschama zuret

der Hering
ዓሳ ሀሪንግ
asa hering

die Taschenlampe
ላምፓዲና
lampadina

die Petroleumlampe	**ፋኑስ ፐትሮል** fanus petrol
die Luftpumpe	**ፓምፓ ኣየር** pampa ayer
die Campingtoilette	**ሽቓቕ ካምፒንግ** schqaq kamping
die Entsorgungsstation	**መደበር ጎሓፍ** medeber gohaf
die Regenhaut®	**ቆርበት ዝናብ®** qorbet znab
die Thermowäsche	**ክዳን ተርሞ** kdan termo
das Moskitonetz	**መርበብ ጣንጡ** merbeb tantu
ein Zelt aufschlagen	**ተንዳ ከፈተ** tenda kefete
Kann ich hier mein Zelt aufschlagen?	**ኣብዚ ንተዳይ ክኸፍቶ እኽእል ዶ?** abzi nteday kchefto ächäl do

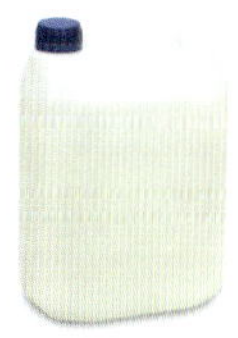

der Wasserkanister
መትሓዝ ማይ
methaz may

KÖRPER UND GESUNDHEIT

አካላትን ጥዕናን

DER KÖRPER - አካላት

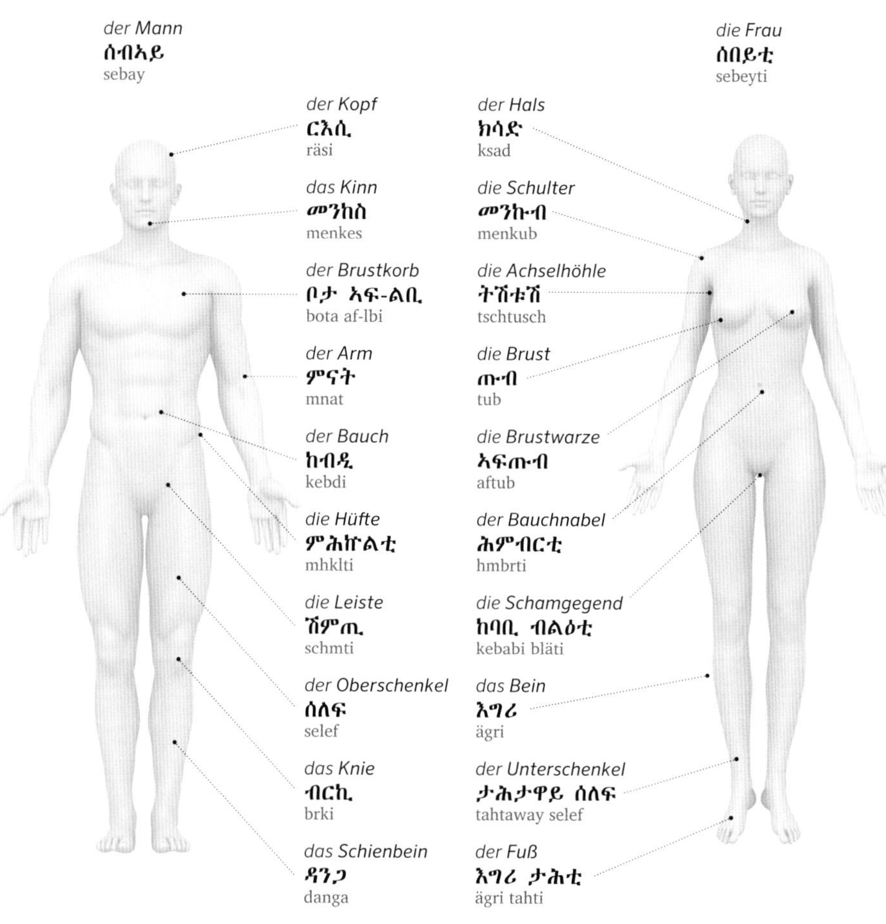

DER KÖRPER – ኣካላት

die Frau
ሰበይቲ
sebeyti

der Mann
ሰብኣይ
sebay

der Nacken
ክሳድ
ksad

das Schulterblatt
መሓግሓጋ
mehaghaga

der Arm
ምናት
mnat

die Taille
ሽምጢ
schmti

die Lende
ሽምጢ
schmti

das Gesäß
መዓኮር
meakor

die Gesäßspalte
ጨዳድ መዓኮር
tschedad meakor

die Kniekehle
ዳሕረዋይ ብርኪ
dahreway brki

die Ferse
ዳሕረዋይ ታኮ ሳእኒ
dahreway tako saäni

der Oberarm
ላዕለዋይ ምናት
laäleway mnat

der Ellbogen
ኩርናዕ ምናት
kurnaä mnat

der Unterarm
ታሕተዋይ ምናት
tahteway mnat

der Rücken
ሕቖ
hqo

das Handgelenk
ጉንቦ ኢድ
gunbo id

die Hand
ኢድ
id

die Gesäßbacke
መዕጉርቲ መዓኮር
meägurti meakor

die Wade
ዳንጋ
danga

der Knöchel
ዓንካር-ዓንካሪቶ
ankar-ankarito

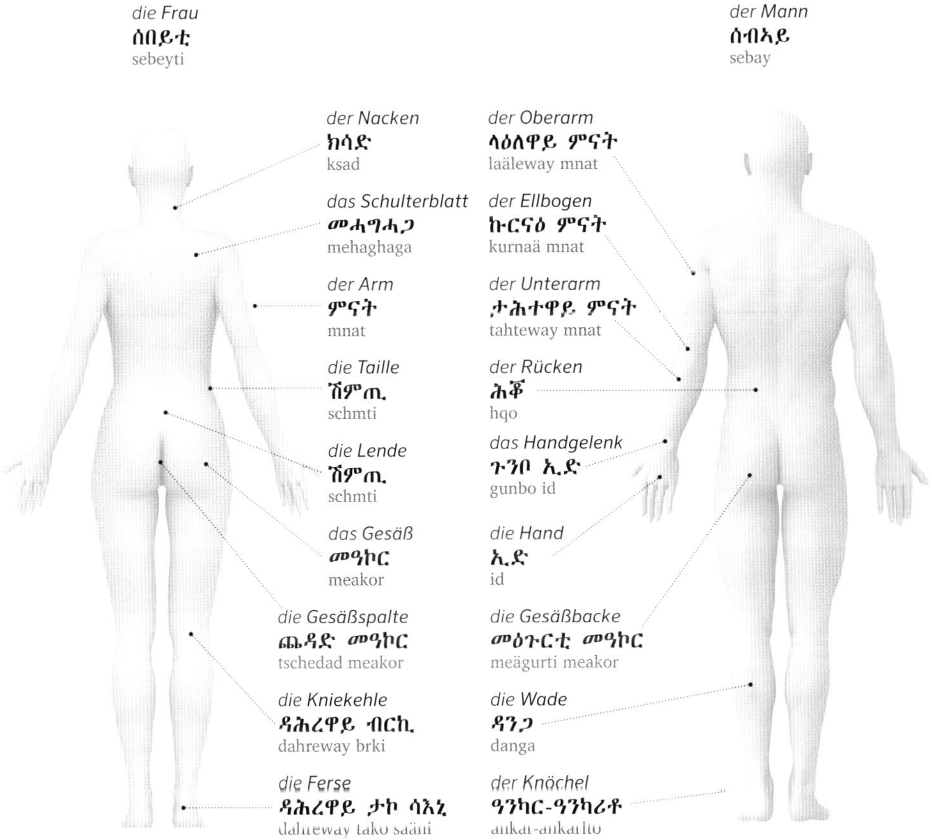

DER KÖRPER - አካላት

Die Hand und der Fuß - ኢድን እግርን

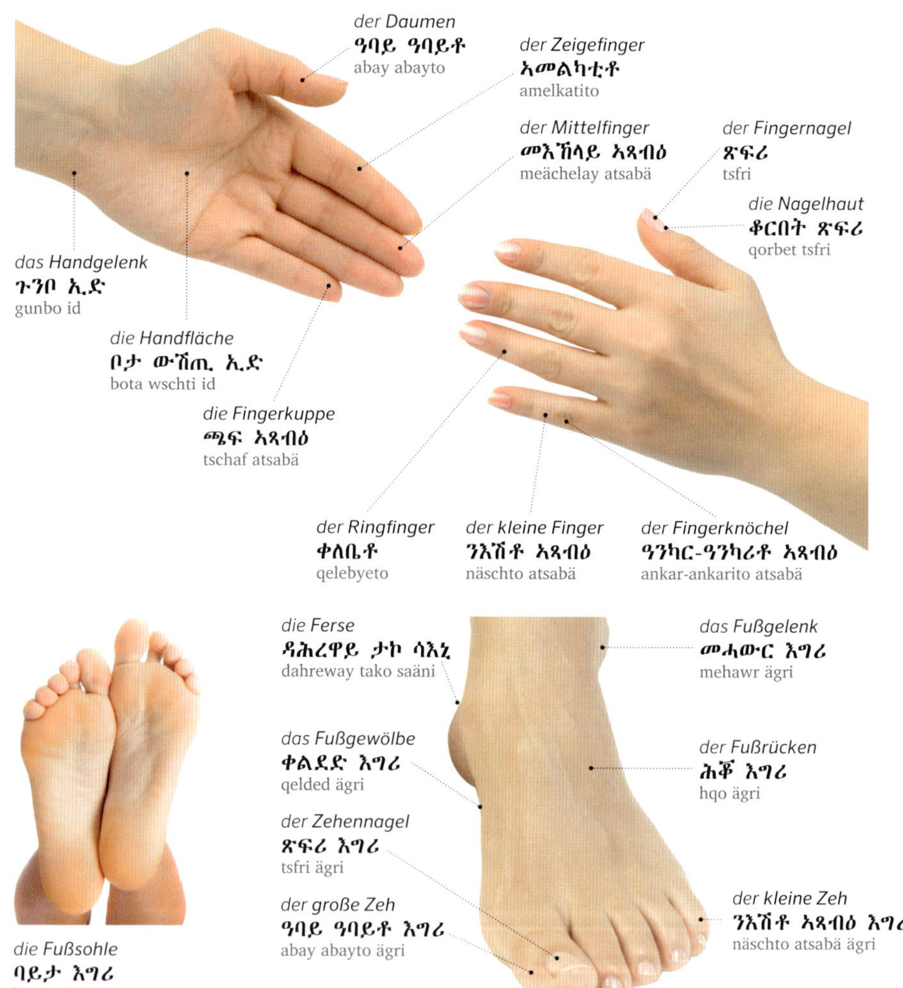

DER KÖRPER – ኣካላት

Der Kopf – ርእሲ

das Gehirn
ሓንጎል
hangol

das Großhirn
ዓባይ ክፋል ሓንጎል
abay kfal hangol

das Kleinhirn
ንእሽቶ ክፋል ሓንጎል
näschto kfal hangol

der Hirnstamm
ሱር ሓንጎል
sur hangol

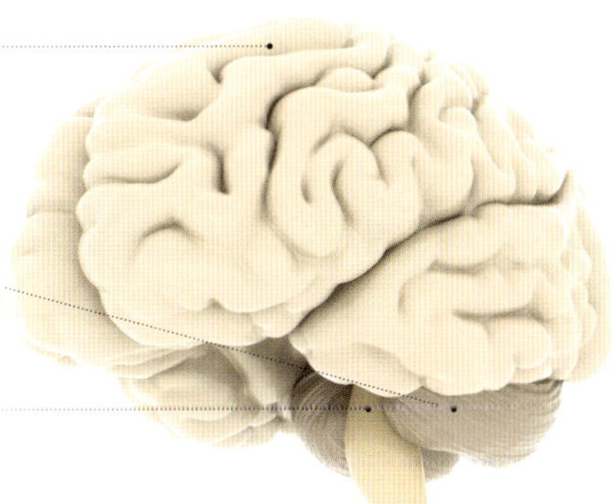

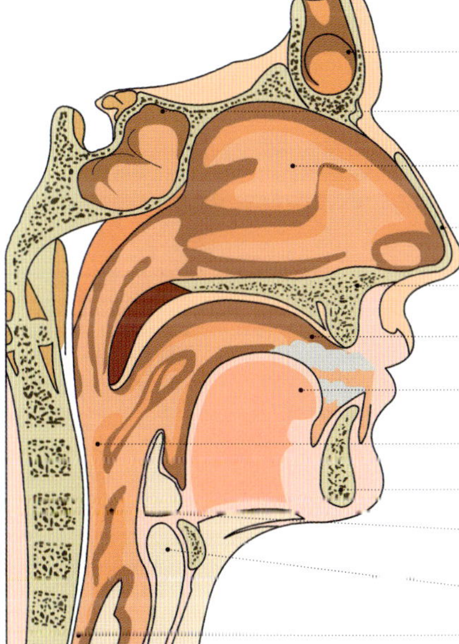

die Stirnhöhle
ጓንጓ ጉንባር
gwangwa gunbar

die Nasenhöhle
ጓንጓ ኣፍንጫ
gwangwa afntscha

der Oberkiefer
ላዕለዋይ ምንጋጋ
laäleway mngaga

die Zunge
መልሓስ
melhas

der Unterkiefer
ታሕተዋይ ምንጋጋ
tahteway mngaga

der Kehlkopf
ርእሲ ጎሮሮ
räsi gororo

die Keilbeinhöhle
ስሉስ ኩርናዓዊ ዝቕርጹ ጓንጓ
slus kurnaawi zqrtsu gwangwa

das Nasenbein
ዓጽሚ ኣፍንጫ
atsmi afntscha

der Gaumen
ትንሓግ
tnhag

der Rachen
ዳሕረዋይ ክፍሊ ኣፍ
dahreway kfli af

die Kehle
ጎሮሮ
gororo

die Speiseröhre
መትረብ መግቢ
metreb megbi

DER KÖRPER - አካላት

Die Muskeln - ጭዋዳታት

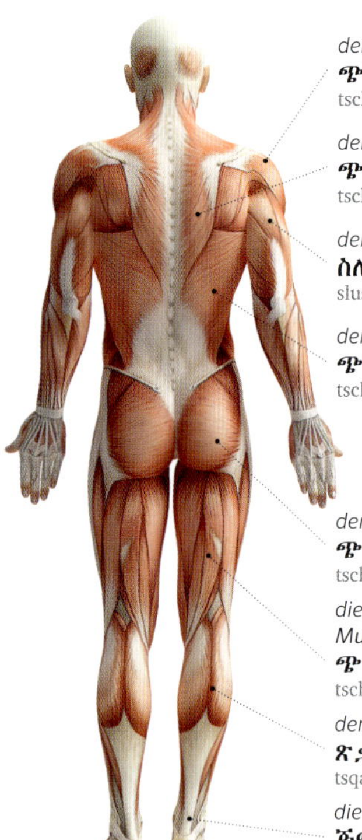

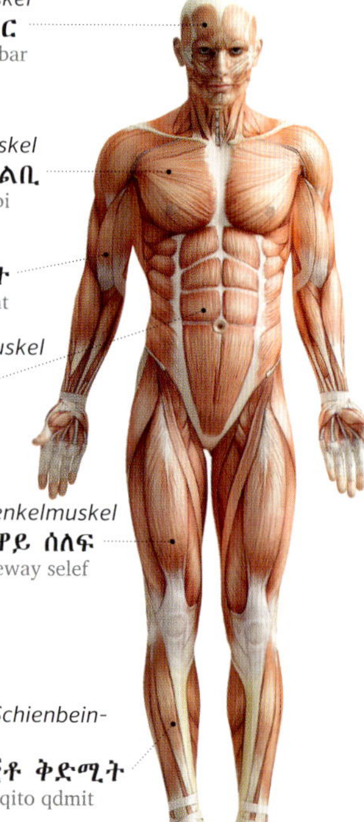

DER KÖRPER - ኣካላት

Das Skelett - ኣስከሬን

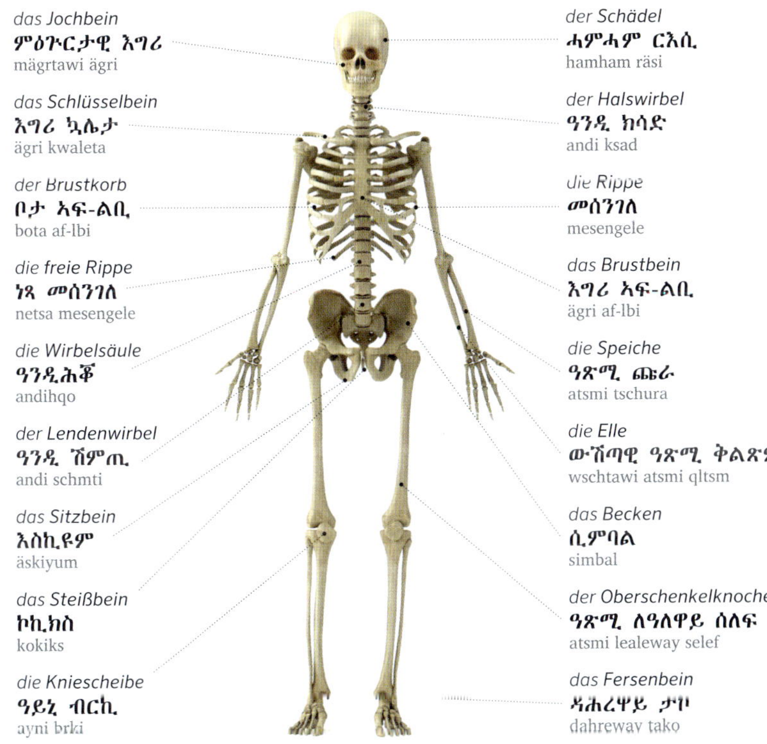

DER KÖRPER – አካላት

Die inneren Organe – ውሽጣውያን አካላት

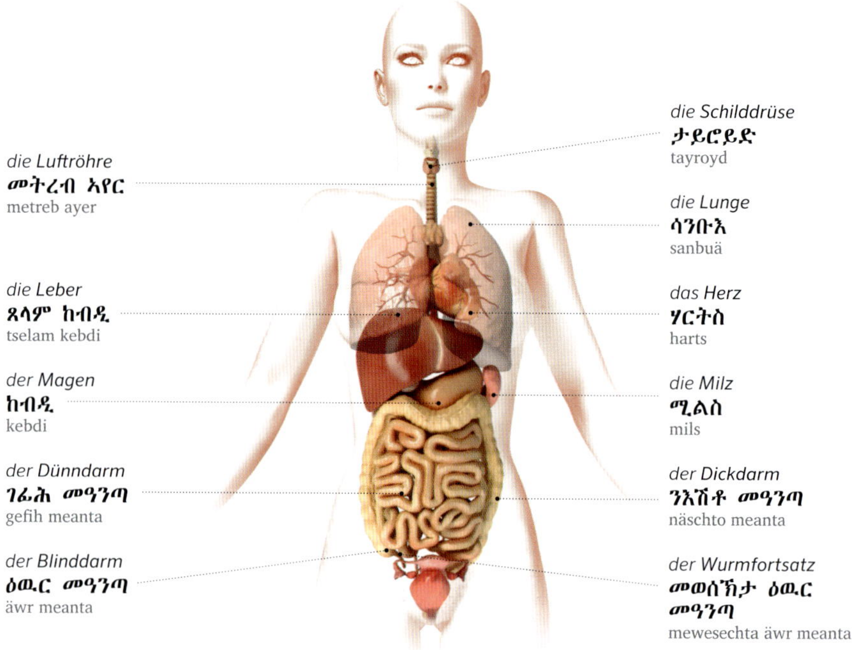

die Niere	**ኩሊት** klit
die Bauchspeicheldrüse	**ላልሽ** lalsch
der Zwölffingerdarm	**ድዎደኑም** dwodenum
die Gallenblase	**ፍሕኛ ጋል** fhnya gal
das Zwerchfell	**ዲያፍራም** diyafram
das Gewebe	**ዓለባ** aleba
die Sehne	**ጅማት** dschmat
die Drüse	**ጽኪ** tski
der Knorpel	**ቆርጠምጠማ** qortemtema

DER KÖRPER – ኣካላት

Die Körpersysteme – ስርዓታት ኣካላት

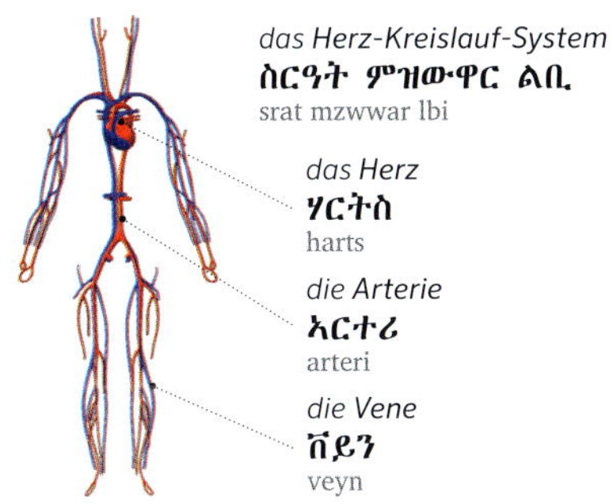

das Herz-Kreislauf-System
ስርዓት ምዝውዋር ልቢ
srat mzwwar lbi

das Herz
ሃርትስ
harts

die Arterie
ኣርተሪ
arteri

die Vene
ቨይን
veyn

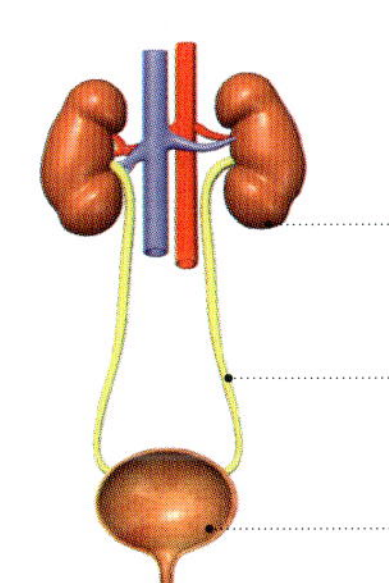

das Harnsystem
ስርዓተ ችንቲ
srate tschnti

die Niere
ኰሊት
klit

der Harnleiter
መትረብ ችንቲ
metreb tschnti

die Harnblase
ፍሕኛ ችንቲ
fhnya tschnti

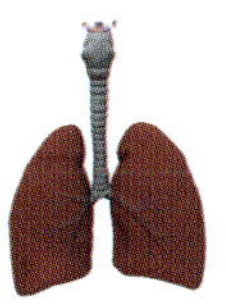

das Atmungssystem
ስርዓት ትንፋስ
srat tnfas

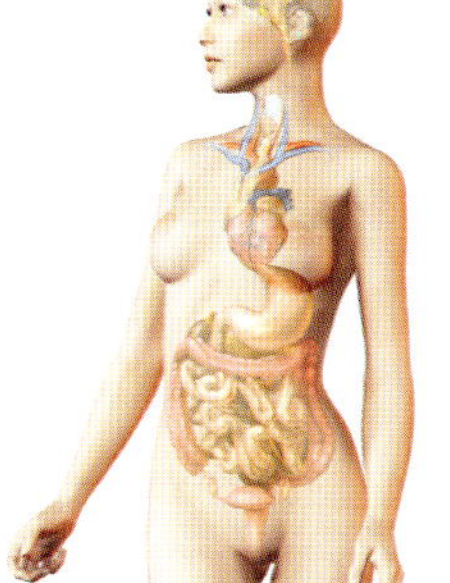

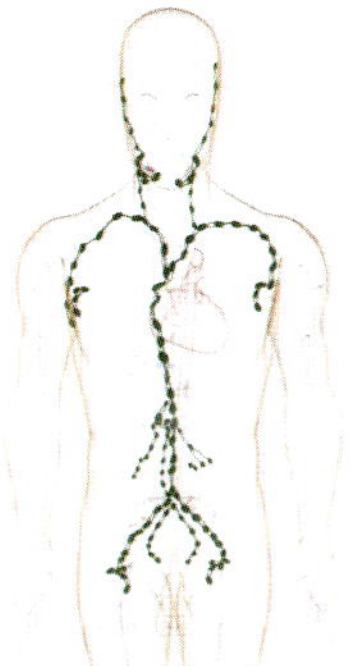

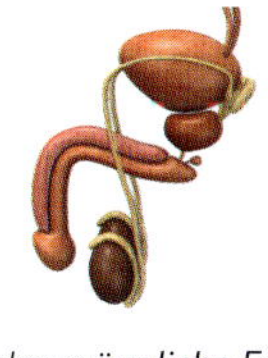

das männliche Fortpflanzungssystem
ተበዓታይ ስርዓት ምርባሕ
tebeatay srat mrbah

das Verdauungssystem
ስርዓተ ኣስተዋጽኦ
srate astewatso

das endokrine System
ስርዓት ኤንዶክሪን
srat endokrin

das lymphatische System
ስርዓት ሊምፕፍ
srat limpf

das Nervensystem	**ስርዓተ መትኒ** srate metni
der Blutkreislauf	**ምዝውዋር ደም** mzwwar dem
der Tastsinn	**ዳህሰሳዊ ህዋስ** dahssaawi hwas
der Sehsinn	**ህዋስ ምርኣይ** hwas mray
der Hörsinn	**ምስማዓዊ ህዋስ** msmaawi hwas
der Geruchssinn	**ህዋስ ምሽታት** hwas mschtat
der Geschmackssinn	**ህዋስ ምስትምቓር** hwas mstmqar
der Gleichgewichtssinn	**ህዋስ ውድን** hwas wdn

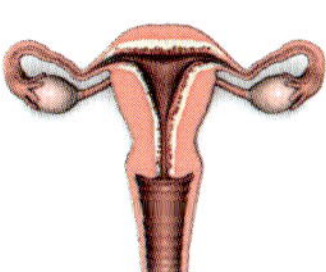

das weibliche Fortpflanzungssystem
ኣንስታይ ስርዓት ምርባሕ
anstay srat mrbah

DER KÖRPER – ኣካላት

Die Geschlechtsorgane – ጾታውያን ኣካላት

die männlichen Geschlechtsorgane
ተባዕታይ ኣካላት ብልዕቲ
tebaätay akalat bläti

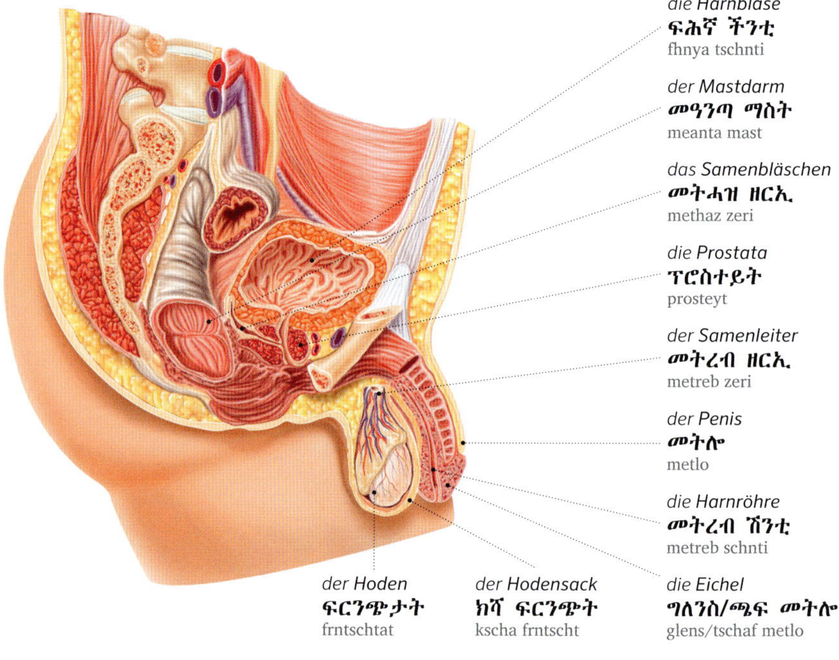

die Erektion	**ውትረት** wtret
die Vorhaut	**ዕልቦ** älbo
die Beschneidung	**ምኽንሻብ** mchnschab
der Samenerguss	**ምላቑ** mlaq
potent/impotent	**ፖተንት/ኢምፖተንት** potent/impotent
das Hormon	**ሆርሞን** hormon
der Geschlechtsverkehr	**ስጋ ርክብ** sga rkb
die Geschlechtskrankheit	**ጾታዊ ሕማም** tsotawi hmam

DER KÖRPER - አካላት

Die Geschlechtsorgane - ጾታውያን አካላት

die weiblichen Geschlechtsorgane
ኣንስተይቲ ጾታዊ ኣካላት
ansteyti tsotawi akalat

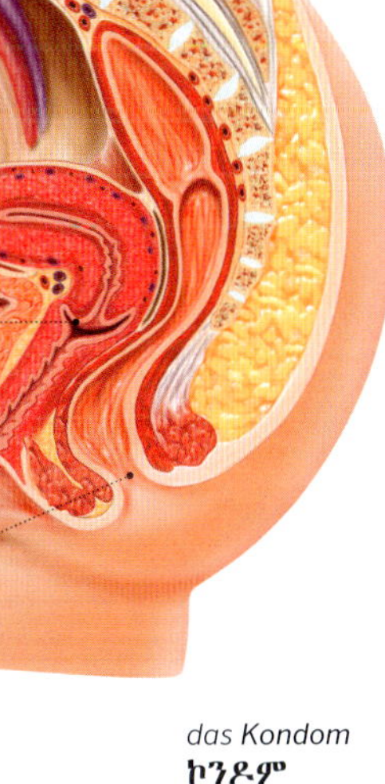

der Eileiter
መተሓላልፎ እንቛቕሖ
metehalalfo änqwaqho

der Eierstock
ማሕደረ እንቛቕሖ
mahdere änqwaqho

die Gebärmutter
ማህጸን
mahtsen

die Harnblase
ፍሕኛ ችንቲ
fhnya tschnti

der Gebärmutterhals
ክሳድ ማህጸን
ksad mahtsen

die Harnröhre
መትረብ ሽንቲ
metreb schnti

die Schamlippe
ከንፈር መሸኒት
kenfer meschenit

die Klitoris
ጎደቦ
godebo

die Scheide
መሸኒት
meschenit

der Anus
መሃንቱስ
mehantus

das Kondom
ኮንዶም
kondom

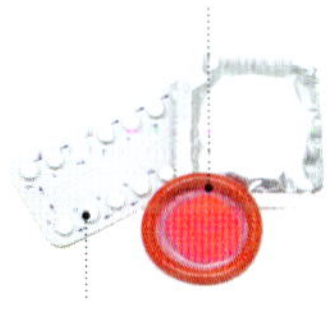

die Pille
ከኒና
kenina

die Spirale	**ስፒራል** spiral
das Pessar	**ፐሳር** pesar
das Diaphragma	**ዲአፍረም** diafram
die Empfängnisverhütung	**ምክልኻል ጥንሲ** mklchal tnsi
der Eisprung	**ብስለት እንቛቕሖ** bslet änqwaqho
die Menstruation	**ጽግያት** tsgyat
unfruchtbar/fruchtbar	**ዘየፍረ/ፈራዪ** zeyefri/ferayi
der Schwangerschaftsabbruch	**ፍሽለት ጥንሲ** fschlet tnsi

SCHWANGERSCHAFT UND GEBURT – ጥንስን ትውልድን

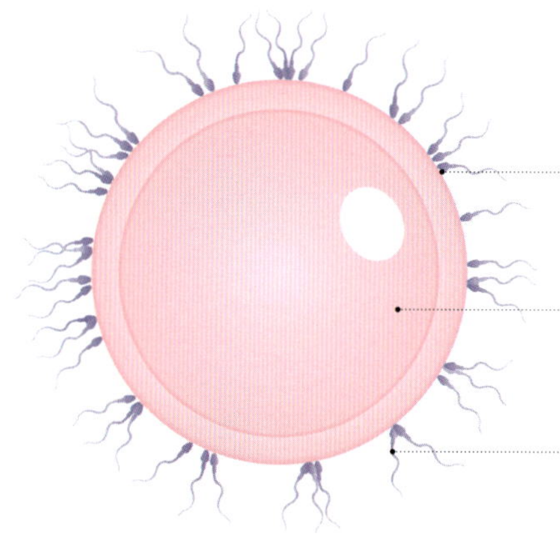

die Empfängnis
ተቐባልነት
teqebalnet

die Befruchtung
ፍርያምነት
fryamnet

die Eizelle
ኦቩም
ovum

das Spermium
ዘርኢ-ሽግሪ
zeri-schgri

die Ultraschall-aufnahme
ምቅዳሕ ኡልትራሶኒክ
mqdah ultrasonik

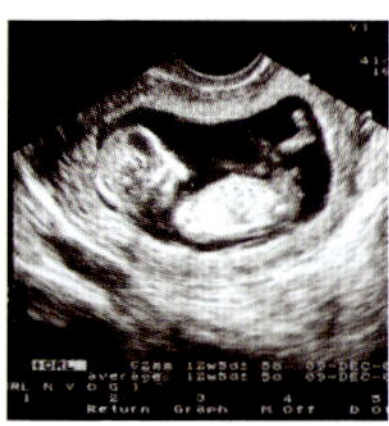

der/das Embryo
ድቂ
dqu

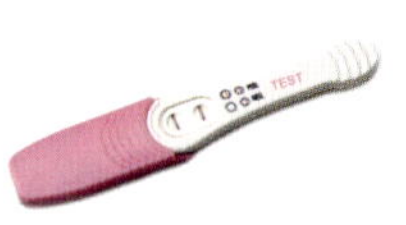

der Schwangerschafts-test
መርመራ ጥንሲ
mermera tnsi

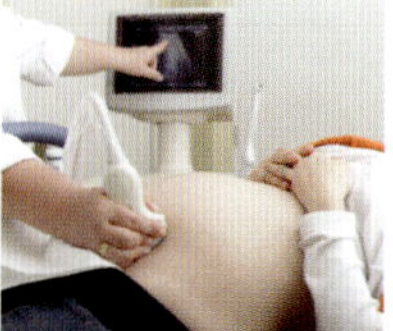

die Ultraschall-untersuchung
መርመራ ኡልትራሶኒክ
mermera ultrasonik

die Hebamme
መሕረሲት
mehresit

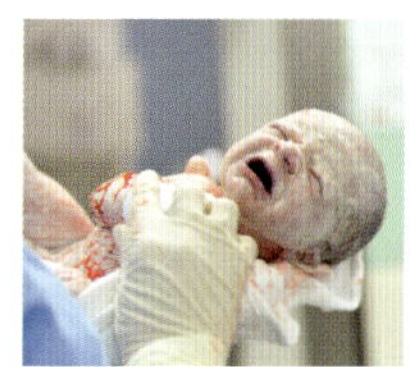

die Geburt
ትውልዲ
twldi

schwanger	**ጥንስቲ** tnsti
die Wehen	**ቃንዛ** qanza
die Geburt einleiten	**ትውልዲ ጀመረ** twldi dschemere
pressen	**ጸቐጠ** tseqete
die Nabelschnur	**ዕትብቲ** ätbti
die Plazenta	**መዳሕንቲ** medahnti
das Fruchtwasser	**ማይ ዘርኢ ጥንስቲ** may zeri tnsti
die Fruchtblase	**ምዕጎ ዘርኢ** mägo zeri

SCHWANGERSCHAFT UND GEBURT – ጥንስን ትውልድን

das Fläschchen
ንእሽቶ ጥርሙዝ
näschto trmuz

der Messlöffel
ማንካ ሚዛን
manka mizan

das Milchpulver
ሓሪጭ ጸባ
haritsch tseba

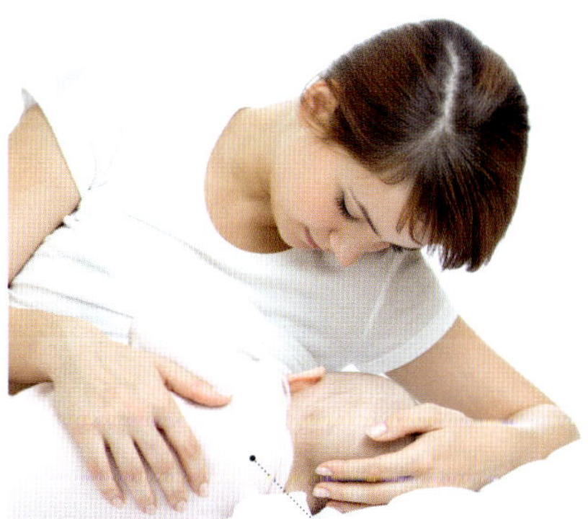

stillen
ኣጥበወ
atbewe

der Säugling
ናጽላ
natsla

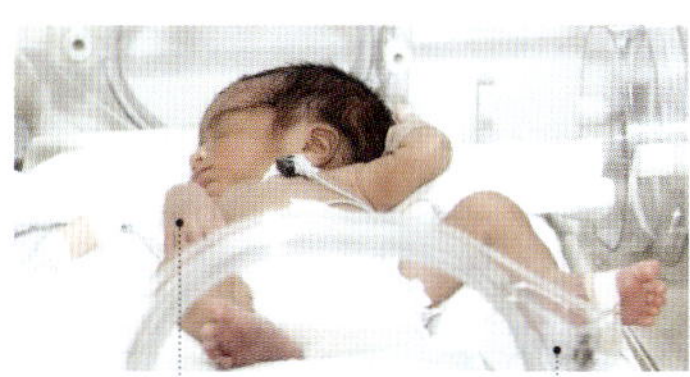

das Frühchen
ዘይበሰለ
zeybesele

der Brutkasten
መንቀሕ
menqh

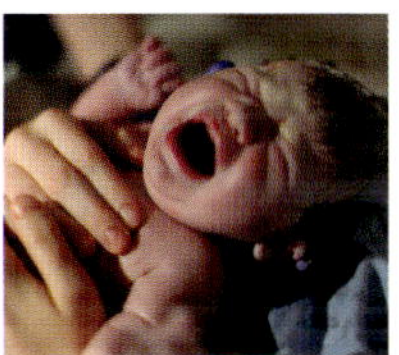

das Neugeborene
ብሓድሽ ዝተወልዱ
bhadsch zteweldu

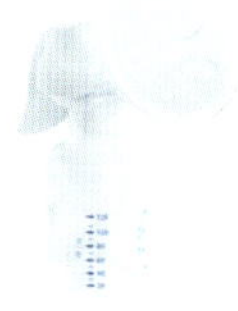

die Milchpumpe
ፓምፓ ጸባ
pampa tseba

der Kreißsaal	**ኣዳራሽ ከቢብ** adarasch kebib
der Kaiserschnitt	**ቄሳር** qyesar
die Frühgeburt	**ዘይበሰለ ትውልዲ** zeybesele twldi
die Fehlgeburt	**ውጉር ትውልዲ** wgur twldi
die eineiigen Zwillinge	**መዓረ መናቱ** meare menatu
die zweieiigen Zwillinge	**ዘይመዓረ መናቱ** zeymeare menatu
das Geburtsgewicht	**ክብደት ትውልዶ** kbdet twldi
die Impfung	**ክታበት** ktabet

mit der Flasche füttern
ብጥርሙዝ ኣብልዐ
btrmuz able

DER ARZTBESUCH – ምብጻሕ ሓኪም

den Blutdruck messen
ጸቕጢ ደም ዓቀነ
tseqti dem aqene

das Wartezimmer
ክፍሊ ምጽባይ
kfli mtsbay

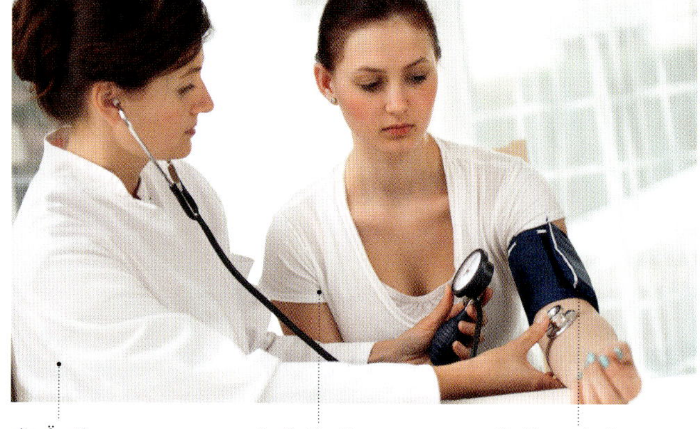

das Rezept
ትእዛዝ መድሃኒት
täzaz medhanit

die Ärztin
ሓኪም
hakim

die Patientin
ተሓካሚት
tehakamit

die Manschette
መልጎም ካሚቻ
melgom kamitscha

das Sprechzimmer
ክፍሊ ሓኪም
kfli hakim

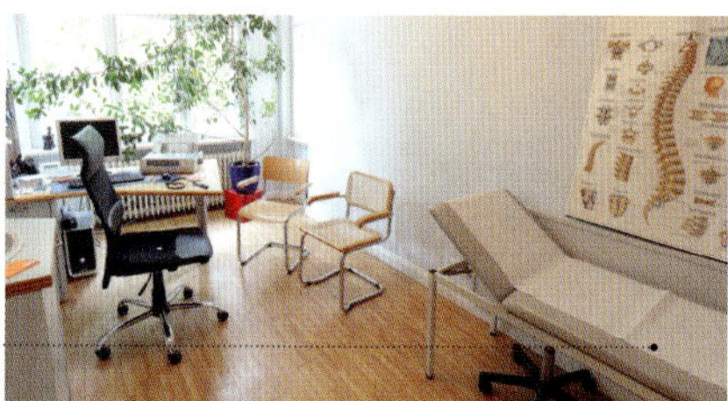

das Stethoskop
ስተቶስኮፕ
stetoskop

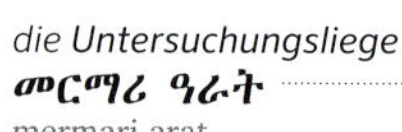

die Untersuchungsliege
መርማሪ ዓራት
mermari arat

das Blutdruckmessgerät
መዐቀኒ ጸቕጢ ደም
meeqeni tseqti dem

die Sprechstunde	**ግዜ ሓኪም** gze hakim
jemandem Blut abnehmen	**ካብ ሰብ ደም ወሰደ** kab seb dem wesede
der Termin	**ቆጸራ** qotsera
die Behandlung	**ክንክን** knkn
die Diagnose	**ምርመራ** mrmera
die Überweisung	**ምምሕልላፍ** mmhllaf
die Ergebnisse	**ውጽኢታት** wtsitat
die Krankenkasse	**ኢንሹራንስ ጥዕና** inschurans täna

SYMPTOME UND KRANKHEITEN – ምልክታትን ሕማማትን

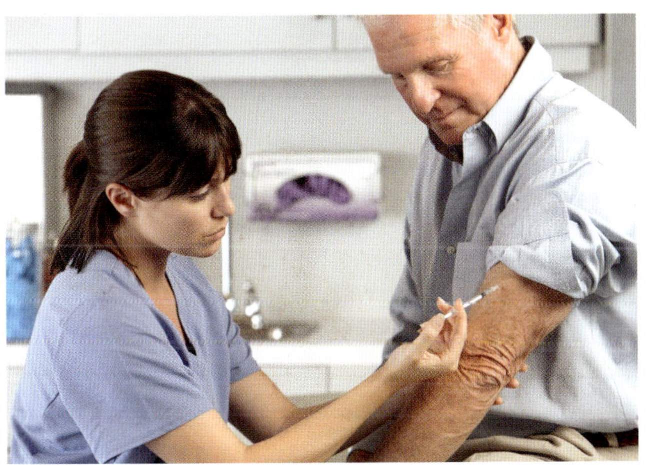

jemandem eine Spritze geben
ንሰብ መርፍእ ሃበ
nseb merfä habe

eine Spritze bekommen
መርፍእ ተወሃበ
merfä tewehabe

die Halsschmerzen
ክሳድ ቃንዛ
ksad qanza

die Kopfschmerzen
ርእሲ ቃንዛ
räsi qanza

die Magenschmerzen
ቅርጸት
qrtset

die Zahnschmerzen
ቃንዛ ስኒ
qanza sni

das Virus	ቫይረስ vayres
der Infekt	ልበዳ lbeda
die Allergie	አለርጂ/ቁጥዐ alerdschi/qute
der Hautausschlag	ነድሪ nedri
das Ekzem	መበላይ mebelay
die Migräne	ብርቱዕ ሕማም ርእሲ brtuä hmam räsi
das Nasenbluten	ምድማይ ኣፍንጫ mdmay afntscha
die Bindehautentzündung	ኵልመት/ናይ ዓይኒ ሕማም klmet/nay ayni hmam
die Mittelohrentzündung	ነድሪ እዝኒ nedri äzni
der Durchfall	ውጽኣት wtsat
die Darmgrippe	ከስዓዊ ረስኒ kesawi resni
der Schwindel	ጽርውርው tsrwrw
die Übelkeit	ስግድግድ sgdgd
der Krampf	ኩምታረ ጭዋዳ kumtare tschwada
die Bronchitis	ነድሪ ጉርጉማ nedri gurguma
die Blasenentzündung	ነድሪ ፍሕኛ nedri fhnya

SYMPTOME UND KRANKHEITEN – ምልክታትን ሕማማትን

krank
ሕሙም
hmum

der Schnupfen
ሰዓል ኣፍንጫ
seal afntscha

der Husten
ሰዓል
seal

gesund
ጥዑይ
tuy

die Erkältung
ሰዓል
seal

die Grippe
ጉንፋዕ
gunfaä

das Niesen
እንጥሾ ምባል
äntscho mbal

das Fieber
ረስኒ
resni

der Heuschnupfen
ሕማም ጽገ
hmam tsge

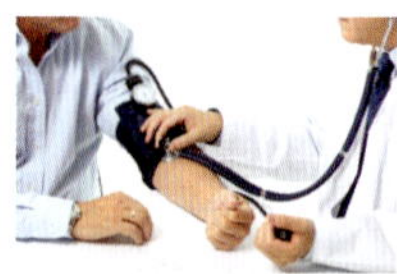

der hohe/niedrige Blutdruck
ለዓለዋይ/ታሕታዋይ ጸቕጥሚ ደም
lealeway/tahtaway tseqtmi dem

die Entzündung	**ነድሪ** nedri
die Gürtelrose	**ዓይነት ሕማም ነድሪ ኣብ ቆርበት** aynet hmam nedri ab qorbet
die Mangelerscheinung	**ምልክት ሕጽረት ሓሳብ** mlkt htsret hasab
die Blutvergiftung	**ምምራዝ ደም** mmraz dem
die Schuppenflechte	**ሶርያሲስ** soryasis
die Kinderkrankheit	**ሕማም ቆልዑ** hmam qolu
die Röteln	**ሩብል** rubl
der/das Scharlach	**ፍሮማይ** fromay
die Windpocken	**ፍሮማይ ንፋስ** fromay nfas
der Mumps	**ጽግዕ** tsgä
der Keuchhusten	**ብርቱዕ ሰዓል** brtuä seal
die Masern	**ንፍዮ** nfyo
die Kinderlähmung	**ፖሊዮ** poliyo
der Wundstarrkrampf	**ተታኑስ** tetanus
die Tuberkulose	**ቲቢ** tibi
die Rachitis	**መጸጉዕ** metseguä
die Hirnhautentzündung	**መኒንጂቲስ** menindschitis
die Diphtherie	**ዲፍተርያ** difterya
die Tollwut	**ራቢስ** rabis

SYMPTOME UND KRANKHEITEN – ምልክታትን ሕማማትን

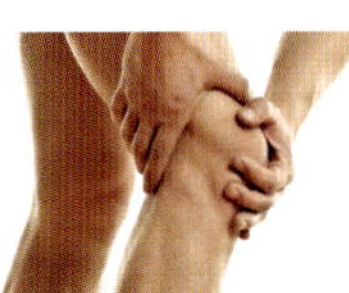
das Rheuma
ቅርጥማት
qrtmat

der Diabetes
ሽኮርያ
schkorya

das Asthma
ኣዝማ
azma

der Inhalator
ኢንሃላቶር
inhalator

die Schlafstörung
ጸገም ድቃስ
tsegem dqas

das Aids
ኤድስ
eds

die Atemnot	**ስቓይ ምስትንፋሳዊ** sqay mstnfasawi
der Alzheimer	**ኣልስሃይመር** alshaymer
die Demenz	**ጽላለ** tslale
die Parkinsonkrankheit	**ሕማም ፓርኪንሶን** hmam parkinson
der Krebs	**መንሽሮ** menschro
das Geschwür	**ቁስሊ** qusli
die Schilddrüsenkrankheit	**ሕማም ታይሮይድ** hmam tayroyd
der Herzinfarkt	**መጥቃዕቲ ልቢ** metqaäti lbi
der Schlaganfall	**ማህረምቲ** mahremti
HIV-positiv/negativ	**ኤድስ/ኤች.ኣይ.ቪ. ኣወንታዊ/ኣሉታዊ** eds/etsch.ay.vi. awentawi/alutawi
die multiple Sklerose	**ሙልቲፕለስክለሮሰ** multiplesklerose
die Epilepsie	**ትግርትያ/ሕማም ምንፍርፋር** tgrtya/hmam mnfrfar
die Depression	**ቅዛነት** qzanet
die Essstörung	**ስርዓተ-ኣልቦነት ምምጋብ** srate-albonet mmgab
die Sucht	**ወልፊ** welfi

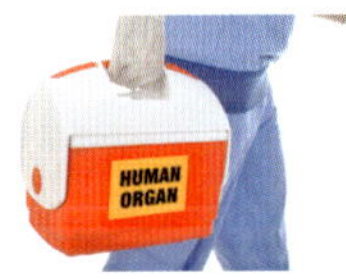

die Transplantation
ፍልሰት
flset

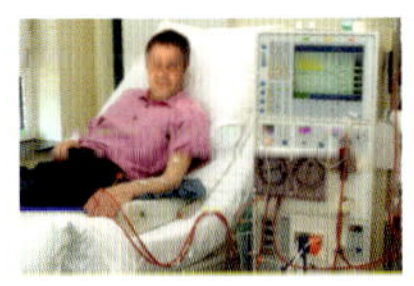
die Dialyse
ዲያሊዚ
diyalizi

BEHINDERUNGEN – ጉድለታት

der Blindenhund
ከልቢ ዓይነ-ስዉር
kelbi ayne-swr

der Rollstuhl
መንበር ዓረብያ
menber arebya

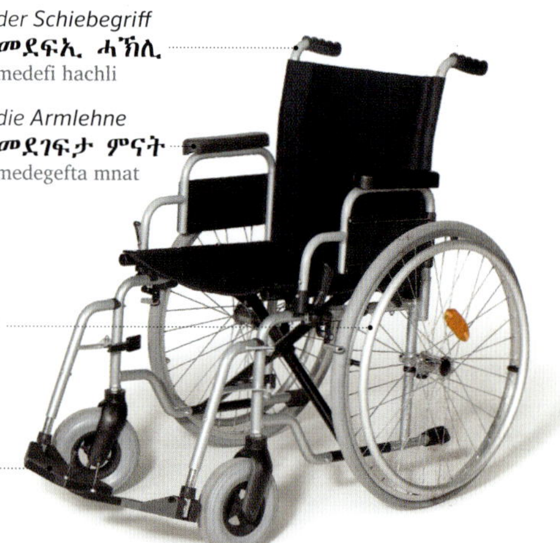

der Schiebegriff
መደፍኢ ሓኽሊ
medefi hachli

die Armlehne
መደገፍታ ምናት
medegefta mnat

der Greifreifen
መትሓዝ መንከርኮር
methaz menkerkor

die Fußstütze
መደገፍታ እግሪ
medegefta ägri

der Blindenstock
በትሪ ዓይነ-ስውር
betri ayne-swr

die Gebärdensprache
ቋንቋ ጸማም
qwanqwa tsemam

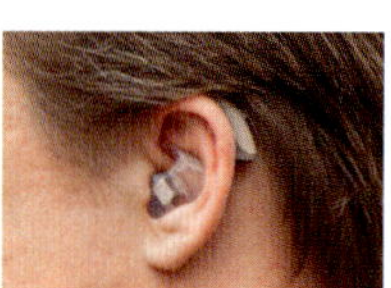

das Hörgerät
መስምዒ መሳርሒ
mesmi mesarhi

der Rollator
ሮላቶር
rolator

die Krücke
ምርኩስ
mrkus

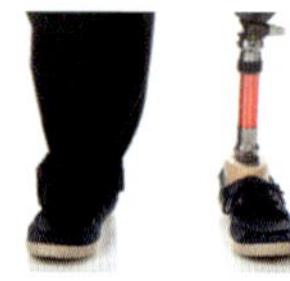

die Prothese
ፕሮተሰ
protese

gelähmt	ኣልሚሱ almisu
die spastische Lähmung	ስውይ መልመስቲ swy melmesti
hinken	ደርገፍገፍ በለ dergefgef bele
blind	ዓይነ-ስውር ayne-swr
schwerhörig	ዳርጋ ጸማም darga tsemam
gehörlos	ጸማም tsemam
behindert	ስንኩል snkul
schwerbehindert	ብርቱዕ ስንኩል brtuä snkul

VERLETZUNGEN – ሃሳይ ጉድኣት

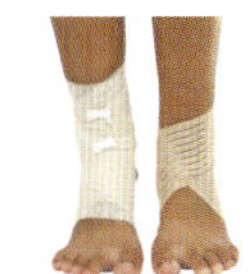
die Verstauchung
መግመይቲ
megmeyti

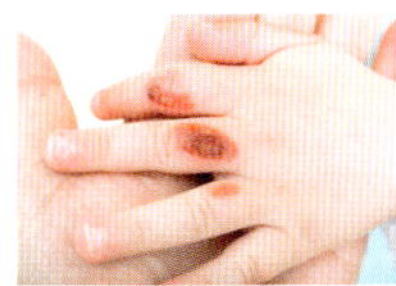
die Verbrennung
ንዳድ
ndad

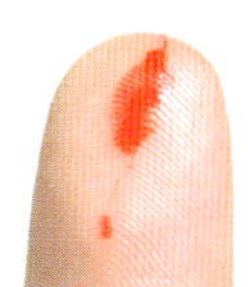
die Schnittwunde
ጥባሕ
tbah

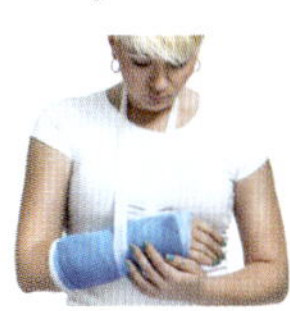
der Knochenbruch
ስባር ዓጽሚ
sbar atsmi

die Vergiftung
ምምራዝ
mmraz

der Insektenstich
ውግኣት ሓሸራ
wgat haschera

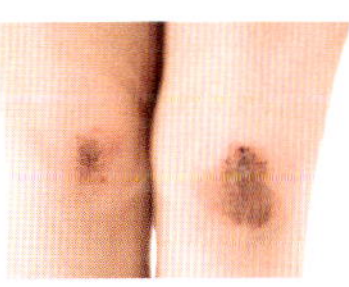
die Schürfwunde
ቊስሊ ምሕማሕ
qsli mhmah

in Ohnmacht fallen
ቀለብ ኣጥፍአ
qeleb atfe

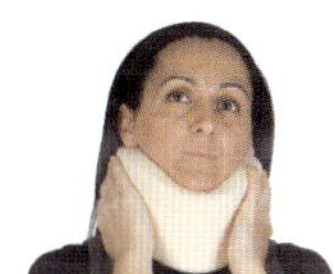
das Schleudertrauma
መግረፍቲ ሓለንጊ ወይ ጭጉራፍ
megrefti halengi wey tschgraf

die Blase
ፍሕኛ
fhnya

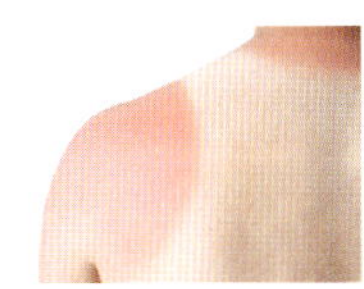
der Sonnenbrand
ንዳድ ጸሓይ
ndad tsehay

der Bandscheibenvorfall
ዲስክ ቨርተብራዊ
disk vertebrawi

die Wunde	**ቊስሊ** qsli
die Brandwunde	**ቊስሊ ባርዕ** qsli barä
das Blut	**ደም** dem
bluten	**ደመየ** demeye
die Blutung	**ምድማይ** mdmay
die Gehirnerschütterung	**መውቃዕቲ** mewqaäti
sich den Arm/einen Wirbel ausrenken	**ምናት/ገረንገራት ኣምሎቖ** mnat/gerengerat amloqo
sich den Fuß verstauchen/brechen	**እግሪ ገመየ/ሰበረ** ägri gemeye/sebere

der elektrische Schlag
ኤለትሪካዊ ህርመት
eletrikawi hrmet

BEIM ZAHNARZT - አብ ሓኪም ስኒ

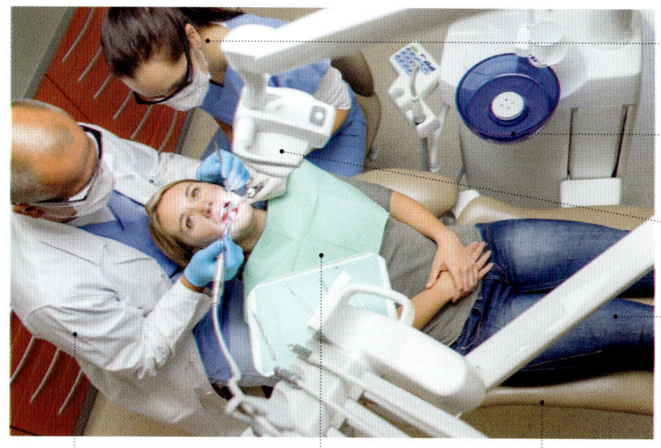

die Zahnarzthelferin
ሓጋዚት ሓኪም ስኒ
hagazit hakim sni

das Mundspülbecken
ጭሓሎ ምልቕላቕ ኣፍ
tschhalo mlqlaq af

die Behandlungslampe
ፋኑስ ክንክን ሕክምና
fanus knkn hkmna

die Patientin
ተሓካሚት
tehakamit

der Zahnarzt
ሓኪም ስኒ
hakim sni

der Patientenumhang
ክዳን ተሓካሚ
kdan tehakami

der Zahnarztstuhl
መንበር ሓኪም ስኒ
menber hakim sni

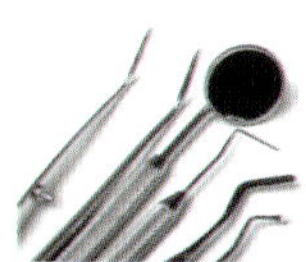

das Zahnarztbesteck
መመታተሪ ስኒ
memetateri sni

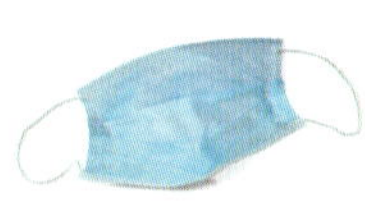

der Mundschutz
መከላኸሊ ኣፍ
mekelacheli af

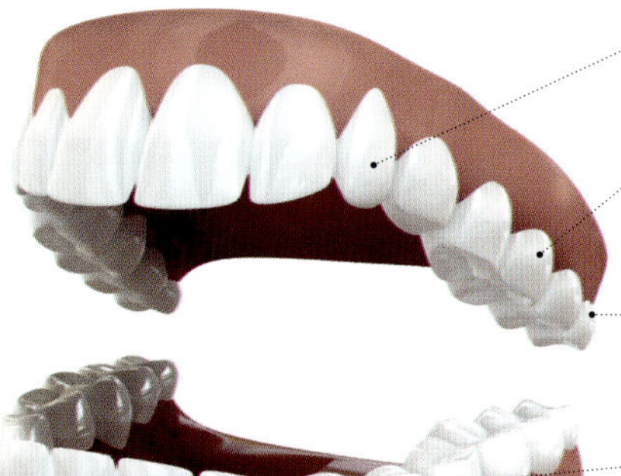

der Eckzahn
ዓቃቢቶ
aqabito

der hintere Backenzahn
ዳሕረዋይ ኩርምቲ
dahreway kurmti

der Weisheitszahn
ኩርምቲ ሓይሊ
kurmti hayli

der vordere Backenzahn
ቅድሚት ዘሎ ኩርምቲ
qdmit zelo kurmti

der Schneidezahn
ቆሎ ስኒ
qolo sni

BEIM ZAHNARZT – ኣብ ሓኪም ስኒ

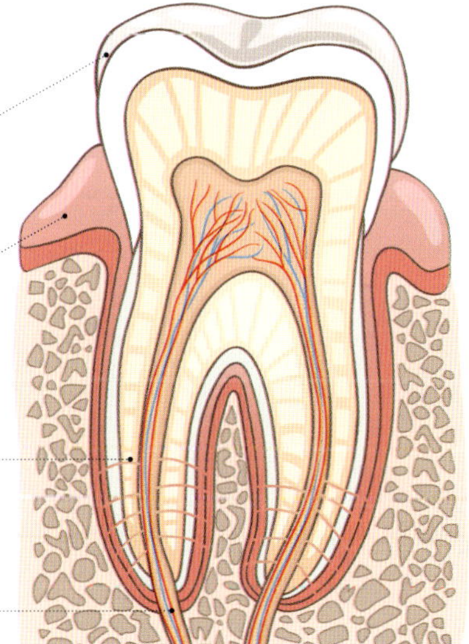

der Zahn
ስኒ
sni

der Zahnschmelz
ኣናመል
anamel

das Zahnfleisch
ስጋ ስኒ
sga sni

die Zahnwurzel
ግርጻን
grtsan

der Nerv
መትኒ
metni

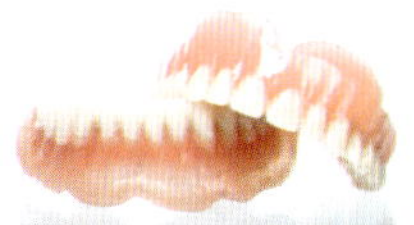

die Zahnprothese
ሰብ ሰርሖ ስኒ
seb serho sni

die Knirscherschiene
ኣብ መንጎ ኣስናን ዘሎ መደገፍታ
ab mengo asnan zelo medegefta

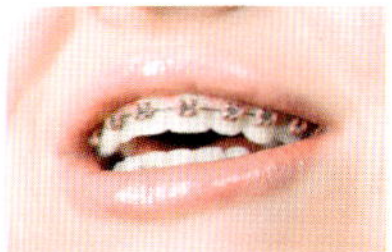

die Zahnspange
መሰርዒ ስኒ
meseri sni

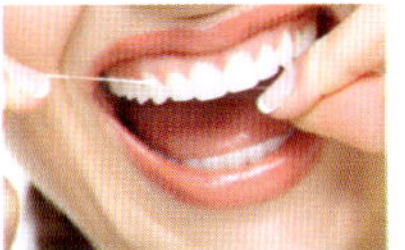

mit Zahnseide reinigen
ብሃሪ ኣጽረየ
bhari atsreye

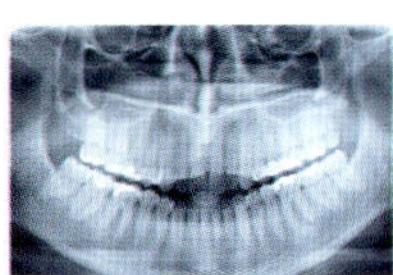

die Röntgenaufnahme
ምርመራ ራጂ
mrmera radschi

die Krone
ክሮነ
krone

das Implantat	**ኣ ምፕላንት** implant
einen Zahn ziehen	**ስኒ ስሓበ** sni shabe
die örtliche Betäubung	**ቦታዊ ምድንዛዝ** botawi mdnzaz
die Mundhygiene	**ጽርየት ኣፍ** tsryet af
der Zahnbelag	**ኣስባስላ ኣፍ** asbasla af
die Karies	**ብኽባኼ** bchbache
die Zahnfüllung	**መምልኢ ስኒ** memli sni
die Wurzelbehandlung	**ክንክን ሱር** knkn sur

das Mundwasser
ማይ ኣፍ
may af

BEIM AUGENOPTIKER - ኣብ ሽያጥ መነጽር

das Auge
ዓይኒ
ayni

die Pupille
መርዓት ዓይኒ
merat ayni

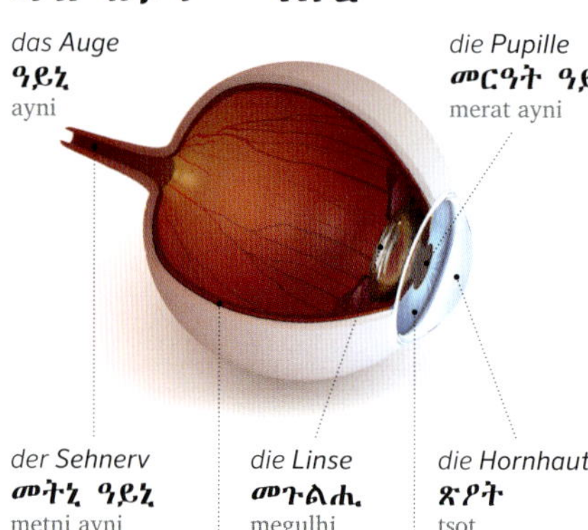

der Sehnerv
መትኒ ዓይኒ
metni ayni

die Linse
መጉልሒ
megulhi

die Hornhaut
ጽያት
tsot

die Netzhaut
ረቲና
retina

die Iris
ኢሪስ
iris

die Brille
መነጽር
menetsr

das Brillengestell
ኣስከሬን መነጽር
askeren menetsr

das Brillenglas
ግላስ መነጽር
glas menetsr

der Kontaktlinsenbehälter
መትሓዚ መጉልሒ
methazi megulhi

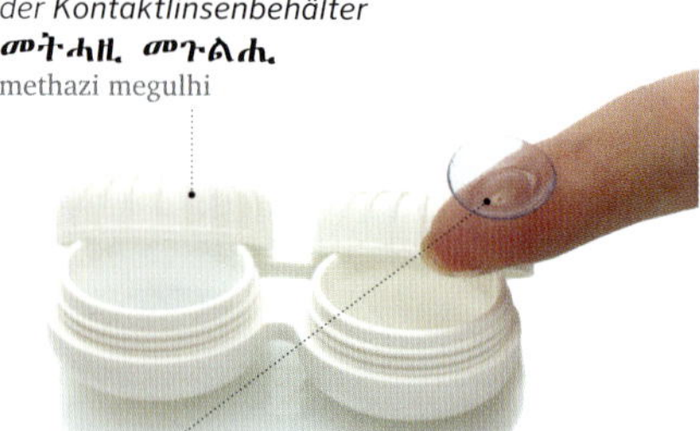

die Kontaktlinse
መጉልሒ ዓይኒ
megulhi ayni

die Optikerin
ሰራሕ ወይ ሽያጥ መነጽር
serah wey scheyat menetsr

der Sehtest
መርመራ ርእየት
mermera räyet

das Brillenputztuch	ጨርቂ ጽሬት መነጽር tscherqu tsret menetsr
die Augentropfen	ንጣብ ዓይኒ ntab ayni
die Lesebrille	መነጽር ንባብ menetsr nbab
weitsichtig	ርሑቕ ምርኣይ rhuq mray
kurzsichtig	ቀረባ ምርኣይ qereba mray
die Gleitsichtbrille	ገስጋሲ መነጽር gesgasi menetsr
der graue Star	ሓሙኽሽታይ ሕማም ዓይኒ hamuchschtay hmam ayni
der grüne Star	ቀጠልያ ሕማም ዓይኒ qetelya hmam ayni

IM KRANKENHAUS - ኣብ ሆስፒታል

das Krankenzimmer
ክፍሊ ሕሙም
kfli hmum

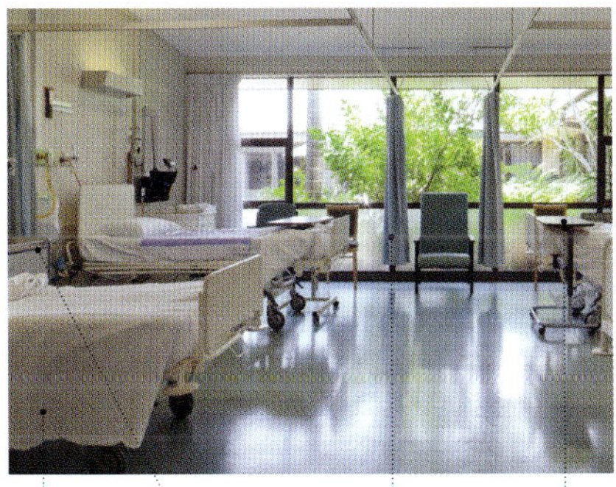

das Einzelzimmer
ክፍሊ ንጽል
kfli ntsl

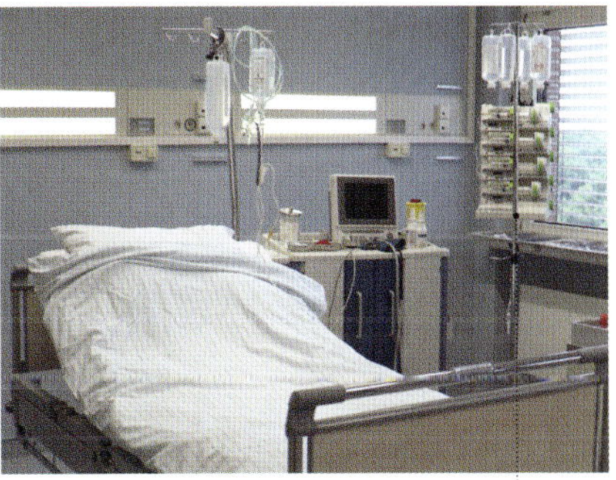

der Nachttisch
ጣውላ ለይቲ
tawla leyti

der Krankentisch
ጣውላ ሕሙም
tawla hmum

der Infusionsständer
ዓንዲ ኢንፉስዮን
andi infusyon

das Krankenhausbett
ዓራት ሆስፒታል
arat hospital

der Trennvorhang
መጋረጃ ደረት
megaredscha deret

aufgenommen werden	ብካልእ ተቐበለ bkalä teqebele
entlassen werden	ስንብታ ተወሃበ snbta tewehabe
der ambulante Patient	ተጐዓዚ ተሓካሚ tegoazi tehakami
der stationäre Patient	ቀዋሚ ተሓካሚ qewami tehakami
die Besuchszeiten	ግዜታት ኣጋይሽ gzetat agaysch
die Kinderstation	መደበር ቆልዑ medeber qolu
die Neurologie	ስነ-መትኒ sne-metni
die Onkologie	ኦንኮሎጂ onkolodschi
die Orthopädie	ጽጋነ-ምጽጉዕና tsgane-mtsguäna
die Kardiologie	ካርድዮሎጂ kardyolodschi
die Gastroenterologie	ጋስትሮኣንተሮሎጂ gastroenterolodschi
die Gynäkologie	ሕክምና ማሕጸን hkmna mahtsen
die Abteilung für Hals-Nasen-Ohrenheilkunde	ጨንፈር ፍወሳ ጎሮሮን ኣፍንጫን እዝንን tschenfer fwesa gororon afntschan äznn
die Quarantäne	ውሸባ ንሕሙም wscheba nhmum

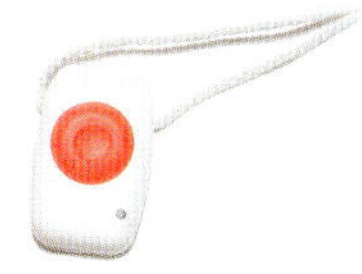

der Notrufknopf
መጠወቒ ህጹጽ ኩነታት
meteweqi htsuts kunetat

die Station
መደበር
medeber

IM KRANKENHAUS - ኣብ ሆስፒታል

Die Chirurgie - እንዳ መጥባሕቲ

die Operation
መጥባሕቲ
metbahti

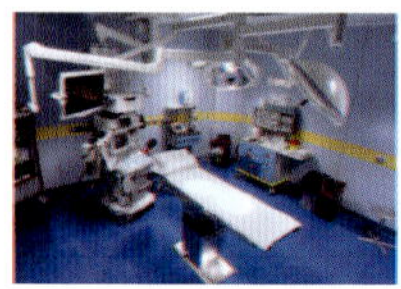

der Operationssaal
ክፍሊ መጥባሕቲ
kfli metbahti

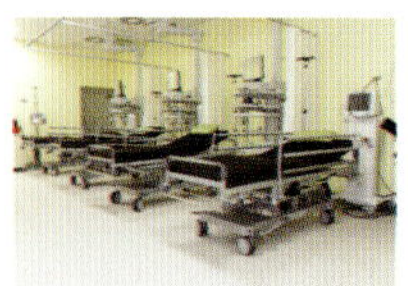

der Aufwachraum
ክፍሊ ምብርባር
kfli mbrbar

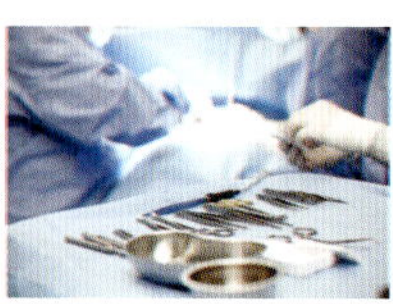

das Operationsbesteck
መመታተሪ መጥባሕቲ
memetateri metbahti

die Operationsleuchte
ፋኑስ መጥባሕቲ
fanus metbahti

der Chirurg
ሓኪም መጥባሕቲ
hakim metbahti

der Mundschutz
መከላኸሊ ኣፍ
mekelacheli af

die OP-Schwester
ሓጋዚት መጥባሕቲ
hagazit metbahti

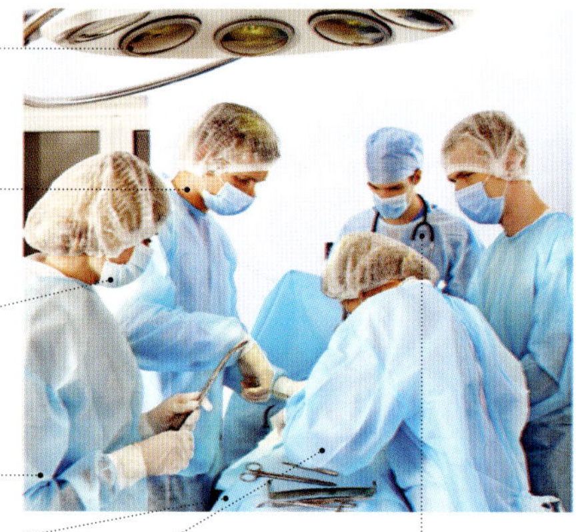

der Operationstisch
ሰደቓ መጥባሕቲ
sedeqa metbahti

der OP-Mantel
ጃኬት መጥባሕቲ
dschaket metbahti

der Anästhesist
መደንዘዚ ዝህብ ብዓል ሞያ
medenzezi zhb bal moya

die Narbe
በሰላ
besela

die Fäden
ፈትሊታት
fetlitat

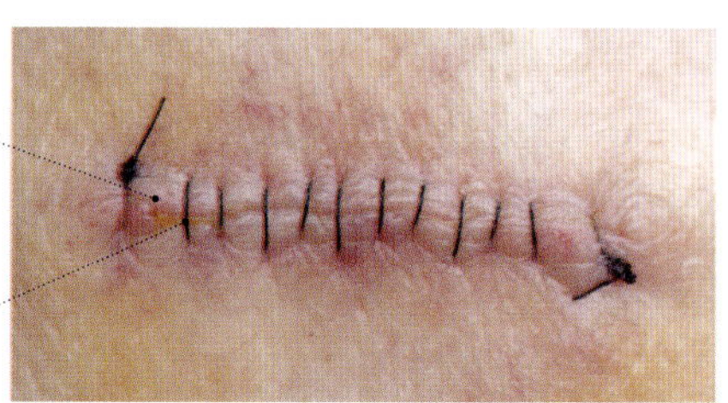

die Lokalanästhesie	**ዞባዊ** zobawi
die Vollnarkose	**ምሉእ ምድንዛዝ** mluä mdnzaz
die Rehabilitation	**ተሃድሶ** tehadso
die medizinische Nachversorgung	**መድሃኒታዊ ድሕረ-ክንክን** medhanitawi dhre-knkn
die Bettruhe	**ጸጥታ ዓራት** tsetta arat
die Genesung	**ምሕዋይ** mhway
tot	**ምውት** mwt
der Tod	**ሞት** mot

IM KRANKENHAUS - ኣብ ሆስፒታል

Die Unfallstation - መደበር ሓደጋ

die Intensivstation
ኣሃዱ ሓልዮት ጽዑቕ
ahadu halyot tsuq

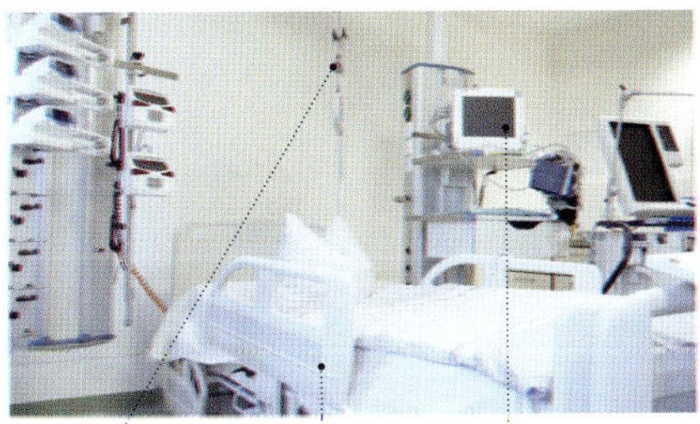

der Rufknopf
መጠወቒ መደወሊ
meteweqi medeweli

der Herzmonitor
ሞኒቶር ልቢ
monitor lbi

das Krankenhausbett
ዓራት ሆስፒታል
arat hospital

die Notaufnahme
ክፍሊ ህጹጽ ኩነታት
kfli htsuts kunetat

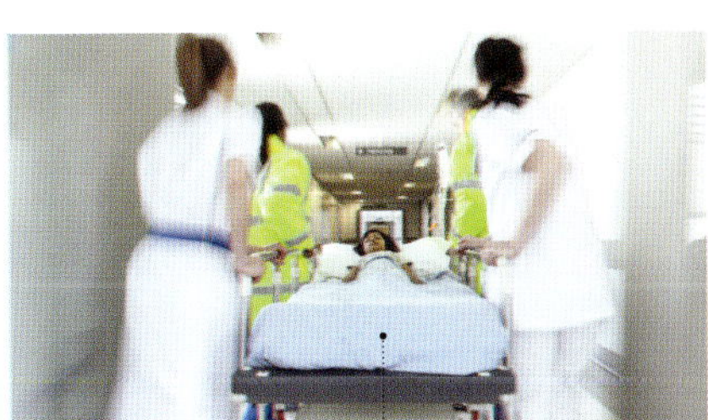

die Fahrtrage
ሰረገላ
seregela

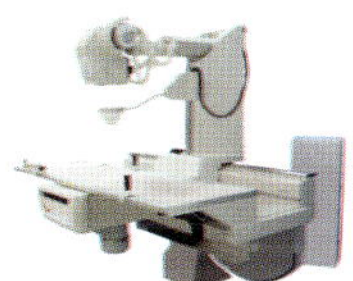

das Röntgengerät
መኪና ራጂ
mekina radschi

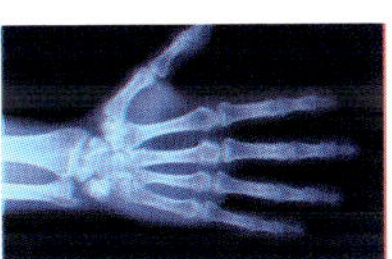

das Röntgenbild
ስእሊ ራጂ
säli radschi

der Warteraum
ክፍሊ ምጽባይ
kfli mtsbay

die Oberärztin
መራሒት ሓኪም
merahit hakim

die Computertomografie	**ኮምፕዩተር ቶሞግራፊ** kompyuter tomografi
die Strahlung	**ጸርጋወ** tsrgawe
eine Diagnose stellen	**ምርመራ ገበረ** mrmera gebere
das Koma	**ዕውለት** äwlet
bewusstlos	**ውነኡ ዘጥፍአ** wneu zetfe
die Beatmung	**ርውሓተ** rwhat
wieder zu Bewusstsein kommen	**ናብ ቀለብ ተመልሰ** nab qeleb temelse
wieder gesund werden	**እንደገና ጥዑይ ኮነ** ändegena tuy kone

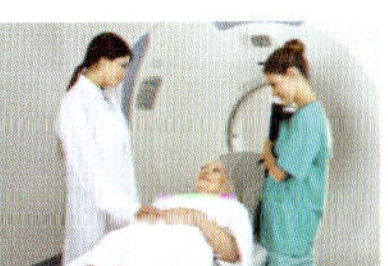

die Kernspintomografie
ማግነታዊ ኑክለሳዊ ቶሞግራፊ
magnetawi nuklesawi tomografi

DIE APOTHEKE - ቤት-መድሃኒት

das Medikament
መድሃኒት
medhanit

die Kapsel
ለቖታ-ፍረ
leqota-fre

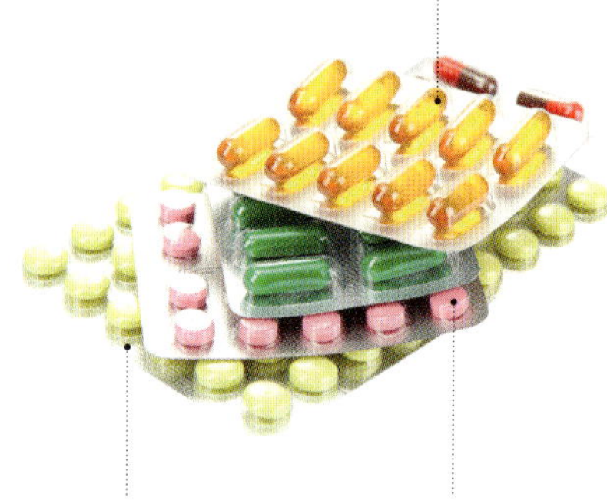

der Hustensaft
ጽማቕ ሰዓል
tsmaq seal

die Sichtverpackung
ኪረአ ዚከኣል ጥቕላል
kiree zikeal tqlal

die Tablette
ከኒና
kenina

die Dosierung
ዓቐን
aqen

der Messbecher
ብርጭቆ ሚዛን
brtschqo mizan

das Zäpfchen
ጡጥ ዝመስል መዐቀኒ ረስኒ
tut zmesl meeqeni resni

die Salbe
በለሳም/ቅብኣት
belesam/qbat

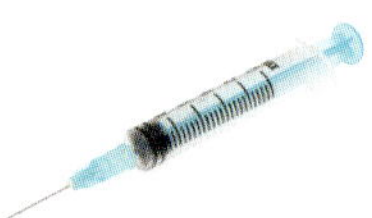

die Spritze
መርፍዕ
merfä

die Apothekerin
ፋርማሰኛ
farmasenya

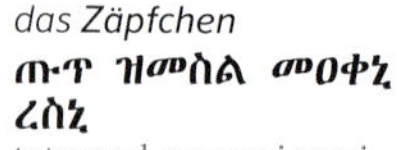

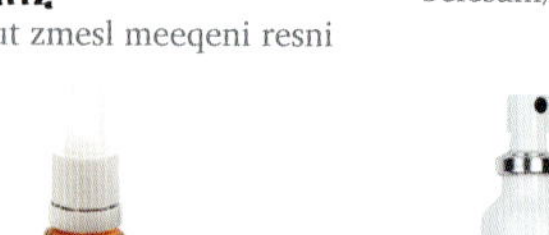

die Tropfen
ንጣብ
ntab

der/das Spray
ኪፍኪፍታ
kifkifta

die Vitamintablette
ከኒና ቪታሚን
kenina vitamin

die Brausetablette
ከኒና ካርበን
kenina karben

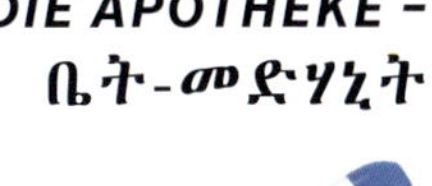

DIE APOTHEKE - ቤት-መድሃኒት

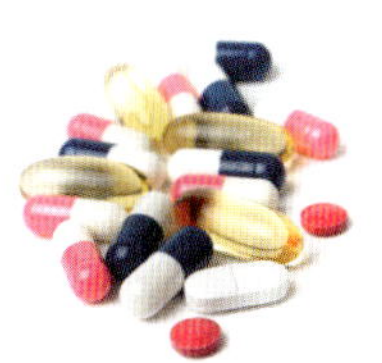

das Nahrungsergänzungsmittel
ናውቲ መወሰኽታ መግቢ
nawti mewesechta megbi

das Sonnenschutzmittel
ናውቲ መከላኸሊ ጸሓይ
nawti mekelacheli tsehay

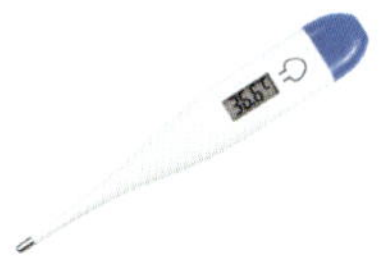

der/das Mückenspray
ኪፍኪፍታ ሓሸራ
kifkifta haschera

das/der Fieberthermometer
ቴርሞመተር ረስኒ
tyermometer resni

die Nagelfeile
መከናኸኒ ጽፍሪ
mekenacheni tsfri

der Tampon
ታምፖን
tampon

die Slipeinlage
ጨርቂ ጽግያት
tscherqu tsgyat

das Feuchttuch
ጥሉል ጨርቂ
tlul tscherqu

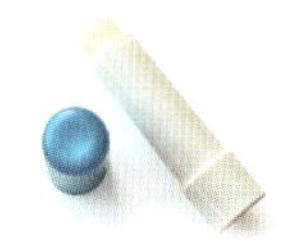

der Lippenpflegestift
ብርዒ ሕብሪ ከንፈር
bri hbri kenfer

die Pinzette
ወረጦ
wereto

das Deodorant
መጥፍእ ሕማቕ ሽታ
metfä hmaq schta

das/der Hustenbonbon
ከረመላ ሰዓል
keremela seal

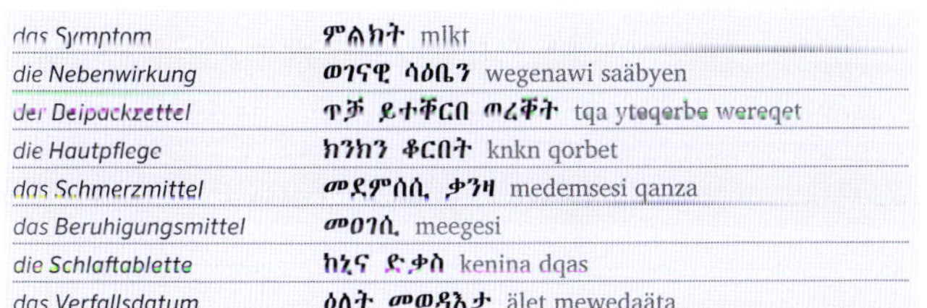

das Symptom	ምልክት mlkt
die Nebenwirkung	ወገናዊ ሳዕቤን wegenawi saäbyen
der Beipackzettel	ጥቃ ይተቐርበ ወረቐት tqa yteqerbe wereqet
die Hautpflege	ክንክን ቆርበት knkn qorbet
das Schmerzmittel	መደምሰሲ ቃንዛ medemsesi qanza
das Beruhigungsmittel	መዐገሲ meegesi
die Schlaftablette	ከኒና ድቃስ kenina dqas
das Verfallsdatum	ዕለት መወዳእታ älet mewedaäta

der Ohrstöpsel
መወተፊ ድብኦ እዝኒ
mewetefi dbo äzni

DIE ALTERNATIVMEDIZIN – መድሃኒት ብምርጫ

die Meditation
አስተንትኖ
astentno

das Yoga
ዩጋ
yuga

das Tai-Chi
ታይ-ቺ
tay-tschi

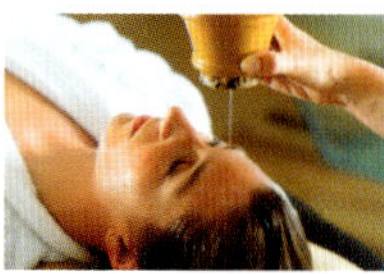

das Ayurveda
ኣዩርቨዳ
ayurveda

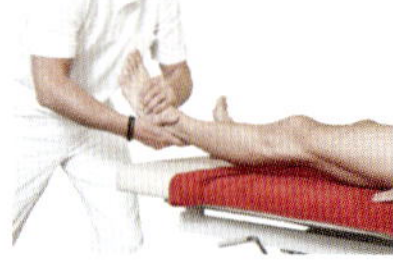

die Osteopathie
ኦስትዮፓቲ
ostyopati

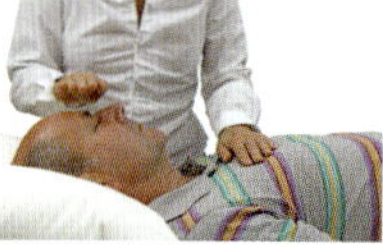

das Reiki
ረይኪ
reyki

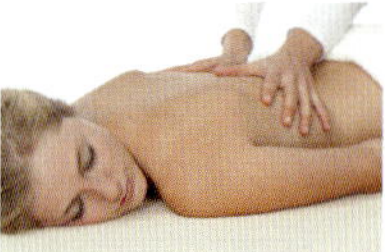

die Massage
ምድራዝ
mdraz

die Hypnose
ዕንዛዘ
änzaze

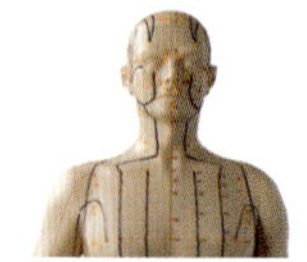

die traditionelle chinesische Medizin
ያታዊ ቻይናዊ መድ ሃኒት
yatawi tschaynawi medhanit

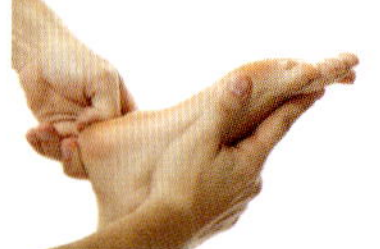

die Fußreflexzonen-massage
ማሳሻ ረፍለክስ እግሪ
masasha refleks ägri

das homöopathische Heilmittel
ሆመኦፓቲካዊ መፈወ ሲ.ታት
homeopatikawi mefewesitat

die Kräuterheilkunde
ተኽላዊ ስነ-ፍወሳ
techlawi sne-fwesa

die Akupunktur
ኣኩፓንክቸር
akupanktscher

die Kur	**ፍወሳ** fwesa
die Palliativmedizin	**መድሃኒት መዝሓል ቃንዛ** medhanit mezhal qanza
die Entspannung	**ምዝ** mz
die Entgiftung	**ድምሰሳ መርዚ** dmsesa merzi
die Entziehungskur	**ፍወሳ ምሕዋይ** fwesa mhway
einen Entzug machen	**ቀስብቀስ ሓወየ** qesbqes haweye
die Therapie	**ፍወሳ** fwesa
die Lichttherapie	**ፈኾስ ፍወሳ** feks fwesa

WELLNESS - ወልነስ

die Gesichtsbehandlung
ክንክን ገጽ
knkn gets

die Kosmetikerin
ናይ ቍንጅና ብዓል ሞያ
nay qndschna bal moya

die Gesichtsmaske
ማስኬራ ገጽ
maskera gets

die Sauna
ሳውና
sawna

der Ofen
እቶን
äton

die Bank
ሰደቓ
sedeqa

der Kopfkeil
ኩኛ ርእሲ
kunya räsi

der Aufgusskübel
መገለል ኢንፉጅን
megelel infudschn

der Ruheraum
መዕረፊ ክፍሊ
meerefi kfli

das Mineralbad
መሕምበሲ ማዕድን
mehmbesi maädn

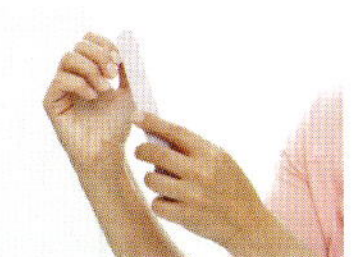

die Maniküre
ክንክን ኣጻብዕን ኣጽፋርን
knkn atsabän atsfarn

die Pediküre
ሕክምና ጽፆት እግሪ
hkmna tsot ägri

die Wachsenthaarung	**ድምሳሰ ጸጉሪ** dmsase tseguri
das Dampfbad	**መሓምበሲ ሃፋ** mehambesi hafa
der Aufguss	**ኣብ ሳውና ማይ ኣብ ውዑይ ኣእማን ምፍሳስ** ab sawna may ab wuy aäman mfsas
das Peeling	**ፒሊንግ** piling
reinigen	**ኣጽረየ** atsreye
Ich habe empfindliche/ trockene Haut.	**ተተንካፊ/ንቑጽ ቆርበት ኣዩ ዘሎኒ።** tetenkafi/nquts qorbet äyu zeloni.
Ich habe fettige/normale Haut.	**ቕባታዊ/ልሙድ ቆርበት እዩ ዘሎኒ።** qbatawi/lmud qorbet äyu zeloni.

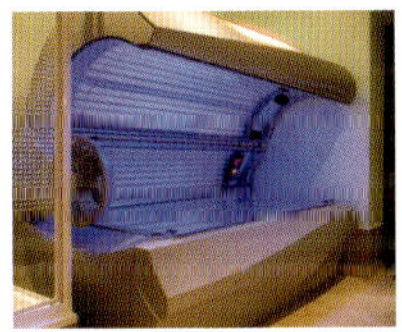

das Solarium
ሶላሪዮም
solariyom

NOTFÄLLE

ህጹጽ ኩነታት

ERSTE HILFE – ቀዳማይ ረድኤት

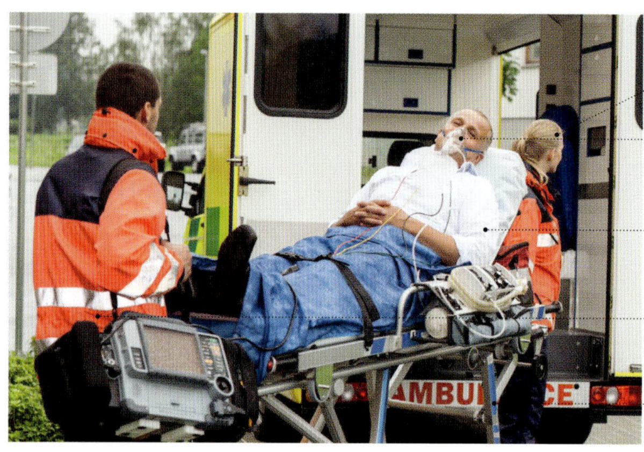

der Rettungswagen
መኪና ድሕነት
mekina dhnet

die Sanitäterin
ተሓጋጋዚ ሕክምና
tehagagazi hkmna

die Sauerstoffmaske
ማስኬራ ኦክሲጅን
maskera oksidschn

das Unfallopfer
ግዳይ ሓደጋ
gday hadega

der Sanitäter
ተሓጋጋዚ ሕክምና
tehagagazi hkmna

die Trage
ጎሳስ
gosas

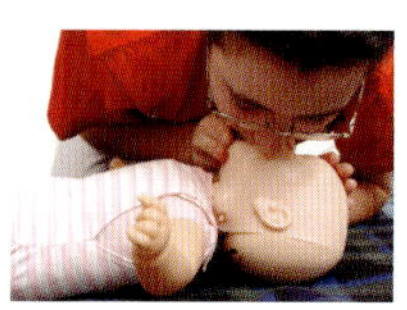

die Mund-zu-Mund-Beatmung
ኣፍ ናብ ኣፍ ምትንፋስ
af nab af mtnfas

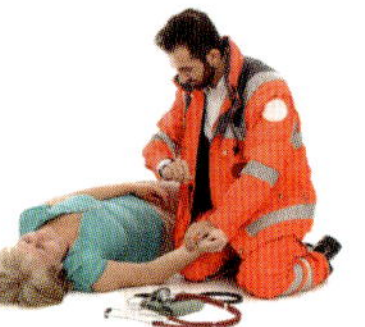

die Pulsmessung
ምዕቃን ትርግታ
mäqan trgta

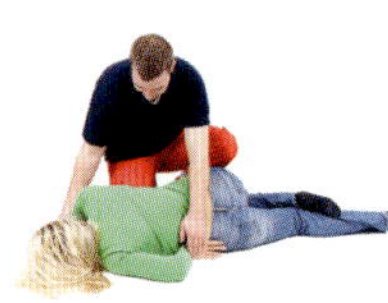

die stabile Seitenlage
ጭቡጥ ወገናዊ መርገጽ
tschbut wegenawi mergets

der Unfallort
ቦታ ሓደጋ
bota hadega

der Rettungsdienst
ኣገልግሎት ድሕነት
agelglot dhnet

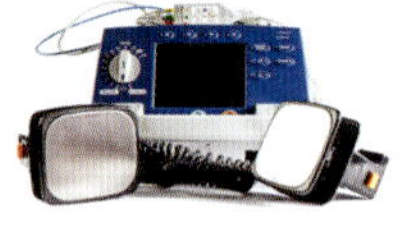

der Defibrillator
ደፊብሪላቶር
defibrilator

der Unfall	ሓደጋ hadega
die Wiederbelebung	ዳግመ ህይወት ምሃብ dagme hywet mhab
die Herzdruckmassage	ማሳሻ ጸቕጢ ልቢ masasha tseqti lbi
der Puls	ትርግታ trgta
bewusstlos	ውነኡ ዘጥፍአ wneu zetfe
erste Hilfe leisten	ቀዳማይ ረድኤት qedamay redet
der Notarzt	ሓኪም ህጹጽ ኩነታት hakim htsuts kunetat
die Notärztin	ሓኪም ህጹጽ ኩነታት hakim htsuts kunetat

ERSTE HILFE - ቀዳማይ ረድኤት

das Verbandszeug
ኣቕሑ መጀነኒ
aqhu medscheneni

der Verband
መጀነኒ
medscheneni

das Leukoplast®
ሎይኮፕላስት
loykoplast

das Pflaster
መርጊ
mergi

die Verbandschere
መቐስ መጀነኒ
meqes medscheneni

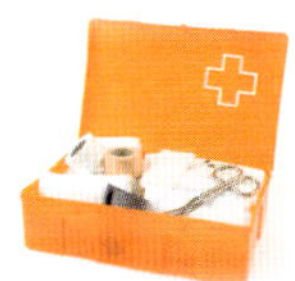

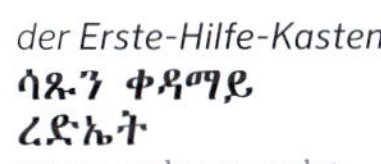

der Erste-Hilfe-Kasten
ሳጹን ቀዳማይ ረድኤት
satsun qedamay redet

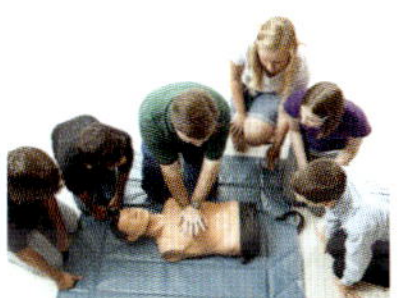

der Erste-Hilfe-Kurs
መጽናዕቲ ቀዳማይ ረድኤት
metsnaäti qedamay redet

das Desinfektionsmittel
ናውቲ ኣምካኒ
nawti amkani

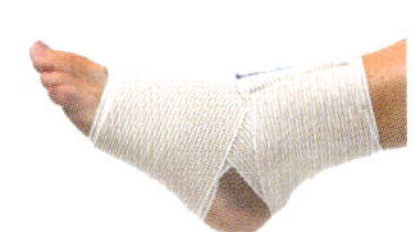

die Bandage
ጥቕላል መጀነኒ
tqlal medscheneni

steril	**መኻን** mechan
überleben	**ሰረረ** serere
traumatisiert	**ጭኑቕ** tschnuq
unter Schock stehen	**ኣስካሕክሐ** askahkhe
der Schock	**ጎንጺ** gontsi
die Blutspende	**ምሃብ ምልጋስ ደም** mhab mlgas dem
die Organspende	**ምሃብ ምልጋስ ኣካል** mhab mlgas akal
das Adrenalin	**ኣድረናሊን** adrenalin

die Mullbinde
ዕንክሊል መጀነኒ
änklil medscheneni

DIE POLIZEI - ፖሊስ

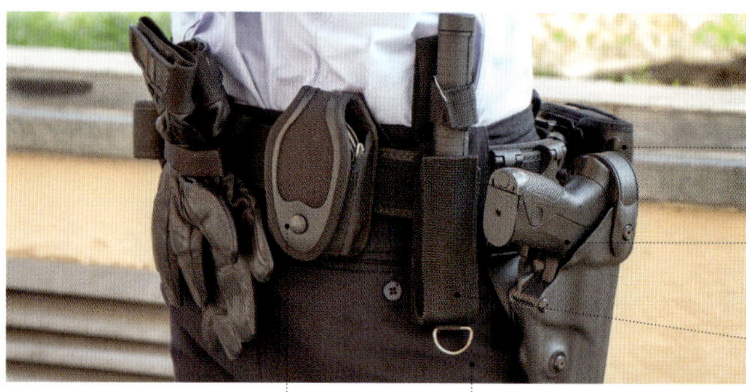

der Dienstgürtel
ቁልፊ ኣገልግሎት
qulfi agelglot

das Handfunkgerät
ራድዮ መስመር
radyo mesmer

die Pistole
ሽጉጥ
schgut

der Schlagstock
በትሪ ህርመት
betri hrmet

die Handschellen
መቁሕ ኢድ
mequh id

die Uniform
ዩኒፎርም
yuniform

der Fingerabdruck
ኣሰር-ኣጻብዕ
aser-atsabä

der Tatort
ቦታ ገበን
bota geben

die Polizistin
ጓለንስተይቲ ፖሊስ
gwalensteyti polis

der Polizist
መኮነን ፖሊስ
mekonen polis

das Polizeiabzeichen
ኣርማ ፖሊስ
arma polis

der Zeuge	ምስክር mskr
die Zeugin	ምስክር mskr
der Verbrecher	ገበነኛ gebenenya
die Verbrecherin	ገበነኛ gebenenya
der Kriminalbeamte	ሰላዪ selayi
die Kriminalbeamtin	ሰላዪት selayit
der/die Verdächtige	ተጠራጣሪ teteratari
die Ermittlung	ክሽፈት kschfet

DIE POLIZEI - ፖሊስ

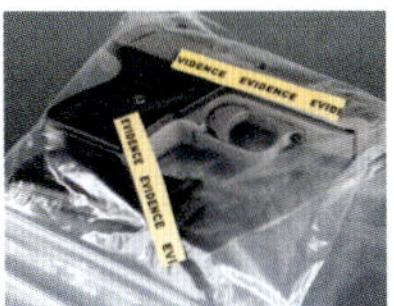

das Polizeiauto
መኪና ፖሊስ
mekina polis

die Lichtleiste
ጽላት መብራህቲ
tslat mebrahti

das Martinshorn
ማርቲን ዝብሃል ቃጭል መኪና
martin zbhal qatschl mekina

das Beweisstück
መርትዖ
merto

das Gefängnis
ቤት ማእሰርቲ
byet maäserti

der Einbruch
ስርቂ ብሓይሊ ምእታው
srqu bhayli mätaw

der Diebstahl
ስርቂ
srqu

die Festnahme
ኣሰረ
asere

die Gewalt
ጐነጽ
gonets

der Raubüberfall
ስርቂ
srqu

der Taschendiebstahl
ስርቂ
srqu

die Entführung
ምጭዋይ
mtschway

die Straftat	**ገበን** geben
die Körperverletzung	**መጥቃዕቲ** metqaäti
die Vergewaltigung	**ምግሳስ** mgsas
der Mord	**ቅትለት** qtlet
der Überfall	**መጥቃዕቲ** metqaäti
fliehen	**ሃደመ** hademe
belästigen	**ኣሸገረ/ረበሸ** aschegere/rebesche
die Schuld	**ጌጋ** gyega

POLICE LINE DO NOT C
POLICE LINE DO NOT C

die Polizeiabsperrung
ደረት ፖሊስ
deret polis

DIE FEUERWEHR - መጥፍእ ሓዊ

der Feuerlöscher
መደምሰሲ ሓዊ
medemsesi hawi

der Hydrant
ማፋ ማይ
mafa may

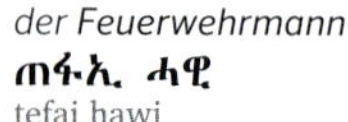

der Feuerwehrmann
ጠፋኢ ሓዊ
tefai hawi

das Visier
ርእየት
räyet

der Feuerwehrhelm
ሃልመት መጥፍእ ሓዊ
halmet metfä hawi

die Feuerwehrschutzjacke
ጃኬት መከላኸሊ ሓዊ
dschaket mekelacheli hawi

der Reflexstreifen
ሽራጥ ረፍለክስ
schrat refleks

der Feuerwehrschlauch
ቱቦ መጥፍእ ሓዊ
tubo metfä hawi

die Brandbekämpfung
ምድምሳስ ባርዕ
mdmsas barä

der Notausgang
መውጽኢ ህጹጽ ኲነታት
mewtsi htsuts kunetat

die Axt
ፋስ
fas

der Rauchmelder
መፈለጊ ትኪ
mefelegi tki

die Feuerwache
መደበር ሓዊ
medeber hawi

das Löschfahrzeug
ባጎኒ መደምሰስ ሓዊ
bagoni medemses hawi

IN DEN BERGEN - ኣብ ጎቦታት

der Helm
ሃልመት
halmet

die Bergwacht
ሓለዋ ጎቦ
halewa gobo

der Rettungseinsatz
ስራሕ ድሕነት
srah dhnet

der Karabiner
መእሰሪ ገመድ
meäseri gemed

das Seil
ገመድ
gemed

die Einsatzkraft
ሰራሕተኛ ድሕነት
serahtenya dhnet

der Rettungsschlitten
ዓረብያ ድሕነት
arebya dhnet

das Schneemobil
መኪና ውርጪ
mekina wrtschi

das Fangnetz
መርበብ ምሓዝ
merbeb mhaz

die Lawine
መደረጋሕ
mederegah

das LVS-Gerät
መሳርሒ ኤል.ቪ.ኤስ.
mesarhi el.vi.es.

der Rettungshund
ከልቢ ድሕነት
kelbi dhnet

der Rettungshub-schrauber
ሄሊኮፕተር ድሕነት
helikopter dhnet

der Lawinenschutz
ምክልኻል መደረጋሕ
mklchal mederegah

das Lawinenwarn-schild
ምልክት መጠንቀቕታ መደረጋሕ
mlkt metenqeqta mederegah

DAS MEER - ባሕሪ

die Schwimmweste
ጃኬት ሂወት ማይ
dschaket hiwet may

der Rettungsring
ቀለቤት ድሕነት
qelebyet dhnet

der Sammelpunkt
ቦታ ምእካብ
bota mäkab

der Sturm
ማዕበል
maäbel

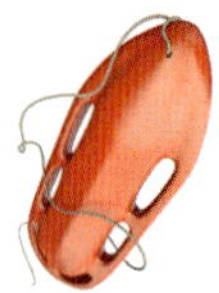
die Rettungsboje
ሓባ ድሕነት
haba dhnet

der Rettungsschwimmer
ሓምባሲ ድሕነት
hambasi dhnet

der Wachturm
ግምቢ ሓለዋ
gmbi halewa

der Tsunami
ትሱናሚ
tsunami

das Küstenwachboot
ጃልባ ዋርድያ ገምገም ባሕሪ
dschalba wardya gemgem bahri

das Rettungsboot
ጃልባ ድሕነት
dschalba dhnet

kentern
ዓንቀፈ
anqefe

der Schiffbruch
ስባር መርከብ
sbar merkeb

der/die Vermisste	**ክርከቡ ዘይከኣሉ** krkebu zeykealu
das Rettungstau	**ድሕነት ምድሓን** dhnet mdhan
die Wetterbedingungen	**ኩነታት ኣየር** kunetat ayer
der Seewetterbericht	**ዜና ኩነታት ኣየር ባሕሪ** zena kunetat ayer bahri
die Suche	**ምድላይ** mdlay
ertrinken	**ጠሓለ** tehale
die Havarie	**ዓቢ ሓደጋ ድንገት** abi hadega dnget
in Seenot geraten	**ኣብ መከራ ባሕሪ ኣተወ** ab mekera bahri atewe

WEITERE NOTSITUATIONEN – ተወሰኽቲ ህጹጽ ኩነታት

die Explosion
ነትጒ
netgi

die Epidemie
ለብዒ
lebi

die Evakuierung
ምሕዳግ ምውጻእ
mhdag mwtsaä

der Bombenalarm
መጠንቀቕታ ቦምብ
metenqeqta bomb

die nukleare Katastrophe
ኑክለሳዊ መቕዘፍቲ
nuklesawi meqzefti

die Notlandung
ምውራድ ህጹጽ ኩነታት
mwrad htsuts kunetat

der Terrorangriff
መጥቃዕቲ ተሮር
metqaäti teror

retten
ኣድሓነ
adhane

die Notrufnummer
ቁጽሪ ተለፎን ረድኤት
qutsri telefon redet

die Überwachungskamera
ካመራ ውሕስነት
kamera whsnet

der Verletzte
ህሱያት
hsuyat

die Verletzung
መቑሰልቲ መውጋእቲ
meqselti mewgaäti

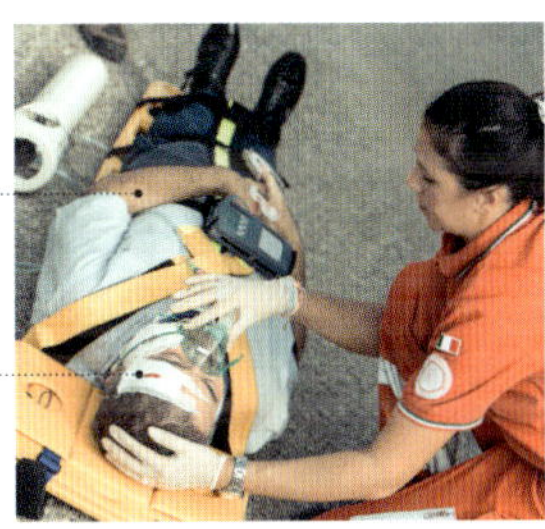

der/die Vermisste	**ክርከቡ ዘይከኣሉ**	krkebu zeykealu
die Suchmannschaft	**ጋንታ ድልያ**	ganta dlya
die Gefahr	**ድንገት**	dnget
Hilfe!	**ሓገዝ!**	hagez
Es ist ein Unfall passiert!	**ሓደጋ ተፈጺሙ ኣሎ!**	hadega tefetsimu alo
Rufen Sie einen Rettungswagen!	**መኪና ድሕነት ደውሉ ኢኹም!**	mekina dhnet dewlu ichum
Rufen Sie die Polizei!	**ፖሊስ ደውሉ ኢኹም!**	polis dewlu ichum
Rufen Sie die Feuerwehr!	**መጥፍእ ሓዊ ደውሉ!**	metfä hawi dewlu

Achtung, Gefahr!
ድንገት ኣሎ ተጠንቀቕ!
dnget alo tetenqeq

ERDE UND NATUR

ምድርን ተፈጥሮን

DER WELTRAUM – ህዋ ኣድማስ

das Sonnensystem
ስርዓት ጸሓይ
srat tsehay

① *die Sonne*
ጸሓይ
tsehay

② *der Merkur*
ባዚቃ
baziqa

③ *die Venus*
ቨኑስ
venus

④ *die Erde*
ምድሪ
mdri

⑤ *der Mars*
ማርስ
mars

die Mondphasen
ደረጃታት ወርሒ
deredschatat werhi

⑤ *die Mondsichel*
ወርሒ ሂላል
werhi hilal

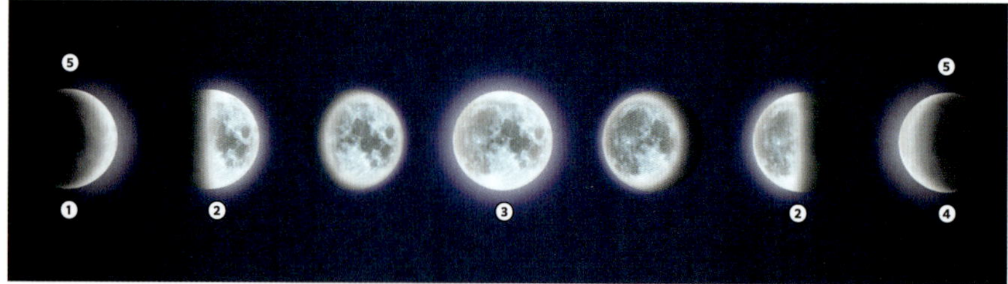

① *der zunehmende Mond*
ዝውስኽ ወርሒ
zwsch werhi

② *der Halbmond*
ፍርቂ ወርሒ
frqu werhi

③ *der Vollmond*
ህጡር ወርሒ
htur werhi

④ *der abnehmende Mond*
ዝነኪ ወርሒ
zneki werhi

DER WELTRAUM - ህዋ ኣድማስ

⑥ *der Jupiter*
ጁፒተር
dschupiter

⑦ *der Saturn*
ሳቱርን
saturn

⑧ *der Uranus*
ኡራኑስ
uranus

⑨ *der Neptun*
ነፕቱን
neptun

das Raumschiff
መርከብ ህዋ
merkeb hwa

① *der Außentank*
ግዳማዊ ፍስቶ
gdamawi fsto

② *der Booster*
ቡስተር
buster

③ *der Orbiter*
ዓዋዳይ
awaday

DER WELTRAUM – ህዋ ኣድማስ

die Sonnenfinsternis
ግርደት ጸሓይ
grdet tsehay

die Galaxie
ጋላክሲ
galaksi

die Milchstraße
ጸባዊ ጽርግያ
tsebawi tsrgya

der Komet
ኮመት
komet

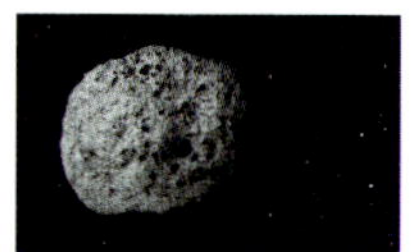

der Asteroid
ኣስተሮኢድ
asteroid

der Planet
ፕላነት
planet

der Meteor
ኮኾብ በራሪ
kochob berari

das Universum
ኣድማስ
admas

der Astronaut
ጠፈርተኛ
tefertenya

der Satellit
ሳተላይት
satelayt

die Sternwarte
መካነ-ትዕዝብቲ
mekane-täzbti

das Radioteleskop
ራድዮ-ተለስኮፕ
radyo-teleskop

der Nebel
ግመ
gme

das schwarze Loch	**ጸሊም ነኂል** tselim nechal
die Schwerkraft	**ስሕበት** shbet
die Umlaufbahn	**ቅናት-ዙረት** qnat-zuret
das Lichtjahr	**ዓመት ብርሃን** amet brhan
der Urknall	**ገውታ ገዚፍ** gewta gezif
der Stern	**ኮኾብ** kochob
die Raumstation	**መደበር ህዋ** medeber hwa
die Astronomie	**ኣስትሮኖሚ** astronomi

DIE ERDE - ምድሪ

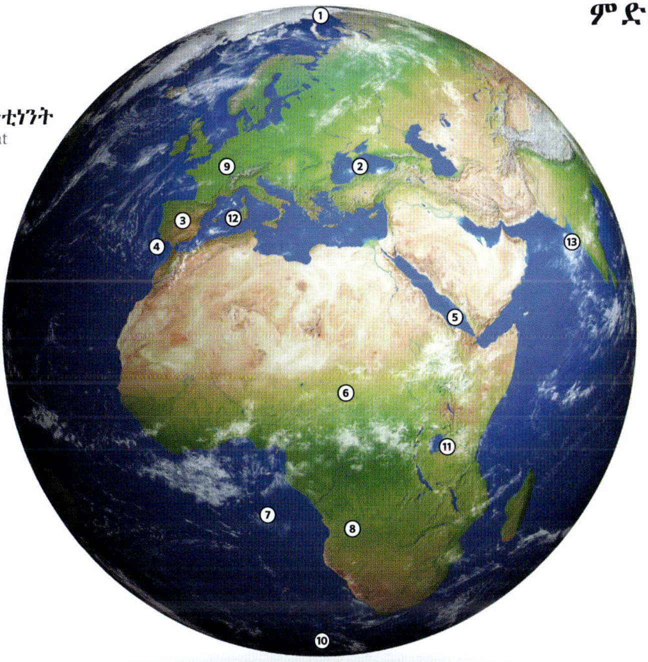

① *der Nordpol*
ዋልታ-ምድሪ ሰሜን
walta-mdri semen

② *das Binnenmeer*
ባሕሪ ኣብ ውሽጢ ኮንቲነንት
bahri ab wschti kontinent

③ *die Halbinsel*
ፍርቂ ደሴት
frqu deset

④ *die Meerenge*
ጸቢብ ቦታ ባሕሪ
tsebib bota bahri

⑤ *der Golf*
ጎልፍ
golf

⑥ *der Kontinent*
ኮንቲነንት
kontinent

⑦ *das Meer*
ባሕሪ
bahri

⑧ *das Land*
መሬት
meret

⑨ *die Gebirgskette*
ሰንሰለት ጎቦ
senselet gobo

⑩ *der Südpol*
ዋልታ-ምድሪ ደቡብ
walta-mdri debub

⑪ *der See*
ቀላይ
qelay

⑫ *die Insel*
ደሴት
deset

⑬ *die Bucht*
ማይ ቤት
may byet

die Atmosphäre	**ሃዋህው** hawahw
der Erdmantel	**መንጠሊና ምድሪ** mentelina mdri
die Erdkruste	**ቅራፊ ምድሪ** qrfi mdri
der innere Erdkern	**ውሽጣዊ ሕመረት** wschtawi hmeret
der äußere Erdkern	**ግዳማዊ ሕመረት ባይታ** gdamawi hmeret bayta
die Platte	**ፕለይት** pleyt
das Grundgestein	**ሰረታዊ ከውሒ** seretawi kewhi
die Erde	**ምድሪ** mdri

DIE WELTKARTE - ካርታ ዓለም

① *das Nordpolarmeer*
ባሕሪ ሰሜናዊ ዋልታ
bahri semenawi walta

⑥ *der Pazifische Ozean*
ፓሲፊካዊ ውቅያኖስ
pasifikawi wqyanos

⑦ *der Atlantische Ozean*
ኣትላንቲካዊ ውቅያኖስ
atlantikawi wqyanos

⑧ *der Indische Ozean*
ህንዳዊ ውቅያኖስ
hndawi wqyanos

⑨ *das Arabische Meer*
ዓረባዊ ባሕሪ
arebawi bahri

⑩ *das Karibische Meer*
ባሕሪ ካሪብያን
bahri karibyan

⑪ *das Mittelmeer*
ማእከላዊ ባሕሪ
maäkelawi bahri

⑫ *die Nordsee*
ሰሜናዊ ባሕሪ
semenawi bahri

⑬ *die Ostsee*
ምብራቓዊ ባሕሪ
mbraqawi bahri

⑭ *das Kaspische Meer*
ካስፓዊ ባሕሪ
kaspawi bahri

⑮ *das Schwarze Meer*
ጸሊም ባሕሪ
tselim bahri

⑯ *der Ärmelkanal*
መትረብ እንግሊዝ
metreb ängliz

⑰ *das Rote Meer*
ቀይሕ ባሕሪ
qeyh bahri

⑱ *das Südpolarmeer*
ባሕሪ ደቡባዊ ዋልታ
bahri debubawi walta

② *der Himalaja*
ሂማላያ
himalaya

③ *die Alpen*
አልፕስ
alps

④ *die Anden*
አንደን
anden

⑤ *die Rocky Mountains*
ሮኪ ማውንትንስ
roki mawntens

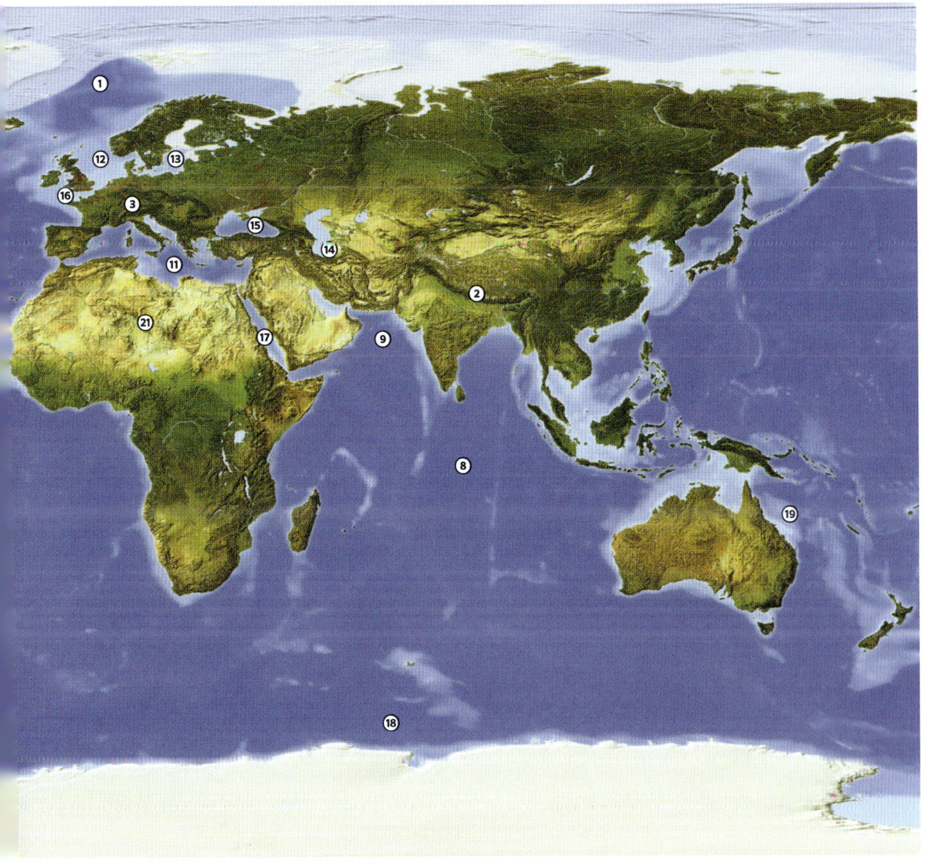

⑲ *das Great Barrier Reef*
ግሬይት በርየር ሪይፍ
greyt beryer riyf

⑳ *Amazonien*
አማዞንያ
amazonya

㉑ *die Sahara*
ሳሃራ
sahara

DIE WELTKARTE – ካርታ ዓለም

die Nordhalbkugel
ሰሜናዊ ንፍቀ-ክቢ
semenawi nfqe-kbi

die Arktis
አርክቲክ
arktik

der nördliche Wendekreis
ሰሜናዊ ዓንኬል ኣንጎሎ
semenawi ankel angolo

die westliche Hemisphäre
ምዕራባዊ ንፍቀ-ክቢ
märabawi nfqe-kbi

die östliche Hemisphäre
ምብራቓዊ ንፍቀ-ክቢ
mbraqawi nfqe-kbi

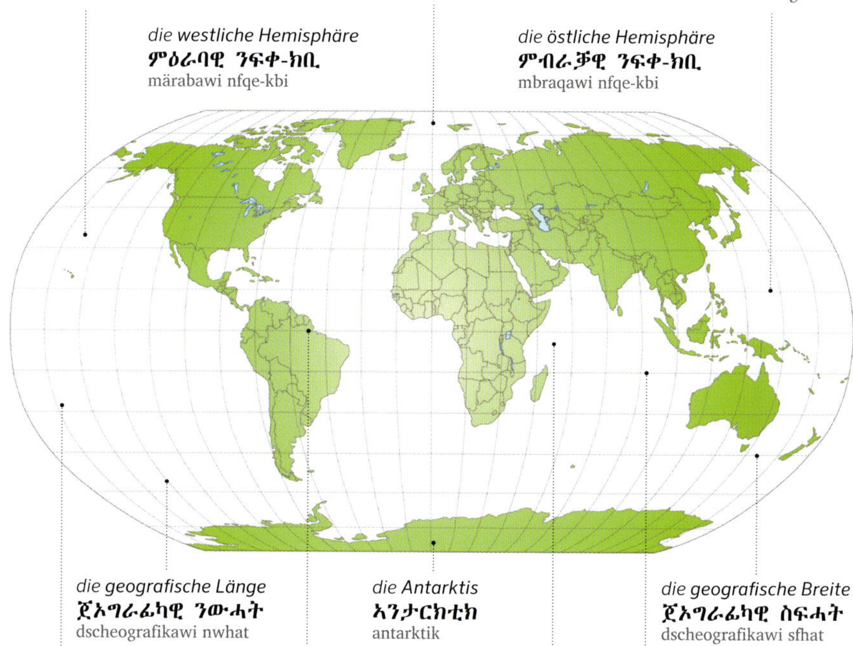

die geografische Länge
ጆኦግራፊካዊ ንውሓት
dscheografikawi nwhat

die Antarktis
ኣንታርክቲክ
antarktik

die geografische Breite
ጆኦግራፊካዊ ስፍሓት
dscheografikawi sfhat

die Südhalbkugel
ደቡባዊ ንፍቀ-ክቢ
debubawi nfqe-kbi

der Äquator
ቅናት ምድሪ
qnat mdri

die Tropen
ትሮፒክስ
tropiks

der südliche Wendekreis
ደቡባዊ ዓንኬል ኣንጎሎ
debubawi ankel angolo

der nördliche Polarkreis	**ዓንኬል ሰሜናዊ ዋልታ** ankel semenawi walta
der südliche Polarkreis	**ዓንኬል ደቡባዊ ዋልታ** ankel debubawi walta
das Land	**ዓዲ** adi
der Staat	**ሃገር** hager
die Nation	**ሃገር** hager
das Territorium	**መሬት** meret

das Fürstentum	**ብሓደ ልኡል ዚመሓደር ግዝኣት** bhade lul zimehader gzat
das Königreich	**ንግስነት** ngsnet
die Republik	**ረፑብሊክ** republik
die Kolonie	**ግዝኣት** gzat
die Provinz	**ኣውራጃ** awradscha
die Zone/die Region	**ዞባ** zoba
die Hauptstadt	**ርእሰ ከተማ** räse ketema

UN-MITGLIEDSSTAATEN - ኣባላት ሃገራት ዩ.ኤን.

Europa - ኤውሮጳ

Albanien
ኣልባንያ
albanya

Andorra
ኣንዶራ
andora

Belgien
በልጅም
beldschm

Bosnien und Herzegowina
ቦስንያን ሀርሰጎቪናን
bosnyan hersegovinan

Bulgarien
ቡልጋርያ
bulgarya

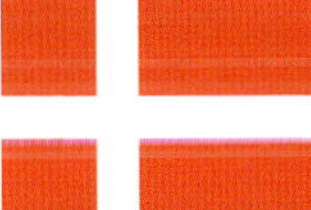

Dänemark
ደነማርክ
denemark

Deutschland
ጀርመን
dschermen

die ehemalige jugoslawische Republik Mazedonien
ናይ ቀደም ዩጎስላቫዊ ረፑብሊክ ማሰዶንያ
nay qedem yugoslavawi republik masedonya

Estland
ኣስቶንያ
estonya

Finnland
ፊንላንድ
finland

Frankreich
ፍራንሳ
fransa

Griechenland
ዓዲ ግሪኽ
adi grich

Irland
ኢርላንድ
irland

Island
ኢስላንድ
island

Italien
ኢጣልያ
italya

Kroatien
ክሮኣስያ
kroasya

UN-MITGLIEDSSTAATEN - አባላት ሃገራት ዩ.ኤን.

Europa - ኤውሮጳ

Lettland
ለትላንድ
letland

Liechtenstein
ሊክተንሽታይን
liktenschtayn

Litauen
ሊታወን
litawen

Luxemburg
ሉክሰምቡርግ
luksemburg

Malta
ማልታ
malta

Moldawien
ሞልዳቭያ
moldavya

Monaco
ሞናኮ
monako

Montenegro
ሞንተነግሮ
montenegro

die Niederlande
ሆላንድ
holand

Norwegen
ኖርወይ
norwey

Österreich
ኦስትርያ
ostrya

Polen
ፖላንድ
poland

Portugal
ፖርቱጋል
portugal

Rumänien
ሩመንያ
rumenya

Russland
ሩስያ
rusya

San Marino
ሳን ማሪኖ
san marino

UN-MITGLIEDSSTAATEN – ኣባላት ሃገራት ዩ.ኤን.

Europa – ኤውሮጳ

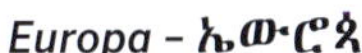

Schweden
ሽወደን
schweden

die Schweiz
ስዊዘርላንድ
swizerland

Serbien
ሰርብያ
serbya

die Slowakei
ስሎቫክያ
slovakya

Slowenien
ስሎቨንያ
slovenya

Spanien
እስፓኛ
äspanya

Tschechien
ረፑብሊክ ቸኮስሎቫክያ
republik tschekoslovakya

die Ukraine
ዩክረይን
yukreyn

Ungarn
ሃንገሪ
hangeri

das Vereinigte Königreich
ዓዲ እንግሊዝ
adi ängliz

Weißrussland
በላሩስ
belarus

Zypern
ሳይፕረስ
saypres

Nord- und Mittelamerika – ሰሜናውን ማእከላይን ኣመሪካ

Antigua und Barbuda
ኣንቲጓን ባርቡዳን
antigwan barbudan

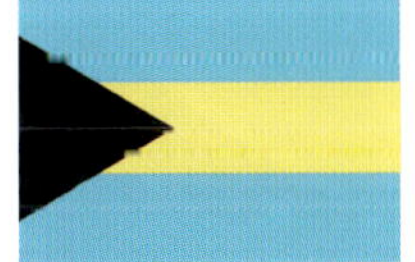

die Bahamas
ባሃማስ
bahamas

Barbados
ባርበዶስ
barbedos

Belize
በሊስ
belis

UN-MITGLIEDSSTAATEN – አባላት ሃገራት ዩ.ኤን.

Nord- und Mittelamerika – ሰሜናውን ማእከላይን ኣመሪካ

Costa Rica
ኮስታ ሪካ
kosta rika

Dominica
ዶሚኒካ
dominika

die Dominikanische Republik
ረፑብሊክ ዶሚኒካ
republik dominika

El Salvador
ኤል ሳልቫዶር
el salvador

Grenada
ግረናዳ
grenada

Guatemala
ጓተማላ
gwatemala

Haiti
ሃኢቲ
haiti

Honduras
ሆንዱራስ
honduras

Jamaika
ጃማይካ
dschamayka

Kanada
ካናዳ
kanada

Kuba
ኩባ
kuba

Mexiko
መክሲኮ
meksiko

Nicaragua
ኒካራጓ
nikaragwa

Panama
ፓናማ
panama

St. Kitts und Nevis
ሰይንት ኪቲስን ነቪስን
seynt kitisn nevisn

St. Lucia
ሰይንት ሉሽያ
seynt luschya

UN-MITGLIEDSSTAATEN - ኣባላት ሃገራት ዩ.ኤን.

Nord- und Mittelamerika - ሰሜናውን ማእከላይን ኣመሪካ

St. Vincent und die Grenadinen
ሰይንት ቪንሰንትን ግረናድያን
seynt vinsentn grenadyan

Trinidad und Tobago
ትሪኒዳድን ቶበጎን
trinidadn tobegon

die Vereinigten Staaten
ሕቡራት ሃገራት ኣመሪካ
hburat hagerat amerika

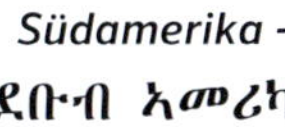

Südamerika - ደቡብ ኣመሪካ

Argentinien
ኣርገንቲንያ
argentinya

Bolivien
ቦሊቭያ
bolivya

Brasilien
ብራዚልያ
brazilya

Chile
ቺለ
tschile

Ecuador
ኣኳዶር
ekwador

Guyana
ጉያና
guyana

Kolumbien
ኮላምብያ
kolambya

Paraguay
ፓራጓይ
paragway

Peru
ፐሩ
peru

Suriname
ሱሪናም
surinam

Uruguay
ኡሩጓይ
urugway

Venezuela
ቨነዙወላ
venezuwela

UN-MITGLIEDSSTAATEN – ኣባላት ሃገራት ዩ.ኤን.

Afrika – ኣፍሪቃ

Ägypten
ግብጺ
gbtsi

Algerien
ኣልገርያ
algerya

Angola
ኣንጎላ
angola

Äquatorialguinea
ኤክዋቶርያል ጉዊነያ
ekwatoryal guwineya

Äthiopien
ኢትዮጵያ
ityopya

Benin
በኒን
benin

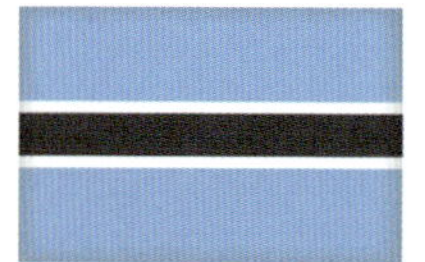

Botswana
ቦትስዋና
botswana

Burkina Faso
ቡርኪና ፋሶ
burkina faso

Burundi
ቡሩንዲ
burundi

die Demokratische Republik Kongo
ደሞክራስያዊ ረፑብሊክ ኮንጎ
demokrasyawi republik kongo

Dschibuti
ጂቡቲ
dschibuti

die Elfenbeinküste
ኣይቨሪ ኮስት
ayveri kost

Eritrea
ኤርትራ
ertra

Gabun
ጋቡን
gabun

Gambia
ጋምብያ
gambya

Ghana
ጋና
gana

UN-MITGLIEDSSTAATEN - ኣባላት ሃገራት ዩ.ኤን.

Afrika - ኣፍሪቃ

Guinea
ጉዊነያ
guwineya

Guinea-Bissau
ጉዊነያ-ቢሳው
guwineya-bisaw

Kamerun
ካመሩን
kamerun

Kap Verde
ከይብ ቨርዲ
keyb verdi

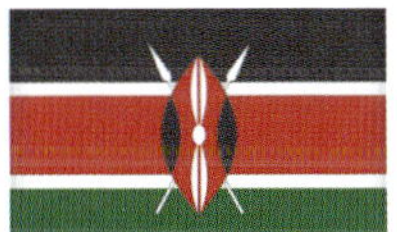

Kenia
ከንያ
kenya

die Komoren
ኮሞሮስ
komoros

Lesotho
ለሶቶ
lesoto

Liberia
ሊበርያ
liberya

Libyen
ሊብያ
libya

Madagaskar
ማዳጋስካር
madagaskar

Malawi
ማላዊ
malawi

Mali
ማሊ
mali

Mauretanien
ማውረታንያ
mawretanya

Mauritius
ማውሪስዩስ
mawrisyus

Marokko
ማሮኮ
maroko

Mosambik
ሞዛምቢክ
mozambik

UN-MITGLIEDSSTAATEN - አባላት ሃገራት ዩ.ኤን.

Afrika - አፍሪቃ

Namibia
ናሚብያ
namibya

(der) Niger
ኒገር
niger

Nigeria
ኒገርያ
nigerya

die Republik Kongo
ረፑብሊክ ኮንጎ
republik kongo

Ruanda
ርዋንዳ
rwanda

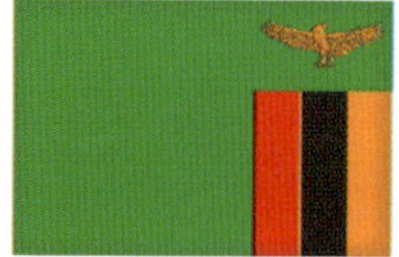

Sambia
ሳምብያ
sambya

São Tomé und Príncipe
ሳው ታመን ፕሪንሳ ይፕን
saw tamen prinsaypn

(der) Senegal
ሰነጋል
senegal

die Seychellen
ሰይሸልስ
seyschels

Sierra Leone
ስየራ ለዮን
syera leyon

Simbabwe
ሲምባብወ
simbabwe

Somalia
ሶማልያ
somalya

Südafrika
ደቡብ አፍሪቃ
debub afriqa

der Sudan
ሱዳን
sudan

der Südsudan
ደቡብ ሱዳን
debub sudan

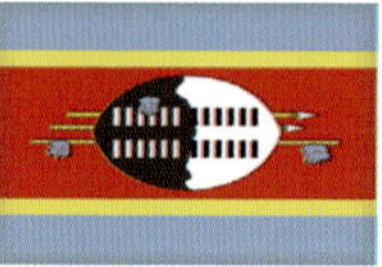

Swasiland
ስዋዚላንድ
swaziland

UN-MITGLIEDSSTAATEN - ኣባላት ሃገራት ዩ.ኤን.

Afrika - ኣፍሪቃ

Tansania
ታንሳንያ
tansanya

Togo
ቶጎ
togo

der Tschad
ቻድ
tschad

Tunesien
ቱኒዝያ
tunizya

Uganda
ኡጋንዳ
uganda

die Zentralafrikanische Republik
ማእከላይ ኣፍሪቃዊ ረፑብሊክ
maäkelay afriqawi republik

Asien - እስያ

Afghanistan
ኣፍጋኒስታን
afganistan

Armenien
ኣርመንያ
armenya

Aserbaidschan
ኣዘርባይጃን
azerbaydschan

Bahrain
ባሕረይን
bahreyn

Bangladesch
ባንግላደሽ
bangladesch

Bhutan
ቡታን
butan

Brunei
ብሩነይ
bruney

China
ቻይና
tschayna

UN-MITGLIEDSSTAATEN - አባላት ሃገራት ዩ.ኤን.

Asien - እስያ

Georgien
ጆርጅያ
dschordschya

Indien
ዓዲ ህንዲ
adi hndi

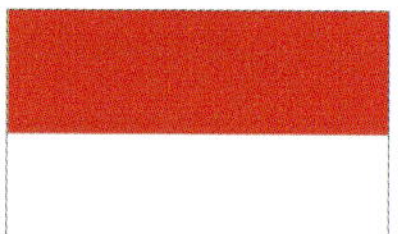

Indonesien
ኢንዶኒዝያ
indonizya

(der) Irak
ዒራቕ
iraq

(der) Iran
ኢራን
iran

Israel
እስራኤል
äsrael

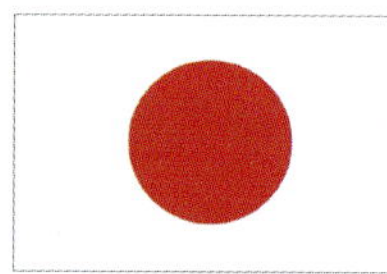

Japan
ጃፓን
dschapan

(der) Jemen
የመን
yemen

Jordanien
ዮርዳንያ
yordanya

Kambodscha
ካምቦጃ
kambodscha

Kasachstan
ካዛኽስታን
kazachstan

Kirgisistan
ክርጊስታን
krgistan

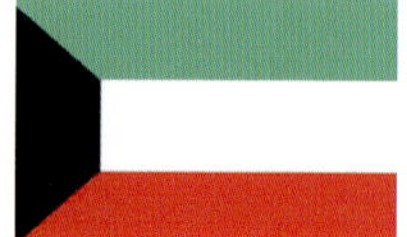

Kuwait
ኩወይት
kuweyt

Laos
ላኦስ
laos

(der) Libanon
ሊባኖን
libanon

Katar
ቃታር
qatar

UN-MITGLIEDSSTAATEN - አባላት ሃገራት ዩ.ኤን.

Asien - እስያ

Malaysia
ማላይዝያ
malayzya

die Malediven
ማልዳይቭስ
maldayvs

die Mongolei
ሞንጎልያ
mongolya

Myanmar
ሚያንማር
miyanmar

Nepal
ነፓል
nepal

Nordkorea
ሰሜን ኮረያ
semen koreya

Oman
ኦማን
oman

Osttimor
ምብራቕ ቲሞር
mbraq timor

Pakistan
ፓኪስታን
pakistan

die Philippinen
ዓዲ ፊሊፒን
adi filipin

Saudi-Arabien
ስዑዲ ዓረብ
sudi areb

Singapur
ሲንጋፑር
singapur

Sri Lanka
ስሪ ላንካ
sri lanka

Südkorea
ደቡብ ኮረያ
debub koreya

Syrien
ስርያ
srya

Tadschikistan
ታጂኪስታን
tadschikistan

UN-MITGLIEDSSTAATEN - ኣባላት ሃገራት ዩ.ኤን.

Asien - ኤስያ

Thailand
ታይላንድ
tayland

die Türkei
ቱርኪ
turki

Turkmenistan
ቱርክመኒስታን
turkmenistan

Usbekistan
ኡዝበኪስታን
uzbekistan

die Vereinigten Arabischen Emirate
ሕቡራት ዓረባዊ ኤሚረይትስ
hburat arebawi emireyts

Vietnam
ቪየትናም
viyetnam

Ozeanien - ቦታ ውቅያኖስ

Australien
ኣውስትራልያ
awstralya

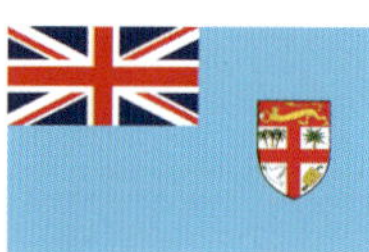

Fidschi
ፊጂ
fidschi

Kiribati
ኪሪባቲ
kiribati

die Marshallinseln
ማርሻል ደሴታት
marschal desetat

Mikronesien
ሚክሮኒዝያ
mikronizya

Nauru
ናውሩ
nawru

Neuseeland
ንዩዚለንድ
nyuzilend

Palau
ፓላው
palaw

UN-MITGLIEDSSTAATEN - ኣባላት ሃገራት ዩ.ኤን.

Ozeanien - ቦታ ውቅያኖስ

Papua-Neuguinea
ፓፑዋ ኑ-ጂነዋ
papuwa nu-dschinewa

die Salomonen
ሰሎሞን ደሴታት
selomon desetat

Samoa
ሳሞዋ
samowa

Tonga
ቶንጋ
tonga

Tuvalu
ቱቫሉ
tuvalu

Vanuatu
ቫኑዋቱ
vanuwatu

Internationale Organisationen - ኣህጉራውያን ውድባት

die Europäische Union (EU)
ኤውሮጳዊ ሕብረት (ኢ.ዩ.)
ewropawi hbret (i.yu.)

die Vereinten Nationen (UN)
ሕቡራት ሃገራት (ዩ.ኤን.)
hburat hagerat (yu.en.)

die Organisation des Nordatlantikvertrags (NATO)
ውድብ ሰሜን ኣትላንቲካዊ ውዕል (ነይቶ)
wdb semen atlantikawi wäl (neyto)

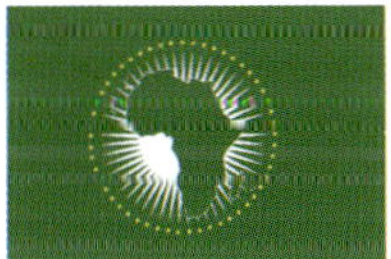

die Afrikanische Union
ኣፍሪቃዊ ሕብረት
afriqawi hbret

die Arabische Liga
ዓረባዊ ማሕበር ኩዕሶ እግሪ
arebawi mahber kuäso ägri

die UNESCO
ዩነስኮ
yunesko

das Commonwealth
ናይ ሓባር ብልጽግና
nay habar bltsgna

DAS WETTER – ኩነታት ኣየር

sonnig
ብሩህ
bruh

wolkig
ደበናዊ
debenawi

neblig
ግመኣዊ
gmeawi

windig
ንፋስ ዝበዝሖ
nfas zbezho

heiß
ውዑይ
wuy

warm
ውዑይ
wuy

kalt
ዝሑል
zhul

bedeckt
ሽፉን
schfun

vereist
በረዳዊ
beredawi

verschneit
ውርጫዊ
wrtschawi

regnerisch
ዝናባዊ
znabawi

stürmisch
ማዕበላዊ
maäbelawi

feucht
ጥሉል
tlul

die Temperatur	**ሙቐት** muqet
der Grad	**ደረጃ** deredscha
Celsius	**ሰልስየስ** selsyes
Fahrenheit	**ፋረንሃይት** farenhayt
die Wettervorhersage	**ዜና ኩነታት ኣየር** zena kunetat ayer
Wie ist das Wetter?	**ኩነታት ኣየር ከመይ ድዩ?** kunetat ayer kemey dyu
Es ist schön/trüb/nasskalt.	**ጽቡቕ/ደበናዊ/ጥሉል-ዝሑል እዩ ዘሎ።** tsbuq/debenawi/tlul-zhul äyu zelo
Es regnet/schneit.	**ማይ/ውርጪ ይሃርም ኣሎ።** may/wrtschi yharm alo

DAS WETTER - ኩነታት ኣየር

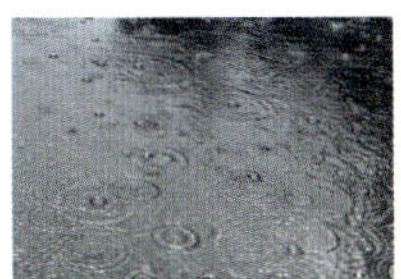

der Regen
ዝናብ
znab

der Regenbogen
ቀስተ-ደመና
qeste-demena

der Sonnenschein
ብርሃን ጸሓይ
brhan tsehay

der Wind
ንፋስ
nfas

das Gewitter
ብርቱዕ ዝናብ
brtuä znab

der Donner
ነጐዳ
negoda

der Blitz
በርቂ
berqu

der Hagel
በረድ
bered

der Raureif
ሽበት ዘሎ
schbet zelo

der Schnee
ውርጪ
wrtschi

der Frost
ኣሳሓይታ
asahayta

das Eis
ኣይስ-ክሪም
ays-krim

die Brise	**ህዱእ ንፋስ** hduä nfas
die Windgeschwindigkeit	**ፍጥነት ንፋስ** ftnet nfas
der Pollenflug	**ንፍረት ጽገ** nfret tsge
die UV-Strahlen	**ዩ.ቪ. ረይስ** yu.vi. reys
der Ozon	**ኦዞን** ozon
die Ozonschicht	**ቀጸላ ኦዞን** qetsela ozon
die Stratosphäre	**እስትራቶስፍየር** ästratosfyer
die Troposphäre	**ታሕታይ ክበ ኣየር** tahtay kbe ayer

der Smog
ዒግታ
igta

DAS WETTER - ኩነታት ኣየር

Naturkatastrophen - ተፈጥሮኣውያን መቕዘፍቲታት

die Dürre
ድርቂ
drqu

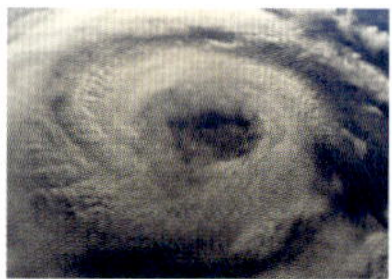

der Hurrikan
ህቦብላ
hbobla

der Tornado
ህቦብላ
hbobla

der Monsun
ብዝሒ ዝናብ ዝረኣየሉ ግዜ፡ ክራማት
bzhi znab zreayelu gze, kramat

die Überschwemmung
ምዕልቕላቕ
mälqlaq

das Erdbeben
ምንቅጥቃጥ መሬት
mnqtqat meret

der Vulkanausbruch
እሳተ-ጎመራዊ ግንፋለ
äsate-gomerawi gnfale

der Tsunami
ትሱናሚ
tsunami

der Erdrutsch
መደረጋሕ
mederegah

der Waldbrand
ዱር
dur

die Hitzewelle
ዝወዛወዝ ዋዒ
zwezawez wai

der Sturm
ማዕበል
maäbel

die Lawine
መደረጋሕ
mederegah

der Schneesturm
ህቦብላ ውርጪ
hbobla wrtschi

der (tropische) Wirbelsturm
ትሮፒካዊ ሳይክሎን
tropikawi sayklon

die Pandemie
ሃገር-ከተት
hager-ketet

DIE LANDSCHAFT – ትዕይንቲ

das Gebirge
ጎቦታት
gobotat

der Berghang
ቁናን ሕንጻጽ ጎቦ
qyenan hntsats gobo

der Gipfel
ጫፍ ዝለዓለ ነቑጣ
tschaf zleale neqta

der Felsen
ከውሒ
kewhi

der Berg
ጎቦ
gobo

der See
ቀላይ
qelay

der Wald
ዱር
dur

das Tal
ስንጭሮ
sntschro

der Fluss
ፈለግ
feleg

die Flussmündung
ጫፍ ፈለግ
tschaf feleg

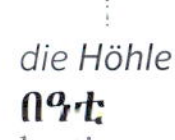

die Höhle
በዓቲ
beati

die Klippe
ጸድፊ
tsedfi

die Küste
ገምገም
gemgem

der Gletscher
ከውሒ-በረድ
kewhi-bered

der Wasserfall
መንጫዕጫዕታ
mentschaätschaät

DIE LANDSCHAFT – ትዕይንቲ

das Plateau
ከበሳ
kebesa

der Hügel
ዓቐበት
aqebet

die Ebene
ጽፍሒ
tsfhi

die Schlucht
ዓሚቕ ስንጭሮ
amiq sntschro

die Wüste
ምድረ-ቤዳ
mdre-byeda

die Wiese
ሸኻ
schecha

das Feuchtgebiet
ጥልቁይ መሬት
tlquy meret

die Heide
ስፍሓት ሸኻ
sfhat schecha

das Grasland
ምድረ-ሳዕሪ
mdre-saäri

der Geysir
ተፋእ ሃፋ
tefaä hafa

die Thermalquelle
ምንጪ ናይ ዋዒ
mntschi nay wai

der Vulkan
እሳተ-ጎመራ
äsate-gomera

die Bucht
ማይ ቤት
may byet

das Korallenriff
ተዓጻጻፊ ክፍሊ-ጋንጽላ መርጀን
teatsatsafi kfli-gantsla merdschen

die Insel
ደሴት
deset

der Gebirgsbach
ቀጻሊ ዋሕዚ ጎቦ
qetsali wahzi gobo

STEINE UND MINERALIEN - ኣእማንን ማዕድናትን

das Eisenerz
ሓመድ-ብረት ሓጺን
hamed-bret hatsin

der Sandstein
እምነሑጻ
ämnehutsa

der Asphalt
ቅጥራን
qtran

der Granit
ጸሊም እምኒ
tselim ämni

der Kalkstein
እምኒ ኖራ
ämni nora

die Kreide
ኩርሽ
kursch

die Kohle
ከሰል
kesel

der Schiefer
እምኒ-ቀጸላ
ämni-qetsela

der Marmor
እምነ-በረድ መሰል
እምነ በረዳዊ
ämne-bered mesel ämne beredawi

der Schwefel
ሱልፋር
sulfur

der Grafit
ግራፋይት
grafayt

das Gold
ወርቂ
werqu

das Silber
ብሩር
brur

das Kupfer
ነሃሲ
nehasi

das Quecksilber
ባዚቃ
baziqa

der Bauxit
ቦክሳይት
boksayt

STEINE UND MINERALIEN - ኣእማንን ማዕድናትን

Edel- und Halbedelsteine - ክቡራት ኣእማን

der Rubin
ቀይሕ ጀውሃር
qeyh dschewhar

der Aquamarin
ዕንቊ
änqi

der Jade
ጃደ
dschade

der Smaragd
ስምራግድ
smragd

der Saphir
ብሩህ ሰመያዊ ጀውሃር
bruh semeyawi dschewhar

der Amethyst
ክቡር እምኒ
kbur ämni

der Quarz
ኳርትስ
kwarts

der Diamant
ኣልማዝ
almaz

der Turmalin
ቱርማሊን
turmalin

der Topas
ቶጳዚዮን
topaziyon

der Granat
ሮማናይ
romanay

das/der Tigerauge
ኣዒንቲ ነብሪ
ainti nebri

der Opal
ኦፓል
opal

der Bernstein
ዕንዲዳ ጌጽ
ändida gyets

der Türkis
ዕንቊ ቱርኪ
änq turki

der Rosenquarz
ኳርትስ ጽገሬዳ
kwarts tsgereda

der Onyx
ኦኒክስ
oniks

die Perle
ሉል
lul

der Lapislazuli
ፓፒስላዙሊ
papislazuli

der Citrin
ሲትሪን
sitrin

PFLANZEN - ተኽልታት

Bäume - ኣእዋም

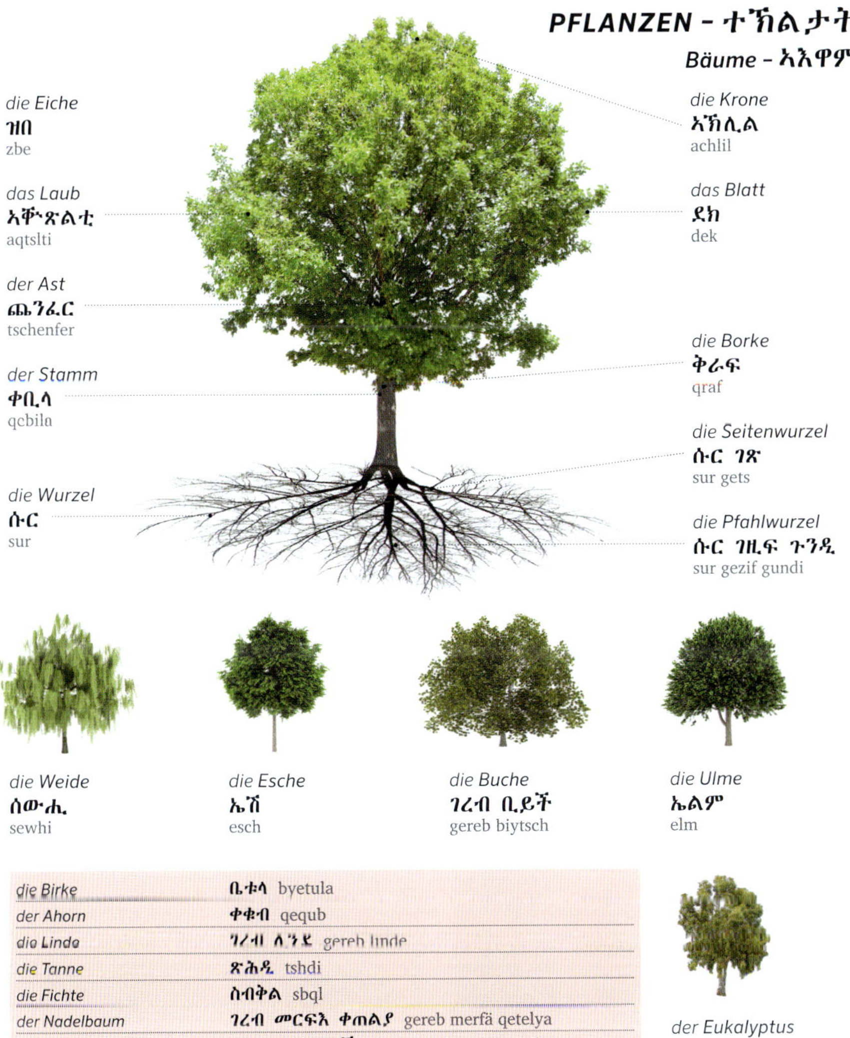

die Birke	ቤቱላ byetula
der Ahorn	ቀቁብ qequb
die Linde	ገረብ ሊንደ gereb linde
die Tanne	ጽሕዲ tshdi
die Fichte	ስብቅል sbql
der Nadelbaum	ገረብ መርፍእ ቀጠልያ gereb merfä qetelya
der Laubbaum	ገረብ ብዙሕ ኣቑጽልቲ gereb bzuh aqutslti
der immergrüne Baum	ገረብ ወትሩ ሓምላይ gereb wetru hamlay

PFLANZEN - ተኽልታት

Wildpflanzen - ተኽልታት ዘገዳም

die Flechte
ሊቸን ዝብሃል ክፋል ኦም
litschen zbhal kfal om

das Moos
ሰበባ
sebeba

die Distel
ዳንዬር
dandyer

der Pilz
ቃንጥሻ
qantscha

die Brennnessel
ተኽሊ ኣምዐ
techli ame

der Fingerhut
ኩስቱባን
kustuban

der Bärenklau
ጻህያይ ሆግ
tsahyay hog

der Löwenzahn
ስነ-ኣንበሳ
sne-anbesa

das Gänseblümchen
ማርገሪታ
margerita

das Heidekraut
ኮሎኛ
kolonya

das Hasenglöckchen
ሰማያዊ ዕንባባ
semayawi änbaba

der Klee
ክሎቨር
klover

die Kamille
ከሞማይል
kemomayl

das Maiglöckchen
ሹሻን ስንጭሮ
schuschan sntschro

die Pusteblume
መተንፈሲ ዕንባባ
metenfesi änbaba

die Butterblume
ፍዮሪ ጠስሚ
fyori tesmi

PFLANZEN - ተኽልታት

Zierblumen - ፍዮሪታት ስልማት

das Schneeglöckchen
ጋላንቱስ
galantus

der Krokus
ክሮክስ
kroks

die Seerose
ሹሻን ማይ
schuschan may

der Lavendel
ላቨንደር
lavender

der Flieder	**ሊላክ** lilak
der/das Rhododendron	**ሮዶደንድሮን** rododendron
blühen	**ፍዮሪ** fyori
duften	**ጥዑም ሽተተ** tum schetete
verwelken	**ቀምሰለ** qemsele
keimen	**በቚለ** beqole
die Frühlingsblume	**ፍዮሪ ጽድያ** fyori tsdya
der Nachtblüher	**ፍዮሪ ለይቲ** fyori leyti

die Petunie
ፔቱኒያ
petuniya

PFLANZEN - ተኽልታት

Zierblumen - ፍዮሪታት ስልማት

die Nelke
ነልከ እትብሃል ሕብራዊት ፍዮሪ
nelke ätbhal hbrawit fyori

die Primel
ፕሪምሮዝ
primroz

die Gerbera
ገርበራ
gerbera

die Tulpe
ቱሊፕ
tulip

die Narzisse
ዳፎዲል
dafodil

die Iris
ኢሪስ
iris

die Chrysantheme
ክሪዛንተመም
krizantemem

die Hyazinthe
ሃያሲንት
hayasint

die Ringelblume
ማሪጎልድ
marigold

das Stiefmütterchen
ፓንሲስ
pansis

die Orchidee
ኦርቺድ
ortschid

der Rosenstrauch
ሕቑፊ ጽገሬዳ
hqufi tsgereda

die Lilie
ሹሻን
schuschan

die Sonnenblume
ሱፍ
suf

die Geranie
ዕንባባ መስቀል
änbaba mesqel

die Hortensie
ዓቢ ጻዕዳ
abi tsaäda

PFLANZEN - ተኽልታት

Gartenpflanzen - ተኽልታት ጀርዲን

der/das Efeu
ኣይቪ
ayvi

der Obstbaum
ገረብ ፍረ
gereb fre

die Baumblüte
ዕምባባ ገረብ
ämbaba gereb

der Trieb
በቌላ
beqola

der Formschnitt
ስንጣቐ ቅርጺ
sntaqe qrtsi

das Unkraut
ጻህያይ
tsahyay

blühen
ፍዮሪ
fyori

verwelken
ቀምሰለ
qemsele

die Palme
ዓርኮብኮባይ
arkobkobay

der Rasen
ሳዕሪ
saäri

die Blumenwiese
ሸኻ ፍዮሪ
schecha fyori

die Mohnblume
ፍዮሪ ጲጵ
fyori pip

die Kletterpflanze
ተኽሊ ዓቐበት
techli aqebet

einjährig
በብዓመት
bebamet

zweijährig
ክልተ ዓመት
klte amet

mehrjährig
ምሉእ ዓመታዊ
mluä ametawi

TIERE - እንስሳታት

Säugetiere - መጥበዊ እንስሳታት

die Ratte
ኣንጭዋ
antschwa

der Maulwurf
ብሮት
brot

die Katze
ድሙ
dmu

der Hund
ከልቢ
kelbi

das Kaninchen
ማንቲለ
mantile

das Meerschweinchen
ሓሰማ ጊኒ
hasema gini

die Maus
ኣንጨዋ
antschewa

der Hamster
ሃምስተር
hamster

die Fledermaus
መንካዕ
menkaä

das Eichhörnchen
ምጹጽላይ
mtsutslay

der Igel
ቅንፍዝ
qnfz

das Frettchen
ፈረት
feret

die Pfote
ከብዲ-እግሪ ጸፋራት
kebdi-ägri tsefarat

das Schnurrhaar	**ጭሕሚ ድሙ** tschhmi dmu
das Fell	**ጽጋረት** tsgaret
das Maul	**ኣፍ እንስሳ** af änssa
der Schwanz	**ጭራ** tschra
das Horn	**ሆርን** horn
die Kralle	**ዓንቃሪቦ ጽፍሪ** anqaribo tsfri
die Tatze	**ከብዲ-እግሪ ጸፋራት** kebdi-ägri tsefarat
der Huf	**ሸኾና** schchona

TIERE - እንስሳታት

Säugetiere - መጥበዊ እንስሳታት

der Gepard
ቺታ
tschita

der Puma
ግስላ
gsla

der Wolf
ተኹላ
techla

der Waschbär
ራኩን
rakun

das Stinktier
ቱሕቱሓ
tuhtuha

das Erdmännchen
ድሙ መሬት
dmu meret

der Leopard
ነብሪ
nebri

der Dachs
ባጀር
badscher

der Fuchs
ወኻርያ
wecharya

der Jaguar
ጃጓር
dschagwar

der Löwe
ኣንበሳ
anbesa

der Tiger
ነብሪ ሽራጥ
nebri schrat

der Bär
ድቢ
dbi

der Eisbär
ድቢ በረድ
dbi bered

der Koala
ድቢ ኮዋላ
dbi kowala

der Pandabär
ድቢ ፓንዳ
dbi panda

TIERE - እንስሳታት

Säugetiere – መጥበዊ እንስሳታት

das Schwein
ሓሰማ
hasema

die Ziege
ጤል
tyel

das Pferd
ፈረስ
feres

die Giraffe
ዝዖታ
zota

das Schaf
በጊዕ
begiä

das Lama
ላማ
lama

der Esel
ኣድጊ
adgi

das Reh
ዓጋዘን
agazen

das Rentier
ኣብ በረዳዊ ቦታ ትርከብ ዓጋዘን ab beredawi bota trkeb agazen

das Kamel
ገመል
gemel

die Kuh
ብዕራይ
bäray

der Stier
ኣርሓ
arha

das Nilpferd
ጉማረ
gumare

das Nashorn
ሓሪሽ
harisch

der Elefant
ሓርማዝ
harmaz

das Zebra
ኣድጊ በረኻ
adgi berecha

TIERE - እንስሳታት

Säugetiere - መጥበዊ እንስሳታት

das Walross
ዋልሩስ ኣብ ባሕሪ ዚነብር ገዚፍ እንስሳ
walrus ab bahri zinebr gezif änssa

der Seelöwe
ኣንበሳ ባሕሪ
anbesa bahri

der Seehund
ዓሳ ዚምገብ እንስሳ ባሕሪ
asa zimgeb änssa bahri

der Delfin
ኣባ ሰላማ
aba selama

der Schwertwal
ዓሳ ቅትለት
asa qtlet

der Otter
ኣተር
ater

die Biberratte
ኮይፑ፣ ኣንጨዋ ፈለግ
koypu antschewa feleg

der Gorilla
ጎሪላ
gorila

der Orang-Utan
ኦሮራንጉታን
orrangutan

der Gibbon
ጊቦን
gibon

der Pavian
ህበይ
hbey

der Schimpanse
ሺምፓንዚ
schimpanzi

das Faultier
ህኩይ ዝብሃል ዓይነት ድቢ
hkuy zbhal aynet dbi

der Ameisenbär
ድቢ ጻጸ
dbi tsatse

das Känguru
ካንጋሩ
kangaru

das Jungtier
ንእሽቶ እንስሳታት
näschto änssatat

TIERE - እንስሳታት

Vögel - ጨራሩ

der Specht
ቅርቅረ
qrqre

der Spatz
ጭሩ ገበላ
tschru gebela

der Kolibri
ሃሚንግ ንእሽቶ ጭሩ
haming näschto tschru

der Tukan
ቶካን
tokan

das Rotkehlchen
ሮቢን
robin

die Schwalbe
ወሓጠ
wehate

der Habicht
ለፎ
lefo

die Taube
ርግቢት
rgbit

der Rabe
ኳኽ
kwach

die Krähe
ኳኽ
kwach

der Fink
ፊንች
fintsch

die Möwe
ሮብራ
robra

der Kanarienvogel
ካናሪ
kanari

der Schnabel	**መትኮብ** metkob
das Küken	**ጫቕት** tschaqit
der Flügel	**ዓብይ ፒያኖ** aby piyano
die Kralle	**ዓንቃሪቦ ጽፍሪ** anqaribo tsfri
die Feder	**ክንቲት** kntit
das Federkleid	**ቀምሽ ክንቲት** qemsch kntit
zwitschern	**ጩቕ በለ** tschuq bele
flattern	**አንገፍገፈ** angefgefe

TIERE - እንስሳታት

Vögel - ጨራሩ

der Storch
ራዛ ባሕሪ
raza bahri

der Flamingo
ፍላሚንጎ
flamingo

der Strauß
ሰገን
segen

der Adler
ንስሪ
nsri

der Pinguin
ፐንጉን
pengun

der Kakadu
ካካዱ
kakadu

der Papagei
ሕንጻይ
hntsay

die Eule
ጉንጓ
gungwa

der Truthahn
ታኪን
takin

der Schwan
ስዋን
swan

die Gans
ዓዓ
aa

die Ente
ደርሆ ማይ
derho may

der Hahn
ኩኩናይ
kukunay

das Huhn
ደርሆ
derho

die Wachtel
ብርኒሂጎ
brnihigo

der Pfau
ጣውስ
taws

TIERE – እንስሳታት

Reptilien und Amphibien – ምድረ-ማያውያንን ለመምትን

die Schlange
ተመን
temen

das Krokodil
ሓርገጽ
hargets

der Alligator
ንዕሽቶይ ዓይነት ሓርገጽ
neäschtoy hargets

die Eidechse
ጠበ
tebe

das Chamäleon
ነፋሒቶ
nefahito

der Leguan
ዓንጎግ
angog

die Schildkröte
ኣባ-ጎብየ
aba-gobye

die Wasserschildkröte
ጎብየ ማይ
gobye may

der Frosch
እንቁርዖብ
änqurob

die Kröte
ሓርጃም
hardscham

die Kaulquappe
ውንጅር
wndschr

der Salamander
ሳላማንደር
salamander

der Gecko
ገኮ
geko

der Panzer	**መሸፈኒ** meschefeni
die Schuppen	**ዳስ** das
das Gift	**መርዚ** merzi
der Giftzahn	**ስኒ መርዚ** sni merzi
das wechselwarme Tier	**ኣፍኣ/ግዳመ ውዑይ** afa/gdame wuy
kriechen	**ለመም በለ** lemem bele
zischen	**ጺጽ በለ** tsits bele
quaken	**ቈራዕራዕ** qoraäraä

TIERE - እንስሳታት

Fische - ዓሳታት

der Kugelfisch
ዓሳ ኩዕሶ
asa kuäso

der Hornhecht
ዓሳ ጋር
asa gar

der Piranha
ፒራንያ
piranya

der Fliegende Fisch
ዚነፍር ዓሳ
zinefr asa

der Fächerfisch
ዓሳ
asa

der Rochen
ዓሳ ረይስ
asa reys

der Weiße Hai
ከልቢ ዓሳ ጻዕዳ
kelbi asa tsaäda

der Tigerhai
ከልቢ ዓሳ ነብሪ
kelbi asa nebri

der Goldfisch
ዓሳ ወርቂ
asa werqu

der Koi
ኮይ
koy

der Aal
ተመን ባሕሪ
temen bahri

der Wels
ዓሳድሙ
asadmu

der Fischschwarm	ዕስለ ዓሳ äsle asa
die Flosse	ክንፊ knfi
die Kiemen	ነፋያት ዓሳ nefayat asa
das Tiefseetier	እንስሳ ባሕሪ ዓሚቕ änssa bahri amiqi
der Rogen	እንቋቑሖ ዓሳ änqwaqho asa
der Süßwasserfisch	ዓሳ ዘይጨዋም ማይ asa zeytschewam may
der Seefisch	ዓሳ ቀላይ asa qelay
das Aquarium	ኣኳርዮም akwaryom

das Seepferdchen
ፈረስ ባሕሪ
feres bahri

TIERE - እንስሳታት

Insekten und Spinnen - ሓሸራታትን ሳሬታትን

der Schmetterling
ጽምብላሊዕ
tsmblaliä

die Raupe
ኣባጨጎራ
abatschegora

die Puppe
ባምቡላ
bambula

der Nachtfalter
ግዝዋ
gzwa

die Biene
ንህቢ
nhbi

die Hummel
ዕንዝራ
änzra

die Wespe
ዕኮት
äkot

die Hornisse
ዕኮት ዓባይ
äkot abay

die Fliege
ነፈረ
nefere

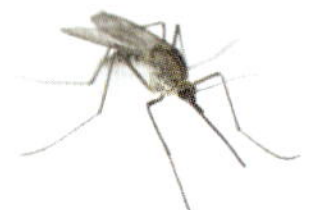

die Stechmücke
ጣንጡ
tantu

die Zikade
ዕንጭራር
äntschrar

der Maikäfer
ሕንዚዝ ግንቦት
hnziz gnbot

die Libelle
ድራጎን
dragon

die Gottesanbeterin
ከዳኒቶ
kedanito

die Heuschrecke
ጤል ኣደይ ማርያም
tyel adey maryam

die Grille
ዕንጭራር
äntschrar

TIERE - እንስሳታት

Insekten und Spinnen - ሓሸራታትን ሳሬታትን

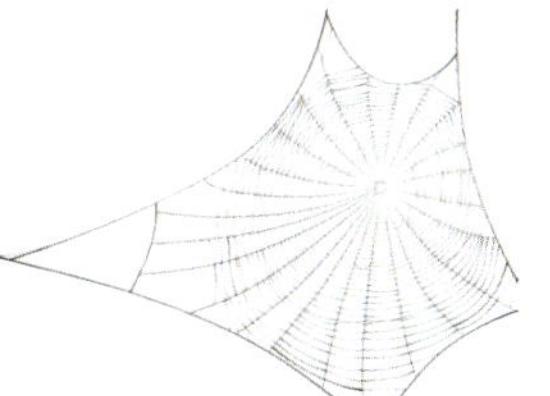

das Spinnennetz
መርበብ ሳሬት
merbeb saret

die Spinne
ሳሬት
saret

der Floh
ቁንጪ
quntschi

die Assel
ቁማል ዕንጨይቲ
qumal äntscheyti

die Stinkwanze
ትኳን ሕማቕ ሽታ
tchan hmaq schta

der Marienkäfer
ሕንዚዝ ወርዞ
hnziz werzo

die Schabe
ድዱዕ
dduä

der Wasserläufer
ጎያዪ ማይ
goyayi may

der Hundertfüßer
እግረ-ሚእቲ
ägre-miäti

die Nacktschnecke
ኣረነ ቅሉዕ
arene qluä

die Schnecke
ኣረነ
arene

der Wurm
ሓሳኽ
hasacha

die Termite
ፉልሖ
flho

die Ameise
ጻጸ
tsatse

die Zecke
ቈርዳድ
qordad

der Skorpion
ዕንቅርቢት
änqrbit

ZAHLEN UND MASSE

ቁጽርታትን ዓቐንን

DIE ZAHLEN - ቁጽርታት

Die Kardinalzahlen - ኣሃዛት ካርዲናል

null
ዜሮ
zero

eins
ሓደ
hade

zwei
ክልተ
klte

drei
ሰለስተ
seleste

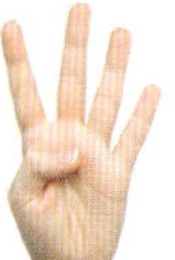

vier
ኣርባዕተ
arbaäte

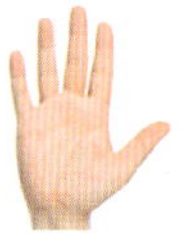

fünf
ሓሙሽተ
hamuschte

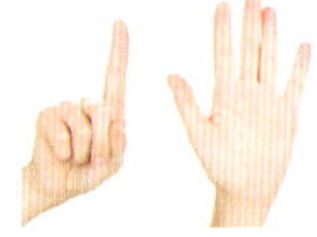

sechs
ሽድሽተ
schdschte

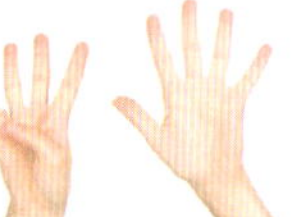

sieben
ሸውዓተ
schewate

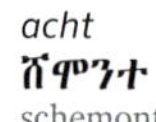
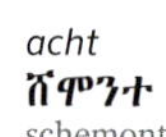

acht
ሸሞንተ
schemonte

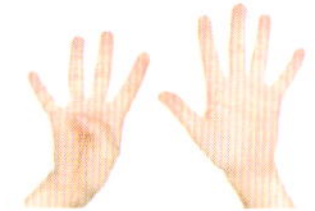

neun
ትሽዓተ
tschate

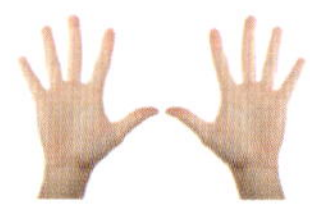

zehn
ዓሰርተ
aserte

elf	**ዓሰርተ ሓደ** aserte hade
zwölf	**ዓሰርተ ክልተ** aserte klte
dreizehn	**ዓሰርተ ሰለስተ** aserte seleste
vierzehn	**ዓሰርተ ኣርባዕተ** aserte arbaäte
fünfzehn	**ዓሰርተ ሓሙሽተ** aserte hamuschte
sechzehn	**ዓሰርተው ሽድሽተ** asertew schdschte
siebzehn	**ዓሰርተ ሸውዓተ** aserte schewate
achtzehn	**ዓሰርተ ሸሞንተ** aserte schemonte
neunzehn	**ዓሰርተ ትሽዓተ** aserte ttschate
zwanzig	**ዕስራ** äsra
einundzwanzig	**ዕስራን ሓደን** äsran haden
zweiundzwanzig	**ዕስራን ክልተን** äsran klten
dreiundzwanzig	**ዕስራን ሰለስተን** äsran selesten
dreißig	**ሰላሳ** selasa
vierzig	**ኣርባዓ** arbaa
fünfzig	**ሓምሳ** hamsa
sechzig	**ስሳ** ssa
siebzig	**ሰብዓ** seba
achtzig	**ሰማንያ** semanya
neunzig	**ቴስዓ** tyesa
hundert	**ሚእቲ** miäti

DIE ZAHLEN - ቁጽርታት

Die Kardinalzahlen - ኣሃዛት ካርዲናል

zweihundertzweiundzwanzig	ክልተ ሚእትን ዕስራን ሓደን klte miätn äsran haden
tausend	ሽሕ schh
zehntausend	ዓሰርተ ሽሕ aserte schh
zwanzigtausend	ዕስራ ሽሕ äsra schh
fünfzigtausend	ሓምሳ ሽሕ hamsa schh
fünfundfünfzigtausend	ሓምሳን ሓሙሽተን ሽሕ hamsan hamuschten schh
hunderttausend	ሓደ ሚእቲ ሽሕ hade miäti schh
eine Million	ሓደ ሚልዮን hade milyon
eine Milliarde	ሓደ ቢልዮን hade bilyon
eine Billion	ሓደ ትሪልዮን hade trilyon

Die Ordinalzahlen - ኣሃዛት ፕርዲናል

erste(r, s)	ቀዳማይ (ቲ) qedamay (ti)
zweite(r, s)	ካልኣይ (ቲ) kalay (ti)
dritte(r, s)	ሳልሳይ (ቲ) salsay (ti)
vierte(r, s)	ራብዓይ (ቲ) rabay (ti)
fünfte(r, s)	ሓምሻይ (ቲ) hamschay (ti)
sechste(r, s)	ሻድሻይ (ቲ) schadschay (ti)
siebte(r, s)	ሻውዓይ (ቲ) schaway (ti)
achte(r, s)	ሻምናይ (ቲ) schamnay (ti)
neunte(r, s)	ታሽዓይ (ቲ) taschay (ti)
zehnte(r, s)	ዓስራይ (ቲ) asray (ti)
elfte(r, s)	መበል ዓሰርተ ሓደ mebel aserte hade
zwölfte(r, s)	መበል ዓሰርተ ክልተ mebel aserte klte
dreizehnte(r, s)	መበል ዓሰርተ ሰለስተ mebel aserte seleste
vierzehnte(r, s)	መበል ዓሰርተ ኣርባዕተ mebel aserte arbaäte
fünfzehnte(r, s)	መበል ዓሰርተ ሓሙሽተ mebel aserte hamuschte
sechzehnte(r, s)	መበል ዓሰርተ ሽዱሽተ mebel aserte schduschte
siebzehnte(r, s)	መበል ዓሰርተ ሸውዓተ mebel aserte schewate
achtzehnte(r, s)	መበል ዓሰርተ ሸሞንተ mebel aserte schemonte
neunzehnte(r, s)	መበል ዓሰርተ ትሽዓተ mebel aserte tschate
zwanzigste(r, s)	መበል ዕስራ mebel äsra
einundzwanzigste(r, s)	መበል ዕስራን ሓደን mebel äsran haden
zweiundzwanzigste(r, s)	መበል ዕስራን ክልተን mebel äsran klten

DIE ZAHLEN - ቁጽርታት

Die Ordinalzahlen - ኣሃዛት ኦርዲናል

dreißigste(r, s)	**መበል ሰላሳ** mebel selasa
vierzigste(r, s)	**መበል ዓርብኣ** mebel arba
fünfzigste(r, s)	**መበል ሓምሳ** mebel hamsa
sechzigste(r, s)	**መበል ስሳ** mebel ssa
siebzigste(r, s)	**መበል ሰብዓ** mebel seba
achtzigste(r, s)	**መበል ሰማንያ** mebel semanya
neunzigste(r, s)	**መበል ተስዓ** mebel tesa
hundertste(r, s)	**መበል ሚእቲ** mebel miäti
zweihunderterste(r, s)	**መበል ክልተ ሚእቲ** mebel klte miäti
zweihundertfünfund-zwanzigste(r, s)	**መበል ክልተ ሚእትን ዕስራን ሓሙሽተን** mebel klte miätn äsran hamuschten
dreihundertste(r, s)	**መበል ሰለስተ ሚእቲ** mebel seleste miäti
tausendste(r, s)	**መበል ሓደ ሽሕ** mebel hade schh
zehntausendste(r, s)	**መበል ዓሰርተ ሽሕ** mebel aserte schh
millionste(r, s)	**መበል ሓደ ሚልዮን** mebel hade milyon
zehnmillionste(r, s)	**መበል ዓሰርተ ሚልዮን** mebel aserte milyon
vorletzte(r, s)	**ቅድሚ መወዳእታ** qdmi mewedaäta
letzte(r, s)	**ናይ መወዳእታ** nay mewedaäta

Die Bruchzahlen - ኣሃዛት ምቃል

ein halber/ein halbes/eine halbe	**ሓደ/ሓንቲ ፍርቂ** hade/hanti frqu
ein Drittel	**ሲሶ** siso
ein Viertel	**ርብዒ** rbi
ein Fünftel	**ሓደ መቐሎ ሓሙሽተ** hade meqelo hamuschte
ein Achtel	**ሓደ መቐሎ ሸሞንተ** hade meqelo schemonte
drei Viertel	**ሰለስተ ርብዒ** seleste rbi
zwei Fünftel	**ክልተ መቐሎ ሓሙሽተ** klte meqelo hamuschte
siebeneinhalb	**ሸውዓተን ፈረቓን** schewaten fereqan
zwei Siebzehntel	**ክልተ መቐሎ ዓሰርተ ሸውዓተ** klte meqelo aserte schewate
fünf und drei Achtel	**ሓሙሽተን ሰለስተ መቐሎ ሸሞንተን** hamuschten seleste meqelo schemonten

DIE ZAHLEN – ቁጽርታት

Weitere Zahlwörter – ተወሰኽቲ ቁጽርታት

einmal	ሓደ ሳዕ hade saä
zweimal	ክልተ ሳዕ klte saä
dreimal	ሰለስተ ሳዕ seleste saä
viermal	ኣርባዕተ ሳዕ arbaäte saä
mehrmals	ብዙሕ ግዜታት bzuh gzetat
manchmal	ሓደ-ሓደ ግዜ hade-hade gze
niemals	ብፍጹም ከቶ bftsum keto
einfach	ቀሊል qelil
doppelt/zweifach	ድርብ/ዕጽፊ drb/ätsfi
dreifach	ሰለስተ ዕጽፊ seleste ätsfi
vierfach	ኣርባዕተ ዕጽፊ arbaäte ätsfi
fünffach	ሓሙሽተ ዕጽፊ hamuschte ätsfi
sechsfach	ሽድሽተ ዕጽፊ schdschte ätsfi
mehrfach/vielfach	ብዙሕ ግዜታት bzuh gzetat

ein Paar	ጽምዲ tsmdi
ein halbes Dutzend	ፍርቂ ደርዘን frqu derzen
ein Dutzend	ደርዘን derzen
ein Gros	ሓደ ግሮስ hade gros
ein paar	ቅሩብ qrub
wenige	ውሑዳት whudat
einige	ውሑዳት whudat
etliche	ብዙሓት bzuhat
manche	ገሊኦም geliom
viele	ብዙሓት bzuhat
beide	ክልቲኡ kltiu
sämtliche	ዝተፈላለዩ ztefelaleyu
alle	ኩሎም kulom
jeder/jede/jedes	ዝኾነ/ዝኾነት/ዝኾኑ zchone/zchonet/zchonu

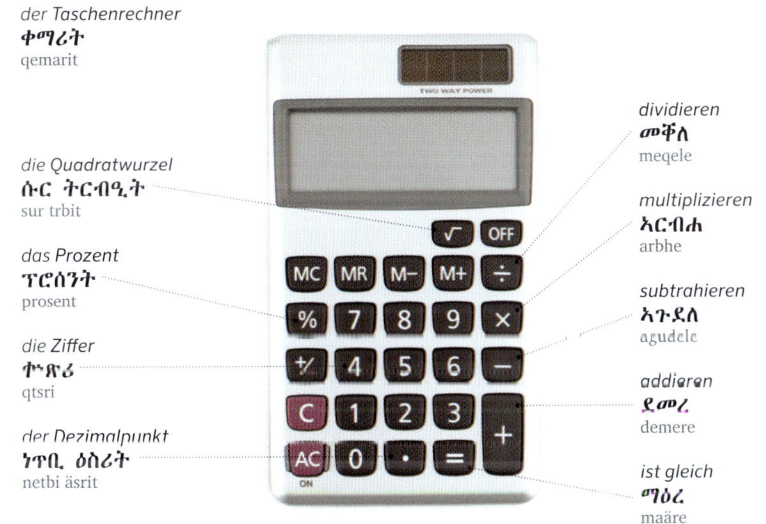

DIE ZEIT - ግዜ

Die Uhrzeit - ሰዓት

ein Uhr
ሰዓት ሓደ
seat hade

zwei Uhr
ሰዓት ክልተ
seat klte

drei Uhr
ሰዓት ሰለስተ
seat seleste

vier Uhr
ሰዓት ኣርባዕተ
seat arbaäte

fünf Uhr
ሰዓት ሓሙሽተ
seat hamuschte

sechs Uhr
ሰዓት ሽዱሽተ
seat schduschte

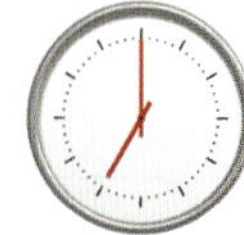

sieben Uhr
ሰዓት ሸውዓተ
seat schewate

acht Uhr
ሰዓት ሸሞንተ
seat schemonte

neun Uhr
ሰዓት ትሽዓተ
seat tschate

zehn Uhr
ሰዓት ዓሰርተ
seat aserte

elf Uhr
ሰዓት ዓሰርተ ሓደ
seat aserte hade

zwölf Uhr mittags
ሰዓት ዓሰርተ ክልተ ፋዱስ
seat aserte klte fadus

dreizehn Uhr
ሰዓት ዓሰርተ ሰለስተ
seat aserte seleste

die Stunde	**ሰዓት** seat
die Minute	**ደቒቕ** deqiq
eine halbe Stunde	**ፍርቂ ሰዓት** frqu seat
die Sekunde	**ካልኢት** kalit
Wie viel Uhr ist es?	**ሰዓት ክንደይ ኣሎ?** seat kndey alo
Es ist zwei Uhr.	**ሰዓት ክልተ ኣሎ።** seat klte alo
Um wie viel Uhr?	**ሰዓት ክንደይ?** seat kndey
Um sieben Uhr.	**ሰዓት ሸውዓተ።** seat schewate

DIE ZEIT - ግዜ

Die Uhrzeit - ሰዓት

vierzehn Uhr
ሰዓት ዓሰርተ ኣርባዕተ
seat aserte arbaäte

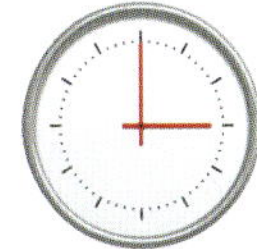

fünfzehn Uhr
ሰዓት ዓሰርተ ሓሙሽተ
seat aserte hamuschte

sechzehn Uhr
ሰዓት ዓሰርተ ሽዱሽተ
seat aserte schduschte

siebzehn Uhr
ሰዓት ዓሰርተ ሸውዓተ
seat aserte schewate

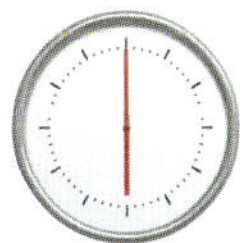

achtzehn Uhr
ሰዓት ዓሰርተ ሸሞንተ
seat aserte schemonte

neunzehn Uhr
ሰዓት ዓሰርተ ትሽዓተ
seat aserte tschate

zwanzig Uhr
ሰዓት ዕስራ
seat äsra

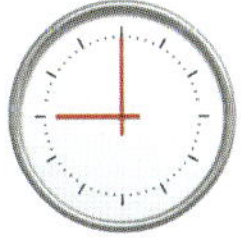

einundzwanzig Uhr
ሰዓት ዕስራን ሓደን
seat äsran haden

zweiundzwanzig Uhr
ሰዓት ዕስራን ክልተን
seat äsran klten

dreiundzwanzig Uhr
ሰዓት ዕስራን ሰለስተን
seat äsran selesten

Mitternacht
ፍርቂ ለይቲ
frqu leyti

fünf nach zwölf
ሓሙሽተ ድሕሪ ዓሰርተ ክልተ
hamuschte dhri aserte klte

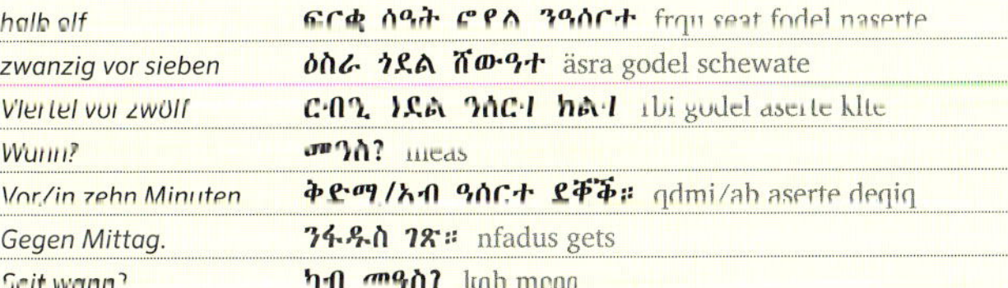

halb elf	**ፍርቂ ሰዓት ቆየለ ንዓሰርተ** frqu seat fodel naserte
zwanzig vor sieben	**ዕስራ ጎደል ሸውዓተ** äsra godel schewate
Viertel vor zwölf	**ርብዒ ጎደል ንዓሰርተ ክልተ** rbi godel aserte klte
Wann?	**መዓስ?** meas
Vor/in zehn Minuten	**ቅድሚ/ኣብ ዓሰርተ ደቒቕ።** qdmi/ab aserte deqiq
Gegen Mittag.	**ንፋዱስ ገጽ።** nfadus gets
Seit wann?	**ካብ መዓስ?** kab meas
Seit gestern.	**ካብ ትማሊ።** kab tmali

Viertel nach neun
ርብዒ ድሕሪ ትሽዓተ
rbi dhri tschate

DIE ZEIT – ግዜ

Tag und Nacht – መዓልትን ለይትን

die Mitternacht
ፍርቂ ለይቲ
frqu leyti

die Morgendämmerung
ወጋሕታ
wegahta

der Sonnenaufgang
ጸሓይ በርቂ
tsehay berqu

der Morgen
ጽባሕ
tsbah

der Mittag
ፍርቂ መዓልቲ ፋዱስ
frqu mealti fadus

der Nachmittag
ድሕሪ ቀትሪ
dhri qetri

der Sonnenuntergang
ዕራርቦ
ärarbo

die Abenddämmerung
ዕራርቦ
ärarbo

der Abend
ምሸት
mschet

der Frühling
ጽድያ
tsdya

der Sommer
ክረምቲ
kremti

der Herbst
ቀውዒ
qewi

der Winter
ሓጋይ
hagay

heute	ሎሚ lomi
morgen	ጽባሕ tsbah
übermorgen	ድሕሪ ጽባሕ dhri tsbah
gestern	ትማሊ tmali
vorgestern	ሓደ መዓልቲ ቅድሚ ትማሊ hade mealti qdmi tmali
Welches Datum haben wir heute?	ሎሚ እንታይ ዕለት ዲና ዘሎና? lomi äntay älet dina zelona
der 9. September 2017	9 መስከረም 2017 teschate meskerem 2017
der Feiertag	መዓልቲ በዓል mealti beal

DIE ZEIT - ግዜ

Der Kalender - ዓውደ-ኣዋርሕ

der Januar	ጥሪ tri
der Februar	ለካቲት lekatit
der März	መጋቢት megabit
der April	ሚያዝያ miyazya
der Mai	ጉንበት gunbet
der Juni	ሰነ sene

der Juli	ሓምለ hamle
der August	ነሓሰ nehase
der September	መስከረም meskerem
der Oktober	ጥቅምቲ tqmti
der November	ሕዳር hdar
der Dezember	ታሕሳስ tahsas

MASSE - ዓቐናት

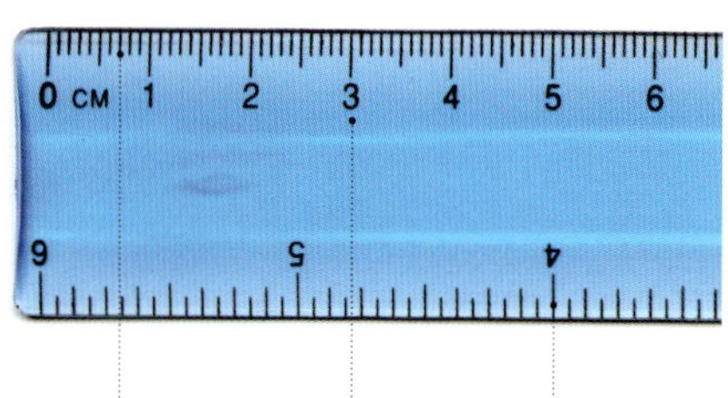

der/das Millimeter
ሽሓዊትሜተር
schhawitmeter

der Zoll
ድጓና
dgwana

der/das Zentimeter
ሰንቲሜተር
sentimeter

der/das Liter
ሊትሮ
litro

der/das Milliliter
ሚሊሊትሮ
mililitro

die Unze
ኣውንስ
awns

das Pint
ፒንት
pint

der Kilometer
ኪሎሜተር
kilometer

die Meile
ማይል
mayl

das Yard
ያርድ
yard

der Acre/Morgen
ኣይክር
eykr

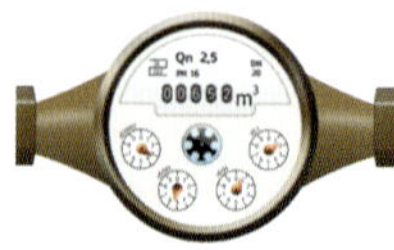

der/das Kubikmeter
ክዩቢክሜተር
kyubikmeter

der Fuß	እግሪ ታሕቲ ägri tahti
der/das Meter	ሜተር meter
der/das Quadratmeter	ስክወርሜተር skwermeter
der Quadratfuß	ስክወርፉት skwerfut
der/das Hektar	ሀክታርስ hektars
die Tasse	ዋንጫ wantscha
der Esslöffel	ጭልፋ tschlfa
der Teelöffel	ማንካ ሻሂ manka schahi

DAS GEWICHT – ክብደት

die Tonne
ቶን
ton

das Kilogramm
ኪሎግራም
kilogram

das Gramm
ግራም
gram

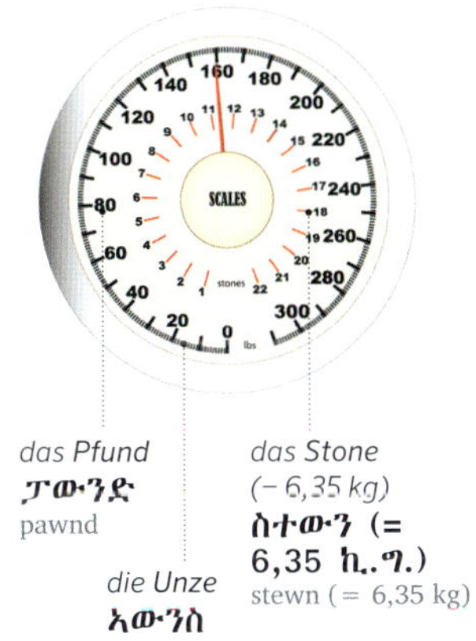

das Pfund
ፓውንድ
pawnd

die Unze
ኣውንስ
awns

das Stone
(– 6,35 kg)
ስተውን (=
6,35 ኪ.ግ.)
stewn (= 6,35 kg)

DIE WÄHRUNG – ገንዘብ

der Dollar
ዶላር
dolar

das Pfund
ፓውንድ
pawnd

der Euro
ኦይሮ
oyro

der Yen
የን
yen

der Baht	ባት bat	der Rand	ራንድ rand
die Rupie	ሩፒ rupi	der Peso	ፐሶ peso
der Dinar	ዲናር dinar	der Real	ረያል reyal
der Franc	ፈረንካ ferenka	der Yuan	ዩዋን yuwan
der Schweizer Franken	ፈረንካ ስዊዝ ferenka swiz	die Lira	ሊራ lira
die Krone	ክሮነ krone	der Rubel	ሩብል rubl

DIE WICHTIGSTEN SÄTZE – ቀንዲ ኣገደስቲ ምሉእ-ሓሳባት

DIE VERBEN – ግስታት

INDEX – ኣመልካቲ

DIE WICHTIGSTEN SÄTZE – ቀንዲ ኣገደስቲ ምሉእ-ሓሳባት

Mit diesen nützlichen Wörtern und Sätzen drücken Sie sich in den wichtigsten und häufigsten Situationen mit Sicherheit aus.

IM GESPRÄCH – ኣብ ዝርርብ

BEGRÜSSEN UND VERABSCHIEDEN – ሰላም ምባልን ምስንባትን

Guten Tag!	**ከመይ ውዒልካ/ኪ** kemey wilka/ki
Guten Abend!	**ከመይ ኣምሲኻ/ኺ** kemey amsicha/chi
Hallo!	**ሰላም!** selam
Auf Wiedersehen!	**ብሰላም የራኽበና!** bselam yerachbena
Tschüss!	**ቻው!** tschaw

HÖFLICHKEIT – ትሕትና

bitte	**ገንዘብካ/ኪ** genzebka/ki
danke	**የቐንየለይ** yeqenyeley
bitte schön	**ገንዘብኩም** genzebkum
Ja, bitte.	**ሕራይ፣ ብኽብረትካ።** hray, bchbretka
Nein, danke.	**ኣይፋል፣ የቐንየለይ።** ayfal, yeqenyeley
Keine Ursache!	**ጸገም የለን!** tsegem yelen
Entschuldigung!	**ይቕሬታ!** yqreta
Entschuldigen Sie, …	**ኣይትሓዙለይ፣ …** aythazuley
Das tut mir leid.	**ይቕረ በለለይ።** yqre beleley
Wie geht's?	**ከመይ ኣለኻ/ኺ?** kemey alecha/chi
Danke, gut. Und Ihnen/dir?	**የቐንየለይ፣ ጽቡቕ። ንስኹም/ንስኻ ኸ?** yeqenyeley, tsbuq. nschum/nscha che

KOMMUNIKATION – ርክብ

Wie bitte?	**እንታይ ኢልካ/ኩም?** äntay ilka/kum
Ich verstehe.	**ተረዲኡኒ።** terediuni
Ich verstehe nicht.	**ኣይተረድኣኹን።** ayteredachun
Könnten Sie das bitte wiederholen?	**ነዚ ክትደግምዎ ምኽኣል ኩም ዶ?** nezi ktdegmwo mchealkum do
Könnten Sie bitte langsamer sprechen?	**ቀስ ኢልኩም ክትዛረቡ ምኽ ኣልኩም ዶ?** qes ilkum ktzarebu mchealkum do
Könnten Sie das bitte aufschreiben?	**ነዚ ክትጽሕፍዎ ምኽኣል ኩም ዶ?** nezi kttshfwo mchealkum do
Was bedeutet …?	**… እንታይ ማለት ድዩ?** … äntay malet dyu

SICH VORSTELLEN – ተላለየ

Wie heißt du?	**መን ሽምካ/ኪ?** men schmka/ki
Wie heißen Sie?	**መን ኢኹም ሽምኩም?** men ichum schmkum
Ich heiße …	**ኣነ … እብሃል** ane … äbhal
Woher kommen Sie?	**ካበይ መጺኹም?** kabey metsichum
Woher kommst du?	**ካበይ መጺኻ/ኺ?** kabey metsicha/chi
Ich komme aus …	**ኣነ ካብ … መጺአ።** ane kab … metsie
Das ist mein Mann.	**ንሱ ሰብኣየይ እዩ።** nsu sebayey äyu
Das ist meine Frau.	**ንሳ ሰበይተይ እያ።** nsa sebeytey äya

Das ist mein Partner.	ንሱ መሓዛይ እዩ። nsu mehazay äyu
Das ist meine Partnerin.	ንሳ መሓዛይ እያ። nsa mehazay äya
Das ist mein Sohn.	ንሱ ወደይ እዩ። nsu wedey äyu
Das ist meine Tochter.	ንሳ ጓለይ እያ። nsa gwaley äya
Hier ist meine E-Mail-Adresse.	ኢመይል ኣድራሻይ እንሆለ። imeyl adraschay änhele
Hier ist meine Telefonnummer.	ቁጽሪ ተለፎነይ እንሆለ። qutsri telefoney änhele

BEIM TELEFONIEREN – ኣብ መንገዲ ምድዋል

Ich hätte gern eine SIM-Karte, bitte.	ሲም-ካርድ ምደለኹ ብኽብረትኩም። sim-kard mdelechu bchbretkum
Mein Akku ist leer.	ባትርያይ ባዶ እዩ። batryay bado äyu
Hier spricht …	… እብሃል äbhal
Mit wem spreche ich bitte?	ምስ መን እየ ዝዛረብ ዘለኹ፣ ብኽብረት? ms men äye zzareb zelechu, bchbret
Kann ich bitte Herrn/Frau … sprechen?	ምስ ኣቶ/ወይዘሮ … ክዛረብ ምኽኣልኩ ዶ? ms ato/weyzero … kzareb mchealku do
Tut mir leid, er/sie ist nicht da.	ይቕሬታ፣ ንሱ/ንሳ የለን/የላን። yqreta, nsu/nsa yelen/yelan
Kann er/sie Sie zurückrufen?	ንሱ/ንሳ ክ(ት)ድውለልኩም ይኽእል/ትኽእል ዶ? nsu/nsa k(t)dwlelkum ychäl/tchäl do

UNTERWEGS – ኣብ መገዲ

TOILETTE UND BAD – ሽቓቕን ባኞን

Wo ist bitte die Toilette?	ሽቓቕ ኣበይ ድዩ ዘሎ? schqaq abey dyu zelo
Damen	ኣንስቲ ansti
Herren	ሰብኡት sebut
die Damentoilette	ሽቓቕ ኣንስቲ schqaq ansti
die Herrentoilette	ሽቓቕ ሰብኡት schqaq sebut

BAHN ባቡር

Wann fährt der nächste Zug ab?	ዝመጽእ ዘሎ ባቡር መዓስ ድዩ ዝነቕል? zmetsä zelo babur meas dyu zneql
Wo muss ich umsteigen?	ኣበይ ክ ክቕይር ኣለኒ? abey ke kqyr aleni
Von welchem Gleis fährt der Zug nach …?	ባቡር ናብ … ካበየናይ ሓዲግ ድዩ ዝብገስ? babur nab … kabeyenay hadig dyu zbges
Ist dieser Platz noch frei?	እዚ ቦታ ክ ነጻ ድዩ? äzi bota ke netsa dyu
Hält dieser Zug in …?	እዚ ባቡር ኣብ … ድዩ ጠጠው ክብል? äzi babur ab … dyu tetew kbl

BUS ኣውቶቡስ

Welche Linie fährt nach …?	ናብ … ኣየናይ መስመር ድዩ ዝኸይድ? nab … ayenay mesmer dyu zcheyd
Welche Linie fährt zum Bahnhof?	ኣየናይ መስመር ናብ መደበር ክ ይኸይድ? ayenay mesmer nab medeber ke ycheyd

Wann fährt der nächste Bus nach ...?	**ዝመጽእ ዘሎ ቡስ ናብ ... መዓስ ድዩ ዝነቕል?** zmetsä zelo bus nab ... meas dyu zneql
Wo muss ich aussteigen?	**ኣበይ ከ ክወርድ ኣለኒ?** abey ke kwerd aleni
Wie viele Haltestellen sind es?	**ክንደይ መደበራት ድዮም?** kndey medeberat dyom
Fährt dieser Bus nach ...?	**እዚ ቡስ ናብ ... ድዩ ዝኸይድ?** äzi bus nab ... dyu zcheyd

AUTO መኪና

der Führerschein	**ፍቓድ መምርሒ** fqad memrhi
Entschuldigen Sie bitte, wie komme ich nach ...?	**ኣይትሓዙለይ፣ ከመይገረ ናብ ... ክኸይድ?** aythazuley, kemey gere nab ... kcheyd
Entschuldigen Sie bitte, wo ist ...?	**ኣይትሓዙለይ፣ ... ኣበይ ድዩ?** aythazuley, ... abey dyu
Wie weit ist es?	**ራሕቂ ከመይ ድዩ?** rahqu kemey dyu

BEIM ARZT – ኣብ ሓኪም

Ich bin krankenversichert.	**ኢንሹራንስ ጥዕና ኣለኒ።** inschurans täna aleni
Ich möchte von einer Ärztin behandelt werden, bitte.	**ካብ ሓንቲ ሓኪም ክንክን ምድለኹ፣ ብኽብረትኩም።** kab hanti hakim knkn mdelechu, bchbretkum
Es tut hier weh.	**ኣብዚ ይሕመኒ ኣሎ።** abzi yhmeni alo
Ich bin ohnmächtig geworden.	**ውነይ ኣጥፊአ።** wney atfie
Ich habe mich erbrochen.	**ኣምሊሰ።** amlise
Ich habe Herzbeschwerden.	**ምስ ልቢ ጸገማት ኣለኒ።** ms lbi tsegemat aleni
Ich habe Atembeschwerden.	**ምስ ትንፋስ ጸገማት ኣለኒ።** ms tnfas tsegemat aleni
Ich habe Zahnschmerzen.	**ቃንዛ ስኒ ኣለኒ።** qanza sni aleni
Ich habe eine Füllung verloren.	**መምልኢ ስኒ ኣጥፊአ።** memli sni atfie
Ich bin allergisch gegen Antibiotika.	**ናይ ጸረ-ነፍሳት ተቖጣዒ እየ።** nay tsere-nefsat teqotai äye
Ich bin allergisch gegen Bienen.	**ናይ ኣናህብ ተቖጣዒ እየ።** nay anahb teqotai äye
Ich bin allergisch gegen Pollen.	**ናይ ጽገ ተቖጣዒ እየ።** nay tsge teqotai äye
Ich bin Diabetiker/Diabetikerin.	**ሕማም ሽኮር እዩ ዘሎኒ።** hmam schkor äyu zeloni
Ist es ansteckend?	**ተላጋቢ ድዩ?** telagabi dyu
Ich brauche ein Rezept für ...	**ትእዛዝ መድሃኒት እዩ ዘድልየኒ ን ...** täzaz medhanit äyu zedlyeni n
Ich nehme Medikamente gegen ...	**መድሃኒት ኣንጻር ... እየ ዝወስድ።** medhanit antsar ... iye zwesd

DIE VERBEN - ግስታት

Wenn es darum geht, eigene Sätze zu bilden, hilft Ihnen unsere ausführliche Verbliste, wo Sie auch abstrakte Verben, die sich nicht abbilden lassen, nachschlagen und übersetzen können.

A

abbeißen	ብምንካስ ቆረጸ bmnkas qoretse
abbiegen	ጠወየ teweye
abbringen	ኣታረፈ atarefe
abfahren	ምሉእ መንገዲ ዘወረ mluä mengedi zewere
abfärben	ዘይቀለሙ ቀብአ zeyqelemu qebe
abfinden	ከሓሰ kehase
abfragen	ጠየቐ teyeqe
abführen	ኣራገፈ aragefe
abfüllen	መልአ mele
abgeben	ኣቕረበ aqrebe
abgewöhnen	ልማድ ሰበረ lmad sebere
abgrenzen	ደረተ derete
abhaken	ተቖጻጸረ teqotsatsere
abhalten	ጠጠው ኣበለ tetew abele
abhärten	ተረረ terere
abhauen	ሃደመ hademe
abheben	ገተአ gete
abholen	ኩዓተ kuate
abklären	ኣጻረየ atsareye
abklingen	ቈንቈነ qonqone
abkochen	ፈልሐ felhe
abkühlen	ሃድአ hade
abkürzen	ዝግበለ zgbele
abladen	ኣራገፈ aragefe
ablaufen	ወደቐ wedeqe
ablecken	ለሓሰ lehase
ablegen	ኣንበረ anbere
ablehnen	ነጸገ netsege
ablenken	ኣቃልቦ ኣዘንበለ aqalbo azenbele
abmagern	ኣማሰነ amasene
abmalen	ቀድሐ ሰኣለ qedhe seale
abmelden	ተሰናበተ tesenabete
abmessen	ዓቀነ aqene
abnehmen	ነከየ nekeye
abnutzen	በለየ beleye
abonnieren	ኣቐዲሙ ጠለበ aqedimu telebe
abprallen	ተሰርራሰረ teserrasere
abputzen	ኣጽረየ atsreye
abraten	ዘይመኸረ zeymechere
abräumen	ኣጽረየ atsreye
abreagieren	ሃድአ hade
abrechnen	ጸብጸበ tsebtsebe
abregen	ኣህደአ ahdee

abreisen	ነቐለ	neqele
abreißen	ገየሸ ከደ	geyesche kede
abrunden	ናብ ምሉእ ገበረ	nab mluä gebere
abrutschen	ኣንሻተተ	anschatete
absagen	ደምሰሰ	demsese
abschaffen	ሰረዘ	sereze
abschalten	ኣጥፍአ	atfe
abschätzen	ገመተ	gemete
abschauen	ቀዲሑ ረኣየ	qedihu reaye
abschicken	ሰደደ	sedede
abschleppen	ጎተተ	gotete
abschließen	ዓጸወ	atsewe
abschminken	ሜክ-ኣፕ ኣልገሰ	mek-ap algese
abschneiden	ቈረጸ	qoretse
abschreiben	ቀዲሑ ጸሓፈ	qedihu tsehafe
abschwächen	ኣድከመ	adkeme
abschweifen	ሃውተተ	hawtete
abschwellen	ቈንቈነ	qonqone
absehen	ኣቐዲሙ ረኣየ	aqedimu reaye
absenden	ሰደደ	sedede
absetzen	ኣውደቐ	awdeqe
absichern	ኣረጋገጸ	aregagetse
absinken	ኣንኣሰ	anase
abspeichern	ከዘነ	kezene
abspielen	ተጻወተ	tetsawete
abspringen	ኣንሰሓበ	ansehabe
abspülen	ለቕለቐ	leqleqe
abstammen	መንጨወ	mentschewe
abstehen	ኣውጽአ	awtse
abstellen	ደቘሰ	deqose
absterben	ሞተ	mote
abstimmen	መረጸ	meretse
abstoßen	ሰጎጎ	segogo
abstreiten	ኣሉ በለ	alu bele
abstumpfen	ኣጉደመ	agudeme
abstürzen	ተሰባበረ	tesebabere
abstützen	ደገፈ	degefe
absuchen	ደለየ	deleye
abtreiben	ተወግረ	tewegre
abtrocknen	ኣንቀጸ	anqetse
abtropfen	ማይ ንክነጥብ ኣንቀጸ	may nknetb anqetse
abverlangen	ጠለበ	telebe
abwägen	መዘነ	mezene
abwarten	ተጸበየ	tetsebeye
abwaschen	ሓጸበ	hatsebe
abwechseln	ለወጠ	lewete
abwehren	ተኸላኸለ	techelachele
abweichen	ኣግለሰ	aglese
abweisen	ኣበየ	abeye
abwerten	ኣሕሰረ	ahsere
abwischen	ኣጽረየ	atsreye

abzahlen	ብምልኡ ከፈለ	bmlu kefele
abziehen	ሰሓበ ኣውጽአ	sehabe awtse
achten	ኣኽበረ	achbere
ächzen	ተቐንዘወ	teqenzewe
addieren	ደመረ	demere
adoptieren	ረዓመ	reame
adressieren	መደ'ረ	mede're
agieren	ገበረ	gebere
ähneln	መሰለ	mesele
ahnen	ኣቐዲሙ ኣንጸላለወ	aqedimu antselalewe
aktivieren	ኣንጠፈ	antefe
aktualisieren	ኣሕደሰ	ahdese
akzeptieren	ተቐበለ	teqebele
alarmieren	ኣጠንቀቐ	atenqeqe
amputieren	ቈረጸ	qoretse
amüsieren	ኣዘናግዐ	azenage
analysieren	ተንተነ	tentene
anbauen	ተኸለ	techele
anbeten	ኣምለኸ	amleche
anbiedern	ተዓራረኸ	teararече
anbieten	ኣውፈየ	awfeye
anblicken	ረአየ	reaye
anbrüllen	ነቀወ	neqewe
andauern	ወሰደ (ግዜ)	wesede (gze)
ändern	ቀየረ	qeyere
andeuten	ኣመተ	amete
androhen	ኣፈራርሐ	aferarhe
aneignen	ለመደ	lemede
anekeln	ኣፈንፈነ	afenfene
anerkennen	ተቐበለ	teqebele
anfangen	ጀመረ	jemere
anfassen	ተንከፈ	tenkefe
anfertigen	ሰርሐ	serhe
anfeuern	ኣተባብዐ	atebabe
anflehen	ለመነ	lemene
anfordern	ጠለበ	telebe
anfreunden	ተዓራረኸ	teararече
anfühlen	ተሰምዖ	tesemo
anführen	ኣምረሐ	amrehe
angeben	ፈልዩ ነገረ	felyu negere
angehören	ኣባል ኮነ	abal kone
angeln	ገፈፈ	gefefe
angewöhnen	ለመደ	lemede
angleichen	ኣመዓራረየ	ameararеye
angreifen	ኣጥቅዐ	atqe
ängstigen	ፈርሀ	ferhe
angucken	ጠመተ	temete
anhaben	ለበሰ	lebese
anhalten	ደው ኣበለ	dew abele
anhängen	ኣጣበቐ	atabeqe
anhimmeln	ኣሰወነ	asewene
anhören	ሰምዐ	seme

anklagen	ከሰሰ kesese
ankleben	ጠበቐ tebeqe
anklicken	ጠወቐ teweqe
anklopfen	ኳሕኰሐ kwahkhe
anknüpfen	ኣራኸበ arachebe
ankommen	በጽሐ betshe
ankreuzen	ምልክት ገበረ mlkt gebere
ankündigen	ኣፍለጠ aflete
anlächeln	ፍሽኽ በለ fschch bele
anlachen	ሰሓቐ sehaqe
anlehnen	ተደገፈ tedegefe
anleiten	መረሐ merehe
anlocken	ማረኸ mareche
anlügen	ሓሰወ hasewe
anmachen	ወልዐ wele
anmaßen	መንዘዐ menzee
anmelden	ተመዝገበ temezgebe
anmerken	ተመልከተ temelkete
annähern	ቀረበ qerebe
annehmen	ተቐበለ teqebele
annullieren	ደምሰሰ demsese
anordnen	ሰርዐ sere
anpacken	ተጠማጠመ tetemateme
anpassen	ኣመዓራረየ amearareye
anpflanzen	ተከለ tekele
anprobieren	ፈተነ fetene
anreden	ኣዘራረበ azerarebe
anrufen	ደወለ dewele
ansagen	ነገረ negere
ansammeln	ኣከበ akebe
anschalten	ወለዐ welee
anschauen	ረአየ reaye
anschieben	ደፍአ defe
anschleichen	ፍሕኹ በለ fhchi bele
anschließen	ኣላገበ alagebe
anschmiegen	ኣጣጥሐ atathe
anschnallen	ሸገጠ schegete
anschnauzen	ኣስተናዓቐ astenaaqe
anschreien	ጨደረ tschedere
anschuldigen	ኣወንጀለ awenjele
anschweigen	ስቕ በለ sq bele
anschwellen	ሓበጠ habete
anschwindeln	ሓሰወ hasewe
ansehen	ጠመተ temete
anspannen	ጠረው በለ terew bele
anspielen	ኣመልከተ amelkete
anspitzen	በልሐ belhe
anspornen	ኣተባብዐ atebabe
ansprechen	ተዛረበ tezarebe
anspringen	ጀመረ jemere
anspucken	ጡፍ በለ tuf bele
anstarren	ኣተኵሩ ጠመተ atekru temete

anstecken	ኣላገበ alagebe
anstehen	ኣብ መጻኢ ፈጸመ ab metsai fetseme
ansteigen	ኣንዘሐ anzhe
anstellen	ኣብ ሪጋ ጸንሐ ab riga tsenhe
anstimmen	ተዳለወ ተዛረበ tedalewe tezarebe
anstoßen	ተንከየ tenkeye
anstrahlen	ጸርገወ tsergewe
anstreben	ጸዓረ tseare
anstreichen	ቀብአ ለኸየ qebe lecheye
anstrengen	ብኹሉ ሓይሉ ጸዓረ bchulu haylu tseare
antreffen	ተራኸበ terachebe
antreiben	ደረኸ dereche
antreten	ተወዳደረ tewedadere
antun	ገበረ gebere
antworten	መለሰ melese
anvertrauen	ሕድሪ ሃበ hdri habe
anweisen	መሃረ mehare
anwenden	ኣዘውተረ azewtere
anwidern	ኣፈንፈነ afenfene
anzeigen	ሓበረ habere
anziehen	ከደነ kedene
anzünden	ወለበ (ሓዊ) wele (hawi)
anzweifeln	ተጠራጠረ teteratere
applaudieren	ኣንጨብጨበ antschebtschebe

arbeiten	ሰርሐ serhe
ärgern	ሸወዘ scheweze
atmen	ኣተንፈሰ atenfese
aufarbeiten	ኣዐረየ ሰረሐ aereye serehe
aufatmen	ኣተንፈሰ atenfese
aufbauen	ሃነጸ hanetse
aufbewahren	ዓቀበ aqebe
aufblasen	ነፍሐ nefhe
aufbleiben	ንጡፍ ተረፈ ntuf terefe
aufbrauchen	ኣእረገ aärege
aufbrausen	ዓፍዓፍ በለ afaf bele
aufbrechen	ነቐለ neqele
aufbringen	ኣልዓለ alale
aufdecken	ረኸበ rechebe
aufdrängen	መዘዘ mezeze
aufdrehen	ኣንቃዕረረ anqaärere
aufeinander-folgen	ተኸተለ techetele
aufessen	በልዐ bele
auffallen	ተገንዘበ tegenzebe
auffangen	ሓዘ haze
auffassen	ተረድአ terede
auffordern	ኣዘዘ azeze
aufführen	ኣርኣየ araye
aufgeben	ተስፋ ቖረጸ tesfa qoretse
aufgreifen	ተገንዘበ tegenzebe
aufhaben	ክፉት ኮነ kfut kone

aufhalten	ዓንቀፈ anqefe
aufhängen	ኣንጠልጠለ anteltele
aufheben	ኣልዓለ alale
aufhetzen	ኣነዓበ aneabe
aufholen	ቦግ ኣበለ bog abele
aufhören	ገደፈ gedefe
aufkleben	ኣጠበቐ atebeqe
aufladen	መልአ mele
auflassen	ክፉት ገደፈ kfut gedefe
auflauern	ኣዕገንገነ aägengene
aufleben	ሂወት ሃበ hiwet habe
auflehnen	ዓለወ alewe
auflockern	ኣፍኮሰ afkose
auflösen	ሓቐቐ haqeqe
aufmachen	ከፈተ kefete
aufmuntern	ኣተባብዐ atebabe
aufnehmen	ቀድሐ qedhe
aufpassen	ተጠንቀቐ tetenqeqe
aufplatzen	ነቶገ netoge
aufpumpen	ነፍሐ nefhe
aufraffen	ኣበራበረ aberabere
aufräumen	ሰርዐ sere
aufrechterhal-ten	ዓቀበ aqebe
aufregen	ሓረቐ hareqe
aufrunden	ኣብ ምሉእ ገምገመ ab mluä gemgeme

aufsammeln	ኣልዓለ ኣከበ alale akebe
aufschieben	ኣደናጉየ adenagoye
aufschließen	ከፈተ kefete
aufschreiben	ነጥቢ ሓዘ netbi haze
aufspringen	ክብ በለ kb bele
aufstacheln	ኣነዓበ aneabe
aufstehen	ተስአ tese
aufstellen	ክብ ኣበለ kb abele
aufstützen	ደገፈ degefe
aufsuchen	ደለየ deleye
auftauchen	ተቐልቀለ teqelqele
aufteilen	መቐለ meqele
auftragen	ጠለበ telebe
auftreiben	ደለየ deleye
auftreten	ኰነ kone
aufwachen	ተበራበረ teberabere
aufwachsen	ዓበየ abeye
aufwärmen	ኣምወቐ amweqe
aufwecken	ኣበራበረ aberabere
aufweichen	ኣለምለመ alemleme
aufweisen	ኣርኣየ araye
aufwischen	ኰስተረ kostere
aufwühlen	ዞረ zore
aufzählen	ቆጸረ qotsere
aufzeichnen	መዝገበ mezgebe
aufzeigen	ሓበረ habere

Deutsch	Tigrinya	Umschrift
aufzwingen	ገደደ	gedede
ausarbeiten	ብምልኡ ሰርሐ	bmlu serhe
ausatmen	ኣተንፈሰ	atenfese
ausbessern	ኣመሓየሸ	amehayesche
ausbleiben	ተረፈ	terefe
ausbrechen	ኣምለጠ	amlete
ausbreiten	ዘርግሐ	zerghe
ausdehnen	ሰፍሐ	sefhe
ausdenken	ሓሰበ	hasebe
auseinander-brechen	ተሰባበረ	tesebabere
ausfallen	ሰነፈ	senefe
ausfragen	ኰርኮረ	korkore
ausfüllen	መልአ	mele
ausgeben	ኣውጽአ	awtse
ausgehen	ንደገ ወጸ	ndege wetse
ausgleichen	ማዕረ ገበረ	maäre gebere
aushaben	ፈጸመ	fetseme
aushalten	ተጻወረ	tetsawere
aushelfen	ሓገዘ	hageze
auskennen	ፈለጠ	felete
auskommen	ብሰላም ነበረ	bselam nebere
auslachen	ሰሓቐ	sehaqe
auslaufen	ለሓኹ	lehacho
ausleeren	ባዶ ገበረ	bado gebere
ausleihen *von jemandem*	ተለቅሐ	teleqhe
ausloggen	ወጸ	wetse
auslösen	ኣግበረ	agbere
ausmachen	ረኸበ	rechebe
ausmalen	ብሕብሪ መልአ	bhbri mele
ausmessen	ዓቀነ	aqene
ausnutzen	ተበለጸ	tebeletse
auspacken	ካብ ባኮ ኣውጽአ	kab bako awtse
ausplaudern	ኣዕለለ	aälele
auspressen	ጸመቘ	tsemeqo
ausprobieren	ፈተነ	fetene
ausrasten	ብብርቱዕ ሓረቐ	bbrtuä hareqe
ausrauben	ዘመተ	zemete
ausrechnen	ቀመረ	qemere
ausreden	ኣዛረበ	azarebe
ausreichen	ኣኸለ	achele
ausreisen	ካብ ሃገር ወጸ	kab hager wetse
ausrichten	ኣንፈተ	anfete
ausruhen	ኣዕረፈ	äärefe
ausrutschen	ሸተተ	schetete
ausschalten	ኣጥፍአ	atfe
ausscheiden	ወጸ	wetse
ausschimpfen	ተጻረፈ	tetsarefe
ausschlafen	ብእኹል ደቀሰ	bächul deqese
ausschließen	ፈለየ	feleye

ausschneiden	ቈረጸ	qoretse
aussehen	መሰለ	mesele
äußern	ገለጸ	geletse
aussetzen	ኣጽነሐ	atsnehe
aussprechen	ኣድመጸ	admetse
ausstehen	ጸንዐ	tsene
aussteigen	ወረደ	werede
aussterben	ጸነተ	tsenete
ausstrecken	ኣናውሐ	anawhe
aussuchen	መረጸ	meretse
austauschen	ተለዋወጠ	telewawete
austeilen	ዓደለ	adele
austoben	ሸንጎገ	schengoge
austreten	ወጸ ገደፈ	wetse gedefe
austricksen	ብሽጣራ ገበረ	bschtara gebere
austrinken	ብምሉእ ሰተየ	bmluä seteye
ausüben	ኣዘውተረ	azewtere
auswählen	ሓረየ	hareye
auswandern	ተሰደ	tesede
auswaschen	ብምሉእ ዓበየ	bmluä abeye
auswechseln	ኣለወጠ	alewete
ausweichen	ወገደ	wegede
auswerten	ገመተ	gemete
auswirken	ሰዓቤን ገበረ	seabyen gebere
auszählen	ቈጸረ	qotsere
auszeichnen	ከበረ	kebere
ausziehen	ገዓዘ	geaze

B

babysitten	ህጻን ኣለየ	htsan aleye
backen	ሰንከተ	senkete
baden	ኣብ ባንዮ ሓጸበ	ab banyo hatsebe
baggern	ጸረገ	tserege
basteln	ጥበብ ገበረ	tbeb gebere
bauen	ነደቐ	nedeqe
beabsichtigen	ሓለነ	halene
beachten	ተመልከተ	temelkete
beängstigen	ፈርሀ	ferhe
beanspruchen	መሰሉ ጠለበ	meselu telebe
beantragen	ጠለበ	telebe
beantworten	መለሸ	melesche
bearbeiten	ኣሰናድአ	asenade
beatmen	ኣተንፈሰ	atenfese
beaufsichtigen	ተዓዘበ	teazebe
beauftragen	ኣዘዘ	azeze
bedanken	ኣመስገነ	amesgene
bedauern	ተጠዓሰ	tetease
bedecken	ሸፈነ	schefene
bedenken	ሓሰበ	hasebe
bedeuten	ትርጉም ሓዘ	trgum haze
bedienen	ኣገልገለ	agelgele
bedrängen	ኣሸበረ	aschebere
bedrohen	ኣፈራርሀ	aferarhe

beglückwünschen	ሓጐሰ ገለጸ hagosu geletse
bedrücken	ጸቐጠ tseqete
beeilen	ቀልጠፈ qeltefe
beeindrucken	ኣደነቐ adeneqe
beeinflussen	ጽልዋ ኣግበረ tslwa agbere
beeinträchtigen	ዓንቀፈ anqefe
beenden	ወድአ wede
beerdigen	ቀበረ qebere
befassen	ተመልከተ temelkete
befehlen	ኣዘዘ azeze
befestigen	ኣትረረ atrere
befeuchten	ኣጥለቐ atleqe
befinden	ሃለወ (ቦታ) halewe (bota)
befolgen	ሰዓበ seabe
befragen	ሓተተ hatete
befreien	ነጻ ገበረ netsa gebere
befriedigen	ተደሰተ tedesete
befruchten	ኣጽገየ atsgeye
befürchten	ፈርሐ ferhe
befürworten	ሕራይ በለ hray bele
begegnen	ተጓነፈ tegwanefe
begehen	ኣግበረ agbere
begehren	ተመነየ temeneye
begeistern	ማረኸ ሰሓበ mareche sehabe
beginnen	ጀመረ jemere
begleiten	ኣሰነየ aseneye
begraben	ቀበረ qebere
begreifen	ተረድአ terede
begrenzen	ደረተ derete
begründen	መግለጺ ሃበ megletsi habe
begrüßen	ሰላም በለ selam bele
begünstigen	ኣሰረተ aserete
begutachten	መርመረ mermere
behalten	ንባዕሉ ሓዘ nbaälu haze
behandeln	ተኸናኸነ techenachene
beharren	ጸንዐ tsene
behaupten	ከም ጭብጢ ኣቕረበ kem tschbti aqrebe
beheben	ኣዕረየ ääreye
behelfen	ሓገዘ hageze
beherrschen	መለኸ meleche
beherzigen	ኣቕለበ aqlebe
behindern	ዓንቀፈ anqefe
behüten	ሓለወ halewe
beibehalten	ንነፍሱ ዓቀበ nnefsu aqebe
beibringen	መሃረ mehare
beichten	ተነስሐ teneshe
beifügen	ወሰኸ weseche
beinhalten	ሓዘ (ተሕዝቶ) haze (thzto)
beipflichten	ተሰማምዐ tesemame
beirren	ተደናገረ tedenagere

beißen	ነኸሰ nechese
beistehen	ሓገዘ hageze
beitragen	ኣብርከተ abrkete
beitreten	ኣተወ atewe
bejahen	ሕራይ በለ hray bele
bejubeln	ኣጨብጨበ atschebtschebe
bekämpfen	ተቓለሰ teqalese
bekehren	ኣለወጠ alewete
bekennen	ተኣመነ teamene
beklagen	ጠርዐ tere
bekleckern	ርስሓት ነጠበ rshat netebe
bekommen	ተወሃበ tewehabe
bekräftigen	ኣደልደለ adeldele
beladen	ኣሰከመ ጾዓነ asekeme tseane
belasten	ጾዓነ tseane
belästigen	ረበሸ rebesche
belauschen	ተጸናጸነ tetsenatsene
beleidigen	ጸረፈ tserefe
bellen	ውሕ በለ wh bele
belohnen	ሞቕሽሽ ሃበ moqschsch habe
belügen	ሓሰወ hasewe
bemerken	ተገንዘበ tegenzebe
bemitleiden	ደንገጸ dengetse
bemühen	ጸዓረ tseare
benachrichtigen	ሓበረ habere
benehmen	ጠባይ ገበረ tebay gebere
beneiden	ቀንአ qene
benennen	ሰመየ semeye
benoten	ነጥቢ ሃበ netbi habe
benötigen	ኣድለየ adleye
beobachten	ተዓዘበ teazebe
beraten	ኣማኸረ amachere
berechnen	ቀመረ qemere
bereden	ተዛረበ tezarebe
bereiten	ቀረበ qerebe
bereithalten	ድሉው ሓዘ dluw haze
bereitmachen	ተዳለወ tedalewe
bereuen	ተጣዕሰ tetaäse
berichten	ሪፖርት ገበረ riport gebere
berichtigen	ኣረመ areme
berücksichtigen	ኣብ ግምት ኣእተወ ab gmt aätewe
beruhigen	ኣህደአ ahdee
berühren	ተንከፈ tenkefe
beschädigen	ጐድአ gode
beschaffen	ረኸበ ኣምጽአ rechebe amtse
beschäftigen	ኣስረሐ asrehe
bescheinigen	መስከረ meskere
beschenken	ሃበ habe
beschimpfen	ኣዋረደ awarede
beschleunigen	ነሃረ nehare
beschließen	ወሰነ wesene
beschmutzen	ኣርስሐ arshe

beschränken	ወሰነ	wesene
beschreiben	ገለጸ	geletse
beschuldigen	ከሰሰ	kesese
beschützen	ሓለወ	halewe
beschweren	ጠርዐ	tere
beseitigen	ኣልገሰ	algese
besetzen	ሓዘ	haze
besichtigen	በጽሐ	betshe
besiegen	ሰዓረ	seare
besitzen	ወነነ	wenene
besorgen	ኣምጽአ	amtse
besprechen	ተዛተየ	tezateye
bestätigen	ኣረጋገጸ	aregagetse
bestatten	ቀበረ	qebere
bestaunen	ተደነቐ	tedeneqe
bestehen	ብዝቘመ	bzqome
bestellen	ጠለበ	telebe
bestimmen	መረጸ	meretse
bestrafen	ቀጽዐ	qetse
bestreiten	ከሓደ	kehade
besuchen	በጽሐ	betshe
betätigen	ኣረጋገጸ	aregagetse
betäuben	ዓወለ	awele
beteiligen	ተሳተፈ	tesatefe
beten	ለመነ	lemene
beteuern	ኣረጋገጸ	aregagetse
betonen	ኣትሪሩ ተዛረበ	atriru tezarebe
betören	ኣደናገረ	adenagere
betrachten	ረአየ	reaye
betreuen	ኣለየ	aleye
betrügen	ኣታለለ	atalele
betteln	ለመነ	lemene
beugen	ዓጸፈ	atsefe
beunruhigen	ሃወኸ	haweche
beurteilen	ገመተ	gemete
bevorzugen	መረጸ	meretse
bewachen	ሓለወ	halewe
bewaffnen	ኣዕጠቐ	aäteqe
bewältigen	ሰዓረ	seare
bewegen	ተንቀሳቐሰ	tenqesaqese
beweisen	መርትዖ ሃበ	merto habe
bewerben	ጠለበ	telebe
bewerten	ገመተ	gemete
bewirken	ኣስዓበ	asabe
bewohnen	ተቐመጠ	teqemete
bewundern	ነኣደ	neade
bezahlen	ከፈለ	kefele
bezeichnen	ገለጸ	geletse
bezweifeln	ተጠራጠረ	teteratere
biegen	ዓጸፈ	atsefe
bieten	ሃበ	habe
bilden	ቈመ	qome

bitten	ሓተተ hatete
blamieren	ሓፈረ hafere
blasen	ነፈሰ nefese
bleiben	ጸንሐ tsenhe
blenden	ዓወረ awere
blinken	ብልጭ በለ bltsch bele
blinzeln	ሰምሰም ኣበለ semsem abele
blitzen	ማሕ በለ mah bele
blockieren	ወተፈ wetefe
blühen	ዓምበበ ambebe
bluten	ደመየ demeye
bohren	ብመንደል ገበረ bmendel gebere
boxen	ተጓሰጠ tegwasete
boykottieren	ኣደመ ademe
braten	ጠበሰ tebese
brauchen	ኣድለየ adleye
brechen	ሰበረ sebere
bremsen	ልጓም ኣንጠፈ lgwam antefe
brennen	ኣንደደ andede
bringen	ኣምጽአ amtse
bröckeln	ሰባበረ sebabere
brüllen	ነቀወ neqewe
brummen	ህም በለ hm bele
brüten	ኣፋረየ afareye
buchen	ጠለበ telebe
buchstabieren	ፊደላት ዘርዘረ fidelat zerzere
bücken	ድንን በለ dnn bele
bügeln	ኣስታረረ astarere
bummeln	ተዛወረ tezawere
bürsten	ብኣስባስላ ሰርሐ basbasla serhe

C

campen	ካምፒንግ ገበረ kamping gebere
charakterisieren	ፈለየ feleye
chatten	ብቸት ተዛረበ btschet tezarebe

D

dableiben	ኣብ ቦትኡ ተረፈ eb botu terefe
danebenbenehmen	ጠባይ ኣኽፍአ tebay achfe
danken	ኣመስገነ amesgene
darstellen	ኣቐረበ aqrebe
dastehen	ደው በለ dew bele
dauern	ወሰደ (ግዜ) wesede (gze)
decken	ከደነ kedene
dehnen	መጠጠ metete
dementieren	ኣሉ በለ alu bele
demonstrieren	ኣረድአ arede
demütigen	ኣሕሰረ ahsere
denken	ሓሰበ hasebe
deprimieren	ደቖሰ deqose
desinfizieren	ኣምከነ amkene

deuten	ተርጎመ tergome
dienen	አገልገለ agelgele
diskriminieren	ብዓሌት ኣድልዎ ገበረ balet adlwo gbere
diskutieren	ተዛተየ tezateye
disqualifizieren	ኣትረፈ atrefe
distanzieren	ኣርሓቐ arhaqe
dividieren	መቐለ meqele
donnern	ነጎደ negode
dosieren	ብመጠን ዓቀነ bmeten aqene
downloaden	ዳውንሎድ ገበረ dawnlod gebere
dramatisieren	ድራማዊ መልክዕ ኣትሓዘ dramawi melkä athaze
dranbleiben	ጸንዐ tsene
drängeln	ሃወኸ ደፍአ haweche defe
drängen	ሃወኸ ጸቐጠ haweche tseqete
drankommen	በጽሐ betshe
drehen	ዕንክሊል በለ änklil bele
drohen	ፈከረ fekere
drucken	ሓተመ hateme
drücken	ጸቐጠ tseqete
ducken	ድንን በለ dnn bele
duften	ሸተተ schetete
dulden	ተጸመመ tetsememe
durchdenken	ኣስተንተነ astentene
durcheinander-bringen	ተደናገረ tedenagere
durchführen	ኣግበረ agbere
durchsagen	ተዘረበ tezerebe
durchschauen	ብልክዕ ረአየ blkä reaye
durchsetzen	ደፍአ defe
durchsickern	ለሓኹ lehacho
durchstöbern	ዳህሰሰ dahsese
durchstreichen	ሓንጸጸ hantsetse
durchwühlen	ፈተሸ fetesche
durchziehen	ክሳብ መወዳእታ ወድአ ksab mewedaäta wede
dürfen	ፈቐደ feqede
duschen	ሻወር ሓጸበ schawer hatsebe
duzen	ኣታ/ኣቲ በለ ata/ati bele

E

ebnen	አጽፍሐ atsfhe
ehren	ነአደ neade
eignen	በቕዐ beqe
eilen	ቀልጠፈ qeltefe
einatmen	አተንፈሰ atenfese
einbilden	ሓሰበ hasebe
einbrechen	ሰበረ ኣተወ sebere atewe
einchecken	ተመዝገበ ኣተወ temezgebe atewe
eincremen	ክረማ ገበረ krema gebere
eindringen	ብሓይሊ ኣተወ bhayli atewe
eindrücken	ብሓይሊ ጸቐጠ bhayli tseqete
einengen	አጽበበ atsbebe
einfädeln	ኣዳለወ adalewe
einfahren	ተቓረበ teqarebe
einfallen	ኣብ ሓሳብ መጸ ab hasab metse
einfangen	ሓዘ haze
einfügen	አእተወ aätewe
einfühlen	ተሰምዐ teseme
einführen	ኣላለየ alaleye
eingeben	ኣተወ atewe
eingestehen	ተኣመነ teamene
eingreifen	ጠብሉቕ በለ tebluq bele
eingrenzen	ደረተ derete
einholen	አርከበ arkebe
einigen	ተሰማምዐ tesemame
einkaufen	ገዝአ geze
einkleben	ኣጣበቐ atabeqe
einklemmen	መቐርቀረ meqerqere
einladen	ዓደመ ademe
einleben	ሂወት ለመደ hiwet lemede
einlenken	ኣተወ ሓገዘ atewe hageze
einleuchten	ኣብርሀ abrhe
einliefern	ሰደደ ሃበ sedede habe
einloggen	ኣተወ (ኮምፒተር) atewe (kompiter)
einlösen	ከም ጥሪቱ መለሰ kem tritu melese
einmischen	ጠብሉቕ በለ tebluq bele
einordnen	ቦትኡ ሰርዐ botu sere
einpacken	ጠቕለለ teqlele
einparken	መኪና መቖም mekina meqom
einpflanzen	ኣትከለ atkele
einplanen	ኣብ መደብ አእተወ ab medeb aätewe
einprägen	ኣብ ሓንጎል ሓዘ ab hangol haze
einräumen	ተቐበለ teqebele
einreden	ተዘረበ tezerebe
einreiben	ፋሕፈሐ fahfehe
einreisen	ኣተወ atewe
einrosten	መረተ merete
einschalten	ወልዐ wele

einschätzen	ገመተ	gemete
einschenken	ቀድሐ	qedhe
einschlafen	ወደቐ ደቀሰ	wedeqe deqese
einschließen	መሸጐር ኣሰረ	meschegor asere
einschränken	ሓጸረ	hatsere
einschreiten	ኣማለደ	amalede
einschüchtern	ኣጉባዕብዐ	agubaäbe
einschulen	ኣብ ትምህርቲ ኣእተወ	ab tmhrti aätewe
einsehen	ገጋ ተቐበለ	gega teqebele
einsetzen	ተጠቕመ	teteqeme
einsperren	መሸጐር ኣሰረ	meschegor asere
einspringen	ከም መተካእታ ኣተወ	kem metekaäta atewe
einstecken	ሓዘ ወሰደ	haze wesede
einsteigen	ኣተወ	atewe
einstellen	ኣስተኻኸለ	astechachele
einstürzen	ዓነወ	anewe
eintauchen	ኣተወ	atewe
einteilen	መቓቐለ	meqaqele
eintragen	ኣእተወ	aätewe
eintreffen	ኣተወ	atewe
eintreten	ኣተወ	atewe
einwandern	ኣብ ሃገር ኣተወ	ab hager atewe
einwechseln	ተከአ	teke
einweichen	ተርከሰ	terkese
einweihen	መረቐ	mereqe
einweisen	መምርሒ ሃበ	memrhi habe
einwenden	ተቓወመ	teqaweme
einwilligen	ተሰማምዐ	tesemame
einzahlen	ትሕጃ ከፈለ	thja kefele
eitern	ረኾሰ	rekose
ekeln	ኣክርሀ	akrhe
empfangen	ተቐበለ	teqebele
empfehlen	መኸረ	mechere
empfinden	ተሰምዖ	tesemo
enden	መወዳእታ በጽሐ	mewedaäta betshe
entdecken	ረኸበ	rechebe
entfachen	ተቓጸለ	teqatsele
entfallen	ኣትረፈ	atrefe
entfernen	ኣልገሰ	algese
entführen	ጨወየ	tscheweye
entgegenbringen	ኣንጻር ኣቕረበ	antsar aqrebe
entgegnen	ብኣንጻር ተጓነፈ	bantsar tegwanefe
entgleisen	ኣዘናበለ	azenabele
enthalten	ሓዘ	haze
entkommen	መለቐ	meleqe
entlanggehen	ኣብ ኣሰር ከደ	ab aser kede
entlassen	ኣሰነበተ	asenebete
entlasten	ኣቓለለ	aqalele
entlaufen	ጎየየ	goyeye

entscheiden	ወሰነ	wesene
entschließen	መደበ	medebe
entschuldigen	ይቕረታ ሓተተ	yqreta hatete
entsetzen	ኣስገአ	asgee
entsorgen	ጎሓፈ	gohafe
entspannen	ኣዕረፈ	äärefe
entsprechen	ተመልከተ	temelkete
entstehen	በቈለ	beqole
entstellen	ጠምዘዘ	temzeze
enttäuschen	ኣጕሃየ	aghaye
entwaffnen	ብረት ኣፍትሐ	bret afthe
entweichen	መለቐ	meleqe
entwerfen	ሰኣለ	seale
entwickeln	ማዕበለ	maäbele
erben	ወረሰ	werese
erbrechen	ተፍአ	tefe
ereignen	ፈጸመ	fetseme
erfahren	ተመኮረ	temekore
erfinden	መሃዘ	mehaze
erforschen	መርመረ	mermere
erfrieren	ደስከለ	deskele
erfrischen	ተሓደሰ	tehadese
erfüllen	ሰመረ	semere
ergänzen	ወሰኸ ፈጸመ	weseche fetseme
ergeben	ወጽአ (ውጽኢት)	wetse (wtsit)
erhalten	ተቐበለ	teqebele
erhoffen	ተሰፋ ገበረ	tesefa gebere
erhöhen	ኣንዝሐ	anzhe
erholen	ኣዕረፈ	äärefe
erinnern	ዘከረ	zekere
erkälten	ቆረረ	qorere
erkennen	ኣለለየ	aleleye
erklären	ኣረድአ	arede
erkundigen	ሓተተ	hatete
erlauben	ፈቐደ	feqede
erläutern	ኣረድአ	arede
erleben	ተሞከረ	temokere
erledigen	ኣስለጠ	aslete
erleichtern	ኣቃለለ	aqalele
erlösen	ኣድሓነ	adhane
ermahnen	ኣጠንቀቐ	atenqeqe
ermitteln	ከሸፈ	keschefe
ermöglichen	ኣኽኣለ	acheale
ermorden	ቀተለ	qetele
ermuntern	ኣተባብዐ	atebabe
ermutigen	ኣበራትዐ	aberate
ernähren	መገበ	megebe
ernennen	ሰየመ	seyeme
erneuern	ኣሐደሰ	ahedese
ernten	ቀውዐ	qewe
eröffnen	ከፈተ	kefete

erpressen	አታለለ	atalele
erregen	አረሳሰነ	aresasene
erreichen	በጽሐ	betshe
erscheinen	ተቐልቀለ	teqelqele
erschrecken	ፈርሀ	ferhe
erschüttern	ሓምሸሸ	hamschesche
erschweren	አበርትዐ	aberte
ersetzen	ተክአ	teke
erstaunen	አገረሀ	agerehe
ersticken	ዓበሰ	abese
ertappen	ሓዘ	haze
ertragen	ተጻወረ	tetsawere
ertrinken	ጠሓለ	tehale
erwähnen	ጠቐሰ	teqese
erwarten	ተጸበየ	tetsebeye
erwidern	መለሰ	melese
erwürgen	ሓኑቑ ቐተለ	hanuqu qetele
erzählen	ነገረ	negere
erzeugen	አፍረየ	afreye
erziehen	ኣዕበየ	aäbeye
erzwingen	ገደደ	gedede
essen	በልዐ	bele
existieren	ሃለወ	halewe
explodieren	ነቶገ	netoge

F

fahren	ዘወረ	zewere
fallen	ወደቐ	wedeqe
fälschen	ዘይሓቂ ገበረ	zeyhaqu gebere
falten	ዓጸፈ	atsefe
fangen	ሓዘ	haze
färben	ሕብሪ ለኸየ	hbri lecheye
fassen	ሓዘ	haze
fasten	ጾመ	tsome
faszinieren	መሰጠ	mesete
faulen	ኣመሽመሸ	ameschmesche
faulenzen	ተሃከየ	tehakeye
fechten	መኸተ ሴፍ ተጻወተ	mechete sef tetsawete
fegen	ኰስተረ	kostere
fehlen	ኣብኮረ	abkore
feiern	ኣብዓለ	abale
feilen	መብረድ ሰርሐ	mebred serhe
fernsehen	ተለቪዥን ረአየ	televishn reaye
fernsteuern	ብሪሞት ተቈጻጸረ	brimot teqotsatsere
fertigmachen	ድሉው ኮነ	dluw kone
fesseln	መቐሐ	meqhe
festhalten	ሓዘ	haze
festnehmen	ኣሰረ	asere
feststehen	ርጉጽ ኮነ	rguts kone
feststellen	ኣረጋገጸ	aregagetse

filmen	ፊልም ገበረ film gebere
filtern	ጸመቄ tsemeqo
finanzieren	ፊናንስ ገበረ finans gebere
finden	ረከበ rekebe
flehen	ለመነ lemene
flicken	ለገበ legebe
fliegen	ነፈረ nefere
fliehen	ሃደመ hademe
fließen	ወሓዘ wehaze
flimmern	ብልጭብልጭ በለ bltschbltsch bele
flirten	ተኺሸመ techascheme
fluchen	ረገመ regeme
flüchten	ሃደመ hademe
flüstern	ሕሹኽ በለ hschuch bele
föhnen	ንቑጽ ነፈሰ nquts nefese
folgen	ሰዓበ seabe
folgern	ወድአ wede
foltern	ኣሳቐየ asaqeye
fordern	ጠለበ telebe
fördern	ኣበርከተ aberkete
formulieren	ቆመ qome
forschen	መርመረ mermere
fortbilden	ትምህርቲ ወሰኸ tmhrti weseche
fortfahren	ቀጸለ qetsele
fortsetzen	ቀጸለ qetsele

fotografieren	ስእሊ ገበረ säli gebere
fragen	ሓተተ hatete
frankieren	ማሕተም ኣጣበቐ mahtem atabeqe
freigeben	ለቐቐ leqeqe
freihaben	ካብ ስራሕ ነጻ ኮነ kab srah netsa kone
freilassen	ሓራ ኣውጽአ hara awtse
freisprechen	ነጻ ኣውጽአ netsa awtse
fremdgehen	ብካልእ ኣታለለ bkalä atalele
fressen	በልዐ bele
freuen	ተሓጎሰ tehagose
frieren	በረደ berede
frühstücken	ቖረሰ qorese
frustrieren	ኣፍሸለ afschele
fühlen	ተሰምዐ teseme
führen	መርሐ merhe
füllen	መልአ mele
funktionieren	ሰርሐ serhe
fürchten	ፈርሐ ferhe

G

gähnen	አምባሃቖ	ambahaqo
garantieren	ተዋሓሰ	tewahase
geben	ሃበ	habe
gefährden	ኣደንገተ	adengete
gefallen	ደስ በለ	des bele
gehen	ከደ	kede
gehorchen	ተማእዘዘ	temaäzeze
gehören	ወነነ	wenene
gelangen	በጽሐ	betshe
gelingen	ዓወተ	awete
gelten	ኣብቅዐ	abqe
genehmigen	ኣፍቀደ	afqede
genesen	ሓወየ	haweye
genieren	ኣግበረ	agbere
genießen	ደስ በለ	des bele
genügen	ኣኸለ	achele
geschehen	ፈጸመ	fetseme
gestatten	ፈቐደ	feqede
gestehen	ተነስሐ	teneshe
gestikulieren	ኢዱ ኣወዛወዘ	idu awezaweze
gewinnen	ሰዓረ	saare
gewittern	ነጎደ	negode
gewöhnen	ለመደ	lemede
gießen	ገለለ	gelele
glänzen	ኣንጸባረቐ	antsebareqe
glätten	ኣጸፍሐ	atsefhe
glauben	ኣመነ	amene
gleichen	ብማዕረ መሰለ	bmaäre mesele
gleiten	ኣንሻተተ	anschatete
gliedern	ሰርዐ	sere
glitzern	ኣንጸባረቐ	antsebareqe
glühen	ኵልዕ በለ	klä bele
gönnen	ፈቐደ	feqede
graben	ኰዓተ	koate
gratulieren	ሓጐሱ ገለጸ	hagosu geletse
greifen	ዓትዒቱ ሓዘ	atitu haze
grenzen	ተዳወበ	tedawebe
grillen	ቀለወ	qelewe
grinsen	ክምስ በለ	kms bele
grübeln	ኣዕሚቑ ሓሰበ	aämiqu hasebe
gründen	መስረተ	meserete
grunzen	ኣጉረምረመ	aguremreme
gruseln	ፍሑኽ በለ	fhuch bele
grüßen	ሰላምታ ሃበ	selamta habe
gucken	ጠመተ	temete
gurgeln	ጎጽጎጸ	gotsgotse
gutmachen	ድሓን ገበረ	dhan gebere

H

haaren	ጸጉሩ ረገፈ	tseguru regefe
haben	ሃለወ	halewe
hacken	መተረ	metere
hadern	ተቛየቈ	teqwayeqo
hageln	በረድ ሃረመ	bered hareme
häkeln	ብዓንቃሪባ ኣለመ	banqariba aleme
halbieren	ፈረቐ	fereqe
halten	ሓዘ	haze
hämmern	ሞደሸ	modesche
handeln	ገበረ	gebere
handhaben	ገበረ	gebere
hängen	ተሓንቀ	tehanqe
harmonieren	ሰመረ	semere
hassen	ጸልአ	tsele
hauen	ሃረመ	hareme
heben	ተላዕለ	telaäle
hecheln	ሳህልሀ	sahlhe
heften	ሸለለ	schelele
hegen	ዓንገለ	angele
heilen	ሓወየ	haweye
heimfahren	ናብ ገዛ ዘወረ	nab geza zewere
heimzahlen	ከፈለ ከሓሰ	kefele kehase
heiraten	ተመርዓወ	temerawe
heißen	ሰመየ	semeye
heizen	ኣውዓየ	awaye
helfen	ሓገዘ	hageze
herausfordern	በድሀ	bedhe
herrschen	ሰፈነ	sefene
hervorrufen	ኣልዓለ	alale
hetzen	ተሃወኸ	tehaweche
heucheln	ኣምሰለ	amsele
heulen	ኣእወየ	aäweye
hinken	ሓንከሰ	hankese
hinrichten	ኣብ ግብሪ ኣውዓለ	ab gbri awale
hinterfragen	ኣድቂቑ ሓተተ	adququ hatete
hinweisen	ኣመልከተ	amelkete
hinzufügen	ወሰኸ	weseche
hobeln	ጸረበ	tserebe
hocken	ኣብረኾ	abrecho
hoffen	ተሰፋ ገበረ	tesefa gebere
holen	ኩዓተ	kuate
hören	ሰመዐ	semee
humpeln	ሓንከሰ	hankese
hungern	ጠመየ	temeye
hupen	ቢብ ኣበለ	bib abele
hüpfen	ነጠረ	netere
husten	ሰዓለ	seale
hüten	ጓሰየ	gwaseye
hypnotisieren	ኣዐንዘዘ	aenzeze

I

identifizieren	ፈልዩ ፈለጠ felyu felete
ignorieren	ዕሽሽ በለ äschsch bele
impfen	ከተበ ketebe
infizieren	ኣላገበ alagebe
informieren	ኣፍለጠ aflete
innehaben	ሓዘ haze
inspirieren	ኣተባብዐ atebabe
installieren	ተኽለ techele
integrieren	ኣዋሃሃደ awahahade
interessieren	ተገደሰ tegedese
interpretieren	ተርጎመ tergome
interviewen	ቃለ-መጠይቕ ገበረ qale-meteyq gebere
investieren	ኣዋፈረ awafere
irreführen	ኣጋገየ agageye
irren	ተጋገየ tegageye
irritieren	ኣትከረ atkere
isolieren	ኣግለለ aglele

J

jagen	ሃደነ hadene
jammern	ኒን በለ nin bele
joggen	ጎጽ ኣበለ gots abele
jubeln	ኣጨብጨበ atschebtschebe
jucken	ኣስሓየ ashaye

K

kämmen	መሸጠ meschete
kämpfen	ተቓለሰ teqalese
kapitulieren	ተምበርከኸ temberkeche
kaputtgehen	ተበላሸወ tebelaschewe
kassieren	ኣሽረፈ aschrefe
kauen	ሓየኸ hayeche
kauern	ተጨበጠ tetschebete
kaufen	ገዝአ geze
kehren	ኾስተረ chostere
kehrtmachen	ተመልሰ temelse
kennen	ፈለጠ felete
kennzeichnen	ምልክት ገበረ mlkt gebere
keuchen	ትልኽ በለ tlch bele
kichern	ወከኸ wekeche
kidnappen	ጨወየ tscheweye
kitzeln	ቲኽቲኽ ኣበለ tichtich abele
klaffen	ሃህ በለ hah bele
klagen	ጠርዐ tere
klammern	ተጸግዐ tetsege
klappen	ዓጸፈ atsefe
klappern	ገምገም ኣበለ gemgem abele
klären	ኣጻረየ atsareye
klargehen	ድሓን ኮነ dhan kone
klarkommen	ተሰማምዐ tesemame
klatschen	ኣጣቕዐ ataqe

kleben	አጣበቐ atabeqe
kleckern	ከዓወ keawe
klettern	ደየበ deyebe
klicken	ጠወቐ teweqe
klingeln	ጭር ኣበለ tschr abele
klingen	ጸላዕላዕ በለ tselaälaä bele
klopfen	ኳሕ በለ kwah bele
knabbern	ቆርመመ qormeme
knacken	ነቐዐ neqe
knallen	ቶግ በለ tog bele
kneifen	ቀንጠወ qentewe
kneten	ለወሰ lewese
knicken	ዓጸፈ atsefe
knien	ተምበርከኸ temberkeche
knirschen	ሓኾምሓኾም በለ hachomhachom bele
knistern	ጠራዕራዕ በለ teraäraä bele
knittern	ዓጠረ atere
knöpfen	መልጎም ገበረ melgom gebere
knurren	ኣዕዘምዘመ aäzemzeme
kochen	ከሸነ keschene
kombinieren	ኣተሓሓዘ atehahaze
kommen	መጸ metse
kommentieren	ርእይቶ ሃበ räyto habe
können	ከኣለ keale
konstruieren	ሃነጸ hanetse
konsumieren	ኣህለኸ ahleche
kontrollieren	ተቈጻጸረ teqotsatsere
konzentrieren	ኣቶኮረ atokore
kooperieren	ተሓጋገዘ tehagageze
koordinieren	ኣተሓባበረ atehababere
kopieren	ቀድሐ qedhe
korrigieren	ኣረመ areme
kosten	ዋግአ wage
krabbeln	ለመመ lememe
krankmelden	ሕሙም ምኻን ሓበረ hmum mchan habere
kratzen	ሓንፈጠ hanfete
kraulen	ለመመ lememe
kräuseln	ፈይፈይ ኣበለ feyfey abele
kreisen	ከበበ kebebe
kreuzen	ሰገረ segere
kribbeln	ማርማር በለ marmar bele
kriechen	ለመመ lememe
kriegen	ሓዘ haze
kritisieren	ነቐፈ neqefe
krümeln	ሓቐቐ haqeqe
krümmen	ዓጸፈ atsefe
kühlen	ዘሓለ zehale
kümmern	ተገደሰ tegedese
kündigen	ኣሰናበተ (ውዕል) asenabete (wäl)
kürzen	ኣሕጸረ ahtsere

kuscheln	ሓቐፈ	haqefe
küssen	ሰዓመ	seame

L

lächeln	ፍሽኽ በለ	fschch bele
lachen	ሰሓቐ	sehaqe
laden	ጸዓነ	tseane
lagern	ከዘነ	kezene
lähmen	ደንዘዘ	denzeze
lahmlegen	ለመሰ	lemese
landen	ዓለበ	alebe
langweilen	ሰልከየ	selkeye
lassen	ሓደገ	hadege
lästern	ሓመየ	hameye
lauern	ተቓጸየ	teqatseye
laufen	ጎየየ	goyeye
läuten	ደወለ	dewele
leben	ነበረ	nebere
lecken	ለሓሰ	lehase
leeren	ባዶ ገበረ	bado gebere
legen	በጥ በለ	bet bele
lehnen	ቀነነ	qenene
lehren	መሃረ	mehare
leiden	ተሳቐየ	tesaqeye
leihen an jemanden	ኣለቀሐ	aleqehe
leisten	ከኣለ	keale
leiten	መርሐ	merhe
lenken	ጠወየ	teweye
lernen	ተማህረ	temahre
lesen	ኣንበበ	anbebe
leugnen	ኣሉ በለ	alu bele
lieben	ኣፍቀረ	afqere
liebkosen	ደረዘ	dereze
liefern	ኣብጽሐ	abtshe
liegen	በጥ በለ	bet bele
lispeln	ጸየፈ	tseyefe
loben	ነኣደ	neade
locken	ኣስደዐ	asdee
lockern	ኣፍኮሰ	afkose
löffeln	ብማንካ በልዐ	bmanka bele
lohnen	ረብሐ	rebhe
löschen	ደምሰሰ	demsese
lösen	ፈተሐ	fetehe
losfahren	ነቐለ ከደ	neqele kede
loswerden	ወገደ	wegede
lüften	ኣናፈሰ	anafese
lügen	ሓሰወ	hasewe
lutschen	መጸየ	metseye

M

machen	ገበረ gebere
mahnen	ገሰጸ gesetse
mailen	ኢመይል ሰደደ imeyl sedede
malen	ሰኣለ seale
manipulieren	ኣንቀሳቐሰ anqesaqese
markieren	ምልክት ገበረ mlkt gebere
massieren	ደረዘ ኣማዘወ dereze amazewe
meditieren	ኣስተንተነ astentene
meiden	ወገደ wegede
meinen	ትርጉም ሓዘ trgum haze
meistern	መለኸ meleche
melden	ሓበረ habere
merken	ኣብ ሓንጎል ሓዘ ab hangol haze
messen	ዓቐነ aqene
miauen	ኛው በለ nyaw bele
mieten	ተካረየ tekareye
mindern	ነከየ nekeye
mischen	ሓወሰ hawese
missachten	ሸለል በለ schelel bele
missbilligen	ተቓወመ teqaweme
missbrauchen	ዓመጸ ametse
missen	ሰሓተ sehate
missfallen	ኣጉሃየ aguhaye
missglücken	ሕማቕ ዕድል ገበረ hmaq ädl gebere
misshandeln	ዓመጸ ametse
misslingen	ፈሸለ feschele
misstrauen	እምነት ምሕዳር ሰኣነ ämnet mhdar seane
missverstehen	ብጌጋ ተረድአ bgyega terede
mitbekommen	ተገንዘበ tegenzebe
mitfahren	ምስ ካልእ ከደ ms kalä kede
mitfühlen	ራህርሀ rahrhe
mitmachen	ተሳተፈ tesatefe
mitteilen	ነገረ negere
mixen	ሓወሰ hawese
mögen	ፈተወ fetewe
morden	ቀተለ qetele
motivieren	ኣተባብዐ atebabe
multiplizieren	ኣርብሐ arbhe
murmeln	ኣዕዘምዘመ aäzemzeme
müssen	ክግበር ዘለዎ kgber zelewo
mutmaßen	ገመተ gemete

N

nachahmen	ቀድሐ qedhe
nachdenken	ሓሰበ hasebe
nachgeben	ኣርወየ arweye
nachholen	መንተፈ mentefe
nachkommen	ድሓር መጸ dhar metse
nachtragen	ድሓር ወሰኸ dhar weseche
nagen	ገሃጸ gehatse
nahekommen	ብቀረባ መጸ bqereba metse
nahen	ቀረበ qerebe
nähen	ሰፈየ sefeye
nähern	ቀረበ qerebe
nahestehen	ተቓረበ teqarebe
naschen	ጠዓሞት በልዐ teamot bele
necken	ሓጨጨ hatschetsche
nehmen	ወሰደ wesede
neiden	ቀንአ qene
neigen	ዘንበለ zenbele
nennen	ሰመየ semeye
nerven	ኣሕረቐ ahreqe
nicken	ርእሱ ነቕነቐ räsu neqneqe
niederknien	ኣብ መሬት ተምበርከኸ ab meret temberkeche
niederlassen	ኣዕሌሰ aiyese
nieseln	ኪፍኪፍ በለ kifkif bele
niesen	እንጥሾ በለ äntscho bele
norgeln	ተቛየቔ teqwayeqye
nummerieren	ብቁጽሪ ዘርዘረ bqutsri zerzere
nuscheln	ኣጉረምረመ aguremreme

O

öffnen	ከፈተ kefete
ölen	ቀብአ qebe
operieren	ዓየየ ayeye
opfern	ተሰወአ tesewee
ordnen	ኣቋቘመ aqwaqome
organisieren	ወደበ wedebe
orientieren	ኣንፈተ anfete

P

packen	**ጠመረ** temere
paddeln	**ቀዘፈ ጀለበ** qezefe jelebe
parken	**መኪና ኣንበረ** mekina anbere
passen	**ገጠመ** geteme
passieren	**ፈጸመ** fetseme
petzen	**ቈጠመ** qoteme
pfeffern	**በርበረ ሓወሰ** berbere hawese
pfeifen	**ፋጸየ** fatseye
pflanzen	**ተኽሊ ኣብቈለ** techli abqole
pflegen	**ተኸናኸነ** techenachene
pflücken	**ቀንጠበ** qentebe
picknicken	**ሽርሽር ገበረ** scherscher gebere
piepen	**ጩቕበለ** tschuqbele
piepsen	**ጩቕ በለ** tschuq bele
plagen	**ኣሸገረ** aschegere
planen	**መደበ** medebe
planschen	**ገጨበ** getschebe
plappern	**ለፍለፈ** leflefe
platzen	**ነቶገ** netoge
platzieren	**ኣንበረ** anbere
plaudern	**ኣዕለለ** aälele
pleitegehen	**ገንዘብ ሰኣነ** genzeb seane
pokern	**ፖከር ተጻወተ** poker tetsawete
posieren	**ኣጣጠሐ** atatehe
prägen	**መልክዕ ኣትሓዘ** melkä athaze
prahlen	**ተጀሃረ** tejehare
prallen	**ነጠረ** netere
präsentieren	**ኣቕረበ** aqrebe
pressen	**ደፍአ** defe
probieren	**ፈተነ** fetene
protestieren	**ሰላማዊ ሰልፊ ገበረ** selamawi selfi gebere
provozieren	**ኣለዓዓለ** aleaale
prüfen	**መርመረ** mermere
prügeln	**ዘበጠ** zebete
pupsen	**ጠረጠ** terete
pusten	**ነፈሰ** nefese
putzen	**ኣጽረየ** atsreye

Q

quaken	**ቈራዕራዕ** qoraäraä
quälen	**ኣሳቐየ** asaqeye
qualmen	**ኣትከኸ** atkeche
quengeln	**ተበኣሰ** tebease
quieken	**ወጨጨ** wetschetsche
quietschen	**ጺጽ በለ** tsits bele

R

rächen	ሕነ ፈደየ hne fedeye
radeln	ብሽግለታ ዘወረ bschgleta zewere
rascheln	ሓሸውሸው በለ haschewschew bele
rasen	ቅድድም ገበረ qddm gebere
rasieren	ላጸየ latseye
rasseln	ገምገም ኣበለ gemgem abele
raten	ብግምት ሓሰበ bgmthasebe
rätseln	ጸንከረ tsenkere
rattern	ገምገም ኣበለ gemgem abele
rauben	ዘመተ zemete
rauchen	ኣትከኸ atkeche
rauschen	ቡፍ በለ buf bele
räuspern	ኣዝወረ azwere
rausschmeißen	ደርበየ derbeye
reagieren	ሳዕቤን ኣኸተለ saäbyen achetele
realisieren	ኣለለየ aleleye
rebellieren	ዓለወ alewe
rechnen	ቀመረ qemere
rechtfertigen	መግለጺ ሃበ megletsihabe
recyceln	ደገመ degeme
reden	ተዛረበ tezarebe
regeln	መጠነ metene
regen	ዘነበ zenebe
regieren	ሰፈነ sefene
registrieren	መዝገበ mezgebe
regnen	ዘነበ zenebe
reiben	ፋሕፈሐ fahfehe
reichen	በጽሐ (ራሕቂ) betshe (rahqu)
reimen	ኣቃደወ aqadewe
reinigen	ኣጽረየ atsreye
reinlegen	ብጽሩይ ሰርዐ btsruy sere
reisen	ገሸ gesche
reißen	ቀደደ qedede
reiten	ፈረስ ኣጋለበ feres agalebe
reizen	ኣሕረቐ ahreqe
rekeln	ዘዘወ zezewe
rennen	ጎየየ goyeye
renovieren	ኣሕደሰ ahdese
reparieren	ኣዐረየ aereye
reservieren	ኣቐዲሙ ጠለበ aqedimu telebe
respektieren	ኣኽበረ achbere
retten	ኣድሓነ adhane
revanchieren	ሕነ ፈደየ hne fedeye
richtigstellen	ኣረመ areme
riechen	ጨነወ tschenewe
riskieren	ርከሳ ሓዘ rkesa haze
rollen	ከረውረው በለ kerewrew bele
röntgen	ራጂ ገበረ raji gebere
rosten	ጠበሰ tebese

rubbeln	ፋሕፈሐ fahfehe
rückerstatten	መለሰ (ገንዘብ) melese (genzeb)
rudern	ጀለበ jelebe
rufen	ጸውዐ tsewe
ruhen	ኣዕረፈ äärefe
rühren	ዞረ zore
ruinieren	ዓነወ anewe
rutschen	ኣንሻተተ anschatete
rütteln	ነቕነቐ neqneqe

S

sagen	በለ bele
sägen	መገዘ megeze
salzen	ጨዉ ወሰኸ tschew weseche
sammeln	ኣከበ akebe
säubern	ኣጽረየ atsreye
saugen	መጸየ metseye
schaden	ጎድአ gode
schaffen	ሰርሐ serhe
schälen	ለሓጸ lehatse
schalten	ለዋወጠ lewawete
schämen	ሓፈረ hafere
schätzen	ገመተ gemete
schauen	ጠመተ temete
schaufeln	ብባዶላ ሰርሐ bbadola serhe
schaukeln	ሰለል በለ selel bele
schäumen	ዓፈረ afere
scheinen	ኣንጸባረቐ antsebareqe
scheitern	ፈሸለ feschele
schenken	ሃበ habe
scherzen	ሓጨጨ hatschetsche
scheuchen	ኣፍርሀ afrhe
scheuen	ሓፈረ hafere
schicken	ሰደደ sedede
schieben	ኣንሻተተ anschatete
schiefgehen	ናብ ጌጋ ከደ nab gyega kede
schielen	ሸውረረ schewrere
schießen	ተኰሰ tekose
schildern	ገለጸ geletse
schimmeln	ዱኻ ኮነ ducha kone
schimpfen	ተቛየቘ teqwayeqye
schlafen	ደቀሰ deqese
schlagen	ሃረመ hareme
schlecken	ለሓሰ lehase
schleichen	ጽለቖ tsleqo
schleppen	ጐተተ gotete
schließen	ዓጸወ atsewe
schluchzen	እናተሓቖነ በኸየ änatehaqne becheye
schlucken	ወሓጠ wehate
schlüpfen	ኣንሻተተ anschatete
schmarotzen	ካብ ካልእ ብበለጽ ነበረ kab kalä bbelets nebere
schmatzen	እንጥጻሕ በለ änttsah bele

schmecken	ጠዓመ teame
schmeißen	ወርወረ werwere
schmelzen	ሓቐቐ haqeqe
schmerzen	ተቐንዘወ teqenzewe
schminken	ሜክ-ኣፕ ገበረ mek-ap gebere
schmollen	ሻንፎቱ ጀለ0 schanfotu jele
schmücken	ሰለመ seleme
schmunzeln	ፍሽኽ በለ fschch bele
schnarchen	ሓርነኸ harneche
schnauben	ኽሪፍ በለ krif bele
schnaufen	ቆጫዕ ኣበለ qotschaä abele
schneiden	ቈረጸ qoretse
schneien	ውርጪ ሃረመ wrtschi hareme
schnurren	ሩር በለ rur bele
schocken	ኣሰምበደ asembede
schockieren	ሰምበደ sembede
schonen	ተከናኸነ tekenachene
schrauben	ኣስጠመ asteme
schreiben	ጸሓፈ tsehafe
schreien	ኣእወየ aäweye
schubsen	ደፍአ defe
schummeln	ኣታለለ atalele
schütteln	ነቕነቐ neqneqe
schütten	ፈሰሰ fesese
schützen	ሓለወ halewe

schwächen	ኣድከመ adkeme
schwanken	ተለዋወጠ telewawete
schwänzen	ኣብኰረ abkore
schwärmen	በሃገ behage
schwarzfahren	ብዘይሕጋዊ ዘወረ bzeyhgawi zewere
schweben	ዘንበየ zenbeye
schweigen	ጸጥ በለ tset bele
schwerfallen	በርትዐ berte
schwimmen	ሓምበሰ hambese
schwindeln	ጽርውርው በለ tsrwrw bele
schwingen	ሰለል በለ selel bele
schwirren	ሰሰው በለ sesew bele
schwitzen	ረሃጸ rehatse
schwören	መሓለ mehale
segeln	ብጋንጽላ ከደ bgantsla kede
sehen	ረአየ reaye
sehnen	ሃረር በለ harer bele
sein	ኮነ kone
senden	ሰደደ sedede
senken	ነከየ nekeye
servieren	ኣገልገለ agelgele
setzen	ኣቐመጠ aqemete
seufzen	ኡፍ በለ uf bele
sichergehen	ርጉጽ ኮነ rguts kone
sichern	ኣረጋገጸ aregagetse
sicherstellen	ኣረጋገጸ aregagetse

siegen	ሰዓረ seare
siezen	ኣቱም/ኣትን በለ atum/atn bele
simsen	ሓጺር መልእኽቲ ጸሓፈ hatsir melächti tsehafe
singen	ደረፈ derefe
sinken	ኣንአሰ anase
sitzen	ኮፍ በለ kof bele
skaten	ብስኬት-ቦርድ ኣንሻተተ bsket-bord anschatete
sollen	ይግባእ ygbaä
sonnen	ጸሓይ ተጸልወ tsehay tetselwe
sorgen	ተገደሰ tegedese
sortieren	ሰርዐ sere
sparen	ቈጠበ qotebe
spaßen	ተጻወተ tetsawete
spazieren	ተዛወረ tezawere
speichern	ከዘነ kezene
speisen	መገበ megebe
spekulieren	ገመተ gemete
spenden	ትኳቦ ሃበ tkwabo habe
sperren	ዓገተ agete
spiegeln	ኣንጸባረቐ antsebareqe
spielen	ተጻወተ tetsawete
spinnen	ዓበደ abede
spitzen	ኣብልሐ ablhe
spotten	ኣባጨወ abatschewe

sprechen	ተዘረበ tezerebe
spreizen	ነዝሐ nezhe
sprengen	ሓምሸሸ hamschesche
sprießen	ጠጥዐ tete
springen	ዘለለ zelele
spritzen	ፍጺጽ ኣበለ ftsits abele
sprudeln	ፍሪቕፍሪቕ በለ friqfriq bele
sprühen	ነጸገ netsege
spucken	ጡፍ በለ tuf bele
spuken	ኣንጸላለወ antselalewe
spülen	ብማይ ሓጸበ bmay hatsebe
spüren	ተሰምዐ teseme
stammen	በቈለ beqole
stapeln	ኰመረ komere
stärken	ኣደልደለ adeldele
starren	ኣፍጢጡ ጠመተ aftitu temete
starten	ጀመረ jemere
stattfinden	ተፈጸመ tefetseme
staunen	ተደነቐ tedeneqe
stechen	ነኸሰ nechese
stecken Schlüssel	ሰኽዐ seke
stehen	ደው በለ dew bele
stehlen	ሰረቐ sereqe
steigen	ሓኾረ hachore
steigern	ኣንዝሐ anzhe

stellen	**ኣቐመጠ**	aqemete
sterben	**ሞተ**	mote
steuern	**መርሐ**	merhe
stieren	**ጉልሓጥሓጥ በለ**	gulhathat bele
stillen	**ኣጥበወ**	atbewe
stillhalten	**ጸጥ ኣበለ**	tset abele
stillliegen	**ብጸጥ በለ**	btset bele
stimmen	**ሓቂ ኮነ**	haqu kone
stinken	**ጨነወ**	tschenewe
stöbern	**ለቐመ**	leqeme
stocken	**ደው ኣበለ**	dew abele
stöhnen	**እህህ በለ**	ähh bele
stolpern	**ተዓንቀፈ**	teanqefe
stoppen	**ጠጠው ኣበለ**	tetew abele
stören	**ረበሸ**	rebesche
stoßen	**ተናጐጸ**	tenagotse
stottern	**ወታእታእ በለ**	wetaätaä bele
strafen	**ቀጽዐ**	qetse
straffen	**ወጠረ**	wetere
strahlen	**ጸርገወ**	tsergewe
strampeln	**ኣንደጕድጎ**	andegdgo
strapazieren	**ኣጥሪሩ ተዛረበ**	atriru tezarebe
sträuben	**ተኸየፈ**	techeyefe
streben	**ብባህጊ ጸዓረ**	bbahgi tseare
strecken	**መጠጠ**	metete
streicheln	**ደረዘ**	dereze
streichen	**ብኣስባስላ ለኸየ**	basbasla lecheye
streifen	**ቀለጠ**	qelete
streiken	**ወቕዐ**	weqe
streiten	**ተበኣሰ**	tebease
streuen	**ነስነሰ**	nesnese
stricken	**ኣለመ**	aleme
studieren	**ኣጽንዐ**	atsne
stürmen	**ጨደረ**	tschedere
stürzen	**ወደቐ**	wedeqe
stutzen	**ደገፈ**	degefe
stützen	**ደገፈ**	degefe
subtrahieren	**ኣጕደለ**	agdele
suchen	**ደለየ**	deleye
summen	**ዚዝ በለ**	ziz bele
sündigen	**ሓጥያት ገበረ**	hatyat gebere
surfen	**ስርራ ሞገድ**	srra moged
süßen	**ምቁር ገበረ**	mqur gebere

T

tadeln	**ገሰጸ**	gesetse
tanken	**ነዳዲ ወሰኸ**	nedadi weseche
tanzen	**ሳዕሰዐ**	saäse
tapezieren	**ወረቐት መንደቕ ኣጣበቐ**	wereqet mendeq atabeqe
tappen	**ተታተየ**	tetateye
tarnen	**ጎልበበ**	golbebe

tasten	ሃሰው በለ	hasew bele
tauchen	ጠሓለ ሓምበሰ	tehale hambese
tauen	ሞቐ	moqe
taufen	ጠመቐ	temeqe
taugen	ዝሰርሕ ኮነ	zserh kone
taumeln	ስንከልከል በለ	snkelkel bele
tauschen	ተለዋወጠ	telewawete
täuschen	ኣታለለ	atalele
teilen	መቐለ	meqele
teilnehmen	ተሳተፈ	tesatefe
telefonieren	ደወለ	dewele
testen	ፈተነ	fetene
ticken	ቃዕ በለ	qaä bele
tippen	ኣብ ኮምፒተር ጸሓፈ	ab kompiter tsehafe
toben	ብቑጥዓ ጨደረ	bqta tschedere
tolerieren	ሻላ በለ	schala bele
töten	ቀተለ	qetele
totfahren	ብምዝዋር ቀተለ	bmzwar qetele
totschießen	ብተኹሲ ቀተለ	btechsi qetele
totschlagen	ብምህራም ቀተለ	bmhram qetele
tragen	ተሰከመ	tesekeme
trainieren	ልምምድ ስፖርት ገበረ	lmmd sport gebere
trampeln	ረገጸ	regetse
tränen	ነብዐ	nebe
transportieren	ኣጓዓዘ	aguaze
trauen	ኣመነ	amene
trauern	ሓዘነ	hazene
träumen	ሓለመ	haleme
treffen	ተራኸበ	terachebe
trennen	ፈለየ	feleye
treten	ሰጎመ	segome
trinken	ሰተየ	seteye
trocknen	ነቐጸ	neqetse
trödeln	ዛሓለ	zahale
trommeln	ከቦሮ ሃረመ	keboro hareme
tröpfeln	ነጠበ	netebe
tropfen	ጥብጥብ በለ	tbtb bele
trösten	ኣጸናንዐ	atsenane
trotzen	ብድሆ በለ	bdho bele
trügen	ኣደናገረ	adenagere
tun	ሰርሐ	serhe
turnen	ምውስዋስ ኣካላት	mwswas ekalat
tyrannisieren	ደሃለ	dehale

U

üben	ተላመደ telamede
überanstrengen	ዝያዳ ተመጥጠ zyada temette
überarbeiten	ደጊሙ ሰርሐ degimu serhe
überblicken	ደጊሙ ረአየ degimu reaye
überbringen	ኣብጽሐ abtshe
überbrücken	ጎስዩ ሓለፈ gosyu halefe
überdenken	ደጊሙ ሓሰበ degimu hasebe
übereinstimmen	ተሰማምዐ tesemame
überfahren	ኣብ ልዕሊኡ ዘወረ ab läliu zewere
überfallen	ኣጥቀዐ atqe
überfordern	ኣዛይዱ ጸዓነ azaydu tseane
übergeben	ብኢድ ኣመሓላልፈ bid amehalalfe
überholen	ኣርከበ arkebe
überhören	ብኣጋጣሚ ሰምዐ bagatami seme
überlappen	ጫፋቱ ተደራረበ tschafatu tederarebe
überlassen	ገደፈ gedefe
überleben	ደሓነ dehane
überlegen	ሓሰበ hasebe
überlisten	ኣታለለ atalele
übernachten	ብለይቲ ደቀሰ bleyti deqese
übernehmen	ወሰደ wesede
überprüfen	መርመረ mermere
überqueren	ሰገረ segere
überraschen	ብሃንደበት ኣቕረበ bhandebet aqrebe
überreden	ኣእመነ aämene
überreichen	ኣቕረበ aqrebe
überschatten	ዓብለለ ablele
überschätzen	ኣዛይዱ ገመተ azaydu gemete
überschlagen	ክምብል በለ kmbl bele
überschnappen	ተመሳቐለ temesaqele
überschneiden	ጫፋቱ ተደራረበ tschafatu tederarebe
überschütten	ኣርገፈ argefe
überschwemmen	ኣዕለቕለቐ ääleqleqe
übersehen	ሸለል በለ schelel bele
übersetzen	ተርጎመ tergome
überspielen	ኣብ ጸወታ በለጸ ab tseweta beletse
übersteigen	ሓሊፉ በዝሐ halifu bezhe
überstrapazieren	ብኣጋንኖ ጸዓረ baganno tseare
überstürzen	ኣቀላጠፈ aqelatefe
übertragen	ኣመሓላለፈ amehalalefe
übertreffen	በለጸ beletse
übertreiben	ኣጋነነ aganene
überwachen	ተቈጻጸረ teqotsatsere
überwältigen	ዓብለለ ablele
überweisen	ብባንክ ኣመሓላለፈ bbank amehalalefe

überwiegen	**ልዕለ መዘነ** läle mezene
überwinden	**ሓለፈ (ሽግር)** halefe (schgr)
überzeugen	**ረትዐ** rete
überziehen	**ዓፈነ** afene
umarmen	**ሓቑፈ** haqofe
umbauen	**ዳግመ ሃነጸ** dagme hanetse
umbenennen	**ካልእ ሽም ሃበ** kalä schm habe
umblättern	**ገንጸለ** gentsele
umbringen	**ቀተለ** qetele
umdrehen	**ጠወየ** teweye
umfallen	**ወደቐ** wedeqe
umfassen	**አጠቓለለ** ateqalele
umgehen	**ብጥቕኡ ሓለፈ** btqu halefe
umhängen	**አውዘንዘነ** awzenzene
umkehren	**መለሰ (ቦታ)** melese (bota)
umkippen	**ከምበለ** kembele
umklammern	**ለጐመ** legome
umkommen	**ጠፍአ** tefe
umleiten	**ናብ ካልእ ቦታ መርሐ** nab kalä bota merhe
umräumen	**ቦታ እናቀያየረ ለወጠ** bota änaqeyayere lewete
umreißen	**ነደፈ** nedefe
umrühren	**ኣኾሰ** achose
umschalten	**ለወጠ** lewete
umsehen	**ከባቢኡ ረአየ** kebabiu reaye
umsetzen	**አብ ካልእ ቦታ አንበረ** ab kalä bota anbere
umsteigen	**ቀየረ (ትራንስፖርት)** qeyere (transport)
umstimmen	**ርእይቶ ለወጠ** räyto lewete
umstürzen	**ገልበጠ** gelbete
umtauschen	**ተለዋወጠ** telewawete
umwerfen	**ገልበጠ** gelbete
umziehen	**ቦታ ቀየረ** bota qeyere
unterbrechen	**ኣቋረጸ** aqwaretse
unterdrücken	**ጸቐጠ** tseqete
untergehen	**ጠፍአ** tefe
unterhalten	**ኣዕለለ** äälele
unterlassen	**ገደፈ** gedefe
unternehmen	**ብሓንሳብ ተዛነየ** bhansab tezaneye
unterrichten	**መሃረ** mehare
untersagen	**አገደ** agede
unterschätzen	**አትሒቱ ገመተ** athitu gemete
unterscheiden	**ተፈላለየ** tefelaleye
unterschreiben	**ፈረመ** fereme
unterstellen	**ሰለኾ** selecho
unterstreichen	**አስመረ** asmere
unterstützen	**ደገፈ** degefe
untersuchen	**መርመረ** mermere
untertauchen	**ተሓብአ** tehabe
unterteilen	**ተማቐለ** temaqele

urteilen	ፈረደ ferede

V

verabreden	ተቛረጸ teqwaretse
verabschieden	ተሰናበተ tesenabete
verachten	ነዓቐ neaqe
verallgemeinern	ሓፈሻዊ ቃል ገበረ hafeschawi qal gebere
verändern	ቀየረ qeyere
verängstigen	ፈርሀ ferhe
verantworten	ብዓል መዚ ኮነ bal mezi kone
verarbeiten	ሰርሐ serhe
verärgern	ኣሕረቐ ahreqe
verarzten	ሓከመ hakeme
verbergen	ሐብአ hebe
verbessern	ተመሓየሸ temehayesche
verbeugen	ሰገደ segede
verbiegen	ዓጸፈ atsefe
verbieten	ከልከለ kelkele
verbinden	ኣላገበ alagebe
verbleiben	ተረፈ terefe
verbluten	ደመየ demeye
verbrauchen	ወድአ wede
verbreiten	ዘርግሐ zerghe
verbrennen	ኣንደደ andede
verbringen	ሓሸሸ haschesche
verdächtigen	ጠርጠረ tertere
verdanken	ኣመስገነ amesgene

verdauen	**ኣሕቀቐ** ahqeqe
verdecken	**ሸፈነ** schefene
verderben	**ኣባላሸወ** abalaschewe
verdeutlichen	**ኣብርሀ** abrhe
verdienen	**ኣእተወ (ደሞዝ)** aätewe (demoz)
verdoppeln	**ደረበ** derebe
verdrängen	**ኣመዛበለ** amezabele
verdursten	**ጸምአ** tseme
verehren	**ኣምለኸ** amleche
vereinbaren	**ኣዳለወ** adalewe
vereinen	**ሰመረ** semere
vereinfachen	**ኣቃለለ** aqalele
vereinheitlichen	**ሓድነት ገበረ** hadnet gebere
vereinigen	**ሰመረ** semere
verfallen	**ወደቐ** wedeqe
verfälschen	**ጠምዘዘ** temzeze
verfassen	**ጸሓፈ** tsehafe
verfaulen	**መሽመሸ** meschmesche
verfehlen	**ሰሓተ** sehate
verfeinern	**ኣጸረየ** atsereye
verfluchen	**ረገመ** regeme
verfolgen	**ሰዓበ** seabe
verfügen	**ሃለወ** halewe
verführen	**ሓበለ** habele
vergehen	**ተሸርበ** tescherbe
vergelten	**ሕነ ፈደየ** hne fedeye
vergessen	**ረሰዐ** resee
vergeuden	**ኣጥፈአ** atfee
vergewaltigen	**ተጋሰሰ** tegasese
vergewissern	**ኣረጋገጸ** aregagetse
vergiften	**መረዘ** mereze
vergleichen	**ኣነጻጸረ** anetsatsere
vergnügen	**ተሓጐሰ** tehagose
vergraben	**ቀበረ** qebere
vergrößern	**ኣዕበየ** aäbeye
verhaften	**ኣሰረ** asere
verhalten	**ኣደበ** adebe
verhandeln	**ንምስምማዕ ዘተየ** nmsmmaä zeteye
verhängen	**ኣገደደ** agedede
verharmlosen	**ኣናኣኣሰ** anaaase
verharren	**ተረፈ** terefe
verheilen	**ሓወየ** haweye
verheimlichen	**ሓብአ** habe
verherrlichen	**ወደሰ** wedese
verhexen	**ሰረየ** sereye
verhindern	**ከልከለ** kelkele
verhören	**ሓቲቱ መርመረ** hatitu mermere
verhüllen	**ሸፈነ** schefene
verhungern	**ኣዝዩ ጠመየ** azyu temeye
verhüten	**ከልከለ** kelkele

verirren	ዓወፈ awefe
verjagen	ሃደነ ኣርሓቕ hadene arhaqe
verkaufen	ሸየጠ scheyete
verklagen	ከሰሰ kesese
verkleiden	ካልእ ለበሰ kalä lebese
verkleinern	ነከየ nekeye
verknoten	ቋጸረ qwatsere
verknüpfen	ኣላገበ alagebe
verkommen	ኣንቆልቆለ anqolqole
verkörpern	ሓዘ haze
verkraften	ከኣለ keale
verkrampfen	ኣጻበበ atsabebe
verkümmern	ቀሃመ qehame
verkürzen	ኣሕጸረ ahtsere
verlangen	ጠለበ telebe
verlängern	ኣናውሐ anawhe
verlangsamen	ቀስ ኣበለ qes abele
verlassen	ገደፈ gedefe
verlaufen	ብጌጋ ከደ bgyega kede
verleihen	ኣለቀሐ aleqehe
verlernen	ኣወገደ awegede
verletzen	ኣሕመመ ahmeme
verleugnen	ኣሉ በለ alu bele
verleumden	ኣካፈአ akafee
verlieben	ኣብ ፍቕሪ ኣተወ ab fqri atewe
verlieren	ተሳዓረ tesaare
verloben	ተሓጸየ tehatseye
vermehren	ኣባዝሀ abazhe
vermeiden	ወገደ wegede
vermieten	ኣካረየ akareye
vermischen	ሓወሰ hawese
vermissen	ናፈቐ nafeqe
vermitteln	ለኣኸ leache
vermuten	ገምገመ gemgeme
vernachlässigen	ሸለል በለ schelel bele
vernehmen	ኰርኰረ korkore
verneigen	ሰገደ ደነነ segede denene
verneinen	ኣሉ በለ alu bele
vernichten	ኣዕነወ äänewe
veröffentlichen	ኣሕቲሙ ዘርግሐ ahtimu zerghe
verordnen	ኣዘዘ azeze
verpacken	ጠመረ temere
verpassen	ሰሓተ sehate
verpflichten	ተማእዘዘ temaäzeze
verprügeln	ሃረመ hareme
verraten	ጠለመ teleme
verrechnen	ዕዳ ኣኽፈለ äda achfele
verreisen	ገሸ gesche
verrenken	ገመየ gemeye
verriegeln	ሸጎረ schegore
verringern	ነከየ nekeye

versagen	ሰነፈ senefe
versammeln	አረየ areye
versäumen	ሰሓተ sehate
verschenken	ከም ህያብ ሃበ kem hyab habe
verschicken	ሰደደ sedede
verschieben	ኣወንዘፈ awenzefe
verschimmeln	መሽመሸ meschmesche
verschlafen	እምብዛ ደቀሰ ämbza deqese
verschlechtern	ከፍአ kefe
verschließen	ዓጸወ atsewe
verschlimmern	ሓመቐ hameqe
verschlucken	ወሓጠ wehate
verschmutzen	ኣርስሐ arshe
verschonen	ቆጠበ qotebe
verschönern	ኣጽበቐ atsbeqe
verschütten	ከዓወ keawe
verschweigen	ከወለ kewele
verschwenden	ኣጥፈአ atfee
verschwimmen	ጸየቐ ጠፈአ tseyeqe tefee
verschwinden	ዓረበ arebe
verschwören	ውዲት ኣለመ wdit aleme
versenden	ሰደደ sedede
versetzen	ናብ ካልእ ቦታ ኣንበረ nab kalä bota anbere
verseuchen	መረዘ mereze
versichern	ኣረጋገጸ aregagetse
versickern	ጥብጥብ እናበለ ጠፍአ tbtb änabele tefe
versinken	ኣጥሓለ athale
versöhnen	ኣተዓረቐ ateareqe
versorgen	ኣለየ aleye
verspäten	ደንጎየ dengoye
versperren	ወተፈ wetefe
verspotten	ኣላገጸ alagetse
versprechen	ተመባጸዐ temebatsee
verspüren	ተሰምዖ tesemo
verständigen	ኣፍለጠ aflete
verstärken	ኣበርትዐ aberte
verstauben	ደሮና ገበረ derona gebere
verstauchen	ተቖጸየ teqotseye
verstecken	ሐብአ hebe
verstehen	ተረድአ terede
versteigern	ብሓራጅ ሸጠ bharaj schete
verstellen	ኣዋደደ awadede
verstopfen	ጠርነቐ terneqe
verstoßen	ገሃሰ gehase
verstreichen	ሓለፈ (ግዜ) halefe (gze)
verstummen	ኣህድአ ahde
versuchen	ፈተነ fetene
versüßen	ኣመቀረ ameqere
vertagen	ኣውዓለ awale
vertauschen	ተለዋወጠ telewawete
verteidigen	ተኸላኸለ techelachele

Deutsch	Tigrinya	Umschrift
verteilen	ዓደለ	adele
vertiefen	ኣዕመቈ	aämeqo
vertragen	ተጻወረ	tetsawere
vertrauen	ኣመነ	amene
vertreiben	ሰጐገ	segoge
vertreten	ወከለ	wekele
vertrocknen	ነቐጸ	neqetse
vertrödeln	ዛሓለ	zahale
vertrösten	ደበሰ	debese
vertuschen	ሰተረ	setere
verübeln	ኣማረረ	amarere
verüben	ገበረ	gebere
verunglücken	ሓደጋ ተገብረ	hadega tegebre
verunsichern	ኣዐወነ	aewene
verunstalten	ጸየቐ	tseyeqe
verursachen	ኣስዓበ	asabe
verurteilen	ኰነነ	konene
verwechseln	ኣስደመመ	asdememe
verweigern	ከሓደ	kehade
verwelken	ቀምሰለ	qemsele
verwenden	ኣዘውተረ	azewtere
verwirklichen	ተገንዘበ	tegenzebe
verwirren	ኣደናገረ	adenagere
verwischen	ጸየቐ ከወለ	tseyeqe kewele
verwöhnen	ኣሐንቀቐ	ahenqeqe
verwunden	ቆሰለ	qosele
verzaubern	መሰጠ	mesete
verzehren	ተመገበ	temegebe
verzeichnen	መዝገበ	mezgebe
verzeihen	መሓረ	mehare
verzerren	ኣትሞመ	atmome
verzichten	ራሕረሐ	rahrehe
verzieren	ኣጸባበቐ	atsebabeqe
verzögern	ደንጐየ	dengoye
verzweifeln	ቀበጸ	qebetse
voraussagen	ተነበየ	tenebeye
vorbeifahren	ሓለፈ	halefe
vorbereiten	ኣዳለወ	adalewe
vorbeugen	ከልከለ	kelkele
vordrängeln	ሪጋ ሓኾረ	riga hachore
vorenthalten	ከልአ	kele
vorfallen	ተፈጸመ	tefetseme
vorfinden	ረኸበ	rechebe
vorgeben	ኣቐዲሙ ኣወጀ	aqedimu aweje
vorhaben	ወንጨፈ	wentschefe
vorhersehen	ሳዘየ	sazeye
vorkommen	ፈጸመ	fetseme
vorlesen	ኣንበበ	anbebe
vormachen	ብግብሪ ኣርኣየ	bgbri araye
vornehmen	መደበ	medebe
vorschlagen	ሓሳብ ሃበ	hasab habe
vorschreiben	ኣዘዘ	azeze

vorsorgen	**ከልከለ** kelkele
vorstellen	**ኣብ ሓሳብ ቀረጸ** ab hasab qeretse
vortäuschen	**ኣምሰለ** amsele
vortragen	**ኣቕሪቡ ተዛረበ** aqribu tezarebe
vorübergehen	**ሓለፈ** halefe
vorweisen	**ኣርኣየ** araye
vorwerfen	**ከሰሰ** kesese
vorzeigen	**ኣርኣየ** araye
vorziehen	**ሓረየ** hareye

W

wachsen	**ዓበየ** abeye
wackeln	**ተወዛወዘ** tewezaweze
wagen	**ደፈረ** defere
wählen	**መረጸ** meretse
wahrnehmen	**ኣቕለበ** aqlebe
wandern	**ዞረ** zore
warnen	**ኣጠንቀቐ** atenqeq
warten	**ጸንሐ** tsenhe
waschen	**ሓጸበ** hatsebe
wechseln	**ለወጠ** lewete
wecken	**ኣበራበረ** aberabere
wegfahren	**ዘወረ ከደ** zewere kede
wegfallen	**ወደቐ ከደ** wedeqe kede
weggehen	**ከደ** kede
weglassen	**ገደፈ** gedefe
wegnehmen	**ወሰደ ከደ** wesede kede
wegrennen	**ጎየየ ከደ** goyeye kede
wegschicken	**ተሰደ ከደ** tesede kede
wegschmeißen	**ሰንደወ ከደ** sendewe kede
wehren	**ተጻረረ** tetsarere
weigern	**ኣበየ** abeye
weinen	**በኸየ** becheye
welken	**ቀሃመ** qehame
wellen	**ብማዕበላዊ ኣገባብ ተንቀሳቐሰ** bmaäbelawi agebab tenqesaqese

wenden	ጠወየ teweye
werden	ኮነ kone
werfen	ሰንደወ sendewe
wetten	ተወራረደ tewerarede
wickeln Baby	ጠቕለለ teqlele
widerlegen	ረትዐ rete
widersetzen	ተቓወመ teqaweme
widerspiegeln	ኣንጸባረቐ antsebareqe
widerstehen	ተቓወመ teqaweme
widmen	ወፈየ wefeye
wiedergeben	ብዝርዝር ደገመ bzrzr degeme
wiederholen	ደገመ degeme
wiederkehren	መለሰ (ቦታ) melese (bota)
wiederkommen	እንደገና መጸ ändegena metse
wiedersehen	እንደገና ተራኸበ ändegena terachebe
wiegen	መዘነ mezene
wiehern	ሓምሓመ hamhame
wimmeln	ሓሰኽሰኽ በለ hasechsech bele
wimmern	ኣዕዘምዘመ aäzemzeme
winden	ኣኽበበ achbebe
winken	ተወዛወዘ tewezaweze
winseln	ኒን በለ nin bele
wippen	ሰለል በለ selel bele
wirken	ተራእየ teraäye
wischen	ወልወለ welwele
wispern	ሕሹኽ በለ hschuch bele
wissen	ፈለጠ felete
wohnen	ተቐመጠ teqemete
wollen	ደለየ deleye
wundern	ተገረመ tegereme
wünschen	ተመነየ temeneye
würdigen	ተኣመነ teamene
würfeln	ዳይ ተንከባለለ day tenkebalele
würgen	ትዓብሰ tabse
würzen	ቀመም ወሰኸ qemem weseche

Z

zahlen	ከፈለ	kefele
zählen	ቈጸረ	qotsere
zähmen	ገርሐ	gerhe
zanken	ተባአሰ	tebaase
zappeln	ኣዕለበጠ	aälebete
zaubern	ሰረ	sere
zeichnen	ሰኣለ	seale
zeigen	ኣርኣየ	araye
zelten	ካምፒንግ (ብተንዳ) ገበረ	kamping (btenda) gebere
zerbrechen	ሰበረ	sebere
zerdrücken	ጸቐጠ	tseqete
zerfallen	ቆንቆነ	qonqone
zerkleinern	ቈራረጸ	qoraretse
zerknüllen	ጨምደደ	tschemdede
zerkratzen	ሓንጠጠ	hantete
zerkrümeln	ሰባበረ	sebabere
zerreißen	ቀደደ	qedede
zerren	ሰሓበ	sehabe
zerschlagen	ሓምሸሸ	hamschesche
zerspringen	ፈንጨለ	fentschele
zerstören	ኣዕነወ	aänewe
zertreten	ረገጸ	regetse
zertrümmern	ሓምሸሸ	hamschesche
ziehen	ሰሓበ	sehabe
zielen	ነጸ'ረ	netse're
zieren	ኣሰወነ	asewene
zischen	ጫዕጫዕ በለ	tschaätschaä bele
zittern	ኣንቀጥቀጠ	anqetqete
zögern	ተወላወለ	tewelawele
zoomen	ኣንጺሩ ረአየ	antsiru reaye
zubeißen	ነኸሰ	nechese
zubereiten	ኣዳለወ	adalewe
zubinden	ብምእሳር ዓጸወ	bmäsar atsewe
zublinzeln	ሰምሰም ኣበለ	semsem abele
zucken	ኣንፈርፈረ	anferfere
zücken	ኣወዛወዘ	awezaweze
zudecken	ከዲኑ ዓጸወ	kedinu atsewe
zudrehen	ጠዊዩ ዓጸወ	tewiyu atsewe
zufriedengeben	ኣኸለ	achele
zufriedenlassen	ብርውየት ገደፈ	brwyet gedefe
zufügen	ደመረ	demere
zugeben	ተኣመነ	teamene
zugreifen	ሓዘ	haze
zugucken	ተዓዘበ	teazebe
zuhören	ሰምዐ	seme
zujubeln	ተፈስሀ	tefeshe
zuknöpfen	ብመልጎም ዓጸወ	bmelgom atsewe
zulächeln	ፍሽኽ በለ	fschch bele
zulassen	ፈቐደ	feqede

zumachen	ዓጸወ	atsewe
zumuten	ሓላፍነት ወሰደ	halafnet wesede
zünden	ወልዐ	wele
zunehmen	ወሰኸ	weseche
zunichtemachen	ፍሩስ ገበረ	frus gebere
zunicken	ርእሱ ነቕነቐ	räsu neqneqe
zuordnen	ረተበ	retebe
zupacken	መንጠለ	mentele
zupfen	ነጸየ	netseye
zurechtfinden	መንገዲ ረኸበ	mengedi rechebe
zurücknehmen	ሰሓበ	sehabe
zurufen	ጸውዐ	tsewe
zusagen	ተቐበለ	teqebele
zusammenhängen	ተኣሳሰረ	teasasere
zusammenprallen	ተጋጨወ	tegatschewe
zusammenschreiben	ብሓንሳብ ጸሓፈ	bhansab tsehafe
zuschicken	ሰደደ	sedede
zuschlagen	ጸፍዐ	tsefe
zuschließen	ዓጸወ	atsewe
zuschrauben	ኣስጠመ	asteme
zusehen	ተዓዘበ ረአየ	teazebe reaye
zusichern	ዋሕዝ ሃበ	wahz habe
zuspielen	ኣቐበለ ኣሕለፈ	aqebele ahlefe
zuspitzen	ተረረ	terere
zustimmen	ተሰማምዐ	tesemame
zustoßen	ኣጋጠመ	agateme
zutrauen	ደፈረ	defere
zutreffen	ተጠቕመ	teteqme
zuvorkommen	ኣበርዓነ	aberane
zuwenden	ገጠመ	geteme
zuziehen	ተሰከመ	tesekeme
zwängen	ወሸለ	weschele
zweifeln	ጥጠርጠረ	ttertere
zwicken	ቆንጠወ	qentewe
zwingen	ኣገደደ	agedede
zwinkern	ብልጭልጭ በለ	bltschltsch bele

INDEX DEUTSCH –
ኣመልካቲ ጀርመንኛ

INDEX TIGRINISCH –
ኣመልካቲ ትግርኛ

INDEX DEUTSCH – አመልካቲ ጀርመንኛ

A

C

F

G

H

I

L

M

N

Q

R

S

T

W

INDEX TIGRINISCH – ኣመልካቲ ትግርኛ

ሀ

ለ

ሐ

ረ

ሰ

ሸ

ቀ

በ

ቨ

ተ

ኣ

ከ

ኰ

ወ

ዐ

ዘ

የ

T

BILDNACHWEIS

* – © Fotolia.com

14 */Csaba Peterdi, **16** */Alexander Raths, **16** */Jeanette Dietl, **16** */Forgiss, **16** */paulmz, **16** */fotodesign-jegg.de, **16** */mimagephotos, **16** */Syda Productions, **16** */iko, **16** */Jeanette Dietl, **16** */drubig-photo, **16** */oocoskun, **17** */damato, **17** */vbaleha, **17** */Rido, **17** */Ljupco Smokovski, **17** */Jeanette Dietl, **17** */Janina Dierks, **17** */Valua Vitaly, **17** */Rido, **17** */Andres Rodriguez, **17** */Syda Productions, **17** */Valua Vitaly, **18** */Dmitry Lobanov, **18** */Samuel Borges, **18** */DenisNata, **18** */Pavel Losevsky, **18** */Gabriel Blaj, **18** */WONG SZE FEI, **18** */vgstudio, **18** */Picture-Factory, **18** */Ariwasabi, **19** */endostock, **19** */mma23, **19** */Jasmin Merdan, **19** */Tom Wang, **19** */Michael Gray, **19** */JanMika, **19** */BeTa-Artworks, **19** */michaeljung, **19** */Savannah1969, **19** */patpitchaya, **19** */Sabphoto, **19** */Cello Armstrong, **19** */eyetronic, **20** */Danilo Rizzuti, **20** */Ruth Black, **20** */Smileus, **20** */chesterF, **20** iStockphoto/Catherine Yeulet, **20** */DenisNata, **20** */Melinda Nagy, **20** */Kaarsten, **20** */MISHELA, **20** */Eray, **20** */Unclesam, **20** */satin_111, **20** */Michael Fritzen, **21** */yanlev, **21** */BeTa-Artworks, **21** */Margit Power, **21** */Brenda Carson, **21** */Africa Studio, **21** */Piotr Marcinski, **21** */Fotowerk, **21** */AVRORA, **21** */stockyimages, **21** */Tyler Olson, **21** */ExQuisine, **21** */Glenda Powers, **21** Thinkstock/iStockphoto, **22** */Valua Vitaly, **22** */codiarts, **23** */Jaimie Duplass, **23** */krimar, **23** */magann, **23** */Stefan Balk, **23** */Kaponia Aliaksei, **23** */koji6aca, **23** */yuriyzhuravov, **23** */yuriyzhuravov, **23** */Ermolaev Alexandr, **23** */V.R.Murralinath, **23** */badmanproduction, **23** */Anton Zabielskyi, **23** */auremar, **23** */koji6aca, **24** */mimagephotos, **24** */Tiler84, **24** */velazquez, **24** */giorgiomtb, **24** */apops, **24** */dusk, **24** */Knut Wiarda, **24** */stokkete, **24** */Taiga, **24** */Taiga, **24** */Taiga, **24** */Taiga, **25** */Karramba Production, **25** */Robert Kneschke, **25** */cantor pannatto, **25** */Garrincha, **25** */Picture-Factory, **25** */bevangoldswain, **25** */WavebreakMediaMicro, **25** */Rido, **25** */Minerva Studio, **25** */cantor pannatto, **25** */Fotowerk, **25** */Fotowerk, **26** */Gelpi, **26** */stockyimages, **26** */WavebreakmediaMicro, **26** */pathdoc, **26** */llike, **26** */pathdoc, **26** */Andres Rodriguez, **26** */Garrincha, **26** */cantor pannatto, **26** */pressmaster, **26** */vladimirfloyd, **26** */Elnur, **26** */Klaus Eppele, **27** */boumenjapet, **27** */Vera Anistratenko, **27** */carol_anne, **27** */Andrey Armyagov, **27** Thinkstock/NikolayK, **27** */srdjan111, **27** */Zbyszek Nowak, **27** */Pamela Uyttendaele, **27** */Michaela Pucher, **27** */Katrina Brown, **28** */ghoststone, **28** */nito, **28** */zhekos, **28** */chiyacat, **28** */Alexandra Karamyshev, **28** */BEAUTYofLIFE, **28** */Lucky Dragon, **29** */Karramba Production, **29** */BEAUTYofLIFE, **29** */Khvost, **29** */Khvost, **29** */Elnur, **29** */Popova Olga, **29** */Artem Gorohov, **29** */Elnur, **29** */Ruslan Kudrin, **29** */Gordana Sermek, **29** */Alexandra Karamyshev, **30** */alaterphotog, **30** */Elnur, **30** */Elnur, **30** */Ruslan Kudrin, **30** */Alexandra Karamyshev, **30** */Alexandra Karamyshev, **30** */Oliver Preißner, **30** */Robert Lehmann, **30** */Alexandra Karamyshev, **31** */mimagephotos, **31** */Alexandra Karamyshev, **31** */Alexandra Karamyshev, **31** */ludmilafoto, **31** */okinawakasawa, **31** Thinkstock/Alexandru Chiriac, **31** */cedrov, **31** */Khvost, **31** */hifashion, **31** */Alexandra Karamyshev, **31** */Alexandra Karamyshev, **32** */Little_wine_fly, **32** */Jiri Hera, **32** */rangizzz, **32** */Jiri Hera, **32** */Andrew Buckin, **32** Thinkstock/Danny Chan, **32** */Artem Merzlenko, **32** */Cobalt, **32** */fotomatrix, **32** */Rozaliya, **32** */adisa, **32** */Kira Nova, **32** */Shariff Che'Lah, **32** */venusangel, **32** */Unclesam, **32** */srki66, **33** */adisa, **33** */adisa, **33** */lalouetto, **33** */PRILL Mediendesign, **33** */Africa Studio, **33** */adisa, **33** */Andrey Bandurenko, **33** */Nadinelle, **33** */design56, **33** */Sergey Rusakov, **33** */Jiri Hera, **33** */gemenacom, **33** */Andre Plath, **33** */Alexander Raths, **33** */Liaurinko, **33** */thaikrit, **33** */humbak, **34** */wiedzma, **34** */kontur-vid, **34** */Tharakorn, **34** */picsfive, **34** */pattarastock, **34** */NilsZ, **34** */picsfive, **34** */picsfive, **34** */ksena32, **34** */cristi180884, **34** */bpstocks, **34** */nito, **34** */Tarzhanova, **34** */bpstocks, **34** */terex, **34** */ibphoto, **35** */Gennadiy Poznyakov, **36** */stockone, **38** */JSB, **38** */stocker1970, **38** */photo 5000, **38** */Tiberius Gracchus, **38** */Ralf Gosch, **38** */visivasnc, **38** */Lasse Kristensen, **38** */Speedfighter, **38** */Bokicbo, **38** */typomaniac, **38** */O.M., **38** */designsstock, **38** */Tatty, **39** */Kurhan, **39** */selensergen, **39** */Brilliant Eagle, **39** */Iriana Shiyan, **39** */terex, **39** */Sashkin, **39** */bcdesign, **39** */pyzata, **39** */Thomas Aumann, **39** */Tiberius Gracchus, **39** */Igor Kovalchuk, **39** */Maksym Yemelyanov, **39** */pabijan, **40** */Magda Fischer, **41** */Kasia Bialasiewicz, **41** */bennnn, **41** */Bert Folsom, **41** */Aleksandar Jocic, **41** */yevgenromanenko, **41** */Aleksandr Ugorenkov, **42** */Iriana Shiyan, **42** */luchshen, **42** */sokrub, **42** */sokrub, **42** */okinawakasawa, **43** */pics721, **43** */Delphimages, **43** */arteferretto, **43** */Kitch Bain, **43** */Chris Brignell, **44** */stock_for_free, **44** */kornienko, **45** */mrgarry, **45** */mariocigic, **45** Thinkstock/Hemera, **45** */Alexander Morozov, **45** */Denis Gladkiy, **45** */Sergii Moscaliuk, **45** */sutsaiy, **45** */sutsaiy, **45** */okinawakasawa, **45** */Alexander Morozov, **45** */venusangel, **45** */bergamont, **45** */Alexander Morozov, **45** */sutsaiy, **45** */manipulateur, **45** */kmiragaya, **46** */fotyma, **46** */Denisa V, **46** */jonnysek, **46** */Kitch Bain, **46** */pholien, **46** */Alona Dudaieva, **46** */M.R. Swadzba, **46** Thinkstock/iStockphoto, **46** */bennyartist, **46** */Nikola Bilic, **46** */cretolamna, **46** */Igor Syrbu, **46** */Piotr Pawinski, **47** */cretolamna, **47** */Harald Biebel, **47** */gavran333, **47** */M.R. Swadzba, **47** */IrisArt, **47** */Diana Taliun, **47** */cretolamna, **47** */M S, **47** */nito, **47** */Bombaert Patrick, **47** */scol22, **47** */cretolamna, **47** */picsfive, **48** */Sunshine Pics, **48** */VRD, **48** */petrsalinger, **48** */cretolamna, **48** */gavran333, **48** */Uwe Landgraf, **48** */nito, **48** */Schwoab, **48** */cretolamna, **48** */Stefan Balk, **48** */karandaev, **48** */Lucky Dragon, **48** */PhotoSG, **49** */2mmedia, **50** */Andres Rodriguez, **50** */simmittorok, **50** */Liliia Rudchenko, **50** */venusangel, **50** */Ljupco Smokovski, **50** */Maksim Kostenko, **50** Thinkstock/Stockbyte, **50** */Xuejun li, **50** */Ljupco Smokovski, **50** */Coprid, **50** */Yingko, **51** */poligonchik, **52** */arsdigital, **53** */adpePhoto, **53** */Africa Studio, **53** */Tiler84, **53** */NilsZ, **53** */Africa Studio, **53** */Coprid, **54** */magraphics.eu, **54** */sommersby, **54** */ermess, **54** */AndG, **55** */ILYA AKINSHIN, **55** */Lusoimages, **55** */HamsterMan, **55** */jlcst, **55** */Foto-Ruhrgebiet, **55** */Dmytro Akulov, **55** */picsfive, **55** */ibphoto, **55** */Jonathan Stutz, **55** */Jackin, **55** */ganko, **55** */artmim, **55** */Klaus Eppele, **56** */Sashkin, **56** */Creatix, **56** */Andreja Donko, **56** */Katrina Brown, **56** */Ljupco Smokovski, **57** */Okea, **58** */kmit, **58** */luckylight, **58** */tuja66, **58** */tuja66, **58** */corund, **58** */tuja66, **58** */Rynio Productions, **58** */mick20, **58** */Denis Dryashkin, **58** */tuja66, **58** */claudio, **58** */CE Photography, **58** */tuja66, **58** */Бурдюков Андрей, **58** */vav63, **59** */Rynio Productions, **59** */Rynio Productions, **59** */Rynio Productions, **59** */PRILL Mediendesign, **59** */fefufoto, **59** */antonsov85, **60** */andersphoto, **60** */scis65, **60** */venusangel, **60** */Coprid, **60** */f9photos, **60** */tuja66, **60** */Konovalov Pavel, **60** */Freer, **60** */Nik, **60** */chungking, **60** */mariusz szczygieł, **61** */auremar, **61** */Africa Studio, **61** */ankiro, **61** */Ionescu Bogdan, **61** */piai, **61** */Denys Rudyi, **62** */Nomad_Soul, **62** */gradt, **62** */twister025, **62** */egorovvasily, **62** */womue, **62** Thinkstock/

iStockphoto, **62** Thinkstock/iStockphoto, **62** */cherezoff, **62** */by-studio, **63** */coco, **63** */D. Ott, **63** */D. Ott, **63** */federicofoto, **63** */babsi_w, **63** */Stibat Studio, **63** */Kara, **63** */Jeanette Dietl, **63** */sonne fleckl, **63** */keller, **63** */miket, **63** */WoGi, **63** */M. Schuppich , **63** */Marco Becker , **63** */kobra78 , **63** */Kalle Kolodziej, **64** */mallivan, **64** */Zbyszek Nowak, **64** */opasstudio, **64** */hsagencia, **64** */photka , **64** */photka , **64** */photka , **64** */photka , **64** */Gerald Bernard , **64** */Jaimie Duplass , **64** */steamroller , **64** */tompet80 , **64** */schankz, **64** */keerati, **65** */hopfi23, **65** */Alex Petelin, **65** */Patryssia, **65** */D. Ott, **65** */Horticulture, **65** */Kasia Bialasiewicz, **65** */mopsgrafik, **65** */B. Wylezich, **65** */fotoschab, **65** */Miredi, **65** */udra11, **65** */NinaMalyna, **65** */rupbilder, **66** */mates, **68** */unpict, **68** */Teamarbeit, **68** */Christian Jung, **68** Dreamstime/Christianjung, **68** */HLPhoto, **68** */ExQuisine , **68** */rdnzl, **68** */uckyo, **68** */ExQuisine, **68** */lefebvre_jonathan, **68** */Cornerman, **68** */Mara Zemgaliete, **68** iStockphoto/Vasko, **68** */Diana Taliun, **68** Thinkstock/Alena Dvorakova, **68** Shutterstock/marco mayer, **69** */ExQuisine, **69** */ExQuisine, **69** */fotomaster, **69** */Eric Isselée, **69** */boguslaw, **69** */Eric Isselée, **69** */nito, **69** */Irina Khomenko, **69** */Viktor, **69** */Oran Tantapakul, **69** */lightpoet, **70** */Rémy MASSEGLIA, **70** */Natalia Merzlyakova, **70** Dreamstime/Witoldkr1, **70** */Picture Partners, **70** */antonio scarpi, **70** */Gaetan Soupa, **70** */o.meerson, **70** */ExQuisine, **70** Dreamstime/Pipa 100, **70** */lunamarina, **70** */HelleM, **70** */Dalmatin.o , **70** */Witold Krasowski, **70** */Andrei Nekrassov, **70** */Dionisvera, **70** */Dionisvera, **71** */angorius, **71** */Dani Vincek, **71** */felinda, **71** */Andrey Starostin, **71** */pedrolieb, **71** */ExQuisine, **71** Dreamstime/Onepony, **71** */dulsita, **71** */Giuseppe Lancia, **71** */margo555, **71** */BSANI , **71** */womue, **71** */Jiri Hera, **72** */ExQuisine, **72** Dreamstime/Sethislav, **72** */volff , **73** */dimakp, **73** Shutterstock/Multiart, **73** Shutterstock/Krzysztof Slusarczyk, **73** */Daddy Cool, **73** */Brad Pict, **73** Dreamstime/Jack14, **73** */cynoclub, **73** */Picture Partners, **73** */Lsantilli , **73** */Coprid, **73** */Fotofermer, **73** */Brad Pict, **73** */Mara Zemgaliete, **74** */Dani Vincek , **74** */Natika, **74** */Luis Carlos Jiménez, **74** */angorius, **74** */marrfa, **74** */Natika, **74** */fotogal, **74** */Shawn Hempel, **74** */Jessmine, **74** */Daorson, **74** */Jérôme Rommé, **74** */gcpics, **74** */Picture Partners, **75** */valeriy555, **75** */valeriy555, **75** */Barbara Pheby, **75** */volga1971, **75** Dreamstime/Robynmac, **75** */Anna Kucherova, **76** */jerome signoret, **76** */boguslaw, **76** */fotomatrix, **76** */World travel images, **76** */margo555 , **76** */margo555 , **76** */margo555 , **76** */margo555 , **76** */Wolfgang Jargstorff, **77** */valeriy555, **77** */silencefoto, **77** */valeriy555, **77** */valeriy555, **77** */silencefoto, **77** */valeriy555, **77** */photocrew, **77** */valeriy555, **77** */Anna Kucherova, **77** */valeriy555, **77** */Malyshchyts Viktar, **77** */charlottelake, **77** */valeriy555, **78** */tycoon101, **78** */Zbyszek Nowak, **78** */M.R. Swadzba, **78** */Schlierner, **78** */Ekaterina Lin, **78** */Andrey Starostin, **79** */azureus70, **79** */azureus70, **79** */valeriy555, **79** */Dionisvera, **79** Thinkstock/anna1311, **79** */valeriy555, **79** */Andrea Wilhelm, **79** */valeriy555, **79** */valeriy555, **79** */valeriy555, **79** */valeriy555, **79** */valeriy555, **79** */valeriy555, **79** */Anna Kucherova, **80** */Malyshchyts Viktar, **80** */Malyshchyts Viktar, **80** */Malyshchyts Viktar, **80** */Malyshchyts Viktar, **80** */Malyshchyts Viktar, **80** */Malyshchyts Viktar, **80** */Malyshchyts Viktar, **80** */Malyshchyts Viktar, **80** */Malyshchyts Viktar, **80** */Malyshchyts Viktar, **80** */Natika, **80** */Malyshchyts Viktar, **80** */Malyshchyts Viktar, f9photos, **80** */Malyshchyts Viktar, **80** */Oleksiy Ilyashenko, **80** */Tim UR, **80** */valeriy555, **80** */valeriy555, **80** */Natika, **80** */valeriy555, **81** Dreamstime/Skyper1975, **81** */Werner Fellner, **81** */marilyn barbone, **81** */nblxer, **81** */goodween123, **82** */Popova Olga, **82** */Popova Olga, **82** */mates, **82** */Popova Olga, **82** */Popova Olga, **82** */Popova Olga, **82** */Popova Olga, **82** */Popova Olga, **82** */pimponaco, **82** */Schlierner, **82** */svl861, **82** */svl861, **82** Dreamstime/Margouillat, **83** */Team 5, **83** MDB/seli8, **83** */unpict, **83** */Tomboy2290, **83** */nbriam, **83** */Vera Kuttelvaserova, **83** */Vesna Cvorovic, **83** */Maceo, **83** */scis65, **84** Thinkstock/iStockphoto, **84** Thinkstock/iStockphoto, **84** Thinkstock/iStockphoto, **84** Thinkstock/iStockphoto, **84** Thinkstock/iStockphoto, **84** Thinkstock/iStockphoto, **84** Thinkstock/iStockphoto, **84** Thinkstock/iStockphoto, **84** */Popova Olga, **84** Thinkstock/iStockphoto, **84** Thinkstock/iStockphoto, **84** Thinkstock/iStockphoto, **84** Thinkstock/iStockphoto, **84** Thinkstock/iStockphoto, **84** Thinkstock/iStockphoto, **84** Thinkstock/iStockphoto, **85** Dreamstime/Sergioz, **85** */Africa Studio, **85** */Orlando Bellini, **85** */Inga Nielsen, **85** */Inga Nielsen, **85** */Inga Nielsen, **85** */Boris Ryzhkov, **86** */Popova Olga, **86** */Popova Olga, **86** */Popova Olga, **86** */Popova Olga, **86** */Popova Olga, **86** */Popova Olga, **86** */Popova Olga, **86** */Popova Olga, **86** */Popova Olga, **86** */Popova Olga, **86** */Popova Olga, **86** */Popova Olga, **86** */Popova Olga, **86** */Elena Schweitzer, **86** */Picturefoods.com, **87** Dreamstime/Jirkaejc, **87** Dreamstime/Glasscuter, **87** */Andrzej Tokarski, **87** Dreamstime/Pryzmat, **87** */Stefano Neri , **87** */Roxana, **87** */enzo4, **87** */Stefano Neri, **87** */akulamatiau, **87** */zorandim75, **87** */marilyn barbone, **88** */pico, **88** */Sergejs Rahunoks, **88** Dreamstime/Givaga, **88** */Piovanello, **88** */Piovanello, **88** */the_pixel, **88** */Liaurinko, **88** */nemez210769, **88** */midosemsem, **88** */Jiri Hera, **88** */juri semjonow, **88** */Brad Pict, **88** Dreamstime/Travelling-light, **88** Dreamstime/Synchronista, **88** */Julian Weber, **88** */IrisArt , **89** */BeTa-Artworks, **89** */Sergii Moscaliuk, **89** */Diana Taliun, **89** */Daniel Wiedemann, **89** Dreamstime/Nagme, **89** */lantapix, **89** */Olegich, **89** */scis65, **89** */Vidady, **89** */komar.maria, **90** */Petrov Vadim, **90** */unpict, **90** */Smart7, **90** */tycoon101, **90** */M. Schuppich, **90** */digifood, **90** */Schwoab, **90** */photocrew, **90** */chrisdorney, **90** */anakondasp, **90** */unpict, **90** */sorcerer11, **90** */Lucky Dragon, **91** */MarFot, **91** */ppi09, **91** */Kesu, **91** */Andrea Wilhelm, **91** */kehr design, **91** */gtranquillity, **91** */Corinna Gissemann, **91** */Lucky Dragon, **91** */Jiri Hera, **91** */sergojpg, **91** */Daryl Musser, **91** */robysaba, **91** */unpict, **92** */Jiri Hera, **92** */Nitr, **92** */Nitr, **92** */ExQuisine, **92** */Natika , **92** */Inga Nielsen, **92** */Nitr, **92** */Nitr, **92** */Taffi, **92** */karandaev, **92** */unpict, **92** */baibaz, **92** */Africa Studio, **93** */pabijan, **93** */amenic181, **93** */Viktor, **93** */blende40, **93** */Fotofermer, **93** */Rob Stark, **93** */gtranquillity, **93** */gtranquillity, **93** */gtranquillity, **93** */gtranquillity, **93** */gtranquillity, **93** */Inga Nielsen, **94** Thinkstock/puchkovo48, **94** */neirfy, **94** */Nitr, **94** */Nitr, **94** */Nitr, **94** */Taffi, **94** */Taffi, **94** */Taffi, **94** */Taffi, **94** */karandaev, **94** */karandaev, **94** */karandaev, **95** */Hemeroskopion, **95** */Hemeroskopion, **95** */Hemeroskopion, **95** */Hemeroskopion, **95** */Hemeroskopion, **95** */Hemeroskopion, **95** */Hemeroskopion, **95** */Hemeroskopion, **95** */Hemeroskopion, **95** */Hemeroskopion, **95** */Hemeroskopion, **95** */Hemeroskopion, **96** */kab-vision, **96** Shutterstock/Multiart - Shutterstock.com, **96** */Volodymyr Shevchuk, **96** */Sergejs Rahunoks, **96** */sspice, **96** */Corinna Gisseman, **96** */azureus70, **96** */Popova Olga, **96** */baibaz, **97** */Whitebox Media, **97** */angorius, **97** */Andrea Wilhelm, **97** Dreamstime/Margouillat, **97** */Viktor, **97** */Kesu, **97** */Peredniankina, **97** */margo555, **97** */Aleksandar Jocic, **98** */Jiri Hera, **98** */victoria p., **98** */djama, **98** */vagabondo, **98** */Jiri Hera, **98** */scis65, **98** */blende40, **98** */MUNCH!, **98** */Africa Studio, **98** */arinahabich, **98** */Marius Graf, **98** */Marius Graf, **98** */Marius Graf, **98** */Liaurinko, **98** */Brad Pict, **98** */juniart, **99** */Dmytro Sukharevskyy, **99** */Dmytro Sukharevskyy, **99** */Dmytro Sukharevskyy, **99** */Sergejs Rahunoks, **99** */canoncam, **99** */uckyo, **99** */torsakarin, **99** */Thibault Renard, **99** */eyewave, **99** */Orlando Bellini, **99** */Blue Wren, **99** */Dmytro Sukharevskyy, **99** */Dmytro Sukharevskyy, **100** */Jacek

Chabraszewski, **100** */Inga Nielsen, **100** */dusk, **100** */Road King, **100** */Jack Jelly, **100** Dreamstime/Tomislav Pinter, **100** */Jacek Chabraszewski, **100** */ExQuisine, **100** */aktifreklam, **100** */zhekos , **100** */Jess Yu, **100** */illustrez-vous, **100** */Andrea Wilhelm, **101** */Minerva Studio, **101** */Boris Ryzhkov, **101** */Nitr, **101** */unpict, **101** */Jacek Chabraszewski, **101** */photocrew, **101** */Viktor, **101** */eyewave, **101** Dreamstime/Lightzoom, **101** iStockphoto/Gordana Sermek, **102** */Africa Studio, **102** */Vitaly Korovin, **102** */Coprid, **102** */Schlierner, **102** */Fotofermer, **103** */ashka2000, **103** */womue, **103** */EM Art, **103** */ExQuisine, **103** */photocrew, **103** */jeehyun, **103** */reineg, **103** */reineg, **103** */reineg, **103** */reineg, **103** */Subbotina Anna, **103** */rangizzz, **103** */sjhuls, **104** */Fotofermer, **106** Thinkstock/Keith Levit Photography, **106** Thinkstock/iStockphoto, **106** Thinkstock/iStockphoto, **106** Thinkstock/iStockphoto, **106** Thinkstock/iStockphoto, **106** Thinkstock/iStockphoto, **106** Thinkstock/iStockphoto, **106** Thinkstock/iStockphoto, **106** Thinkstock/Fuse, **107** Thinkstock/Fuse, **107** Thinkstock/iStockphoto, **107** Thinkstock/iStockphoto, **107** Thinkstock/iStockphoto, **107** Thinkstock/Comstock, **107** */Alexandra Gl, **108** */leremy, **108** */leremy, **108** */leremy, **108** */leremy, **108** */leremy, **108** */leremy, **108** */mrtimmi, **108** */mrtimmi, **108** */mrtimmi, **108** */mrtimmi, **108** */mrtimmi, **108** */mrtimmi, **108** */Bobo, **108** */leremy, **108** */leremy, **108** */FelixCHH, **109** Thinkstock/iStockphoto, **109** */Eisenhans, **109** Thinkstock/iStockphoto, **109** Thinkstock/iStockphoto, **109** Thinkstock/Hemera, **109** Thinkstock/Hemera, **109** Thinkstock/Hemera, **109** */Bombaert Patrick, **109** */algre, **109** Thinkstock/Hemera, **109** Thinkstock/iStockphoto, **109** Thinkstock/Hemera, **110** */Vladimir Kramin, **110** */algre, **111** */algre, **111** */apttone, **112** Thinkstock/iStockphoto, **112** */Jenny Thompson, **112** */Aaron Amat, **112** */overthehill, **112** */eldadcarin, **112** */Michael Seidel, **113** Thinkstock/iStockphoto, **113** */gradt, **113** */Lasse Kristensen, **113** */Željko Radojko, **113** */golandr, **114** Thinkstock/iStockphoto, **114** Thinkstock/Stockbyte, **115** Thinkstock/iStockphoto, **115** Thinkstock/Hemera, **115** Thinkstock/iStockphoto, **115** Thinkstock/iStockphoto, **115** Thinkstock/iStockphoto, **115** */Bikeworldtravel, **116** */Idelfoto, **116** Thinkstock/iStockphoto, **116** Thinkstock/Hemera, **116** Thinkstock/Hemera, **116** Thinkstock/Hemera, **117** Thinkstock/iStockphoto, **117** Thinkstock/iStockphoto, **117** Thinkstock/iStockphoto, **118** Thinkstock/iStockphoto, **119** Thinkstock/Hemera, **119** Thinkstock/iStockphoto, **119** Thinkstock/iStockphoto, **119** Thinkstock/iStockphoto, **119** Thinkstock/iStockphoto, **119** Thinkstock/iStockphoto, **119** Thinkstock/iStockphoto, **119** Thinkstock/iStockphoto, **119** Thinkstock/iStockphoto, **119** Thinkstock/iStockphoto, **119** Thinkstock/iStockphoto, **119** Thinkstock/iStockphoto, **119** Thinkstock/iStockphoto, **119** Thinkstock/iStockphoto, **119** Thinkstock/Hemera, **119** Thinkstock/iStockphoto, **120** Thinkstock/iStockphoto, **120** Thinkstock/Hemera, **120** Thinkstock/Photos.com, **120** Thinkstock/iStockphoto, **120** */photo 5000, **120** Thinkstock/iStockphoto, **120** Thinkstock/iStockphoto, **120** Thinkstock/Hemera, **120** Thinkstock/Hemera, **121** */Eisenhans, **121** Thinkstock/iStockphoto, **121** Thinkstock/iStockphoto, **121** Thinkstock/Stockbyte, **121** Thinkstock/Hemera, **121** Thinkstock/iStockphoto, **121** Thinkstock/Julio de la Higuera Rodrigo, **121** */DeVIce, **121** */Artem Gorohov, **121** */Lukas Sembera, **121** Thinkstock/iStockphoto, **121** Thinkstock/iStockphoto, **121** */Eisenhans, **121** Thinkstock/iStockphoto, **121** Thinkstock/iStockphoto, **121** */auremar, **122** */laurenthuet, **122** */Nikolai Sorokin, **122** */Dmitry Vereshchagin, **122** */Ettore, **122** */tr3gi, **122** */12ee12, **122** Thinkstock/Vladimir Arndt, **123** */Fotito, **123** */mschick, **123** */BlueSkyImages, **123** */contrastwerkstatt, **123** Thinkstock/iStockphoto, **123** Thinkstock/Hemera Technologies, **124** */Okea, **124** */Marcus Lindström - iStockphoto.com, **125** */CandyBox Images, **125** */TMAX, **125** */michaeljung, **125** */Maygutyak, **125** */Steve Mann, **125** */nui7711, **125** */Jörg Hackemann, **126** */Sashkin, **126** */virtabo, **126** Thinkstock/iStockphoto, **126** */Ben Chams, **126** */Ben Chams, **126** */Ben Chams, **126** */mindscanner , **126** */swx, **126** */michaeljung, **126** */alexmillos, **126** Thinkstock/iStockphoto, **126** */Bergringfoto, **126** Thinkstock/iStockphoto, **126** */chalabala, **126** */Ben Burger, **127** */Tupungato, **127** */Pink Badger, **127** */HappyAlex, **127** */monticellllo, **127** */monticellllo, **127** */monticellllo, **128** */Masyanya, **128** */Dmitry Vereshchagin, **128** */Dmitry Vereshchagin, **128** */Dmitry Vereshchagin, **128** */Photobank kiev, **129** */vichie81, **129** */Uschi Hering, **129** */skampixelle, **129** */DOC RABE Media, **129** */Nadine Klabunde, **129** */AndreasJ. **130** */Farinoza, **132** */Marco2811, **132** */phant, **132** */Crobard, **132** */A.Karnholz, **132** */ermess, **133** */sborisov, **133** */XtravaganT, **133** */Mihai-Bogdan Lazar, **133** */jacek_kadaj, **133** */ArTo, **133** */hansenn, **133** */Marcel Schauer, **133** Thinkstock/iStockphoto, **133** */Jörg Lantelme, **133** */vaitekune, **133** */apops, **133** */motivation1965, **133** */steschum, **133** Thinkstock/iStockphoto, **133** Thinkstock/iStockphoto, **133** */HaywireMedia, **134** */Scanrail, **134** */anshar73, **134** */XtravaganT, **134** Thinkstock/iStockphoto, **134** Thinkstock/iStockphoto, **134** */A_Lein, **134** Thinkstock/iStockphoto, **134** */jovannig, **134** */Patryk Kosmider, **134** */Max, **134** Thinkstock/Getty Images, **134** */miket, **134** */Ciaobucarest, **134** */Paul Liu, **134** Thinkstock/iStockphoto, **134** */Adrian v. Allenstein, **135** */Pabkov, **135** Thinkstock/iStockphoto, **135** Thinkstock/iStockphoto, **135** Thinkstock/photodisc/David De Lossy, **135** */Anchels, **135** Thinkstock/Ingram Publishing, **135** */Ichbins11, **135** */MIMOHE, **135** */blas, **135** */Franz Pfluegl, **135** */Petra Beerhalter, **135** */davidundderriese, **136** */contrastwerkstatt, **136** */Berni, **136** */Berni, **136** */Berni, **136** */slava296, **136** */Berni, **136** */Berni, **136** */xy, **136** */lunamarina, **136** */Berni, **137** Thinkstock/Hemera, **137** */oranhall, **137** */Kzenon, **137** Thinkstock/iStockphoto, **137** */Margo Harrison, **137** Thinkstock/iStockphoto, **137** Thinkstock/iStockphoto, **137** */JackF, **137** */Africa Studio, **137** */Hirurg, **137** */stockyimages, **138** */qech, **138** */contrastwerkstatt, **138** Thinkstock/iStockphoto, **138** Thinkstock/iStockphoto, **138** Thinkstock/photodisc/Keith Brofsky, **138** */LVDESIGN, **138** */Santiago Cornejo, **139** */eyewave, **139** */jogyx, **139** */Joop Hoek, **139** */T. Michel, **139** Thinkstock/iStockphoto, **139** */dextroza, **139** Thinkstock/iStockphoto, **139** */lowtech24, **139** Thinkstock/iStockphoto, **139** Thinkstock/iStockphoto, **139** Thinkstock/Comstock, **139** */Picture-Factory, **139** Thinkstock/iStockphoto, **140** Thinkstock/iStockphoto, **140** Thinkstock/iStockphoto, **140** */zhu difeng, **140** */Gina Sanders, **140** */Bauer Alex, **140** */Andres Rodriguez, **140** */Kzenon, **140** */Alex Tihonov, **140** */Alex Tihonov, **140** */Christophe Fouquin, **140** */Sven Weber, **140** */mediagram, **140** */bradleyhebdon, **140** */Africa Studio, **140** */paul prescott, **140** */Tyler Olson, **141** */shotsstudio, **141** */luanateutzi, **141** */adisa, **141** */scaliger, **141** Thinkstock/Fuse, **141** Thinkstock/Andrey Burmakin, **141** Thinkstock/Digital Vision/RL Productions, **141** */Pumba, **141** */lightpoet, **141** Thinkstock/Fuse, **141** Thinkstock/iStockphoto, **141** */chamillew, **141** */gemenacom, **141** */mangostock, **141** */Tyler Olson, **141** */Kzenon, **142** */photocreo, **142** Thinkstock/photodisc/Siri Stafford, **142** */T. Michel, **142** */filtv, **142** */apops, **142** */Monkey Business, **143** */JJAVA, **143** */JJAVA, **143** */JackF, **143** */Pavel Losevsky, **143** */Pavel Losevsky, **143** */erwinova, **143** */JJAVA, **143** */Art Allianz, **143** */Sam Spiro, **143** */adisa, **143** */JackF, **143** */JackF, **143** */rufeh, **143** Thinkstock/Hemera, **143** */M. studio, **143** Thinkstock/iStockphoto, **144** */Minerva Studio, **144** */eyetronic, **144** */paul prescott, **144** */corepics, **144** */AlienCat, **144** */Thomas Francois, **144** */ag visuell, **144** */Minerva Studio, **144** */contrastwerkstatt, **145** */Art Allianz, **145** */adisa, **145** */Pumba, **145** */adisa, **145** */Vitaly Maksimchuk, **145** Thinkstock/iStockphoto, **145** */amlet, **145** Thinkstock/Brand X Pictures, **145** */

Joshhh, **145** */karandaev, **145** */808isgreat, **145** Thinkstock/iStockphoto, **145** */Andres Rodriguez, **146** */ruigsantos, **146** */Pixel & Création, **146** Thinkstock/iStockphoto, **146** */robert, **146** Thinkstock/Ingram Publishing, **146** */by-studio, **146** Thinkstock/Digital Vision, **146** */viperagp, **146** */OlegDoroshin, **146** */Pixelwolf2, **146** */VL@D, **146** */rekemp, **146** */Natalia Merzlyakova, **146** */spaxiax, **146** */Sunshine Pics, **146** */eyewave, **147** */nicknick_ko, **147** Thinkstock/iStockphoto, **147** Thinkstock/iStockphoto, **147** */Mingis, **147** */nyul, **147** Thinkstock/iStockphoto, **147** */Africa Studio, **147** */Minerva Studio, **147** Thinkstock/iStockphoto, **147** */fottoo, **147** */Africa Studio, **147** Thinkstock/iStockphoto, **147** */Digitalpress, **148** Thinkstock/Hemera, **148** Thinkstock/iStockphoto, **148** */cottonfioc, **148** */goodluz, **148** */Alen Ajan, **148** */Artur Bogacki, **148** */leungchopan, **148** */Paul Vinten, **148** Thinkstock/Jupiterimages, **148** */amarok17wolf, **148** */Scott Griessel, **148** */fxegs, **148** */terex, **149** */kameraauge, **149** */LianeM, **149** */XtravaganT, **149** */vom, **149** */dbvirago, **149** */Stuart Monk, **149** */legeartispics, **149** */phant, **149** */ArTo, **149** */Sorry, **149** */bbourdages, **149** */Furan, **149** */bluclementine, **150** Thinkstock/iStockphoto, **150** */AV, **150** Thinkstock/Mikhail Markovskiy, **150** */DragonImages, **150** */piccaya, **150** */Leonid Tit, **150** */ArtHdesign, **150** */womue, **150** */Maurizio Malangone, **151** */alex200464, **151** Thinkstock/iStockphoto, **151** */Arkady Chubykin, **151** Thinkstock/iStockphoto, **151** */djama, **151** */Schulz-Design, **151** */Martinan, **151** */Ammentorp, **151** */Gerhard Seybert, **151** Thinkstock/Digital Vision, **151** */travis manley, **152** */Nika Novak, **154** */Gennadiy Poznyakov, **154** */sdenness, **154** */contrastwerkstatt, **154** */Monkey Business, **154** */Robert Kneschke, **154** */shock, **154** */Monkey Business, **154** Thinkstock/iStockphoto, **154** */Cozyta, **154** Thinkstock/Comstock, **154** */tiero, **154** */contrastwerkstatt, **154** */hues, **155** */Gennadiy Poznyakov, **155** */kritchanut, **156** */luminastock, **156** */robert, **156** */yeyen, **156** */auremar, **156** */Javier Castro, **156** */peshkova, **156** */Gennadiy Poznyakov, **156** */Kzenon, **156** */sunabesyou, **156** */gemenacom, **156** */shock, **156** */Jürgen Fälchle, **156** */Nosvos, **156** */luminastock, **156** */kartos, **156** */peshkova, **157** */Olga Galushko, **157** */AVAVA, **157** */Tyler Olson, **157** */Sven Bähren, **157** */alco81, **157** */paylessimages, **157** */Robert Kneschke, **157** */auremar, **157** */ayutaroupapa, **157** */Aiwendyl, **157** */kmiragaya, **157** */contrastwerkstatt, **157** */Tomasz Trojanowski, **158** Thinkstock/iStockphoto, **158** */Africa Studio, **158** */Zerbor, **158** */dkimages, **158** */babimu, **158** */phloxii, **158** */Africa Studio, **158** */Vlad Ivantcov, **158** */Vladyslav Danilin, **159** */ThorstenSchmitt, **159** Thinkstock/PhotoObjects.net, **159** */lily, **160** Thinkstock/iStockphoto, **160** */leszekglasner, **160** */Mat Hayward, **160** */Konstantin L, **160** */josje71, **160** */xy, **160** */Creativa, **160** */Monkey Business, **160** */Monkey Business, **160** */aidaricci, **161** Thinkstock/iStockphoto, **161** */Marius Graf, **161** */muro, **161** */BEAUTYofLIFE, **161** */ia_64, **161** */lu-photo, **162** */Jörg Lantelme, **162** */Berni, **162** */Jeanette Dietl, **162** Thinkstock/Brand X Pictures, **162** */Randall Reed, **162** */Minerva Studio, **162** */trotzolga, **162** */johannesspreter, **162** */Africa Studio, **162** */Alexander Raths, **162** */contrastwerkstatt, **162** */agenturfotografin, **162** */lightpoet, **163** Thinkstock/James Woodson, **163** */CandyBox Images, **163** */Igor Mojzes, **163** */WavebreakmediaMicro, **163** */Africa Studio, **163** */Andres Rodriguez, **163** */xy, **163** */apops, **163** */pearl, **163** */Robert Kneschke, **163** */Markus Haack, **163** */lightpoet, **164** */Minerva Studio, **164** */WavebreakmediaMicro, **164** */goodluz, **164** */lightpoet, **164** */goodluz, **164** */Kzenon, **164** */CandyBox Images, **164** */Fuse, **164** */goodluz, **164** */pearl, **164** */mangostock, **164** Thinkstock/iStockphoto, **164** Thinkstock/Digital Vision, **165** */contrastwerkstatt, **165** */A_Bruno, **165** */WavebreakmediaMicro, **165** */Geo Martinez, **165** */Geo Martinez, **165** */endostock, **166** */Minerva Studio, **166** */apops, **166** */bevangoldswain, **166** */Adam Gregor, **166** */Kzenon, **166** */Kzenon, **166** */michaeljung, **166** */ontrastwerkstatt, **166** */Tyler Olson, **166** */Valentina R., **166** */contrastwerkstatt, **166** */Iurii Sokolov, **166** */Kzenon, **166** */Picture-Factory, **166** */Rido, **166** */nyul, **167** */goodluz, **167** */Kadmy, **167** */Peter Atkins, **167** */jörn buchheim, **167** */Kadmy, **167** */Kurhan, **167** */krizz7, **167** */Kadmy, **167** */ikonoklast_hh, **167** */Marén Wischnewski, **167** */apops, **167** */goodluz, **167** */Cyril Comtat, **167** Thinkstock/Andriy Fomenko, **167** */manu, **167** */petert2, **168** */Monika Wisniewska, **168** Thinkstock/iStockphoto, **168** */goodluz, **168** */Minerva Studio, **168** */Kzenon, **168** */Kzenon, **168** Thinkstock/Photodisc, **168** */Kzenon, **168** */Claudia Nagel, **168** */Minerva Studio, **168** */Kzenon, **168** */contrastwerkstatt, **168** */CandyBox Images, **168** */Kzenon, **168** */Kzenon, **168** */Kurhan, **169** */goodluz, **169** */contrastwerkstatt, **169** */Igor Mojzes, **169** */mezzotint, **169** */claudiaveja, **169** */Andrey Kiselev, **169** */WavebreakmediaMicro, **169** */Elnur, **169** */diego cervo, **169** */Africa Studio, **169** */Africa Studio, **169** */berc, **169** */Natali_ua, **169** Thinkstock/Fuse, **169** */lightpoet, **169** */contrastwerkstatt, **172** */terex, **172** Thinkstock/iStockphoto, **172** */nikkytok, **172** */marcoprati, **172** */eyewave, **172** */Africa Studio, **173** */Africa Studio, **173** */Diana Taliun, **173** */Rulan, **173** */interklicks, **173** Thinkstock/iStockphoto, **173** Thinkstock/iStockphoto, **173** */Corwin, **173** */rangizzz, **173** */monstersparrow, **174** */Picture-Factory, **174** */Carlos Caetano, **174** */vda_82, **174** */vetkit, **174** */Jacek Fulawka, **174** */masterzphotofo, **175** */Viorel Sima, **175** */Mi.Ti., **175** */Brian Jackson, **175** */juniart, **175** */Oksana Kuzmina, **175** */Marcin Sadlowski, **176** */Gelpi, **178** */TAlex, **178** */karandaev, **179** */Maksym Yemelyanov, **179** */Vitas, **179** */romantiche, **179** */rawcaptured, **179** */AVD, **179** */Sergey Dashkevich, **179** Thinkstock/iStockphoto, **179** */Artur Synenko, **179** */dimakp, **179** */heigri, **179** */Lusoimages, **179** */Apart Foto, **179** */sonne fleckl, **179** */Manuela Fiebig, **179** */Klaus Eppele, **179** */Artur Synenko, **180** */Gina Sanders, **180** */snyfer, **180** */snyfer, **180** */Iurii Timashov, **180** */Iurii Timashov, **180** */Iurii Timashov, **180** */Iurii Timashov, **180** */Iurii Timashov, **180** */Iurii Timashov, **180** */WonderfulPixel, **180** */Iurii Timashov, **180** */Iurii Timashov, **180** */Iurii Timashov, **181** */WonderfulPixel, **181** */WonderfulPixel, **181** */WonderfulPixel, **181** */WonderfulPixel, **181** */WonderfulPixel, **181** */vasabii, **181** */grgroup, **181** */Skipio, **181** */vector_master, **181** */Scanrail, **181** */VectorHouses, **181** */VectorHouses, **181** */VectorHouses, **182** */Metin Tolun, **182** */inul00, **182** */electriceye, **182** */Do Ra, **182** */Do Ra, **182** */Do Ra, **182** */Do Ra, **182** */Do Ra, **182** */Do Ra, **182** */Do Ra, **182** */Palsur, **182** */marog-pixcells, **182** */Palsur, **183** */milkang, **183** */Taffi, **183** */pizuttipics, **183** */by-studio, **183** */Scanrail, **183** */RTimages, **183** */Aleksandr Bryliaev, **183** */JcJg Photography, **183** */Coprid, **183** */tanatat, **183** */Palsur, **183** */Andrew Barker, **184** */ashumskiy, **184** */Gewoldi, **184** */Vitas, **184** */cingkham, **185** */Sobalos, **185** */tomispin, **185** */manaemedia, **185** */Niceregionpics, **185** */thanomphong, **185** */Lusoimages, **186** Thinkstock/Alexander Podshivalov, **186** */wellphoto, **186** */Stefan Körber, **186** */Pavel Losevsky, **187** */TrudiDesign, **187** */WavebreakmediaMicro, **187** */ArtHdesign, **187** */valdis torms, **187** */cirquedesprit, **187** */Alexandra GI, **187** */Sergey Nivens, **187** */imkenneth, **187** */WavebreakMediaMicro, **188** */jfv, **188** */pressmaster, **188** */jminso679, **188** */Marco2811, **188** */Johanna Mühlbauer, **188** */A_Bruno, **189** */pedrosala, **189** */fotomatrix, **189** */Uwe Bumann, **189** */robert, **189** */Milan Surkala, **189** */the_builder, **189** */reich, **190** */Scanrail, **190** */Dron, **190** */drubig-photo, **190** */mirabella, **190** */gradt, **191** */gradt, **191** Thinkstock/iStockphoto, **191** */JiSIGN, **191** */JiSIGN, **191** */JiSIGN, **191** */Rido, **191** */auremar, **192** */Elenathewise, **194** */mirpic, **194** */KB3, **194** Thinkstock/Stockbyte, **195** */lesniewski, **195** */Lario Tus, **195** */Melinda Nagy, **195** */kostasaletras, **195** */contrastwerkstatt, **195** */

beachboyx10, **196** Thinkstock/iStockphoto, **196** */Val Thoermer, **197** Thinkstock/Dorling Kindersley RF, **197** */snaptitude, **198** */Pavel Losevsky, **198** */.shock, **198** */Nicholas Piccillo, **198** Thinkstock/Photodisc, **198** Thinkstock/Photodisc, **198** Thinkstock/Photoobjects.net, **198** */.shock, **198** */micromonkey, **199** */kromkrathog, **199** Thinkstock/Fuse, **199** */Stian Iversen, **200** */Tan Kian Khoon, **200** */modestil, **200** */Igor Sokolov, **200** */piai, **200** */Will Hughes, **200** */Actionpics, **200** */Kelpfish, **200** */Africa Studio, **200** */Brocreative, **200** */karaboux, **200** */Lance Bellers, **200** */Sean Gladwell, **200** */by-studio, **201** */kanate, **201** */by-studio, **201** */Michael Pettigrew, **201** Thinkstock/Ingram Publishing, **202** */Katya Constantine, **202** */Nicholas Piccillo, **203** */Dmitry Vereshchagin, **203** */PinkBlue, **203** */PinkBlue, **203** */PinkBlue, **204** */Kris Strach, **204** */Kzenon, **204** */Kzenon, **205** */Quasarphoto, **205** */sumnersgraphicsinc, **205** */sumnersgraphicsinc, **205** */Veniamin Kraskov, **205** */Apart Foto, **205** */RTimages, **206** */zozulinskyi, **206** */Stefan Schurr, **206** */berc, **206** */mezzotint, **206** */ekarin, **206** Thinkstock/Digital Vision, **207** */Sportlibrary, **207** */lilufoto, **207** */roibu, **207** Thinkstock/TongRo Images, **207** */lilufoto, **207** Thinkstock/iStockphoto, **207** Thinkstock/iStockphoto, **207** */Michael Rosskothen, **207** */Oscar Brunet, **207** */Oscar Brunet, **207** Thinkstock/Comstock/JupiterImages, **208** */alessandro0770, **208** */Stefan Schurr, **208** */Maridav, **208** Thinkstock/moodboard, **208** */endostock, **208** */lightpoet, **208** */yanlev, **208** Thinkstock/Fuse, **208** */Wong Hock Weng, **209** */Andres Rodriguez, **209** */goldenangel, **209** */wellphoto, **209** Thinkstock/Digitial Vision, **209** */wellphoto, **209** */Cpro, **209** */Cpro, **209** */Birgit Reitz-Hofmann, **209** */Kitch Bain, **209** */Tony Taylor Stock, **209** */xy, **210** */marsyk, **210** */Sportlibrary, **210** */agentur2728.de, **210** Thinkstock/Hemera @ Getty Images, **211** Thinkstock/iStockphoto, **211** Thinkstock/iStockphoto, **211** Thinkstock/Comstock, **212** Thinkstock/iStockphoto, **212** */dima266f, **212** */Maridav, **212** */Anion, **212** */beatrice prève, **212** Thinkstock/Hemera, **212** */EpicStockMedia, **212** Thinkstock/iStockphoto, **212** Thinkstock/iStockphoto, **212** Thinkstock/Monkey Business, **213** Thinkstock/Fuse, **213** Thinkstock/iStockphoto, **213** Thinkstock/Pixland, **213** */attltibi, **213** */attltibi, **213** */belinka, **213** */Andrey Kiselev, **213** */auremar, **213** */tunedin, **213** Thinkstock/Hemera, **213** */Dmitry Vereshchagin, **213** */Elnur, **214** */Kseniya Abramova, **215** */Thierry RYO, **215** */Kseniya Abramova, **215** */Kseniya Abramova, **215** Thinkstock/Thomas Northcut @ Getty Images, **215** */Margo Harrison, **215** */fifranck, **215** */hosphotos, **215** */Heike und Hardy, **215** Thinkstock/iStockphoto, **215** */PackShot, **215** */auremar, **216** */Ljupco Smokovski, **216** */SS1001, **216** */Vadim Bukharin, **216** */Dmitry DG, **217** */ftlaudgirl, **217** */U. Woell, **217** */Anton Gvozdikov, **217** */project1photography, **217** */Volker Skibbe, **217** */Marcelo Dufflocq, **217** Thinkstock/iStockphoto, **217** */roblan, **217** */andreshka, **217** */stoonn, **217** */daseaford, **217** */sablin, **217** */garry_images, **218** */dell, **218** */Silvano Rebai, **218** */dell, **218** */victor zastol'skiy, **218** */mradlgruber, **218** Thinkstock/iStockphoto, **218** */© Olympixel, **218** */Val Thoermer, **218** */terranova_17, **219** Thinkstock/iStockphoto, **219** Thinkstock/moodboard, **219** */Galina Barskaya, **219** Thinkstock/Hemera, **219** */Dreef, **219** */Steeve ROCHE, **219** Thinkstock/iStockphoto, **219** Thinkstock/Photodisc/Ryan McVay, **219** */corepics, **219** */Lsantilli, **220** Thinkstock/iStockphoto, **220** */Netzer Johannes, **220** */Stefan Schurr, **220** */inigocia, **220** */Netzer Johannes, **220** */Jan Kranendonk, **220** */monster85, **220** */Avantgarde, **220** */photomag, **220** */storm, **220** */Fotoimpressionen, **220** */Marco2811, **220** */yanlev, **220** */lassedesignen, **220** */Stefan Schurr, **220** */Grigorenko, **221** */lilufoto, **221** */3dmentat, **221** */maxoidos, **221** */Bergringfoto, **221** */Marin Conic, **221** */Dimitar Marinov, **221** */just2shutter, **221** Thinkstock/iStockphoto, **221** */Shmel, **221** */olly, **221** Thinkstock/iStockphoto, **221** Thinkstock/Cameron Spencer @ Getty Images, **221** */ChantalS, **221** */Felix Mizioznikov, **221** Thinkstock/Digital Vision, **221** */artjazz, **222** Thinkstock/iStockphoto, **222** */okinawakasawa, **222** */VIPDesign, **222** */okinawakasawa, **222** */starush, **222** */Hetizia, **223** Thinkstock/Wavebreak Media, **223** */Lerche & Johnson, **223** */Lerche & Johnson, **223** */Lerche & Johnson, **223** */Lerche & Johnson, **223** Thinkstock/iStockphoto, **223** Thinkstock/iStockphoto, **223** */Lerche & Johnson, **223** */Wisky, **223** */nito, **223** */Kzenon, **224** */Africa Studio, **226** Thinkstock/iStockphoto, **226** Thinkstock/Digital Vision, **226** Thinkstock/iStockphoto, **226** Thinkstock/Purestock, **226** Thinkstock/iStockphoto, **226** */Andrey Burmakin, **226** */Andrey Burmakin, **226** */Nejron Photo, **226** Thinkstock/JupiterImages © Getty Images, **227** Thinkstock/Digital Vision, **227** Thinkstock/Digital Vision, **227** Thinkstock/Digital Vision, **228** Thinkstock/iStockphoto, **228** */Africa Studio, **228** */Kalim, **228** Thinkstock/iStockphoto, **228** */ysbrandcosijn, **229** */Klaus Eppele, **229** */scalaphotography, **229** */cynoclub, **229** */Brian Jackson, **229** */mekcar, **229** */by-studio, **229** */Henry Schmitt, **229** */Henry Schmitt, **229** */alephcomo1, **229** */Henry Schmitt, **229** */deusexlupus, **229** */apops, **229** */MUE, **229** */MUE, **229** */MUE, **229** thinkstock/Hemera (Cagri Oner), **230** */ReMuS, **230** */soerenkuhrt, **230** */Maruba, **230** */cjansuebsri, **230** Thinkstock/iStockphoto, **230** */Constantinos, **230** */ILYA AKINSHIN, **230** */dvs71, **230** */Jürgen Fälchle, **230** */Uros Petrovic, **230** */Distrikt3, **230** */Lucky Dragon USA, **230** */Denis Ivatin, **230** */photlook, **230** */Klaus Eppele, **230** */venusangel, **231** Thinkstock/iStockphoto, **231** */visivasnc, **231** */sumnersgraphicsinc, **231** */ArtFamily, **231** Thinkstock/iStockphoto, **231** */ysbrandcosijn, **231** */jehafo, **232** */Andrey Armyagov, **232** Thinkstock/iStockphoto, **232** */G.Light, **232** Thinkstock/Digital Vision/A J James, **232** Thinkstock/iStockphoto, **232** */bizoo_n, **233** */Bombaert Patrick, **233** */tuja66, **233** */Giuseppe Porzani, **233** */ILYA AKINSHIN, **233** */jiggo, **234** */starman963, **234** */Kirill Zdorov, **234** */tobago77, **234** */Steve Mann, **234** */Michael Flippo, **234** Thinkstock/iStockphoto, **234** */Martina Berg, **234** */st-fotograf, **234** */imagika, **234** Thinkstock/iStockphoto, **234** */WavebreakMediaMicro, **234** */jillchen, **234** */Alexander Raths, **235** */Warren Millar, **235** Thinkstock/Stockbyte, **235** Thinkstock/iStockphoto, **235** Thinkstock/iStockphoto, **235** Thinkstock/iStockphoto, **235** Thinkstock/iStockphoto, **235** */ksena32, **235** Thinkstock/iStockphoto, **235** */AllebaziB, **235** */Barbara Pheby, **235** Thinkstock/Hemera, **235** */womue, **235** */Liliia Rudchenko, **235** Thinkstock/iStockphoto, **235** */jogyx, **235** */Marius Graf, **236** */Regina Jersova, **236** */bittedankeschön, **236** Thinkstock/iStockphoto, **236** */franzgustincich, **236** */openlens, **236** */bruniewska, **236** */Amid, **236** Thinkstock/iStockphoto, **236** */Gino Santa Maria , **236** Thinkstock/iStockphoto, **236** */krimzoya46, **236** */sandis94, **236** */tsaplia, **236** */tigger11th, **236** */neirfy, **236** */bahrialtay, **237** */akekoksom, **238** Thinkstock/iStockphoto, **238** Thinkstock/iStockphoto, **238** */Sergiogen, **238** Thinkstock/iStockphoto, **238** */babimu, **239** */uckyo, **239** */RTimages, **239** */Africa Studio, **239** */Africa Studio, **239** */luiscarceller, **239** */Neyro, **239** */kornienko, **239** Thinkstock/thinstock Ablestock.com @ Getty Images, **239** */Mushy, **239** */maestria_diz, **239** Thinkstock/iStockphoto, **239** */U. Hardberck, **239** */Andreja Donko, **239** */koosen, **239** Thinkstock/iStockphoto, **239** Thinkstock/Hemera @ Getty Images, **240** */Printemps, **240** */Africa Studio, **240** Thinkstock/iStockphoto, **240** */shooarts, **240** */Vyacheslav Plyasenko, **240** */Artranq, **240** Thinkstock/JupiterImages © Getty Images, **240** */Firma V, **240** */ronstik, **240** */lunamarina, **240** */iampuay, **240** */Kuzmick, **240** */marysa03, **241** Thinkstock/Fuse, **241** Thinkstock/Creatas Images, **241** Thinkstock/Fuse, **241** */Kzenon, **241** */nyul, **241** */

Sergey Nivens, **241** */Nejron Photo, **242** */Robert Neumann, **242** */ratana_k, **242** */Marius Graf, **242** Thinkstock/iStockphoto, **242** */Unclesam, **242** */indigolotos, **242** */Birgit Reitz-Hofmann, **242** */fotomanu21, **242** */Hamik, **243** */Lichtmaler, **243** */Cmon, **243** Thinkstock/iStockphoto, **243** */DoraZett, **243** */NoName, **243** */RTimages, **243** */avtor_ep, **243** Thinkstock/Comstock, **243** */Dan Race, **243** Thinkstock/Digital Vision/Ryan McVay, **243** Thinkstock/Ingram Publishing, **243** Thinkstock/iStockphoto, **243** */seen, **244** Thinkstock/Zoonar, **244** */donfiore, **244** Thinkstock/iStockphoto, **244** */eldadcarin, **244** */eldadcarin, **244** */Anja Roesnick, **244** */Anja Roesnick, **244** */Anja Roesnick, **244** */Africa Studio, **244** */Foto-Ruhrgebiet, **244** Thinkstock/Zoonar, **244** */eldadcarin, **244** */STUDIO12, **245** Thinkstock/iStockphoto, **245** */sergign, **245** */schoki_01, **245** */aleciccotelli, **245** */Fyle, **245** */frank peters, **245** */Christer Tvedt, **246** */benjaminnolte, **246** Thinkstock/iStockphoto, **246** Thinkstock/Digital Vision/Alexander Hassenstein, **246** */Aleksandar Todorovic, **247** Thinkstock/iStockphoto, **247** */f9photos, **247** Thinkstock/iStockphoto, **247** */photocrew, **247** Thinkstock/iStockphoto, **247** */Aleksandar Todorovic, **247** */mikesch112, **247** */rangizzz, **247** */chulja, **247** Thinkstock/iStockphoto, **247** */pressmaster, **247** Thinkstock/iStockphoto, **247** */arnau2098, **248** */B. Wylezich, **248** */philipus, **248** */Angus , **248** */od - pictureworks, **248** */bergamont , **248** */risto0, **248** */full image, **248** */Coprid, **248** */f9photos, **248** */sss78, **248** */federicofoto, **249** */Africa Studio, **249** */Ljupco Smokovski, **249** */Danicek, **249** Thinkstock/iStockphoto, **249** */Alexey Potapov, **249** */scphoto48 , **249** */tolism, **250** */babimu, **252** */CLIPAREA.com, **252** */CLIPAREA.com, **253** */CLIPAREA.com, **253** */CLIPAREA.com, **254** Thinkstock/Zoonar, **254** Thinkstock/Hemera @ Getty Images, **254** Thinkstock/iStockphoto, **255** */mrgarry, **255** */turhanerbas, **256** */adimas, **257** */adimas, **258** */pixelcaos, **259** */3drenderings, **259** */3drenderings, **259** */3drenderings, **259** */3drenderings, **259** */3drenderings, **259** */3drenderings, **259** */arsdigital, **259** */pixelcaos, **260** */pixelcaos, **261** */pixelcaos, **261** */Diana Taliun, **262** */vectorus, **262** */Lsantilli, **262** */Sven Bähren, **262** */Tyler Olson, **262** */GordonGrand, **262** */iStockphoto, **263** */reflektastudios, **263** Thinkstock/oksun70, **263** */Robert Angermayr, **263** */silverrobert, **263** */Popova Olga, **263** */gradt, **264** */Alexander Raths, **264** */fhmedien_de, **264** */Creativa, **264** */ISO K° - photography, **264** */Sashkin, **264** */Africa Studio, **265** */Monkey Business, **265** */dalaprod, **265** */drubig-photo, **265** */drubig-photo, **265** */vladimirfloyd, **266** */Africa Studio, **266** */iko, **266** */DoraZett, **266** */Creativa, **266** */Gina Sanders, **266** */Subbotina Anna, **266** */drubig-photo, **266** */Ocskay Bence, **266** */detailblick, **266** */Kurhan, **267** */Creativa, **267** */underdogstudios, **267** */Dmitry Lobanov, **267** */rangizzz, **267** */Dan Race, **267** */Eisenhans, **267** */smikeymikey1, **268** Thinkstock/iStockphoto, **268** */Guido Grochowski, **268** */Dmitry Vereshchagin, **268** */HBK, **268** */treetstreet, **268** */Peter Atkins, **268** */Bandika, **268** */wckiw, **269** */ksena32, **269** */Igor Mojzes, **269** */st-fotograf, **269** */Vidady, **269** */Maridav, **269** Thinkstock/iStockphoto, **269** Thinkstock/iStockphoto, **269** */Kondor83, **269** */Gelpi, **269** */Volker Witt, **269** */apops, **269** */juefraphoto , **269** */Joss, **270** */CandyBox Images, **270** */alswart, **270** */hitdelight, **270** */unclepodger, **271** */Igor Zakowski, **271** */Rade Lukovic, **271** */draw05, **271** */blende40, **271** */Kurhan, **271** */Jessmine, **271** */contrastwerkstatt, **271** */apops, **272** */Alexandr Mitiuc, **272** Thinkstock/iStockphoto, **272** */Tyler Olson, **272** */Africa Studio, **273** */malajscy, **273** */Gerhard Brée, **273** */ep stock, **273** */ksl, **274** */Gennadiy Poznyakov, **274** */Tobilander, **274** */malajscy, **274** */starman963, **274** */Jim Vallee, **275** */danutelu, **275** */spotmatikphoto, **275** */Robert Kneschke, **275** */Dmitry Vereshchagin, **275** */itsmejust, **275** */Robert Kneschke, **275** */WONG SZE FEI, **276** */Africa Studio, **276** */Africa Studio, **276** */contrastwerkstatt, **276** */khuntapol, **276** */Coprid, **276** */Anatoly Repin, **276** */adisa, **276** */Borys Shevchuk, **276** */Manuel Schäfer, **276** */Nataraj, **277** */Gordon Saunders, **277** */seen, **277** */only4denn, **277** Thinkstock/Hemera, **277** */Coprid, **277** */blondina93, **277** */by-studio, **277** */Jiri Hera, **277** */Johanna Goodyear, **277** */Nazzu, **277** */Tharakorn, **277** */Tarzhanova, **277** */terex, **278** */Tatjana Balzer, **278** */Tyler Olson, **278** */Schlierner, **278** */Kzenon, **278** */modul_a, **278** */Nikki Zalewski, **278** */Khorzhevska, **278** */bertys30, **278** */Tran-Photography, **278** */Zdenka Darula, **278** */WONG SZE FEI, **278** */pearl, **278** */Taffi, **279** */Gennadiy Poznyakov, **279** */ecobo, **279** */pukall-fotografie, **279** */goodluz, **279** Thinkstock/Dorling Kindersley RF, **279** Thinkstock/iStockphoto, **279** */Artem Merzlenko, **280** */Han van Vonno, **282** */CandyBox Images, **282** */Roman Milert, **282** */Volker Witt, **282** */AK-DigiArt, **282** */Dario Lo Presti, **282** */benjaminnolte, **283** */Michael Schütze, **283** */brozova, **283** */Rodja, **283** Thinkstock/iStockphoto, **283** */cristi180884, **283** */Lisa F. Young, **284** Thinkstock/iStockphoto, **284** Thinkstock/Photodisc, **284** */VRD, **284** */Andre Bonn, **284** */shutswis, **285** */Lukas Sembera, **285** Thinkstock/liquidlibrary, **285** */marog-pixcells, **285** Thinkstock/iStockphoto, **285** */koszivu, **285** */Photographee.eu, **285** Thinkstock/iStockphoto, **285** */Monkey Business, **285** */Photographee.eu, **285** */Gerhard Seybert, **285** */Artem Furman, **286** */PictureArt, **286** */Pavel Losevsky, **286** */davis, **286** */Arcady, **286** */playstuff, **286** */beermedia, **286** */Lucky Dragon USA, **286** */Igor Kovalchuk, **287** */Christa Eder, **287** */Svetlana Gryankina, **287** */creAtive, **287** */Berry, **287** */Maygutyak, **287** */WoGi, **287** */Tobboo, **287** */jogyx, **287** */rouakcz, **287** */Silvano Rebai, **288** */Fiedels, **288** */nupsik284, **288** */Birgit Reitz-Hofmann, **288** */Claudio Divizia, **288** */GP, **288** */S.Kobold, **288** */amorfati.art, **288** */CPJ Photography, **288** */Zacarias da Mata, **288** */Hugh McKean, **288** */aquapix, **288** */Eric Gevaert, **289** */andrewburgess, **289** Thinkstock/iStockphoto, **289** */lassedesignen, **289** */Heinz Waldukat, **289** */Sergey Kamshylin, **289** */Nazzalbe, **289** */Kalle Kolodziej, **289** */Roy Pedersen, **289** */MacX, **289** */reeel, **289** */marqs, **289** */william87, **290** */Igor Kovalchuk, **292** Thinkstock/iStockphoto, **292** */Artenauta, **293** */fergregory, **294** */Jürgen Fälchle, **294** */peresanz, **294** */magann, **294** */vencav, **294** */Virtua73, **294** */Kovalenko Inna, **294** */creatifixus, **294** */cbpix, **294** */Florent DIE, **294** */ping han, **294** */peresanz, **294** */kevron2001, **294** */peresanz, **295** */jeremyculpdesign, **297** */Arid Ocean, **298** */artalis, **299** */jokatoons, **299** */Thomas Röske, **299** */jokatoons, **299** */jokatoons, **299** */jokatoons, **299** */jokatoons, **299** */jokatoons, **299** */jokatoons, **299** */jokatoons, **299** */jokatoons, **299** */jokatoons, **299** */jokatoons, **299** */jokatoons, **299** */jokatoons, **299** */jokatoons, **300** */jokatoons, **300** */jokatoons, **300** */jokatoons, **300** */jokatoons, **300** */jokatoons, **300** */jokatoons, **300** */jokatoons, **300** */jokatoons, **300** */jokatoons, **300** */jokatoons, **300** */jokatoons, **300** */jokatoons, **300** */jokatoons, **300** */jokatoons, **300** */jokatoons, **301** */jokatoons, **301** */jokatoons, **301** */Thomas Röske, **301** */jokatoons, **301** */jokatoons, **301** */Pekchar, **301** */jokatoons, **301** */jokatoons, **301** */jokatoons, **301** */jokatoons, **301** */jokatoons, **301** */jokatoons, **301** */jokatoons, **302** Thinkstock/Hemera, **302** Thinkstock/Hemera, **302** Thinkstock/Hemera, **302** Thinkstock/Hemera, **302** Thinkstock/Hemera, **302** Thinkstock/Hemera, **302** Thinkstock/Hemera, **302** Thinkstock/Hemera, **302** Thinkstock/Hemera, **302** Thinkstock/Hemera, **302** Thinkstock/Hemera, **302** Thinkstock/Hemera, **302** Thinkstock/Hemera, **302** */Route66, **302** Thinkstock/Hemera, **302** Thinkstock/Hemera, **303** Thinkstock/Hemera, **303** Thinkstock/Hemera, **303** Thinkstock/Hemera, **303** Thinkstock/Hemera, **303**

Thinkstock/Hemera, **303** Thinkstock/Hemera, **303** Thinkstock/Hemera, **303** Thinkstock/iStockphoto, **303** Thinkstock/iStockphoto, **303** Thinkstock/iStockphoto, **303** Thinkstock/iStockphoto, **303** Thinkstock/iStockphoto, **303** Thinkstock/iStockphoto, **303** Thinkstock/iStockphoto, **303** Thinkstock/iStockphoto, **304** Thinkstock/iStockphoto, **304** Thinkstock/iStockphoto, **304** Thinkstock/iStockphoto, **304** Thinkstock/iStockphoto, **304** */romantiche, **304** */romantiche, **304** */romantiche, **304** */romantiche, **304** */romantiche, **304** */romantiche, **304** */romantiche, **304** */romantiche, **304** */romantiche, **304** */romantiche, **304** */romantiche, **304** */romantiche, **305** */romantiche, **305** */romantiche, **305** */romantiche, **305** */romantiche, **305** */romantiche, **305** */romantiche, **305** */romantiche, **305** */romantiche, **305** */romantiche, **305** */romantiche, **305** */romantiche, **305** */romantiche, **305** */romantiche, **305** */romantiche, **305** */romantiche, **306** */romantiche, **306** */romantiche, **306** */romantiche, **306** */romantiche, **306** */romantiche, **306** */romantiche, **306** */romantiche, **306** */romantiche, **306** */romantiche, **306** */romantiche, **306** */romantiche, **306** */romantiche, **306** */romantiche, **306** */romantiche, **306** */romantiche, **306** */romantiche, **307** */romantiche, **307** */romantiche, **307** */romantiche, **307** */romantiche, **307** */romantiche, **307** */romantiche, **307** */romantiche, **307** */romantiche, **307** */romantiche, **307** */romantiche, **307** */petra b., **307** */petra b., **307** */petra b., **307** */petra b., **308** */petra b., **308** */petra b., **308** */petra b., **308** */petra b., **308** */petra b., **308** */petra b., **308** */petra b., **308** */petra b., **308** */petra b., **308** */petra b., **308** */petra b., **308** */petra b., **308** */petra b., **308** */petra b., **308** */petra b., **308** */petra b., **309** */petra b., **309** */petra b., **309** */petra b., **309** */petra b., **309** */petra b., **309** */petra b., **309** */petra b., **309** */Yotama, **309** */petra b., **309** */petra b., **309** */petra b., **309** */petra b., **309** */petra b., **309** */petra b., **309** */petra b., **309** */petra b., **310** */petra b., **310** */petra b., **310** */petra b., **310** */petra b., **310** */petra b., **310** */petra b., **310** */petra b., **310** */petra b., **310** */Pekchar, **310** */megastocker, **310** Thinkstock/iStockphoto, **310** */Thomas Röske, **310** Thinkstock/iStockphoto, **310** Thinkstock/iStockphoto, **310** Thinkstock/iStockphoto, **310** Thinkstock/iStockphoto, **311** Thinkstock/iStockphoto, **311** */Thomas Röske, **311** Thinkstock/iStockphoto, **311** Thinkstock/iStockphoto, **311** Thinkstock/iStockphoto, **311** Thinkstock/iStockphoto, **311** Thinkstock/iStockphoto, **311** */jokatoons, **311** */yannik LABBE, **311** */Dream Cursor, **311** */sunt, **311** Thinkstock/iStockphoto, **311** */Andreas Meyer, **311** */DomLortha, **312** */Elena Petrova, **312** */Christian Pedant, **312** */Tomas Sereda, **312** Thinkstock/Fuse, **312** */Masson, **312** */Alliance, **312** */marog-pixcells, **312** */byheaven, **312** */joda, **312** */Miredi, **312** */momanuma, **312** */pictureguy32, **312** */bugphai, **313** */Nathan Jaskowiak, **313** */Vera Kuttelvaserova, **313** */rangizzz, **313** Thinkstock/Image Source, **313** */Leonid Tit, **313** */hjschneider, **313** */tiplyashina, **313** */Serg Zastavkin, **313** */Vera Kuttelvaserova, **313** */Vera Kuttelvaserova, **313** */RyszardStelmachowicz, **313** */Hamik, **313** */rangizzz, **314** */Sunny Forest, **314** Thinkstock/iStockphoto, **314** */Minerva Studio, **314** Thinkstock/iStockphoto, **314** */steffendia, **314** */FrankBirds, **314** */Sunshine Pics, **314** */Christophe Fouquin, **314** Thinkstock/iStockphoto, **314** */lassedesignen, **314** Thinkstock/iStockphoto, **314** Thinkstock/iStockphoto, **314** */Maygutyak, **314** */mario beauregard, **314** */victor zastol'skiy, **314** */macky_ch, **315** */scattomatto74, **315** */Sabine Kipus, **315** */Cmon, **315** */Dario Bajurin, **315** */jacare35, **315** */kohy, **316** */nni94, **316** Thinkstock/Ingram Publishing, **316** */ollirg, **316** */Martin M303, **316** */mrks_v, **316** */doris oberfrank-list, **316** Thinkstock/iStockphoto, **316** */steffus, **316** */smereka, **316** */Ben Burger, **316** */kentauros, **316** */Bernd S., **316** */Dario Bajurin, **316** */acceleratorhams, **316** */Fyle, **316** */Alena Stalmashonak, **317** */siimsepp, **317** */siimsepp, **317** */siimsepp, **317** */siimsepp, **317** */siimsepp, **317** */Tyler Boyes, **317** */siimsepp, **317** */Tyler Boyes, **317** */vvoe, **317** */wlad074, **317** */Tyler Boyes, **317** */iraries, **317** */Ekaterina Fribus, **317** */Ekaterina Fribus, **317** */marcel, **317** */siimsepp, **318** */boykung, **318** */Alexander Hoffmann, **318** */Alexander Hoffmann, **318** */Atiketta Sangasaeng, **318** */byjeng, **318** */Alexander Hoffmann, **318** */Alexander Hoffmann, **318** */apttone, **318** */Alexander Hoffmann, **318** */bigjo, **318** */Rozaliya, **318** */VL@D, **318** */Alexander Hoffmann, **318** */Alex Shadrin, **318** */Alexander Hoffmann, **318** */Alexander Hoffmann, **318** */Digipic, **318** */volff, **318** */Alexander Hoffmann, **318** */Alexander Hoffmann, **319** */Alexander Potapov, **319** */Tiler84, **319** */Tiler84, **319** */Tiler84, **319** */Tiler84, **319** */lamax, **320** */vladimirkim3722, **320** */k_kron, **320** Thinkstock/iStockphoto, **320** */iko, **320** */ürgen Fälchle, **320** */ondrej83, **320** */Heinz Waldukat, **320** */termis1983, **320** */Tom, **320** */mubus, **320** */veneratio, **320** */Roman Pyshchyk, **320** */Picture-Factory, **320** */Omika, **320** */funnycreature, **320** */Almgren, **321** */Nik, **321** */Tonanakan, **321** */motorlka, **321** */Pavlo Vakhrushev, **321** */Miroslawa Drozdowski, **321** */pia-pictures, **322** */Gang, **322** */Africa Studio, **322** */felinda, **322** */sergio37_120, **322** */eyetronic, **322** */sergio37_120, **322** */VICUSCHKA, **322** */tr3gi, **322** */Tim UR, **322** */alfastudiofoto, **322** */sergio37_120, **322** */lenkusa, **322** */sergio37_120, **322** */Friedberg, **322** */Africa Studio, **322** */Roxana, **323** */anankkml , **323** */Daniel Strauch, **323** */Stefan Körber, **323** */hans klein, **323** */juiceteam2013, **323** */audioscience, **323** */keller , **323** */flucas , **323** */ijacky , **323** */Tomashko , **323** */Serghei Velusceac , **323** */Andrea Wilhelm, **323** */tab62, **323** */Ichbins11, **323** */Studio Barcelona, **323** */volkerr, **324** */Farinoza, **324** */Eric Isselée, **324** */jagodka, **324** */Azaliya Elya Vatel, **324** */Eric Isselée, **324** */Uros Petrovic, **324** */Katrina Brown, **324** */eastmanphoto, **324** */nn-fotografie, **324** */cynoclub, **324** */biglama, **324** */Eric Isselée, **324** */grafikplusfoto, **325** Thinkstock/iStockphoto, **325** */Eric Isselée, **325** */JackF, **325** */Eric Isselée, **325** */Eric Isselée, **325** */Aaron Amat, **325** */Eric Isselée, **325** */Eric Isselée, **325** */anekoho, **325** */Christian Musat, **325** */Eric Isselée, **325** */Eric Isselée, **325** */Christian Musat, **325** */ILYA AKINSHIN, **325** */Eric Isselée, **325** */Eric Isselée, **326** */Eric Isselée, **326** */StarJumper, **326** */Eric Isselée, **326** */Anatolii, **326** */Vera Kuttelvaserova, **326** */Eric Isselée, **326** */Coprid, **326** */Eric Isselée, **326** */JackF, **326** */nexusseven, **326** */EwaStudio, **326** */cynoclub, **326** */anankkml, **326** */tiero, **326** */Taalvi, **326** */Eric Isselée, **327** */Alexander Potapov, **327** */Eric Isselée, **327** */Eric Isselée, **327** */Eric Isselée, **327** Thinkstock/iStockphoto, **327** Thinkstock/iStockphoto, **327** */Mike Price, **327** */Roman Samokhin, **327** */Eric Isselée, **327** */Eric Isselée, **327** Thinkstock/iStockphoto, **327** */maz12, **327** */Eric Isselée, **327** */Smileus, **327** */XK, **327** */anankkml, **328** */Eric Isselée, **328** */Steve Byland, **328** */Eric Isselée, **328** */Eric Isselée, **328** */Eric Isselée, **328** */Eric Isselée, **328** */Eric Isselée, **328** */fotomaster, **328** */jakgree, **328** */Farinoza, **328** */Farinoza, **328** Thinkstock/iStockphoto, **328** */Eric Isselée, **329** */Uryadnikov Sergey, **329** */phant, **329** */Eric Isselée, **329** */Eric Isselée, **329** */ILYA AKINSHIN, **329** */Janis Smits, **329** */Aaron Amat, **329** */ILYA AKINSHIN, **329** */Eric Isselée, **329** */fotomaster, **329** */Roman Samokhin, **329** */shishiga, **329** */Nicolette Wollentin, **329** */sval7, **329** */Eric Isselée, **329** */Eric Isselée, **330** */eastmanphoto, **330** */eastmanphoto, **330** */Smileus, **330** */Daniel Nimmervoll, **330** */kurapy, **330** */Eric Isselée, **330** */jagodka, **330** */Richard Carey, **330** */Anatolii, **330** */antpkr, **330** Thinkstock/iStockphoto, **330** */Eric Isselée, **330** */eastmanphoto, **331** */Irochka, **331** */Giuseppe Porzani, **331** */eyeblink, **331** */manuart, **331** */Eric Isselée, **331** */lunamarina, **331** */pistol7, **331** */Richard Carey, **331** */Witold Krasowski, **331** Thinkstock/Hemera, **331** Thinkstock/

iStockphoto, **331** */Coprid, **331** */tongdang, **332** */Oliver Klimek, **332** */Valeriy Kirsanov, **332** */defun, **332** */Alekss, **332** */JPS, **332** */Gewoldi, **332** */Henrik Larsson, **332** */vnlit, **332** */Klaus Eppele, **332** */xiaoliangge, **332** */VRD, **332** */Alekss, **332** */Marco Uliana, **332** */morelia1983, **332** */Zbyszek Nowak, **332** */npps48, **333** Thinkstock/iStockphoto, **333** */defun, **333** */Cosmin Manci, **333** Thinkstock/Hemear, **333** */fancyfocus, **333** */gertrudda, **333** */xjbxjhxm, **333** Thinkstock/iStockphoto, **333** */defun, **333** */emer, **333** */chungking, **333** */Coprid, **333** Thinkstock/iStockphoto, **333** */eastmanphoto, **333** */Carola Schubbel, **333** */natara, **334** */tescha555, **336** */DDRockstar, **336** */Denys Prykhodov, **336** */Denys Prykhodov, **336** */Denys Prykhodov, **336** */Denys Prykhodov, **336** */Denys Prykhodov, **336** */Denys Prykhodov, **336** */Africa Studio, **336** */Africa Studio, **336** */Africa Studio, **336** */DB, **339** */robert, **340** */magann, **340** */magann, **340** */magann, **340** */magann, **340** */magann, **340** */magann, **340** */magann, **340** */magann, **340** */magann, **340** */magann, **340** */magann, **340** */magann, **340** */magann, **341** */magann, **341** */magann, **341** */magann, **341** */magann, **341** */magann, **341** */magann, **341** */magann, **341** */magann, **341** */magann, **341** */magann, **341** */magann, **341** */vvoe, **341** */Lucky Dragon, **342** */tomreichner, **342** */Marco2811, **342** */merydolla, **342** */in-foto-backgrounds, **342** */Reicher, **342** */ARochau, **342** */Yahya Idiz, **342** */motorradcbr, **342** */Beboy, **342** */Dmytro Smaglov, **342** */Anton Gvozdikov, **342** */sborisov, **342** */Netzer Johannes, **343** */Maria Vazquez, **344** */Juulijs, **344** */m.u.ozmen, **344** */lucato, **344** */www.strubhamburg.de, **344** */guynamedjames, **344** */Jörg Hackemann, **344** */MaxWo, **345** */Al, **345** */hayo, **345** */ufotopixl10, **345** */vector icon, **345** */vector icon, **345** */vector icon, **345** */vector icon

Frisch Weiterlernen mit PONS Bildwörterbüchern:

ISBN 978-3-12-516119-1
12,99 € **[D]** 13,40 € **[A]**

ISBN 978-3-12-516084-2
9,99 € **[D/A]**

ISBN 978-3-12-516085-9
9,99 € **[D/A]**

ISBN 978-3-12-516080-4
9,99 € **[D/A]**

ISBN 978-3-12-516081-1
9,99 € **[D/A]**

ISBN 978-3-12-517904-2
9,99 € **[D/A]**

ISBN 978-3-12-516083-5
9,99 € **[D/A]**

ISBN 978-3-12-517984-4
9,99 € **[D/A]**

ISBN 978-3-12-516121-4
12,99 € **[D]** 13,40 € **[A]**

ISBN 978-3-12-517985-1
9,99 € **[D/A]**

ISBN 978-3-12-516101-6
9,99 € **[D/A]**

ISBN 978-3-12-516098-9
9,99 € **[D/A]**

ISBN 978-3-12-516099-6
9,99 € **[D/A]**

ISBN 978-3-12-516096-5
9,99 € **[D/A]**

ISBN 978-3-12-516082-8
9,99 € **[D/A]**

ISBN 978-3-12-516097-2
9,99 € **[D/A]**

www.pons.de

PONS

Bildwörterbuch
Tigrinisch – Deutsch

Bearbeitet von: Anette Dralle, eLocalize for Technology SAE

1. Auflage 2017 (1,01 – 2017)

www.pons.de
E-Mail: info@pons.de

Projektleitung: Ursula Martini
Gestaltung: Petra Michel, Essen
Umschlaggestaltung: Ilham Widmann, Stuttgart
Satz: Satzkasten, Stuttgart
Umschlagfotos: Leopard: shutterstock/Volodymyr Krasyuk;
Kichererbsen: shutterstock/margouillat photo; Papaya: istock/Dimitris66
shutterstock/Igor Drondin
Logoentwurf: Erwin Poell, Heidelberg
Logoüberarbeitung: Sabine Redlin, Ludwigsburg
Druck: L.E.G.O. S.p.A., Lavis (TN)
Printed in Europe

ISBN: 978-3-12-516118-4